colección

BFV ■ Biblioteca de la Filosofía Venidera

dirigida por Fabián Ludueña Romandini

Esta colección quiere abarcar en su espíritu obras que, como quería Walter Benjamin, intenten reflejar no tanto a su autor sino más bien a la dinastía a la cual éstas pertenecen. Dinastías que otorguen los instrumentos para una filosofía por-venir donde lo venidero no sea sólo una categoría de lo futuro sino que también abarque lo pasado, suspendiendo la concepción moderna del tiempo cronológico a favor de una impureza temporal en cuyo caudal pueda tener lugar la emergencia de un pensamiento inactual e intempestivo, capaz de mostrar la potencia filosófica oculta en todas las tradiciones del conocimiento. Filosofía, entonces, como el arte de la fabricación de nuevos conceptos, donde la novedad es siempre entendida tomando en cuenta su anacronismo fundamental y su perpetua inclinación a la polémica.

Foro Bitácora
de la BFV

Colección
de la BFV

Diseño y composición:	Gerardo Miño
Edición:	Primera, Mayo de 2023
Lugar de composición:	Suipacha, Pcia. de Buenos Aires
Lugar de impresión:	Barcelona / Buenos Aires
Código Thema:	QDTJ [Filosofía: metafísica y ontología]
ISBN:	978-84-19830-06-7
Depósito Legal:	M-9051-2023

Página web:	www.minoydavila.com
Facebook:	http://www.facebook.com/MinoyDavila
Mail producción:	produccion@minoydavila.com
Mail administración:	info@minoydavila.com
Oficinas:	Tacuarí 540
	(C1071AAL), Buenos Aires, Argentina.
	tel-fax: (54 11) 4331-1565

GERMÁN OSVALDO PRÓSPERI

METANFETAFÍSICA

ENSAYO DE SOBREDOSIS ONTOLÓGICA

Para Una, mi hija

Tatakae, Tatakae

Índice

Estallido del corazón al recibir la dosis.
En la vena, torrente sanguíneo:
la sobredosis de algo, ese tóxico
ese veneno que se llama
...no, no se llama...

OSVALDO LAMBORGHINI, *Poemas 1969-1985*

¿El poeta? No está.
Está del otro lado. Dado vuelta. Es otros.

NÉSTOR PERLONGHER, "Poesía y éxtasis"

En ese tiempo yo alucinaba que había alguien en la casa.
Miraba en los roperos, debajo de las camas, y recuerdo
haber hecho salir a todos al frío –todos menos Fran-
ces– porque estaba buscando a la persona imaginaria.
Así que allí estoy, más loco que un hijo de puta, con un
cuchillo de carnicero, llevándola al sótano para buscar
a esta persona que ni siquiera existía.

MILES DAVIS, *The Autobiography*

Existe un cielo y un estado de coma...

FITO PÁEZ, "Giros"

METANFETAFISICA
al ser y más allá
Germán
Osvaldo
Prosperi

Agradecimientos

Siempre se piensa en comunidad; el individuo es una abstracción. Según reza una de las máximas más compartidas por varias ontologías del siglo XX, las relaciones preceden a sus términos. Y no sólo los preceden, sino que los constituyen. Este principio ontológico, que tira por tierra cualquier pretensión de tomar al individuo (y no al proceso de individuación, según recomendaba G. Simondon) como punto de partida, se aplica de manera fundamental al pensamiento. Detrás del yo, un colectivo o un pueblo. Sin embargo, eso no quita que la escritura y el mismo pensamiento puedan ser simultáneamente prácticas muy solitarias. Es como si se tratáse de una comunidad trascendental y de una soledad empírica. La escritura solitaria es posible por la multitud de voces que resuenan en nuestros cerebros cada vez que se nos da por pensar algo: a veces son ecos de conversaciones reales o irreales mantenidas en momentos diversos de nuestras vidas; a veces, reberveraciones de textos casi olvidados que vuelven a reflotar como por arte de magia; otras veces son verdaderos chispazos de pensamiento que surgen al azar de ciertos encuentros. Como sea, desearía poder agradecer a todas esas voces y esos ecos, reales y ficcionales, actuales y virtuales, pasados o por venir.

Mi mundo cotidiano, considerado desde una perspectiva personal, es muy reducido. Ya era reducido antes de la pandemia y ahora mucho más. Por eso las personas que figuran en los agradecimientos de mis libros suelen ser siempre las mismas. No obstante, su apoyo es tan decisivo para mí que no quiero dejar de mencionarlas, una vez más, siempre:

Una, mi hija, quien se entusiasmó tanto con la idea de metanfetafísica, que llegó a diseñar una suerte de flyer en el que se ve a Buzz Lightyear con la cara de Platón y arriba una leyenda que dice "Al Ser y más allá".

Facundo Roca, mi sobrino y compañero fiel de aventuras filosóficas. "Fiel" no es un eufemismo, sino la mejor manera de calificar cierto impulso incondicional a acompañarme en las más diversas empresas, aun cuando las ideas le provoquen escozor y hasta un ligero espanto.

Natalí Incaminato (la Inca), quien me aportó valiosas referencias literarias que terminaron siendo piezas fundamentales –y en cierto sentido estructurantes– de toda la investigación.

Tomás Baquero Cano, por su apoyo, afecto y amistad.

Valentina Merico Menéndez, quien revisó algunos pasajes de autores antiguos y tardoantiguos y con quien pude discutir cuestiones de gramática pero también de filosofía –ambas cosas sin duda se confunden– concernientes a la maravillosa lengua griega.

Fabián Ludueña Romandini, uno de los filósofos más brillantes que he conocido y quien además tuvo la gentileza de permitirme formar parte de esa bellísima y ya entrañable colección que es la Biblioteca de la Filosofía Venidera. Un capítulo de este libro le está dedicado a su obra espectrológica: no he encontrado mejor manera de honrarlo que dialogando –pero también, por qué no, discutiendo– con su pensamiento.

Gerardo Miño, sin duda el mejor editor –por creatividad, generosidad, respeto, apertura, entusiasmo y un largo etcétera– que un escritor pueda tener.

Si bien este libro terminó de escribirse en diciembre de 2021, deseo agradecer a quienes tuvieron la osadía y la deferencia de concurrir al seminario "Al Ser y más allá. Desvíos hiperbólicos de la metafísica occidental", dictado en FaHCE-UNLP en el primer cuatrimestre de 2022, donde se discutieron muchas de las tesis propuestas aquí. Una mención especial merece la participación de Malena Tonelli, quien nos explicó con claridad meridiana la relación entre lo Uno y la Inteligencia en Plotino, y de Claudia D'Amico, quien hizo lo propio con la concepción del Dios hiper-esencial del Pseudo-Dionisio.

Quisiera también agradecer a la Facultad de Humanidades y Ciencias de la Educación de la Universidad Nacional de La Plata, institución en la que trabajo y sin la cual no podría haber realizado la investigación que dio lugar al presente libro.

Finalmente, un profundo agradecimiento a los afectos que me rodean, familiares y no familiares, humanos y no humanos.

METANFETAFÍSICA

ENSAYO DE SOBREDOSIS ONTOLÓGICA

Nota de los traductores

Muchos escoliastas y exégetas han asegurado que existen sólidas razones
para dudar de que el libro que aquí presentamos por primera vez al público
de habla castellana sea labor de un único autor. De hecho, ha sido sugerido
que el término "metanfetafísica", sin duda monstruoso y difícil de pronunciar,
no figuraría en el manuscrito original, hoy perdido. Se supone que un ignoto
compilador se habría encontrado con una serie de tratados, disímiles entre sí
y un poco dispersos, y los habría agrupado, nombrando a cada uno con una
letra del alfabeto griego en homenaje al undécimo sucesor de Aristóteles,
bajo el título general de *Metanfetafísica*. De allí que varios filólogos hayan sostenido que todas las apariciones del término a lo largo de la obra, en especial
el apartado 10 de la introducción, en el que el "autor" explica la etimología y
la morfología del neologismo, así como el diálogo del apartado 4 y el apartado
14 de la misma introducción, en el que se precisa la metodología adoptada
en la investigación y a la vez se reivindica la naturaleza ficcional de la metanfetafísica, sean en realidad una interpolación posterior atribuible a este *com-
mentator absconditus*. Se sospecha que el hipotético amanuense, advirtiendo
que los tratados abordaban problemas que venían después de la metafísica,
habría creado la aberrante palabra para ordenarlos bajo una única rúbrica.
Existe una sola referencia, fuera del libro que aquí traducimos, de este engendro terminológico. Se trata de una epístola muy difícil de fechar y dirigida
a un tal *Doctor Facundus*, en apariencia escrita por el propio compilador con
una caligrafía casi ilegible y temblorosa, que contiene la siguiente anotación:
Metanfetafísica: la sobredosis del Ser, la metafísica dada vuelta, la ontología fuera de sí.

Introducción

(1)

> Furibundo, deshago las pastillas, las diluyo, las filtro y me inyecto todo de un solo golpe. En verdad experimento un gran flash. Tengo la sensación de que me han enlazado por el cuello y que me levantan por el aire, brutalmente. Subo, subo y cuanto más subo, más me ahogo. Me siento estrangulado. Tengo terribles puntadas en la boca, el ano, los pies y las manos. Me parece que soy una caldera a punto de explotar, me voy a morir [...] Caigo en un perfecto coma. [...] He tenido una sobredosis (Duchaussois 1974: 256).

Este pasaje de *Flash ou le grand voyage*, el texto autobiográfico de Charles Duchaussois, describe a la perfección lo que Platón le ha hecho sufrir al Ser en los albores de la metafísica. El fulgor derramado por el Sol platónico es un flash, en el sentido de Duchaussois: a la vez un resplandor y un espasmo, un destello y una subida: "FLASH en inglés quiere decir: destello. Para un drogado quiere decir: espasmo. El flash es lo que sucede en el cuerpo de un drogado cuando, empujada por el émbolo de la jeringa, la droga entra en sus venas" (1974: 5). La metafísica occidental nace con una sobredosis, con un flash. En la nomenclatura platónica, retomada y resignificada por el neoplatonismo pagano y cristiano, la sobredosis se dice *epekeina tes ousias*. Esta expresión, formulada por primera vez en *República* 509b, indica que el Bien (*to agathon*) se encuentra más allá o por encima del Ser y de la esencia (*ousia*). Por supuesto que aquí el término *ousia* significa la realidad en cuanto tal, lo que es, lo que existe en general: tanto las Formas, que componen lo inteligible y que designan lo propiamente real, cuanto las cosas corpóreas, que componen lo sensible y requieren de las Formas para existir. Con Platón comienza el largo y fascinante camino de una preposición y prefijo que determinará el punto más extremo y por eso mismo más problemático de la tradición metafísica: *hyper*, al cual veremos funcionando en términos como *hyperousios* (por encima de la esencia), *hyperontos* (por encima del Ser), *hypernous* (por encima del intelecto), *hyperzoos* (por encima de lo viviente), etc. El prefijo *hyper* será traducido al latín por *super* o *supra*. De allí que *sobre-dosis* –o *supra-dosis*– sea un término adecuado para describir la maniobra implementada por Platón en *República*. El Ser, que en Platón coincide en términos estrictos con el reino de lo inteligible, con el *topos noetos*, no es la última palabra ni el último estrato ontológico o, mejor dicho, *sí* es el último estrato ontológico, ya que arriba de él yace –aunque las palabras son insuficientes, puesto que no yace– *to agathon*, el Bien, que no pertenece a la ontología. Por encima de lo inteligible refulge el Sol que, en cierta forma, hace ser al Ser, dota de inteligibilidad a las Formas, irradia su luz perfecta sobre la realidad y a través de esa luminosidad permite que las cosas sean. El Bien de *República*, que algunos autores neoplatónicos, pero también del platonismo medio e incluso de la vieja Academia, tenderán a identificar con lo Uno del *Parménides* basándose en una equivalencia que el mismo Platón habría sugerido en sus lecciones orales, representa el punto de quiebre de la misma metafísica, el exceso, la hipérbole que amenazará con sumir al Ser (*to on*)[1] en estado de coma. En este sentido, las palabras de Duchaussois se aplican perfectamente al Ser: "Subo, subo y cuanto más subo, más me ahogo". Es probable –o por lo pronto es una hipótesis que quisiéramos avanzar aquí– que la metafísica no se haya recuperado nunca de este ahogo. ¿Acaso Glaucón, al escuchar a Sócrates decir que el Bien se eleva más allá de la esencia, no ha exclamado, sorprendido: "¡Por Apolo! ¡Qué elevación demoníaca [*daimonias hyperboles*]!" (*República*, 509c)?[2] Esta elevación –este flash o *shoot (up)* ontológico– es ciertamente

---

1 El participio *on* –o *eon*, en un griego un poco más antiguo– es ciertamente ambiguo. Por un lado, este participio nominal da lugar a una suerte de substantivo; por otro lado, como participio verbal, remite este substantivo a la significación propia del verbo e indica entonces menos la personalidad del agente que la modalidad de la acción. En un sentido, entonces, *to on* es el singular de *ta onta* y designa nominalmente uno de los *onta*. Pero en otro sentido, mucho más fundamental por ejemplo para Heidegger, *on* no dice sólo tal ente singular, sino la singularidad misma del *einai* en la que todos los *onta* participan sin que se agote nunca en ninguno de ellos. Salvo que indiquemos lo contrario, cuando de aquí en más utilicemos la expresión *to on* nos referiremos tanto al sentido nominal como al sentido verbal, tanto a *on* como a *einai*. Esto se debe a que la distinción que nos interesa pensar no es la que se da entre el Ser y el ente, sino la que se da entre el Ser/ente por un lado y lo Otro fuera del Ser/ente por el otro.

2 Según el Liddell-Scott-Jones (de aquí en más *LSJ*), el término *hyperbole* que emplea Platón para describir la elevación del Bien puede traducirse por: "a throwing beyond, overshooting, superiority, preeminence, perfection, overstrained phrase, hyperbole, the superlative degree, crossing over".

demoníaca. Resulta interesante notar que el verbo *ballo* (arrojar), no sólo es uno de los componentes de *hyper-bole* sino que también forma parte del término *embolo* (en la antigüedad, "objeto en punta que se desplaza", pero literalmente "arrojado dentro"). En este sentido, *hyperbole* significa arrojar hacia arriba, empujar más allá. El término es decisivo porque describe la maniobra específica –el *shoot up*, la subida, el empuje ascendente del émbolo– realizada por Platón a la ontología: *to agathon* es arrojado más allá del Ser, es empujado al exceso de la esencia, es arrastrado más allá del límite que circunscribe el dominio del *on*, más allá del perímetro en el que el Ser no tiene más remedio que dejar de ser, sin convertirse por eso en Nada o No-Ser, al menos en un sentido privativo. Platón, por supuesto, fue el primero en percatarse de la amenaza y en sopesar las consecuencias atroces que se derivaban del cortocircuito que él mismo había generado en su sistema metafísico. El *epekeina tes ousias* es el caballo de Troya que Platón introdujo en su arquitectura inteligible y en la metafísica de Occidente en general. Un escalofrío debe haber recorrido al viejo filósofo, que por ese entonces rondaba los sesenta años, cuando cobró conciencia del horror y del exceso, del horror *del* exceso. La reacción, por supuesto, fue inmediata. Bajar, en este caso, no fue lo peor, sino todo lo contrario. El antídoto –la botella de whisky en las manos temblorosas del cocainómano (¿el Marqués de Sebregondi?)– consistió en identificar al Bien con el Fundamento último de todo cuanto existe. El Bien es ciertamente *epekeina tes ousias*, pero lo es en tanto perfección fundadora, en tanto *arche* y *telos* de la realidad. ¿Qué significa esto? Significa que, sin el Bien, la realidad, el reino de la ontología (es decir, lo inteligible y lo sensible) no sería. La necesidad de hacer bajar al Ser es la misma que obliga al filósofo, una vez liberado de las cadenas que lo aprisionaban en el mundo subterráneo de la *doxa* y una vez habituado a la luz inteligible e incluso al Sol hiper-esencial, a *bajar* a la caverna para rescatar al resto de los prisioneros. Al postular al Bien como Fundamento, Platón puede conjurar la excedencia absoluta, la fuga definitiva de la ontología. Todo cuanto existe, todo cuanto es, nos advierte Platón, *depende* del Bien. Esta dependencia, que veremos repetirse a lo largo de la tradición onto-teológica e incluso atravesar el post-estructuralismo y prolongarse hasta nuestros días, es la maniobra –la contra-maniobra, a decir verdad, si se la compara con el primer movimiento de exceso (el Gran Flash)– con la cual el fundador de la Academia le corta las yemas de los dedos al Ser y lo salva de la Muerte. Sin embargo, esta sobredosis auroral marcará de forma indeleble a la metafísica. Nada podrá impedir que el Ser haya experimentado, aunque sea durante un instante, la inminencia de lo Otro. Ni siquiera ese largo período de rehabilitación que es la historia de la metafísica logrará que el Ser olvide las secuelas del Trauma originario, el horror de la sobredosis platónica que, en el mismo momento en el que lo elevaba hasta las alturas de lo supra-inteligible, lo arrastraba también hacia los confines de la Muerte. Sería preciso retomar la pregunta retórica que se formulaba Gilles Deleuze en uno de sus mejores libros aunque para responderla de otro modo: "¿No era necesario que Platón fuese el primero en derribar el platonismo, o por lo menos en mostrar la dirección de tal derrumbe?" (1968: 93). Deleuze encuentra en la noción de *phantasma*, como Derrida en la "noción" de *chora*, la dislocación interna del platonismo. Sin embargo, creemos que ya en el concepto de *agathon*, en tanto *epekeina tes ousias*, es decir en tanto irreductible a la *ousia* y al *on*, el platonismo se enfrenta a su punto de quiebre y de exceso. Derrida, por supuesto, tiene razón en retomar la noción de *chora* y en contraponerla incluso a la idea de hiperesencialidad, tan cara al neoplatonismo. En efecto, existe una diferencia radical entre el *agathon* (o lo Uno del neoplatonismo) y la *chora*. Mientras que esta designa un espacio irreductible a toda forma de presencia, aquel alude, en la tradición neoplatónica, a una forma eminente y suprema de presencia: *la* Presencia o la *Hiper*-Presencia, por así decir (véase Caputo 1997: 8). Nuestra hipótesis, sin embargo, es que ya en la sobredosis, a pesar de los esfuerzos realizados por la misma tradición para conjurar el peligro, se encuentra esbozada la dislocación definitiva de la metafísica. Irónicamente, el platonismo se derrumba también por arriba. En cierta forma, y para ser más precisos, es como si el sistema platónico se fugase por arriba y por abajo: hipertensión (*agathon*) e hipotensión (*chora*); sobre-dosis (el Padre) e infra-dosis (la Madre o la nodriza). En la tradición neoplatónica esta doble fuga se expresa en la idea de lo Uno-Bien por un lado y la idea de Materia primera por el otro: "Lo Uno y la Pura Materia —ambas instancias simples— se ubican respectivamente arriba y abajo [*above and below*] del Ser, de la Vida y de la Inteligencia" (Louth 2007: 157). Lejos de lo que podría creerse, o al menos de lo que ha creído Derrida, no es sólo en la *chora*, sino también en la idea de un *epekeina tes ousias* donde la metafísica se ha enfrentado a su peligro más extremo. Y este peligro, que por ahora debe permanecer opaco y que en cierta forma alude imaginariamente a lo que es inefable, va a posibilitar que el Ser se dé, se muestre, esto es: que el Ser se dinamice y aparezca.

Es preciso insistir, sin embargo, a pesar de la opacidad: ¿en qué consiste puntualmente este peligro?, ¿cuál es el riesgo de la sobredosis ontológica?, ¿por qué este *shoot up* habría amenazado con dejar al Ser en estado de coma? La respuesta está implícita en la propia tradición metafísica y de manera preeminente, como no podía ser de otro modo, en el neoplatonismo. El peligro consiste en que la sobredosis ha enfrentado al Ser con su propio Límite. El *epekeina tes ousias* ha mostrado, casi sin quererlo, la condición *limitada* del Ser. Lo cual significa que allí donde hay Límite hay también –o al menos es una posibilidad no contradictoria en sí misma– un más allá, y ese más allá es lo Otro que Ser. El "sobre" de la sobre-dosis designa esta Alteridad extra-ontológica. Pero en el mismo prefijo se haya oculta la maniobra disuasoria, la contra-marcha, el movimiento *à rebours* efectuado por Platón. El más allá de la *ousia* y del *on*, el Bien, se convertirá rápidamente en Fundamento, de tal manera que no sólo la inteligibilidad de la realidad dependerá del *epekeina tes ousias*, sino también su ser mismo, su condición ontológica en cuanto tal. Esto significa que el *extra* de la extra-ontología va a ser siempre pensado por el neoplatonismo como *supra*, como *hyper*. Hay que insistir en la doble maniobra platónica: abre una puerta, aunque sólo para cerrarla de inmediato. La apertura de la puerta consiste en el vislumbre de un Otro fuera del Ser y un más allá de la esencia; el cierre de la puerta consiste en la identificación de esa Alteridad con el Bien y consecuentemente con el Fundamento del Ser. Platón hace subir al Ser hasta ahogarlo, lo empuja más allá de su Límite. Es el Gran Flash o la sobredosis. Pero acto seguido, probablemente espantado por la transgresión cometida, convierte a ese más allá, a lo Otro, al exceso de la ontología –el "sobre" de la sobredosis–, en Fundamento: cierra la puerta. ¿Qué significa que lo Otro se convierta en Fundamento? Significa que se establece una *dependencia*, nunca conjurada por la tradición metafísica, ni siquiera por la filosofía del siglo XX hasta la actualidad, del Ser respecto a lo Otro. La operación es sutil pero determinante: el Ser *se engancha* a lo Otro. Se engancha: las cosas son, las Ideas son, el Ser es porque lo Otro lo funda, es decir lo vuelve inteligible y lo hace ser. El Sol ilumina y esa iluminación es Causa y Razón, Principio y Fin de todo cuanto existe. Que el Ser se enganche a lo Otro, como un yonqui se engancha a la droga, implica una dependencia de lo inferior a lo superior y, al límite, una *relativización de lo Otro*. Hay que ser precisos sobre este asunto: lo Otro no se relativiza en el sentido de que depende del Ser, sino a la inversa: es el Ser el que depende de lo Otro. El punto es que para que pueda darse esa dependencia tiene que plantearse o postularse necesariamente algún tipo de relación de lo Otro con el Ser, puesto que no sería posible fundar algo sin guardar algún tipo de relación. Fundar, de hecho, supone una relación entre el Fundamento y lo fundado y *por lo tanto* una relativización de los términos. Este libro lleva hasta sus últimas consecuencias el "por lo tanto" resaltado en la oración anterior. Este "por lo tanto" se apoya en la fórmula de implicancia: *relación* ⇒ *relativización* (que debe leerse: toda *relación* implica necesariamente una *relativización* de los términos), fundamental para la propuesta de esta investigación, sobre todo para la primera parte, pero seguramente cuestionable desde otras perspectivas. Hacemos deliberadamente esta aclaración porque puede darse el caso de que esta premisa —la fórmula recién mencionada— sea en verdad un falso problema o directamente una premisa falaz. Pero el punto decisivo es que, incluso en el caso de que los cimientos de todo el Sistema que pretendemos esbozar aquí sean endebles e indefendibles, el Sistema se sostiene igual. A diferencia de Descartes que exigía un punto firme para construir su edificio especulativo, en este caso el edificio se mantiene en pie aun sobre arenas movedizas. De lo que se trata aquí, entonces, es de tomarse en serio la fórmula de implicancia *relación* ⇒ *relativización* y ver adónde nos conduce. En principio, permite comprender el doble movimiento de la metafísica: la postulación de un Otro absoluto más allá del Ser (primer paso) y a la vez la postulación de una dependencia del Ser respecto a eso Otro (segundo paso). Dicho de otro modo: la metafísica postula un Otro absoluto y a la vez relativo. La relativización de lo Otro es la rehabilitación propia de la metafísica, la bajada del Ser de su elevación demoníaca, la estrategia implementada para que el *epekeina tes ousias* no sea tan *epekeina*, para que lo Otro que Ser no sea tan Otro, para que la sobredosis, en suma, no conduzca al Ser a un coma definitivo. De un extremo al otro de la historia de la metafísica, de Platón a Lévinas, de Plotino a Derrida, de Proclo a Marion, del Pseudo-Dionisio Areopagita a Blanchot, la rehabilitación del Ser ha consistido en una relativización de lo Otro. La figura de Lévinas, sin embargo, ocupa un lugar ejemplar y preeminente. Lévinas ha visto, con un poder de videncia sólo equiparable al del poeta rimbaudiano, algo que nos parece decisivo, una suerte de intuición fulgurante e intempestiva que marca de algún modo todo su proyecto filosófico, al menos de los años cincuenta en adelante: la ontología es violencia. Esta tesis, que encuentra su inspiración en *Der Stern der Erlosung* de Franz Rosenzweig, como el mismo Lévinas hace explícito, es también el punto de partida del presente libro. En la medida en que el movimiento propio del Ser se caracteriza por una reducción de lo Otro a lo Mismo, la ontología se constituye como Totalidad. De allí que Lévinas sea uno de los pensadores contemporáneos que más lejos ha ido en el camino abierto por Platón y el neoplatonismo. El riesgo último, implícito en la sobredosis platónica, se dice, en el léxico lévinasiano, *autrement qu'être ou au-delà de l'essence*. Lévinas ha visto entonces la puerta entreabierta por Platón, el umbral a lo Otro; ha reivindicado incluso la necesidad de la sobredosis, la urgencia de que la ontología, a fin de evitar su clausura y su totalización, sea trascendida por una Alteridad infinita; ha identificado además, como buen platónico o neoplatónico (aunque no ortodoxo, claro), esa Alteridad con el Bien. Sin embargo, y en parte por haber hecho todo esto, no ha podido evitar el segundo paso, el paso en falso característico de toda la historia metafísica: la relativización del Otro. De hecho, el mismo Lévinas recurre explícitamente al sentido vinculante del término *religio* para pensar la relación asimétrica entre el Yo y el Otro: "Nos proponemos llamar religión *al vínculo [le lien]* que se establece entre lo Mismo y lo Otro, sin constituir una totalidad" (1990: 30; las cursivas son nuestras). Como mostraremos en el Libro Δ, Lévinas se ve obligado a tal movimiento porque pretende fundar la ontología en una ética o elaborar, como explica en el prefacio a la segunda edición de *De l'existence à l'existant*, "una ética más vieja que la ontología" (2004: 12). Lo mismo puede decirse del pensamiento de Derrida, no sólo en relación a la problemática de lo Otro que hereda de Lévinas, a quien elogia y critica en un célebre ensayo de los años sesenta, sino en relación a su "concepto" de *chora* o de *différance*, la cual sería también "más vieja" que la diferencia ontológica heideggeriana. Tampoco en este caso, por motivos que veremos más adelante (Libro E), se trata de un Otro absoluto, de una Diferencia absoluta. La misma dificultad se puede encontrar en los demás autores abordados en los próximos capítulos. El punto que intentamos señalar ya desde ahora es que en todos los casos y durante toda la tradición metafísica, post-estructuralismo incluido, se produce siempre una relativización de lo Otro. Relativización porque el Ser se engancha a lo Otro. Son los dos pasos de la metafísica, algo así como la *anabasis* y la *katabasis* del Ser, su aurora y su crepúsculo, su Oriente y su Occidente. El problema es que el segundo paso es un paso en falso. Y es en ese punto que aún hoy la filosofía sigue siendo platónica. Es como si los autores post-estructuralistas e incluso post-metafísicos celebraran por un lado la sobredosis del Ser realizada por Platón, el *shoot up* que amenazó con sumir al Ser en estado de coma, y por otro lado siguieran rehabilitándolo al relativizarlo. En este sentido, dan los dos pasos inaugurados por Platón: eyectan al Bien –o al *phantasma* o la *chora*, en el caso de Deleuze y Derrida respectivamente– más allá del Ser, pero inmediatamente lo introyectan al establecer una relación (de responsabilidad, de cuasi-trascendentalidad, de asedio, etc.) entre lo Otro y el Ser. Absolutizan a lo Otro y lo relativizan en un mismo movimiento o, mejor aun, en dos movimientos de una misma operación de subibaja: *shoot up* y *shoot down*, *supradosis* e *infradosis*, hipertensión e hipotensión. Lo que dan con la mano izquierda lo quitan con la derecha.

Frente a este panorama, la apuesta filosófica de este libro consiste en retener el primer paso, la postulación de un Otro *absoluto* fuera del Ser, pero no el segundo, la relativización de ese Otro. Se comprenderá pues la magnitud del problema: hay que celebrar la sobredosis pero sin relativizar lo Otro. Lo cual supone explicar el estado de desencaje del Ser, su darse delirante, más allá de toda rehabilitación posible. El estado de coma del Ser no significa, sin embargo, su parálisis estéril, sino todo lo contrario: su *dynamis* propia, la oportunidad de su aparecer.

(3)

En suma, lo que intentaremos plantear en este libro es la posibilidad de postular un Otro absoluto –y en esto retomamos la exigencia lévinasiana y, más allá, platónica y neoplatónica– irreductible al Ser/ente (es decir, a la diferencia ontológica y a los dos niveles –óntico (*das Seiende*) y ontológico (*das Sein*)– que esa diferencia articula y distingue) pero que *no se relativice*. Para realizar tal movimiento teórico es preciso que esa Alteridad radical no guarde *ninguna relación* con el Ser/ente; y al mismo tiempo, es preciso que el Ser/ente *no dependa* de lo Otro, que es lo que ha terminado sucediendo en todos los autores mencionados, post-estructuralistas y post-metafísicos incluidos. La hipótesis que intentaremos someter aquí a examen es que el Ser/ente no accede nunca a lo Otro ni lo Otro al Ser/ente. *No hay relación*. La única "experiencia" del Ser/ente es la del Límite que lo circunscribe, experiencia que surge por vez primera con Parménides –recuérdese la noción de Límite último (*peiras pymaton*) que propone Parménides en el fragmento 8 de su poema y que no ha dejado de atormentar a los estudiosos desde la Antigüedad hasta nuestros días– y que Platón recupera, aunque sólo para transgredirla, en *República*. En tanto el Límite concierne a la ontología, en tanto es el Límite *del Ser*, la sobredosis platónica representa realmente un *peligro mortal* para el Ser, la posibilidad de transgredir el perímetro que mantenía al Ser en su condición propia, es decir *siendo*. La filosofía contemporánea asume este desafío y lo extrema: está convencida de haber des-fundado finalmente al Ser puesto que, teniendo plena conciencia de las insuficiencias de la tradición metafísica, no concibe a lo Otro en términos de Fundamento, que era el modo mediante el cual esa tradición, ya desde el mismo Platón, lograba resucitar al Ser moribundo. Sin embargo, la estrategia que implementan los autores contemporáneos para des-fundamentar la ontología consiste en postular, por un lado, un Otro *absoluto* fuera del Ser, y, por otro lado, una *relación* entre eso Otro y el Ser. Pero si esto es así, entonces la filosofía contemporánea tampoco consigue desbaratar la ontología. En efecto, dado que la única manera de desbaratar al Ser es postulando un Otro absoluto, como bien ha visto Lévinas, y dado que para postular un Otro absoluto es a su vez necesario que no exista relación entre eso Otro y el Ser, ya que *relación* ⇒ *relativización*, se sigue que los autores contemporáneos, postulando una relación entre lo Otro y el Ser, no des-fundamentan por completo a la ontología, puesto que lo Otro que postulan no es absoluto sino relativo. Por esta razón, si queremos ser fieles a nuestra intención de postular un Otro absoluto que no se relativice, deberemos garantizar la imposibilidad de trasgredir el Límite del Ser. El riesgo, desde luego, es que al no haber transgresión del Limite no haya tampoco sobredosis y por lo tanto que el Ser se cierre y se totalice. Sin embargo, uno de los descubrimientos de este libro es que no es necesario que haya transgresión del Límite para que el Ser se des-fundamente y se des-totalice. Al contrario, basta que el Ser/ente experimente su Límite. Es el Límite el que provoca que el Ser/ente *imagine* un más allá. Por tal motivo, la postulación de un Otro absoluto fuera del Ser que no se relativice conduce necesariamente a complementar ese más allá extra-ontológico con una ontología fenomenológica *de la imaginación*. La ontología de la imaginación consiste en que el darse del Ser/ente está determinado por el Límite que lo circunscribe. La proyección imaginaria *de* lo Otro (genitivo objetivo, pues lo Otro es lo imaginado por el Ser, lo cual no significa que lo Otro no pueda existir efectivamente más allá del Límite, sólo que tal cosa es inverificable) determina el darse del Ser/ente, la modalidad de su aparecer. Es el hecho de no poder atravesar el Límite lo que provoca que el Ser *imagine* la transgresión y se sobredosifique. El Ser, al imaginar (lo cual equivale a "el Ser, al ser"), existe fuera de sí. Nótese que no hay ninguna intervención de lo Otro en lo Mismo, ni rostro ni huella ni asedio, y por eso no se relativiza. Todo sucede al interior de la ontología, al interior del Ser/ente. Lo Otro mantiene su condición absoluta: no funda (neoplatonismo), no se revela (Marion), no responsabiliza (Lévinas), no abre ningún espacio de juego (Derrida), no marca o des-obra (Blanchot), no inhiere o asedia (Ludueña Romandini), etc. Es el Ser/ente el que, llegado a su Límite, *imagina* lo Otro, al cual sin embargo nunca accede, y en esa imaginación se da; es más, su darse es ese proceso imaginario, la apertura que hace posible su aparición y al mismo tiempo su descalabro. Se objetará que, desde el momento en que existe un Límite entre el Ser y lo Otro, lo Otro se ve limitado y por lo tanto pierde su condición de *ab-solutus*, de des-vinculado, de no tener respecto, puesto que se vincularía precisamente con el Límite. Sin embargo, esta objeción sólo es pertinente respecto al Ser, pero no se aplica a lo Otro, al más allá del Límite, puesto que no sabemos ni podemos saber nada del más allá, ni siquiera que es *ab-solutus* en el sentido de desvinculado o de in-finito *en sí mismo*. Por eso cuando en este libro decimos que lo Otro es absoluto nos referimos simplemente a que no tiene una relación *con el Ser*, es decir con el más acá del Límite, pero eso no significa que no pueda tener una relación con la cara externa del Límite, al cual conviene imaginárselo –por comodidad pedagógica– al modo de un Muro o, mejor aun, como la superficie liminal de una Esfera. Lo que vuelve absoluto a lo Otro es la infranqueabilidad recíproca del Límite, el hecho de que no existe relación entre un lado y el otro. *Absoluto* no significa por eso, al menos desde nuestra perspectiva, infinito o ilimitado, sino inaccesible e inefable. Afirmar que lo Otro que Ser es infinito o ilimitado o inaccesible o inefable es ya decir demasiado, es ya predicar algo positivo de lo Otro. Pero tal predicación, en función de la condición infranqueable e impermeable del Límite, está vedada. Aun admitiendo que lo Otro se relaciona con la cara externa del Límite, sigue siendo absoluto, aunque sólo *para el Ser*, puesto que no hay relación entre el más acá y el más allá del Límite. En síntesis (y a riesgo de ser reiterativos): la condición absoluta de lo Otro es válida sólo *para el Ser* y no para lo Otro *en sí mismo*, por eso debe tenerse siempre presente que entre el Ser y lo Otro *no hay relación*.

(4)

— Un momento. ¿Dijo "ontología fenomenológica"?

— En efecto.

— Pero.... ¿no es ese el subtítulo de *L'être et le néant*?

— Sí, claro: *Essai d'ontologie phénoménologique*. De todas formas, lo que intento desarrollar en este libro no sólo es una ontología fenomenológica, sino una ontología fenomenológica *de la imaginación*. Esta aclaración es muy importante.

— De nuevo me suena a Sartre. ¿Acaso el subtítulo de *L'imaginaire* no es *Psychologie phénoménologique de l'imagination*?

— Por supuesto. La ontología fenomenológica de la imaginación se inspira en los subtítulos de los libros de Sartre, pero sólo en los subtítulos.

— ¿A qué se refiere con "sólo en los subtítulos"?

— A que no me interesa demasiado lo que entiende Sartre por ontología fenomenológica o por psicología fenomenológica de la imaginación. Sólo me interesa lo que esos subtítulos me sugieren. Por ejemplo, la ontología fenomenológica de la imaginación en la que estoy pensando no supone ninguna conciencia que imagine. El Ser imagina, no la conciencia humana. Por eso no es una psicología, como en *L'imaginaire*, sino una ontología.

— ¿Cree que es una buena decisión? Digo, a esta altura del partido, ya bien entrados en el siglo XXI, ya habiendo pasado por el post-estructuralismo, por el giro ontológico, el post-humanismo, el decolonialismo, el realismo especulativo y un largo etcétera, ¡¿le parece plantear una teoría que se inspira (aunque sea indirectamente) en Sartre?!

— Sí, claro, no veo un problema ahí.

— ¡¿Y encima tiene planeado volver a la fenomenología, con todo lo que eso implica?, ¿con todas las críticas que ha recibido?! No entiendo qué lo motiva a adoptar semejante perspectiva.

— Bueno, antes de indignarse y de prejuzgar, lea el libro y me dice qué le parece. De todas formas, le concedo desde ahora que, si el proyecto que tengo en mente se agotase en una ontología fenomenológica de la imaginación, sus observaciones tendrían mucho sentido. Sucede que la ontología es sólo una parte de la teoría, y ni siquiera la parte fundamental. El Ser no es la última palabra.

— Me deja intrigado. Leo el libro y le cuento.

El Límite es un Espejo roto, fragmentado y distorsionador en el cual el Ser/ente imagina lo Otro y en esa imaginación delirante se da, se muestra. Nótese, como ya indicamos, que el Otro no determina que el Ser/ente *sea*, sino el *modo* en que es; es decir: no establece que *es* y *qué* es, sino *cómo* es. La reacción del Ser/ente frente al Límite que lo determina es adverbial y no substantiva. Pero esta determinación no la realiza, en términos estrictos, el Otro, sino el Ser/ente mismo al enfrentarse al Límite. De este modo es posible salvar el gran problema de la relativización del Otro. Desde Platón a Marion ha regido la siguiente consigna: sin el Otro (el Bien en Platón, lo Uno en Plotino, la *différance* en Derrida, Dios en Marion, etc.) el Ser/ente no sería. Desde la perspectiva que quisiéramos desarrollar en este libro, en cambio, sin el Otro (entendido como el Fantasma proyectado por el Ser al enfrentarse al Límite) el Ser/ente sería igualmente, aunque no sería *tal como* es, es decir no se daría en el *modo* en que se da y, al extremo, no se daría en absoluto. Aquí resulta imperioso introducir una aclaración: si se identifica al Ser con el Aparecer, es decir a la ontología con la fenomenología, según la perspectiva que adoptaremos en esta investigación, y si el aparecer del Ser depende de la experiencia del Límite y más concretamente de la sobredosis, entonces el Ser comienza con esa experiencia, comienza cuando aparece, ya que Ser y Aparecer coinciden. El punto decisivo es que, si puede decirse que hay Ser, que el Ser es, es sólo porque el Límite le ha inoculado a lo Otro como proyección fantasmática. De todas formas, por el momento no disponemos de los conceptos necesarios para poder dar una respuesta más precisa y más convincente a este problema, conceptos que serán elaborados en el transcurso del libro, sobre todo en la segunda parte, pero baste decir que: 1) lo Otro, que no es más que una proyección imaginaria del Ser –aunque nada impide que sea más allá del Límite–, no condiciona que el Ser sea sino el Límite, que no es un Otro absoluto, sino un Otro relativo al Ser, razón por la cual lo Otro absoluto, lo que está más allá del Límite, conserva su naturaleza absoluta; y 2) el Límite no hace surgir *ex nihilo* al Ser, sólo lo hace aparecer y mostrarse, pero ya había "algo" antes del Ser, "algo" que por ahora no podemos nombrar pero que constituye el *sustrato* del fenómeno, "lo" que aparecerá cuando resulte determinado por el Límite. De tal manera que ese "algo" no depende de lo Otro, ni siquiera del Límite, pero su darse, el *modo* de su aparición sí depende de la determinación efectuada por el Limite en el Acontecimiento onto-fenomeno-génico. El Límite, y no lo Otro absoluto, modula o modaliza a ese sustrato a fin de que aparezca: lo adverbializa. Pero no debe creerse por eso que, al no depender de lo Otro, el Ser se clausura sobre sí mismo. En efecto, la necesidad de postular un Otro absoluto se debe a que el Ser tiende a la totalidad, como bien ha visto Lévinas, identificando ontología y violencia. Para Lévinas, la figura del Otro, el rostro del Otro abre el Ser a lo Infinito y de este modo rompe toda clausura y toda totalidad. Sin embargo, en este libro nos interesa plantear que el Otro no abre nada, ni de forma directa ni indirecta, pero igualmente el Ser no se totaliza, ya que la imaginación (que el Ser es) lo disgrega y lo hace aparecer, lo da, *como si* el Otro lo constituyera. En lo que difiere el planteo de este libro del de la tradición, incluido el de Lévinas o Derrida o Marion, es que en general se plantea que hay un Otro, y a partir del Otro se explica lo Mismo, puesto que lo funda o lo responsabiliza o lo antecede o lo "produce" o lo posibilita/imposibilita, etc. En el caso de Lévinas por ejemplo, pero también de Derrida o Marion, el Otro es constitutivo y anterior. Según la línea que quisiéramos plantear en este libro, por el contrario, no es posible afirmar cómo es o qué es o qué hace lo Otro puesto que no es relativo, no se da, ni siquiera como Deseo o idea de Infinito. A lo sumo, se puede afirmar que hay un Límite y que todo Límite presupone un más allá, pero la cualidad de ese más allá sólo es una conjetura imaginaria. Nada puede predicarse del más allá. El lenguaje alcanza al Límite, pero no lo transgrede. Lo Otro no se insinúa en lo Mismo como la idea cartesiana de Infinito (Lévinas) ni como el Dios cristiano a través del Hijo (Marion), ni como el espectro desde su condición indecidible (Derrida), etc. Hay Límite último (*peiras pymaton*): hasta allí llega la ontología. En rigor, no se puede decir que lo Otro es o que no es; como en la teología negativa, lo Otro es inefable, indecible e impensable. La única diferencia con la teología negativa es que, a pesar de ser absolutamente trascendente, para esta tradición teológica lo Otro es condición de posibilidad de que el Ser sea. Esto es así tanto en la línea neoplatónica como en la filosofía contemporánea: el mundo inteligible y sensible dependen del Bien (Platón), el Intelecto y el Alma dependen de lo Uno, es decir la segunda y la tercera hipóstasis dependen de la primera (Plotino), lo Mismo depende de lo Otro (Lévinas), la creación depende del Creador (Marion), las diferencias y las oposiciones dependen de la *différance* (Derrida), etc.

(6)

Sería impertinente decir que esta relativización de lo Otro se debe a una suerte de deficiencia de estos autores notables. Muy por el contrario, cada uno de los pensadores considerados aquí ha postulado un Otro que Ser o un más allá de la esencia a partir de necesidades puntuales y específicas a sus filosofías respectivas y contextos históricos. Platón postula al Bien como más allá del Ser porque siente la necesidad de encontrar un Fundamento tras-cendente incluso de la realidad inteligible; lo mismo con lo Uno de Plotino o, ya en un marco cristiano, con el Dios del Pseudo-Dionisio; Marion tacha a Dios para distanciarlo de la diferencia ontológica de Heidegger; Lévinas (y en cierta forma también Derrida) postula un Otro radical por una necesidad ética; Blanchot sugiere que lo Neutro asedia al lenguaje y marca al Ser para pensar, entre otras cosas, la escritura literaria; Ludueña Romandini desarro-lla una disyuntología espectral a fin de que el Ser no se constituya como un Uno homogéneo; etc. No hay ninguna deficiencia aquí, sino pensamientos que responden a problemas puntuales. En todo caso, es recién ahora, ya bien entrados en el siglo XXI, que acaso resulta posible lanzar una mirada panorá-mica y retrospectiva y detectar algo así como un rasgo común en todos estos autores y problemas, sumamente heterogéneos e incluso contrarios entre sí: la relativización de lo Otro.

(7)

Asumir la sobredosis del Ser, tomarla en serio, recibir el impacto del *shoot up* ontológico, significa dar también dos pasos, pero diversos a los de la tradi-ción metafísica. La importancia de la sobredosis es que ha permitido vislum-brar, a pesar del mismo Platón, un Otro más allá del Ser. En este sentido, se trata de mantener esta Alteridad radical, pero sin identificarla con el Bien o lo Uno o lo Infinito, etc. Nada se puede predicar de lo Otro absoluto, y jus-tamente por eso no puede establecerse ninguna relación jerárquica entre lo Otro y el Ser. La transgresión del Límite, desde la sobredosis platónica en adelante, es siempre imaginaria. Las elucubraciones sobre lo Otro abso-luto son Fantasmas de la imaginación. La sobredosis es la transgresión del Límite, razón por la cual es en sí misma una experiencia-límite (G. Bataille). Pero la transgresión es un producto de la imaginación, no hay transgresión real –salvo que se admita, como de hecho hacemos aquí, que la ficción es algo muy real–, ya que no hay relación posible con el más allá del Límite. En suma, no hay acceso real a lo Otro, sino imaginario. Pero como Ser e Imaginación coinciden para la ontología fenomenológica, el acceso imaginario es real. Esto es: el acceso a lo Otro no es *en-sí*, sino *para-el-Ser*. Lo decisivo es que el Ser no es la última palabra. Además de lo que es para-el-Ser, hay Límite e incluso, nada lo impide *a priori*, hay lo Otro más allá del Límite, del cual ya no puede decirse que sea, sino, a lo sumo, que es.

(8)

Se comprende así la impronta ficcional, fantasmática –ideológica, dirán algunos– del idealismo platónico. Pero en esa ficcionalización, en ese impulso al más allá, en ese gusto por la sobredosis, el idealismo resulta más interesante que el materialismo, al menos que el materialismo que no va hasta el extremo (véase Libro Γ, apartado 6). Estos dos vectores o polos filosóficos, a los cuales podemos identificar respectivamente con las figuras del "pensador onírico" y del "crítico severo", encuentran siempre encarnaciones concretas. El caso paradigmático es el de Platón, el pensador onírico o el idealista yonqui, y Aristóteles, el crítico severo o el materialista lúcido. La diferencia se percibe sobre todo en el estilo de escritura: inspirado el de Platón, desbordado y exultante, pletórico de mitos y poesía, incluso a pesar de sí mismo; sosegado el de Aristóteles, analítico, auto-controlado y aséptico. Si bien es cierto que por lo general los tratados de Aristóteles son apuntes de clases, se siente al leerlos que el maestro nunca suelta la pluma (o la lengua), nunca se le va la mano, nunca –o en muy pocos casos– pierde el control de su pensamiento. El caso de Platón es mucho más conmovedor: anhela la racionalidad controlada, el gobierno de la inteligencia sobre las pasiones, la sucesión argumental, dialéctica, de las ideas; sin embargo, no puede evitar la desmesura poética, el recurso al mito, la belleza del canto, como si la *phronesis* no pudiera impedir los vuelos desatinados de la *mania*. Se trata, por supuesto, de vuelos ficcionales. Por eso el crítico severo no deja de denunciar los delirios metafísicos y los devaneos fantásticos del pensador onírico. Aristóteles critica la teoría de las Ideas, la noción de un más allá del Ser, la partición (*chorismos*) innecesaria de la realidad, etc. Pero a la vez se priva en cierta forma de la potencia *excesiva* de la ficción imaginaria, de la disrupción única que prometía la sobredosis.

Al denunciar el carácter ficcional e imaginario del *shoot up* idealista, al desconfiar, el materialista lúcido se queda sin lo más *extremo* de la ficción, sin el punto *límite* de la experiencia-límite, sin la ficción *real* –sin lo real *de* la ficción– del Gran Flash. De allí que el crítico severo esté siempre preocupado, como Aristóteles en *La scuola di Atene*, la célebre pintura de Rafael, por bajar el Ser a la tierra. Al *shoot up* del pensador onírico le opone así su propio *shoot down*. Como si dijera: ese "arriba" es ficticio, por lo tanto hay que rechazarlo. Pero lo que termina rechazando de algún modo, casi sin darse cuenta, es la ficción *tout court* o, con mayor precisión, la *realidad* de la ficción, los efectos *reales* de la imaginación. Para el crítico severo, los vuelos (ilegítimos) del pensador onírico son "metáforas poéticas [*metaphoras legein poietikas*]", según la expresión que emplea Aristóteles en *Metafísica* 991a19-23 para criticar la teoría platónica de las Formas. El pensador onírico imagina y cree en la realidad de lo imaginado; el crítico severo no cree en la realidad de lo imaginado por el idealista, pero sí cree que lo que él plantea es real y no, como sucede a menudo (*pace* Q. Meillassoux), una ficción también imaginaria o una metáfora poética (¿qué otra cosa es, en efecto, el motor inmóvil o la teoría hilemórfica o el geocentrismo, etc.?). El problema con el idealista yonqui es que cree en la realidad objetiva de su *ficción* imaginaria; el problema del materialista lúcido es que cree que hay una realidad objetiva *detrás* de la ficción imaginaria. Ambos ignoran la realidad de la ficción. Como sea, estas dos actitudes, que implican además dos modos diversos de hacer filosofía, de escribir y de pensar, atraviesan toda la historia filosófica. Platón tuvo su Aristóteles, pero también el Maestro Eckhart su Juan XXII, Duns Scoto su Guillermo de Ockham, Nietzsche su Wilamowitz-Moellendorf, Cantor su Leopold Kronecker, Meinong su Bertrand Russell, Heidegger su Rudolf Carnap, Derrida sus universitarios de Cambridge, Deleuze su Michel Cressole, Cristina su David Viñas, etc. La relación entre el pensador onírico (Platón) y el crítico severo (Aristóteles) se asemeja, en este sentido, a la dialéctica del Amo y el Esclavo. El crítico severo es como el Amo, quien decide negar su vida poética, es decir renunciar a la ficción en pos de la realidad y la verdad; el pensador onírico, por el contrario, no niega su pulsión poética y ficcional, pero justamente por eso sucumbe a las críticas del materialista lúcido y se somete a él. Sin embargo, le basta al pensador onírico reconocer la condición ficcional e imaginaria de su teoría para eludir las críticas del materialista lúcido y llevar la ficción –la realidad de la ficción– a un nivel superior incluso al de la presunta realidad del crí-

     METANFETAFÍSICA. Ensayo de sobredosis ontológica

tico severo. Si es el Esclavo el que triunfa finalmente es porque al reconocer la condición ficcional e imaginaria de su teoría obliga subrepticiamente al Amo a admitir que su respectiva teoría es también una metáfora poética. El Esclavo gana porque es mejor poeta que el Amo. Este muestra que el pensamiento onírico es una metáfora vacía, un fantasma imaginario, mientras que él detenta la verdad de lo real, sin engaños ni ficciones. Somete al Esclavo. Pero le basta al pensador onírico reconocer que el Amo tiene razón para volver la ficción en contra del Amo. El Esclavo admite: "es cierto lo que dices, Amo, mis ideas son ficticias, meros delirios imaginarios, pero lo que no ves es que lo mismo se aplica a tus ideas". Y en ese punto, el Amo sucumbe. No puede hacer nada ante la ficción del Esclavo. Carece de fuerza poética, sus metáforas son débiles, su imaginación es corta. Al principio de economía del Amo, el Esclavo le opone un principio de dilapidación; a la navaja de Ockham, la flecha de Eros. Una vez que ambas teorías han sido ubicadas en el mismo plano, en el registro de la ficción, el Amo no tiene nada que hacer. El motor inmóvil de Aristóteles, el pensamiento que se piensa a sí mismo, es una sombra empobrecida del demiurgo del *Timeo*; la asepsia —interesantísima, desde luego— del *De anima* no alcanza nunca el paroxismo dramático del *Fedón*; el *logos* sosegado del Liceo, a pesar de su rigor y su enorme influencia en la tradición filosófica, no puede acallar jamás el *mythos* inspirado de la Academia. Si todo es mito, el Esclavo triunfa. Quentin Meillassoux objetaría que es posible un conocimiento de la realidad en cuanto tal, es decir sin ficción alguna y con precisión matemática. ¿Atenderíamos a esta objeción? Quizás, pero sólo porque *Après la finitude* es una gran ficción filosófica, tan grande como el mejor de los diálogos platónicos.

(9)

Se trata entonces de retomar lo que la sobredosis platónica dejó entrever, el más allá insinuado tras los velos de la ficción imaginaria, porque, además de romper la totalización del Ser, esa ficción imaginaria determina ni más ni menos que la realidad ontológica en su aparecer, el modo de darse del Ser/ente. La realidad de la ficción es la realidad *tout court*, por eso la imaginación es ontológica y no psicológica o humana. El desafío, entonces, consiste en retener la noción de un Otro que Ser y de un más allá de la esencia, cuya silueta fantasmática nos ofrece la sobredosis platónica, pero sin relativizarlo, es decir sin enganchar el Ser a ese más allá, sin hacer depender la condición ontológica del Ser, el hecho de que el Ser sea, de ese Otro absoluto. En paralelo, se debe explicar el darse del Ser como proceso imaginario y como resultado de la experiencia del Límite. En suma, los núcleos propositivos de este libro son:

1) Postular un Otro absoluto fuera del Ser/ente que no se relativice.
2) Explicar el darse del Ser/ente como una respuesta imaginaria a la experiencia del Límite.

Esta empresa, que puede parecer desmesurada y que tal vez lo sea, solicita que la investigación se estructure en dos partes fundamentales: una primera parte histórico-expositiva que nos permita sopesar de qué manera la tradición metafísica y post-metafísica ha pensado a la sobredosis del Ser y qué ha hecho con ella; una segunda parte propositiva en la que se desarrolle la teoría que esbozamos aquí y se lleve hasta el extremo la maniobra —la sobredosis— que la metafísica abandonó en el momento de mayor intensidad. La primera parte, titulada "Metafísica *Overdrive*. Genealogía de una sobredosis", es la más incómoda, también la más rigurosa y la que requiere una mayor paciencia y concentración; la segunda, titulada "*Speculum* del otro Ser. Ontología fenomenológica de la imaginación", es ya más libre e inmoderada. Ambas partes están divididas por una *Intermissio* que establece las premisas conceptuales necesarias para que la teoría aquí propuesta pueda ser desarrollada.

(10)

La metanfetafísica es a la metafísica lo que la metanfetamina a la anfetamina. Metanfetafísica es el nombre de la ciencia general que estudia el Shock o el Gran Flash de la metafísica y busca desarrollar de la forma más sistemática posible las consecuencias que se derivan de ello. La posibilidad de esta ciencia general se basa en la premisa de que el impulso a la trascendencia o a la elevación, característico de la metafísica occidental, fue demasiado lejos, tan lejos que, dejando atrás incluso al Ser, a lo Ideal, a Dios, etc., amenazó con la implosión de todo el edificio. La metanfetafísica asume esa implosión e intenta pensar con todo rigor un Sistema coherente que no reduzca lo Otro a lo Mismo y que por lo tanto no lo relativice. El Ser descubre a lo Otro, sin acceder a él de forma directa, en el Gran Flash o la sobredosis (el *epekeina tes ousias* de Platón). El Sistema metanfetafísico surge allí donde colapsa (por

   METANFETAFÍSICA. Ensayo de sobredosis ontológica

sobre-excitación y sobre-estimulación) el Sistema Nervioso Central de la metafísica tradicional. Cuando el Ser pierde su coordinación y convulsiona, comienza la metanfetafísica.

No deja de ser interesante que la palabra *anfetamina*, a partir de la cual se ha construido *metanfetamina*, contiene el término *fenilo* (del francés *phenyle*, que a su vez proviene del griego *phaino*, brillar, de la misma familia que *phaos*, luz, y que *phainomenon*, fenómeno, pero también que *phantasia*, imaginación). La composición de metanfetafísica, entonces, haría jugar los términos *meta + phaino + physis* y significaría, no sólo lo que está más allá de la física, sino que también consideraría a la misma física como darse o aparecer del Ser. De tal forma que el término metanfetafísica implicaría tanto lo que aparece, y que coincide con la ontología, cuanto lo que se encuentra más allá de lo que aparece, y que coincide con la extra-ontología. Si la metafísica se declina, según la etimología habitual, *ta meta ta physica*, la metanfetafísica se declina *ta meta ta phainomena ta physica*. ¿Influencia heideggeriana? Sin duda. *Phainesthai* y *physis* son sinónimos, lo mismo que *physis* y *einai* (véase Libro Λ, apartado 1). De allí la Santa Trinidad de los helenos según Heidegger: *phainesthai = physis = einai*. Sin embargo, lo propio de la metanfetafísica es que, al identificar al Ser/ *physis* con el Aparecer y al plantear un más allá (*meta*) de la *physis*, plantea un más allá del Ser y del Aparecer. El *meta*, en este caso, designa un Otro absoluto fuera de la ontología. La metanfetafísica comienza en el preciso momento en el que Heidegger termina de tachar el Ser.

(11)

La sobredosis del Ser es la pesadilla de la metafísica. No debe sorprender por lo tanto que, si la metafísica nace con una sobredosis a la que, sin embargo, intenta conjurar por todos los medios, su decurso histórico coincida con un largo esfuerzo por despertarse de ese mal sueño auroral. La rehabilitación del Ser, que constituye lo más propio de la tradición onto-teológica, no es sino un esfuerzo colosal destinado a que el Ser despierte de su pesadilla. Ese esfuerzo colosal se conoce como "historia de la metafísica occidental". Por el contrario, la metanfetafísica se propone, para decirlo con Charles Marlow, el protagonista de *Heart of Darkness*, la genial novela de Joseph Conrad, "soñar la pesadilla hasta el fin [*to dream the nightmare out to the end*]" (1916: 117). No se trata, por eso, de despertarse del sueño (dogmático o no), sino de soñarlo hasta sus últimas consecuencias, hasta que el propio Ser se deshaga y se rompa. El viaje metanfetafísico obliga al Ser a llegar, para continuar recordando títulos o partes de títulos de novelas geniales, *au bout de la nuit*. El problema con la metafísica, por eso mismo, no es que sueñe, sino que no sueñe lo suficiente, que no lleve el sueño hasta el extremo. Su deficiencia, no obstante necesaria para poder constituirse como tal, como tradición hegemónica, obedece a su inveterado horror al coma ontológico, al dislate que la pesadilla amenazó con introducir en el seno del Ser desde su mismo nacimiento. En lugar de internarse *into the heart of darkness*, en el abismo que dejaría al Ser fuera de sí y sin reacción posible, prefirió regresarlo a la seguridad de la Luz: despertarlo. La historia de la metafísica no es más que la crónica de esa vigilia —y de sus eventuales adormecimientos, desde luego—. En suma, para la metanfetafísica todo el problema de la metafísica, al contrario de lo que podría pensarse *prima facie*, o por lo pronto de lo que ha pensado buena parte de la filosofía de los siglos XIX-XX e incluso del siglo en curso, no está en su abstracción desmesurada o en sus devaneos delirantes, sino en que tales devaneos *no son lo suficientemente delirantes ni lo suficientemente desmesurados*. De allí la conclusión fundamental a la que llega la metanfetafísica: *la metafísica no es lo suficientemente metafísica*. Esta objeción debe tomarse con la mayor seriedad. De nuevo, el problema no está en la pesadilla en cuanto tal, sino en sustraer al Ser de la conmoción definitiva que solo la pesadilla, siempre y cuando sea vivida hasta el fin, es capaz de provocar. Hay dos modos de escapar del sueño dogmático: uno es el kantiano, que implica adoptar una actitud *crítica* respecto al sueño, actitud crítica que despierta al durmiente alucinado (por ejemplo Swedenborg, en el caso de ese ensayo fascinante que es *Träume eines Geistersehers*) y lo devuelve a la Luz de la razón; el otro es el que propone la metanfetafísica y que consiste en atravesar la pesadilla hasta que el Ser pierda la conciencia y entre en coma. No se trata, sin embargo, de permanecer en la noche más absoluta, en algún tipo de oscuridad nihilista o irracional. Se trata de alcanzar otra forma de lucidez, otra frecuencia de pensamiento: la claridad de quien ha sido expropiado de toda Luz, la conciencia después de la conciencia, la visión de Edipo luego de arrancarse los ojos, el desierto que sigue al desierto y que ofrece una racionalidad otra pero no por eso menos rigurosa y sobria. La metanfetafísica dice: la luz de la metafísica es una luz demasiado tenue, una luz a medias, es la iluminación —el Iluminismo— que surge de su temor intrínseco a la sobredosis. Frente a esta

 METANFETAFÍSICA. Ensayo de sobredosis ontológica

luz acomplejada, la metanfetafísica exige que se conquiste *otra* luz, la que sucede a la noche: el resplandor que sólo vislumbra quien ha debido morir en el intento. Luego de la pesadilla, resta la incandescencia metanfetafísica.

(12)

En cierto sentido, la objeción levantada por la metanfetafísica a la metafísica encuentra una resonancia más o menos familiar en una idea propuesta por Alexius Meinong a principios del siglo XX. Según Meinong, "la metafísica tiene que ver con todo lo que existe. No obstante, la totalidad de lo que existe, incluyendo lo que ha existido y lo que existirá, es infinitamente pequeña en comparación con la totalidad de los Objetos de conocimiento" (1904: 5). Meinong pretendía construir una teoría, a la que llamó *Gegenstandstheorie*, que diera cuenta de esos Objetos que la metafísica no había sido capaz de pensar: "No importan cuán generales puedan ser los problemas construidos por la metafísica, hay cuestiones incluso más generales. [...] Las cuestiones que conciernen a la teoría de los Objetos son de esta clase" (1904: 37). Meinong explicaba, además, que esta clase de Objetos, a los que calificaba de puros, estaban más allá del Ser y del No-Ser (*jenseits von Sein und Nichtsein*). Su dominio específico, por tal razón, se encontraba más bien fuera del Ser (*Außersein*). El universo de los objetos considerados según su *Sein*, aclaraba Meinong, correspondía a la metafísica y requería un conocimiento empírico y *a posteriori*. El universo de los Objetos puros, de los Objetos allende al Ser, en cambio, nunca pensado por la metafísica, correspondía a la *Gegenstandstheorie*. En este caso, se trataba de un conocimiento *a priori*:

> Lo que podemos conocer de un Objeto en virtud de su naturaleza, por ende *a priori*, pertenece a la teoría de Objetos. Esto implica, en primer lugar, el ser-así [*Sosein*] de lo "dado". Pero también implica su ser [*Sein*] en tanto puede ser conocido a partir de su ser-así. Por otro lado, aquello que resulta determinado de los Objetos solo *a posteriori* pertenece a la metafísica (1904: 40).

Lo que quisiéramos retener de todo esto, en función de su cercanía con la metanfetafísica, es que Meinong reformula —sin querer o queriendo, probablemente queriendo— la jerarquía de las ciencias tradicionales. En lugar de criticar a la metafísica por ser demasiado especulativa y poco empírica, según la diatriba positivista, Meinong la critica por ser demasiado empírica y no haber podido aprehender el dominio de los Objetos puros. Se notará la proximidad con la metanfetafísica. Si bien esta no tiene nada que ver con la *Gegenstandstheorie* de Meinong, comparte, así y todo, un mismo gesto y una misma intuición: *la metafísica es demasiado empírica.* Esta sugerencia de Meinong nos parece sencillamente genial. La metanfetafísica la asume en toda su gravedad y la reformula, como ya indicamos, del siguiente modo: *la metafísica no es lo suficientemente metafísica.* ¿Qué es la metanfetafísica? Lo que sucede cuando el Ser se da vuelta, cuando se pasa de rosca, cuando se le va la mano. Pero a no engañarse: ese darse vuelta, ese pasarse de rosca, ese írsele la mano exige el mayor rigor y la mayor seriedad; exige quizás una disciplina argumental similar, si no mayor, a la de la propia metafísica. Y exige también, lo veremos hacia el final, su propio Mito.

La sobredosis del Ser: ¿ocasión de un nuevo pensamiento, de una nueva relación con el pensamiento y del pensamiento con su propia tradición? La metafísica dada vuelta: la metanfetafísica. El fulgor crepuscular después de la Luz, después de la Oscuridad.

(13)

Nos llevaría mucho tiempo explicar los puntos de convergencia y de divergencia que existen entre la metanfetanfísica y el materialismo especulativo de Quentin Meillassoux. Basta por el momento decir que se trata de aventuras diferentes: mientras que Meillassoux está interesado en romper el círculo correlacional y postular un conocimiento del Ser-en-sí, es decir del *Grand Dehors* o lo Absoluto, la metanfetafísica está interesada en llevar a la metafísica hasta sus últimas consecuencias y postular un Afuera absoluto que no coincide con el Ser y por lo tanto tampoco con el *Grand Dehors.* En efecto, el *Grand Dehors* de Meillassoux es el Ser en cuanto tal, independientemente de todo sujeto y de toda conciencia, mientras que el Afuera absoluto de la metanfetafísica no es el Ser (ni siquiera en-sí, ni siquiera eximido de toda relación con un sujeto humano), sino un *Otro que Ser.* Meillassoux considera que el afuera del que habla el correlacionismo, es decir el afuera de la conciencia o del lenguaje, es un afuera *claustral* puesto que relativo a nosotros: "Si este afuera nos aparece como un afuera claustral (*dehors claustral*), un afuera en el cual tiene sentido sentirse encerrado, es que tal afuera es, a decir verdad, relativo, completamente relativo, puesto que es relativo a nosotros mismos" (2006: 21). El punto que quisiéramos señalar es que lo mismo nos sucede a nosotros con el *Grand Dehors* de Meillassoux: nos parece un afuera claustral, no ya porque sea relativo a un sujeto o a una conciencia, sino porque es relativo al Ser o, mejor aún, porque es un Afuera que *coincide* con el Ser en cuanto tal, con el ser-en-sí de las cosas, independientemente de toda mostración fenomenológica. Por eso Meillassoux puede sostener que, desde la perspectiva del materialismo especulativo, "el ser no es coextensivo a la manifestación puesto que se han producido en el pasado acontecimientos que no se manifiestan a nadie" (2006: 31) y que en consecuencia resulta posible "pensar un ser, un tiempo, anterior a la manifestación" (2006: 31). En suma, mientras que la aventura de Meillassoux consiste, por un lado, en postular la existencia de un Ser independiente de todo sujeto y de toda conciencia, es decir indiferente a toda manifestación y donación, y, por otro lado, en postular la posibilidad de conocer ese Ser en sí mismo, la aventura de la metanfetafísica consiste en postular un Otro que Ser y a la vez la imposibilidad absoluta de acceder a eso Otro. La metanfetafísica identifica Ser y Aparecer, es decir ontología y fenomenología, pero al mismo tiempo postula "algo" (que por el momento debe permanecer innominado) antes de la manifestación y, por ende, antes del Ser. En este sentido, es afín al materialismo especulativo según el cual existe "algo" antes de la manifestación. La única —pero enorme— diferencia es que para Meillassoux ese "algo" es el *Ser-en-sí*, le *Grand Dehors* (la *ancestralité: une matière sans homme*), mientras que para la metanfetafísica ese "algo" es *anterior al Ser* puesto que anterior a toda manifestación. Razón por la cual la metanfetafísica postula un Afuera irreductible a la ontología, e incluso un Afuera irreductible a la pre-ontología, es decir irreductible a ese "algo" previo al Ser. No obstante, es preciso señalar que, más allá de estas diferencias, un gesto similar anima a la metanfetafísica y al materialismo especulativo. Cuando Meillassoux elabora su *principe de factualité* y declara que, a fin de neutralizar el modelo correlacionista fuerte, es preciso "absolutizar el principio mismo que permite al correlacionismo descalificar los pensamientos absolutorios" (2006: 71), se acerca mucho a la maniobra que implementa la metanfetafísica cuando sostiene que la metafísica no es lo suficientemente metafísica y que se trata de llevar hasta sus últimas consecuencias un impulso inherente a esa propia tradición onto-teológica. En cierta forma, Meillassoux vuelve al correlacionismo contra sí mismo y encuentra en la facticidad, no ya la experiencia que el pensamiento hace de sus límites esenciales, sino al contrario "la experiencia que el pensamiento hace del saber de lo absoluto" (2006: 72). Del mismo modo, la metanfetafísica vuelve a la metafísica contra sí misma y encuentra en el *epekeina tes ousias* de Platón, no ya la fundamentación de lo Real propia de la onto-teología, sino la posibilidad (la sobredosis, el Gran Flash) de una Alteridad radical, ajena a todo Fundamento pero también a todo Ser. De lo cual se sigue que esa Alteridad radical, ese Afuera absoluto, como indicamos, no es idéntico al *Grand Dehors* de Meillassoux. A la metanfetafísica no le interesa tanto pensar un *Ser sin Hombre*, sino un *Otro sin Ser*, no tanto un *Afuera más allá del Sujeto*, sino un *Afuera más allá del Ser*. Sucede que salirse del Ser implica por añadidura –pero también por necesidad– salirse del Hombre. El *Grand Dehors* del realismo especulativo es siempre ontológico; lo Otro de la metanfetafísica, extra-ontológico. Para la teoría que desarrollaremos en este libro, el *Grand Dehors* de Meillassoux no es tan *Grand*; su *Dehors* es aún demasiado relativo, demasiado claustral; en él, nos sentimos todavía demasiado encerrados. No basta por eso con romper el círculo del Hombre, es preciso romper también el círculo del Ser. Meillassoux, en cambio, rompe el círculo correlacional pero cae en un círculo ontológico. Sale del Hombre sólo para entrar en el Ser. La apuesta de la metanfetafísica, como indicamos, es diferente: consiste en salir del Hombre *y* del Ser. Se comprenderá entonces que esta salida (del antropocentrismo y a la vez de lo que podríamos llamar, si es que el término no existe ya, "onto-centrismo") supondrá una estrategia diversa –sino contraria– a la de Meillassoux. En efecto, la filosofía contemporánea no sólo se caracteriza por el horizonte correlacional en el que se encuentra apresada, según el diagnóstico brillante de *Après la finitude*, sino además por la condición *ontológica* que asume ese horizonte (piénsese en Heidegger o en Sartre o en el último Merleau-Ponty). Meillassoux elude el antropocentrismo, es cierto, pero no el ontocentrismo: postula un Ser-en-sí y la posibilidad de conocer ese Ser-en-sí (lo cual no significa que caiga en alguna forma de realismo *naïve*, por supuesto); libera al Ser del Hombre, al Ente de toda remisión a una conciencia o una subjetividad, pero no libera al Afuera de la jaula del Ser, no lo saca del horizonte ontológico, más bien hace converger Ser y Afuera, los identifica: el *Grand Dehors* no es un Otro que Ser, es el Ser en cuanto tal, el Ser-en-sí. Incluso enunciando la factualidad anárquica de lo Real, la aterradora contingencia del hyper-Caos y la condición transfinita y no-totalizable de lo Absoluto, Meillassoux piensa siempre a ese Real, a ese hyper-Caos y a ese Absoluto –tres modos de llamar al *Grand Dehors*– en términos ontológicos. El Afuera del materialismo especulativo coincide, de hecho, con el Ser en su absoluta factualidad. Por el contrario, lo que le interesa a la metanfetafísica es extremar la sobredosis *del Ser*, y no sólo del Hombre, aunque ambas cosas, como dijimos, van de la mano. En efecto, el coma del Ser provoca el coma del Hombre, pero no a la inversa. Si el materialismo especulativo salta del Hombre al Ser, la metanfetafísica salta del Ser a lo Otro que Ser. Y este segundo salto ya no es –no puede ser– matemático-científico, sino fóbico-fantasmático o fóbico-imaginario. En efecto, hay una confianza ciega de Meillassoux en la matemática (que también es un lenguaje, sólo que formal), probablemente heredada de Badiou, así como en la capacidad develadora de la ciencia; una cierta virilidad, también, unida a –o producto de– una voluntad prepotente de verdad. Acaso un viejo nietzscheano, un tanto desconcertado y desengañado (actitud, hay que decir, criticada por el propio Meillassoux), recordaría el pasaje del *Zarathustra*: "¿«Voluntad de verdad» llamáis vosotros, sapientísimos, a lo que os impulsa y os pone ardorosos? *Voluntad de volver pensable todo lo que existe*: ¡así llamo yo a vuestra voluntad!" (*Za, KSA* 4: 146; las cursivas son nuestras).

(14)

Los amantes de la epistemología y de la historia de la ciencia recordarán la célebre consigna de Newton: *hypotheses non fingo*, que se encuentra en el "Scholium Generale" de los *Philosophiæ naturalis principia mathematica*:

> Hasta el presente no he logrado descubrir la causa de esas propiedades gravitatorias a partir de los fenómenos, y no finjo hipótesis [*hypotheses non fingo*]. Pues todo lo no deducido a partir de los fenómenos ha de llamarse una hipótesis, y las hipótesis metafísicas o físicas, ya sean de cualidades ocultas o mecánicas, carecen de lugar en la filosofía experimental [*in philosophia experimentali locum non habent*] (1726: 530).

En un notable artículo, Alexandre Koyré ha mostrado que, lejos de lo que podría pensar un lector apresurado de este fragmento, Newton se vale de hipótesis en muchas oportunidades a lo largo de los *Principia* y que su crítica no se dirige tanto a las hipótesis en sí mismas, sino al carácter *ficcional* de *algunas* de ellas (por ejemplo las de Descartes, Hooke, Leibniz, etc.):

> *Hypotheses non fingo*, "no finjo hipótesis", esto significa para Newton: no hago uso de ficciones [*fictions*], no hago uso de proposiciones falsas como premisas o explicaciones. El lector habrá advertido que he traducido *Hypotheses non fingo* por "no finjo hipótesis" y no por "no formulo hipótesis", como se hace habitualmente. La razón por la cual lo hago es muy simple: "fingir" y "formular" [*"feign"*

and "frame"] no tienen el mismo sentido. "Fingir" [*Feign*] –*feindre*– implica falsedad, mientras que "formular" [*frame*] no, o al menos no necesariamente. "Fingir"
una hipótesis, por lo tanto, no es lo mismo que "formularla" (Koyré 1965: 35).

Koyré sugiere que en Newton el término *hypothesis* posee por lo menos
dos sentidos: uno positivo, propio del método científico, que alude a una
suposición plausible aunque todavía no verificada; y uno negativo, que alude
a una ficción innecesaria y fantasiosa. Según Koyré, Newton rechaza únicamente este segundo sentido:

> El uso de hipótesis en este último y mal sentido implica, en consecuencia, un
> divorcio entre la ciencia y la realidad o la verdad. Significa [...] la substitución de
> la realidad dada por una realidad ficticia [*a fictitious reality*], o al menos de una
> realidad en sí misma inaccesible a la percepción y al conocimiento, una pseudo-
> realidad [*a pseudo reality*] dotada de propiedades ficticias o imaginadas de un
> modo arbitrario (1965: 36).

No sorprende, a la luz de estas reflexiones, que Koyré critique ciertas
traducciones de los *Principia*, tales como la de Andrew Motte o la de Mme.
du Châtelet, quien vierte el sintagma *hypotheses non fingo* por *Je n'imagine pas
d'hypotheses*. Koyré sostiene que, en vez de limitarse a traducir, Motte y Mme.
du Châtelet *interpretan* a Newton, y lo peor de todo es que lo interpretan mal:

> Andrew Motte y Mme. du Châtelet, ¿simplemente se equivocaron? Tal vez. Como
> dice el proverbio italiano, *traduttore-traditore* (los traductores son traidores). Por
> mi parte, sostengo que ellos hicieron algo mucho peor [*something far worse*]. No
> se limitaron a traducir; hicieron una interpretación y terminaron dándole a la
> frase de Newton un sentido que no era exactamente el que le había dado su
> autor (1965: 36).

A pesar de que no se entiende cómo sería posible traducir sin interpretar,
según la recomendación tácita que pareciera sugerir Koyré –que por supuesto
también interpreta–, creemos que tiene razón en la cuestión de fondo y que
los argumentos que aduce son sólidos y convincentes. Sin embargo, la "mala"
traducción de Mme. du Châtelet, como sucede a menudo con las "malas" traducciones, capta algo esencial: la íntima relación entre ficción e imaginación.
Este asunto no es para nada menor, ya que la sobredosis del Ser que postula
la metanfetafísica es eminentemente imaginaria o fantasmática.

Por otro lado, esta digresión sobre la máxima anti-metafísica de Newton,
hypotheses non fingo, obedece a que la metodología preferida por la metanfetafísica puede resumirse en la consigna contraria: *hypotheses fingo*. En la

medida en que la metanfetafísica es una filosofía ficcional, una *ficta philoso-phia*, todo su interés se concentra en el *fingere* que anima a las *hypotheses*. Y es precisamente la naturaleza ficcional de las hipótesis lo que en cierto sentido vuelve irrelevante su ulterior verificación. Demuéstrese que la fórmula de implicancia *relación* ⇒ *relativización* es falsa, la metanfetafísica se mantiene en pie. Demuéstrese que la postulación de un Otro absoluto más allá del Ser y a la vez de un Límite que separa al Ser de eso Otro es contradictoria e imposible, la metanfetafísica se mantiene en pie. Demuéstrese que el Ser no coincide con el Aparecer y que por lo tanto la ontología no es fenomenológica, la metanfetafísica se mantiene en pie. ¿Pero qué es lo que la mantiene en pie? ¿Cómo puede mantenerse erguida cuando todo pareciera indicar que, en vez de pisar sobre suelo firme, flota sobre –o se hunde, directamente, en– un torbellino evanescente? Lo que la mantiene en pie es el viaje mismo, y tratándose de metanfetafísica el viaje es a su modo un viaje de ácido, independientemente de sus resultados y de sus posibles corroboraciones. Algo similar les sucede a quienes aprenden a andar en bicicleta y descubren muy rápido que el movimiento es el secreto del equilibrio. La metanfetafísica no es más que un ejercicio sistemático de movimiento mental, un largo, inmenso y razonado *experimentum mentis*. *Experimentum* significa aquí: tanteos en la noche, encandilamientos repentinos, inseguridad, cruces de sal en el patio, traumatismos lógicos y epistemológicos, idas y vueltas, vulnerabilidad atroz pero entrañable, desagregación del pensamiento y luego agregación, que es sólo otro modo de la desagregación, Triángulo de las Bermudas, un cierto ascetismo...

La metodología de este libro: flotar sobre una tabla en el océano, confiar en las mareas, en las corrientes, encontrar –ojalá– alguna isla, volver a la tabla, hundirse aquí, reaparecer más allá, naufragar hasta el epílogo. Podrá objetarse, tal vez, con seguridad: "la tabla está rota, el viaje está condenado al fracaso". Es probable. Pero se viaja igual. Así lo solicitan los paisajes y el aire marino, las ballenas blancas y los moluscos, la noche estrellada, la rosa de los vientos. Se viaja aún en las peores condiciones y con el peor pronóstico. Aún cuando la madera se pudre y el sol quema y los objetivos generales y específicos, como la conciencia, se pierden, se viaja; aún cuando los restos se van hundiendo, lentamente o de golpe, y con los restos se va hundiendo también nuestra lucidez y entonces empezamos a confundir, no se sabe si de insolados y sedientos que estamos o de medio ahogados, Ítaca con Esqueria, *Omega* con *Alpha*, *Hyper* con *Hypo*, *Arche* con *Telos*, Alba con Ocaso, incluso en esas circunstancias, se viaja. Porque la metanfetafísica sabe de membranas y de patas de rana y de branquias y de aletas y es capaz de nadar bajo el agua.

Textos citados

Aristóteles (1924). *Aristotle's Metaphysics.* Ed. W. D. Ross. Oxford: Clarendon Press. Edición española: (1998), *Metafísica.* Ed. trilingüe por Valentín García Yebra. Madrid: Gredos.

Caputo, John (1997). *The Prayers and Tears of Jacques Derrida. Religion without Religion.* Indianapolis: Indiana University Press.

Conrad, Joseph (1916). *Heart of Darkness.* New York: Doubleday, Page & Company.

Deleuze, Gilles (1968). *Différence et répétition.* Paris: P.U.F.

Duchaussois, Charles (1974). *Flash ou le grand voyage.* Paris: Le Livre de poche.

Koyré, Alexandre (1965). "Concept and Experience in Newton's Scientific Thought". En: *Newtonian Studies.* London: Chapman & Hall.

Lévinas, Emmanuel (1990). *Totalité et Infini. Essai sur l'Exteriorité.* Paris: Le Livre de Poche.

Lévinas, Emmauel (2004). *De l'existence à l'existant.* Paris: Vrin.

Louth, Andrew (2007). *The Origins of the Christian Mystical Tradition. From Plato to Denys.* New York: Oxford University Press.

Meillassoux, Quentin (2006). *Après la finitude. Essai sur la nécessité de la contingence.* Paris: Éditions du Seuil.

Meinong, Alexius (1904). *Untersuchungen zur Gegenstandstheorie und Psychologie.* Leipzig: Verlag von Johann Ambrosius Barth.

Newton, Isaac (1726). *Philosophiæ naturalis principia mathematica.* 3ra. Ed. Londini: Apud G. & J. Innys.

Nietzsche, F. (1999). *Also spracht Zarathustra.* En: *Sämtliche Werke. Kritische Studienausgabe,* ed. G. Colli y M.Montinari, Band 4. Berlin – New York – München: W. de Gruytrer.

Platón, *República.* En: (1988). *Diálogos IV.* Trad. Conrado Eggers Lan. Madrid: Gredos.

 METANFETAFÍSICA. Ensayo de sobredosis ontológica

PARTE I

Metafísica *Overdrive.*
Genealogía de una sobredosis

Libro A (Alpha)
Platón

(1)

Uno de los temas de conversación que propone Platón en el Libro VI de *República* concierne a lo que Sócrates llama el "estudio supremo [*megiston mathema*]" (504e), es decir el conocimiento más elevado al que pueden aspirar los guardianes-filósofos para gobernar con rectitud el Estado. Este *megiston mathema* no consiste, como podría suponerse, en el conocimiento de las Ideas matemáticas ni tampoco de las Ideas metafísicas o morales, no concierne a la Justicia o a la Templanza, mucho menos a los axiomas geométricos ni a las leyes de la aritmética; a él le está consagrada una Idea muy especial, diversa del resto de las Ideas: la Idea del Bien: "la Idea del Bien [*he tou agathou idea*] es el objeto del estudio supremo, a partir de la cual las cosas justas y todas las demás se vuelven útiles y valiosas" (505a). Glaucón exhorta a Sócrates a que discurra sobre la Idea del Bien, como lo ha hecho sobre la idea de Justicia y sobre otras virtudes, pero Sócrates se muestra indeciso, como si el objeto en cuestión fuese tan eminente y tan fuera del alcance humano que cualquier intento por aprehenderlo resultara vano e inútil. De hecho, se confiesa incapaz de hablar directamente del Bien e incluso siente temor de hacer el ridículo.

> Pero me temo que no sea capaz y que, por entusiasmarme, me desacredite y haga el ridículo. Pero dejemos por ahora, dichosos amigos, lo que es en sí mismo el Bien; pues me parece demasiado como para que el presente impulso permita en este momento alcanzar lo que juzgo de él. En cuanto a lo que parece un vástago del Bien [*hos de ekgonos te tou agathou*] y lo que más se le asemeja, en cambio, estoy dispuesto a hablar, si os place a vosotros; si no, dejamos la cuestión (506d-e).

Como si no se pudiera hablar del Bien de forma directa, cuestión que el neoplatonismo tomará al pie de la letra, Sócrates elige plantear una analogía y hablar en cambio de la criatura y el vástago del Bien, el sol. La analogía consiste en lo siguiente: lo que en el ámbito inteligible es el Bien respecto de la inteligencia y de lo que se intelige, esto es el sol en el ámbito visible respecto de la vista y de lo que se ve. El punto central de la analogía, al menos en función del tema que nos ocupa aquí, es que el Bien otorga inteligibilidad a las Formas y por ende, mediatamente, a las cosas en general. De allí que Sócrates defina al Bien como "causa de la ciencia y de la verdad [*aitian d' epistemes ousan kai aletheias*]" (508e) o como "señora y productora de la verdad y de la inteligencia [*kyria aletheian kai noun paraschomene*]" (517c) y que, así como el sol "no sólo aporta [*parechein*] a lo que se ve la propiedad de ser visto, sino también la génesis, el crecimiento y la nutrición [*genesin kai auxen kai trophen*], sin ser él mismo génesis" (509b), asimismo el Bien es la Causa última de todo cuanto existe, tanto de lo inteligible cuanto de lo sensible, sin pertenecer él mismo al nivel ontológico de aquello que hace posible. La aclaración de Sócrates es importante: el Bien otorga (*parecho*) la génesis a la realidad, y por ello es su principio genético, sin ser él mismo génesis, es decir sin pertenecer al mismo nivel que aquello de lo cual es Causa. Así como el sol no se confunde con la luz ni con la vista ni con aquello que visibiliza, así el Bien tampoco se confunde con la inteligibilidad ni con la intelección ni con las Ideas. Platón prepara el terreno para la sobredosis. El Bien es Causa (*aitia*) del Ser y de la esencia, pero no se confunde con ellos, sino que se eleva más allá en cuanto a dignidad y potencia.

> —Y así dirás que a las cosas cognoscibles les viene del Bien no sólo el ser conocidas, sino también de él les llega el existir y la esencia [*to einai te kai ten ousian*], aunque el Bien no sea esencia [*ouk ousias ontos tou agathou*], sino algo que se eleva más allá de la esencia en cuanto a dignidad y a potencia [*epekeina tes ousias presbeia kai dynamei hyperechontos*].
>
> Y Glaucón se echó a reír [*geloios*]:
>
> —¡Por Apolo!, exclamó. ¡Qué elevación demoníaca [*daimonias hyperboles*]! (509b-c).

Glaucón se da perfecta cuenta de lo que acaba de decir Sócrates. Sabe que el *epekeina tes ousias* implica un exceso de la ontología, un traspaso de los límites del Ser. Es consciente de la hipérbole endemoniada, es decir de la *hyper-dosis* que amenaza con sumir al Ser y a la esencia en un estado comatoso. El término que utiliza Platón para describir la reacción de Glaucón es sugerente: *geloios*, que tiene el sentido de gracioso, divertido, ridículo, pero también absurdo o paradójico. ¿Por qué Glaucón se "echa a reír", según traduce Eggers Lan? Porque el *epekeina tes ousias* linda con lo absurdo y lo paradójico, es más: *es* lo absurdo y paradójico en cuanto tal: lo ridículo. *Geloios* no sólo cualifica a Glaucón sino al Ser mismo, a Glaucón en tanto ocupa la posición del Ser y de la esencia. El *epekeina tes ousias*, la sobredosis o el flash, vuelve ridículo al Ser en cuanto tal, a la ontología *tout court*; fuera de sí, el Ser sólo puede provocar risa. La risa de Glaucón es el sinsentido del Ser al cual se le ha sustraído su condición fundacional. El Ser ya no es la última palabra. Claro que Platón retrocederá inmediatamente ante este riesgo, ante la amenaza de la risa. El retroceso consistirá en identificar al Bien, el *epekeina tes ousias*, con el Fundamento de todo cuanto es y existe. Son los dos movimientos de la metafísica: la postulación de un Otro que Ser (*anabasis*) y la identificación de eso Otro con el Fundamento del Ser (*katabasis*). Si se leen los textos platónicos, ambos movimientos van de la mano y son simultáneos. El Bien está más allá del Ser precisamente porque lo funda, y en tanto lo funda no puede pertenecer al mismo nivel que lo fundado. Pero lo que nos interesa aquí, más allá del gesto típicamente fundacional de Platón, es lo que ha permitido entrever el pico hiperbólico, el instante previo a la rehabilitación propiamente dicha. Como si entre la subida del flash y la identificación de esa subida –de ese *epekeina tes ousias*– con el Fundamento último del Ser, se hubiera deslizado un ligero intervalo de tiempo, una suerte de indecisión atroz ante la cual el Ser mismo –o Platón– habría tambaleado. Y ese instante vertiginoso, esa pérdida momentánea de la conciencia del Ser, esa *daimonias hyperboles*, es lo que provoca la risa de Glaucón.

En cierto sentido, podría decirse de Platón y el *epekeina tes ousias* lo mismo que dice Heidegger respecto de Kant y la imaginación, basándose sobre todo en los múltiples pasajes que Kant suprimió en la segunda edición de la *Kritik der reinen Vernunft*. Según Heidegger, Kant logró ver el territorio desconocido al que lo conducía la imaginación trascendental, pero no se adentró en él, no se arriesgó a penetrarlo, sino que retrocedió rápidamente:

> Esta constitución originaria de la esencia del hombre, "enraizada" en la imaginación trascendental, es lo "desconocido", que Kant debe haber entrevisto [*hineingeblickt haben muß*], pues habló de una "raíz desconocida para nosotros". [...] Sin embargo, Kant no llevó a cabo la interpretación más originaria de la imaginación trascendental; ni siquiera la emprendió, a pesar de los indicios claros que él fue el primero en reconocer para un análisis de esta índole. Por el contrario:

Kant retrocedió ante esta raíz desconocida [*vor dieser unbekannten Wurzel zurück-gewichen*] (*GA* 3: 160).

Del mismo modo, y haciendo una paráfrasis que estimamos esclarecedora, diríamos que Platón tampoco llevó a cabo la interpretación más originaria del *epekeina tes ousias*, ni siquiera la emprendió, a pesar de los indicios claros –la sobredosis, el Gran Flash– que él fue el primero en reconocer para un análisis de esta índole. Por el contrario: Platón retrocedió ante este Otro que Ser y más allá de la esencia. Este retroceso metafísico –onto-teológico–, además, encuentra su traducción antropológica, es decir ya empobrecida y degradada, en un registro mucho más concreto que concierne a la vida del filósofo y al gobierno de la *polis*. El momento de sobredosis, la subida o el flash, la elevación endemoniada, como fue insinuado, tiene sus riesgos. El mayor de ellos es que el filósofo, único capaz de acceder al *epekeina tes ousias*, no desee bajar a la realidad cotidiana y, absorto por la sublimidad del Bien, permanezca en un estado de contemplación perfectamente inútil para la vida comunitaria. Platón es más que consciente de este peligro: "no hay que asombrarse de que quienes han llegado allí no estén dispuestos a ocuparse de los asuntos humanos [*ta ton anthropon prattein*], sino que sus almas aspiran a pasar el tiempo arriba [*ano*]" (517c). De algún modo, acceder al Bien, al *epekeina tes ousias*, a lo que está más allá del Ser y de la esencia, es un asunto más divino que humano. El "sobre" de la sobredosis, como el "hiper" de la hipérbole, marca el pasaje de lo humano a lo divino, el abandono de la condición humana y, al límite, del Ser en cuanto tal. Acceder al Bien, experimentar el flash o la subida, es dejar atrás al Ser. No resulta extraño, advierte Platón, que quienes hayan experimentado esta suerte de viaje al más allá (del Ser), no quieran regresar a su vida humana. No sólo por la perfección sublime del Bien, sino porque al bajar al mundo humano serían entonces semejantes a extranjeros o idiotas, más cerca del ridículo que de la sabiduría. Platón lo dice sin rodeos: "Tampoco sería extraño que alguien que, de contemplar las cosas divinas [*theion*], pasara a las humanas, se comportase desmañadamente [*kaka aschemonei*] y quedara en ridículo [*geloios*] por ver de modo confuso" (517d). Por eso es imprescindible, exige Sócrates, que los filósofos bajen. Como dijimos en la introducción, para Platón bajar no es lo peor sino, en cierta forma, lo mejor. La subida, la sobredosis, en efecto, no difiere demasiado de la locura o la idiotez. En cierto modo, ver el Bien es volverse ciego. Podría decirse de los filósofos que han contemplado al Bien lo que Manuel Ignacio Moyano dice de los

trocatti en un relato genial: "su ceguera [se debía] a que tenían los ojos aluci-
nados en el infinito (miradas perdidas, bobas)" (2021: 131). De allí la admoni-
ción platónica: luego de subir al *epekeina tes ousias* es imperioso bajar y aplicar
ese conocimiento al gobierno del Estado. Por eso los fundadores del Estado
ideal deben obligar (*anankaso*) a los filósofos-gobernantes, una vez que han
abandonado la caverna y contemplado el Sol de frente, a *bajar* —como quien
baja de un pico o de un flash— al recinto donde se encuentran los demás prisioneros y participar de su vida comunitaria.

> — Por cierto que es una tarea de nosotros, los fundadores de este Estado, la de
> obligar a los hombres de naturaleza mejor dotada [*tas te beltistas physeis ananka-
> sai*] a emprender el estudio que hemos dicho antes que era el supremo, con-
> templar el Bien y llevar a cabo aquel ascenso [*idein te to agathon kai anabenai*]
> y, tras haber ascendido y contemplado suficientemente, no permitirles lo que
> ahora se les permite.
>
> — ¿A qué te refieres?
>
> — Quedarse allí y no estar dispuestos a descender [*katamenein kai me ethelein palin
> katabainein*] junto a aquellos prisioneros, ni participar en sus trabajos y recom-
> pensas, sean éstas insignificantes o valiosas (519c-d).

No puede permitirse que los filósofos-gobernantes no desciendan a la
caverna. Por eso el ascenso (*anabasis*), fundamental para adquirir el conocimiento requerido para el correcto gobierno del Estado, debe complemen-
tarse con el correspondiente descenso (*katabasis*). Lo que está en juego es
el riesgo de la sobredosis. Se trata de un imperativo: rehabilitar al filósofo
que ha ido más allá del Ser y de la esencia, devolverlo al Ser, re-humanizarlo.
La contemplación del Bien, librada a sí misma, no difiere demasiado de un
coma. Sócrates advierte que los filósofos que permanecen obnubilados por
la luz del Bien y se niegan a descender, al igual que ciertos hombres excepcionales luego de la muerte, "no desean actuar [*ou praxousin*], considerándose
como si ya en vida estuviesen residiendo en la Isla de los Bienaventurados
[*en makaron nesois*]" (519c). No sirve de nada contemplar el Bien si esa contemplación no ayuda al resto de los mortales a ocuparse de sí mismos y de
sus conciudadanos. La cuestión es tan importante que el lenguaje de Platón
adopta siempre el tono imperativo de la coacción. Es preciso "forzarlos [a los
filósofos] a ocuparse y cuidar de los demás [*prosanankazontes ton allon epime-
leisthai te kai phylattein*]" (520a), razón por la cual, "cada uno a su turno, por
consiguiente, debéis descender [*katabateon*] hacia la morada común de los

demás y habituaros a contemplar las tinieblas" (520c). La cautela de Platón es más que entendible. No puede haber política del *epekeina tes ousias*. La política comienza y termina con el Ser, no importa si entendido en términos substanciales o insubstanciales. Sin embargo, para Platón el Bien es el valor supremo, el principio y el fin de la vida humana, con lo cual está en el centro de su política y de su ética. Pero eso es porque concibe al Bien en términos de Fundamento, es decir como *aitia*, *arche*, *telos*, etc. El Bien no sólo es la Causa o el Principio de las cosas, sino el Fin al que las cosas tienden. Pero basta sustraerle al *epekeina tes ousias* todo rasgo fundacional, es decir basta no relativizarlo, para que se desenganche inmediatamente del Ser y de la esencia. La metanfetafísica extrema la sobredosis porque sostiene que no hay relación entre el *epekeina tes ousias* y la *ousia*. Y si no hay relación, no podemos decir que es *arche* ni *telos* ni *aitia*. Pero tampoco podemos decir que el *epekeina tes ousias* no sea, puesto que, veremos, hay Límite, y todo Límite supone —o, por lo pronto, *podría* suponer— un más allá, aunque el acceso a ese más allá esté vedado.

(2)

Hay otro diálogo platónico, quizás el más arduo y enigmático, a tal punto que los especialistas no terminan de ponerse de acuerdo acerca de cuál es la posición defendida por el mismo Platón en ese laberinto de hipótesis y confutaciones dialécticas, que resulta también importante para nuestro tema de discusión. Nos referimos al *Parménides*, y sobre todo a la segunda parte del diálogo, cuya influencia en el neoplatonismo es desde todo punto de vista fundamental, como lo prueba la cantidad de comentarios que le fueron prodigados, muchos de ellos hoy perdidos. Lo que nos interesa en particular es la primera y la segunda hipótesis. El tema de discusión concierne a lo Uno (*to hen*) y a la posibilidad o imposibilidad de conocerlo. La primera maniobra teórica efectuada por Platón que quisiéramos subrayar porque nos parece decisiva es la distinción entre lo Uno y el Ser: "de ningún modo lo uno participa del ser [*ara to hen ousias metechei*]" (141e) o, con mayor laconismo: "de ningún modo lo uno es [*ara esti to hen*]" (141e). Ahora bien, si lo Uno y el Ser son cosas distintas, si lo Uno no participa del Ser, entonces "tampoco hay modo de que sea uno; pues sería ya algo que es y que participa del ser. Pero, según parece, lo uno ni es uno ni es [*to hen oute hen estin oute estin*], si ha de darse crédito a esta argumentación" (141e). Como puede observarse, Platón desvincula lo Uno del Ser de forma radical, hasta llegar incluso al extremo de no poder afirmar ni siquiera que lo Uno es Uno, puesto que, al no poseer ser, no puede decirse que sea algo, ni siquiera Uno. Lo Uno carece de toda determinación, incluso –y habría que decir, sobre todo– de determinación ontológica. Este punto es recurrente en la primera hipótesis, tal es así que poco después del pasaje recién citado, Platón vuelve a insistir en que "«es» tiene diferente significado que «uno» [*allo ti semainon to esti tou hen*]" (142c) y que, por consiguiente, "no son lo mismo el ser y lo uno [*esti de ou auto he te ousia kai to hen*]" (142d). Las consecuencias que se siguen de este desenganche radical de lo Uno respecto al Ser son extremas: lo Uno no puede ser nombrado ni conocido ni sentido ni percibido; nada se puede predicar de lo Uno; no es objeto de ciencia ni de sensación.

> — Por lo tanto, no hay para él ni nombre [*onoma*] ni enunciado [*logos*], ni ciencia [*episteme*], ni sensación [*aisthesis*] ni opinión [*doxa*] que le correspondan.
>
> — No, según parece.
>
> — Tampoco, entonces, se lo nombra ni se lo enuncia ni es objeto de opinión ni se lo conoce ni hay ningún ser que de él tenga sensación.
>
> — Parece que no (142a).

Este pasaje del *Parménides*, cuyas fórmulas veremos repetirse en autores como Plotino o Proclo o, ya en un contexto cristiano, el Pseudo-Dionisio, es fundamental porque Platón, como dijimos, extrae las consecuencias extremas de postular un Afuera del Ser. Si se sostiene que lo Uno no participa del Ser, entonces no puede ser nombrado ni conocido ni percibido, etc. Lo que se enuncia aquí es un principio que juzgamos *absolutamente inviolable*, no sólo en general sino para la apuesta de este libro. Si se quiere mantener la coherencia del sistema y la condición radical de la trascendencia extra-ontológica, es preciso admitir que nada puede decirse o pensarse o representarse de lo Otro. "Lo" que se encuentra más allá de la *ousia* y del *on* nos está vedado. No hay relación del Ser con lo Otro ni de lo Otro con el Ser. Llamamos a este axioma, cuya inviolabilidad es decisiva para asegurar la consistencia lógica de cualquier teoría que postule un Otro *absoluto*, irreductible al Ser, *principio de irrelatividad*. Platón fue el primero en enunciarlo, por supuesto, pero también el primero en traicionarlo. En efecto, aquello que no coincide con el Ser o con la esencia es identificado en *República* con la Idea del Bien (*he tou agathou idea*) y en el *Parménides* con lo Uno (*to hen*). Por supuesto que podría considerarse que estos nombres, *agathon* y *hen*, son catacresis, es decir expresiones impropias para designar algo que en sí mismo resulta inefable. Sin embargo, el problema no está en los nombres en cuanto tales, a pesar de que Platón ha admitido —si bien sólo para descartar esa hipótesis— que lo Uno resulta innombrable, sino en las cualidades que posee lo designado por esos nombres. Y la cualidad preeminente es la de funcionar como Fundamento: *arche*, *telos*, *aitia*, etc. Esto es claro en la Idea del Bien, la cual, sin ser ella misma esencia ni Ser, confiere (*parecho*) realidad y existencia a todo lo que es. Lo mismo sucede con la noción de Uno en el neoplatonismo. Si bien se mantiene la condición inefable de lo Uno, por ejemplo en Plotino, se afirma al mismo tiempo que lo Uno es Causa (*aitia*) —o, mejor dicho, causantísimo (*aitiotaton*)— de la realidad (del *nous* y de la *psyche*, la segunda y tercera hipóstasis respectivamente) y que por lo tanto, sin lo Uno, nada sería.

Pero hay otro aspecto del *Parménides* que consideramos igualmente importante. Los personajes continúan discutiendo acerca de la distinción entre lo Uno y el Ser.

> Es necesario que una cosa sea el ser de lo uno [*ten ousian autou einai*], y otra diferente él mismo [*heteron de auto*], puesto que lo uno no es ser sino que, en tanto uno, participa del ser (143b).

Hasta aquí, todo parece desarrollarse dentro del marco terminológico que habíamos considerado hasta el momento. Sin embargo, ya en el fragmento citado un término comienza poco a poco a independizarse y a adquirir una importancia cada vez mayor: *heteron*. Platón precisa su función imprescindible de la siguiente manera:

> Pero, si una cosa es el ser y otra diferente es lo uno [*heteron de to hen*], no es por ser uno que lo uno es diferente del ser, ni es por ser ser que el ser es otro que lo uno, sino que difieren entre sí en virtud de lo diferente y de lo otro [*alla to hetero te kai allo hetera allelon*] (143b).

Lo que Platón está haciendo aquí es darle autonomía y especificidad a la Diferencia (*to heteron*, término que también tiene el sentido de "Otro") entre lo Uno y el Ser. Para que *to hen* difiera, se distinga, se diferencie de *to on* es preciso una suerte de *tertium* difícil de aprehender (al menos para un pensamiento descuidado) al que Platón identifica con el término *heteron*. La idea clave se encuentra también en 143b: "De tal modo, lo diferente no es lo mismo que lo uno ni es lo mismo que el ser [*estin oute to heni oute te ousia to heteron*]". La Diferencia es irreductible a los términos que distingue. El pasaje siguiente muestra a las claras el malabarismo que hace Platón con estos tres términos. El Ser, lo Uno y la Diferencia son las tres clavas que no dejan de entrecruzarse en vistosas combinaciones.

> ¿Y qué? Si escogemos de entre ellos, como prefieras, el ser y lo diferente [*ten ousian kai to heteron*], o bien el ser y lo uno [*ten ousian kai to hen*], o bien lo uno y lo diferente [*to hen kai to heteron*], ¿acaso en cada elección no hemos tomado un par, al que podemos llamar correctamente "ambos [*amphotero*]"? (143c).

Para que el Ser y lo Uno puedan ser dos cosas diferentes, para que cuando nos referimos a ellos podamos decir "ambos" (*amphoteros*), es necesario algo que los distinga, y ese "algo", la instancia diferenciante, es llamado por Platón *to heteron*. Más allá de los motivos argumentales que impulsan a Platón a realizar estas distinciones y del objetivo que persigue en esta parte del diálogo, lo cierto es que encontramos aquí tres términos que resultarán determinantes para la metanfetafísica general y con los cuales volveremos a toparnos, aunque disfrazadas bajo otra terminología y provistas de un sentido diferente, cuando examinemos algunos versos del poema de Parménides. Estas tres instancias, que Platón denomina *to hen*, *to on* y *to heteron*, así como lo que hemos llamado el *principio de irrelatividad* y la *fórmula de implicancia*, constituyen los elementos básicos para la elaboración de una metanfetafísica coherente. *To on*: el Ser, el dominio de la ontología; *to hen*: el Afuera del Ser, el dominio de la extra-ontología; *to heteron*: la Diferencia impermeable o, como veremos, el Límite último que asegura la distinción entre los dos dominios.

(3)

La tradición medio-platónica y neoplatónica, por supuesto, tenderá a identificar lo Uno del *Parménides* con el Bien de *República*. Un pasaje de las *Enéadas*, un texto que en su versión griega ingresará al Occidente latino recién en el siglo XV, es más que concluyente. En el tratado 4 de la quinta Enéada, según la disposición de Porfirio, Plotino sostiene:

> Atribuirle aún el predicado "uno" ha de ser falso [*pseudos kai to hen einai*], de él no hay "definición ni ciencia [*me logos mede episteme*]", de él es de quien se dice que está "más allá de la Esencia [*epekeina legetai einai ousias*]". Porque si no fuera simple, exento de toda coincidencia y composición y realmente uno, no sería Principio [*ouk an arche eie*] (*Enéadas* V.4.1.9-12).

Las dos referencias que utiliza Plotino para dar cuenta de lo Uno remiten a la inefabilidad de la primera hipótesis del *Parménides* y a la hiper-realidad del Bien de *República* (véase Dodds 1928: 132-135). No obstante, parece ser que esta identificación la habría propuesto ya el mismo Platón en sus enseñanzas orales y puntualmente en su famosa y enigmática lección "Sobre el Bien" (*Peri tagathou*). Aristóxeno, un discípulo de Aristóteles cuyo enfado por no ser designado director de la escuela aristotélica luego de la muerte de su fundador es aún recordado, ofrece un testimonio que resulta revelador. Platón habría brindado una lección pública sobre el Bien en el período comprendido entre el año 355 a.C. y el año de su muerte (348/47 a.C.) –al menos según la conjetura de Konrad Gaiser (1980: 5-37)– a la cual habría concurrido un gran número de ciudadanos. Sin embargo, ante la exposición de Platón que versó sobre matemática y principios ontológicos abstractos, el público habría abandonado rápidamente el lugar. Aristóxeno refiere esta historia que había escuchado a su vez del propio Aristóteles:

> Cada uno se aproximaba pensando que escucharía hablar de alguno de los pretendidos bienes humanos tales como la riqueza, la salud, la fuerza, en suma, un bien maravilloso. Pero cuando se advirtió que los discursos versaban sobre ciencias tales como la aritmética, la geometría, la astronomía, y finalmente sobre la cuestión de que "el Bien es lo Uno" [*agathon estin hen*], en mi opinión, el estudio de problemas de esta índole decepcionó al auditorio. En consecuencia, unos dejaron de prestar atención, otros lo abuchearon. ¿Cuál era la causa de tales disposiciones? Es que los oyentes no sabían desde el comienzo sobre qué versaría el discurso. Ellos se acercaban y, con la boca abierta, a la manera de los litigantes, esperaban que se hablara sobre el título mismo de la lección (*Elementa harmonica* II, 30-31; ed. Marquard).

El punto que nos interesa de todo este relato –divertido, sin duda, hasta las lágrimas– es la identificación del Bien (*to agathon*) con lo Uno (*to hen*). Esta identificación es además un elemento clave de la teoría de los primeros principios que constituye –al menos es lo que se supone, y a nuestro juicio con buenos argumentos puesto que hay varios testimonios que parecieran corroborarlo, entre otros los del mismo Aristóteles– el núcleo de las enseñanzas no escritas (*agrapha dogmata*) de Platón (véase Krämer 1990: 77-129). Como sea, es en este punto preciso, en la trascendencia radical, metanfetafísica, del Bien y de lo Uno, que puede sopesarse con justeza la maniobra contraria que caracteriza a la crítica aristotélica. Como ha explicado Hans-Georg Gadamer en un agudo ensayo: "[Aristóteles] debe minimizar [*herunterspielen*] la «tras-

     METANFETAFÍSICA. Ensayo de sobredosis ontológica

cendencia del bien [*Transzendenz des Guten*], ya que, si no lo hace, el bien podría separase del resto de las ideas [*allen Ideen sonst auszeichnet*]. Él debe poner la idea del Bien en el mismo nivel que el resto de las ideas [*mit den übrigen Ideen gleichsetzen*]" (*GA* 7: 202). El argumento de Gadamer pareciera ser el siguiente: Aristóteles critica la teoría platónica de las Ideas en la medida en que establece una partición (*chorismos*) en la realidad que resulta innecesaria. En los tratados éticos, su objetivo además es extender esa crítica a la Idea del Bien. Para eso, debe minimizar (*herunterspielen*) la trascendencia del *agathon*, debe bajar –de nuevo, como se baja de una dosis excesiva de droga– al Bien de su dominio *hyper*-esencial. Dicho de otro modo: debe hacer descender, como los fundadores del Estado a los filósofos en *República*, el *epekeina tes ousias* a su lugar ontológico. Toda la maniobra de Aristóteles, su *her-unter-spielen*, es decir su movimiento hacia abajo, su juego descendente, consiste en devolver el Bien al Ser. Gadamer sostiene que en la *Ética a Eudemo*, cuando Aristóteles discute y critica la noción platónica del Bien, además de señalar que resulta "inútil para la práctica [*für die Praxis nicht zu brauchen sei*]" (*GA* 7: 205), el estagirita se da perfectamente cuenta de que "el Bien no pertenece al orden de las demás Ideas [*nicht so ganz in die Reihe der sachhaltigen Ideen gehört*]" (*GA* 7: 205) y que, por el contrario, se ubica más allá de la realidad (*epekeina tes ousias*); sin embargo, continúa Gadamer, "Aristóteles ignora deliberadamente esto [*ignoriert das*] y es enfático en igualar [*gleicht*] la idea del Bien con la postulación general de las Ideas" (*GA* 7: 205). La maniobra aristotélica es más que clara: se trata de igualar (*gleichen*) el Bien al resto de las Formas, de neutralizar el *epekeina*, de ignorarlo (*ignorieren*). Pero ¿cuál es el objetivo último de esta ignorancia voluntaria? El objetivo es evitar la sobredosis. Hay que bajar a Platón de su nube hiperbólica. Lo Otro, se queja Aristóteles, está en verdad aquí, en lo Mismo. La Diferencia (*to heteron*) es siempre *interna* al Ser: distingue ser de ser. Esto es: la Diferencia no es absoluta, sino relativa (al Ser). No hay para Aristóteles una Diferencia última, es decir una Diferencia que distinga al Ser del Afuera. No hay un Otro que Ser. Este es el gesto característico del crítico severo o del materialista lúcido: reconducir las distinciones y las diferencias al interior de la ontología. Se trata del mismo movimiento que realiza Aristóteles respecto al problema del cambio: la distinción no pasa entre el Ser y el No-Ser, sino entre el *ser* en potencia y el *ser* en acto. Como sea, la misión aristotélica consiste en tranquilizar al viejo Platón, quien parece haber perdido el control del Ser, aunque es cierto que el fundador de la Academia fue el primero en intentar conjurar las consecuencias atroces de ese extravío. *Gleichen, herunterspielen, ignorieren*: los verbos empleados por Gadamer para describir la maniobra aristotélica son característicos del materialismo severo. ¿Y acaso no perdura aún hoy esta afición al rebajamiento, al aterrizaje obligado, al descenso mesurado?, ¿este llamado al "sentido común", a "poner los pies en la tierra"?, ¿este pedido policial de sensatez que oculta, muy en el fondo, una mediocridad alarmante y un empobrecimiento profundo del pensamiento? No desconocemos, por supuesto, las trampas del pensamiento onírico, los pactos espurios del idealismo, sus complicidades con la onto-teología, su afición a justificar en términos metafísicos la opresión más atroz. Sólo decimos que el materialismo se decanta demasiado rápido por la pendiente policial del Juicio y la denuncia. Ignora (*ignorieren*) la potencia latente en la sobredosis, el caballo de Troya en el corazón de la mentira, Odiseo atado al vientre de la oveja; iguala (*gleichen*) de inmediato y sin matices el vector delirante del más allá con el opio de los pueblos, el Otro fuera del Ser con una proyección humana, demasiado humana; hunde (*herunterspielen*) la cabeza afiebrada, *hiper*-consciente, *flash*-eada del metanfetafísico en el estanque calmo de una realidad que presume exenta de mitos y ficciones. De todas las ficciones, elige la más pobre. El materialismo, en el sentido judicial o policial del término y no en su sentido emancipador, es el haloperidol, la clorpromazina o el diazepam de la metanfetafísica.

(4)

La demostración de la existencia del No-Ser (relativo) que lleva adelante Platón en el *Sofista* es sólo el primer momento del famoso parricidio. El segundo momento (no en términos cronológicos), menos identificado con el asesinato del Padre Parménides pero a nuestro juicio más letal aún, es el que hemos visto anunciarse en el sintagma *epekeina tes ousias* en relación a la Idea del Bien. Platón mata a Parménides por abajo y por arriba, le corta las piernas y la cabeza. Las piernas: transgrediendo la premisa parmenídea según la cual "el Ser es y el No-Ser no es [*esti gar einai, meden d' ouk estin*]" (B 6.1-2), el Extranjero de Elea demuestra que, en cierta forma, el No-Ser es. Entre el Ser y el No-Ser absolutos Platón inmiscuye una suerte de *tertium* monstruoso que define el estatuto ontológico específico del mundo sensible. Lo cual supone introducir una partición (*chorismos*) en el plano de lo Real, una suerte de desbalance: la realidad, ahora, admite un más y un menos, un máximo (el mundo de las Formas y de las esencias) y un mínimo (el mundo de las cosas sensibles y de las apariencias). La cabeza: no sólo hay que afirmar la existencia de un No-Ser relativo, sino de un dominio más allá o por encima del Ser. Esta vez no es el Extranjero del *Sofista*, sino el Sócrates de *República* quien enuncia la frase que decapita al Padre venerado: *epekeina tes ousias*. Como lo Uno de la primera hipótesis del *Parménides*, el Bien no coincide con –ni participa del– Ser. Uno y Ser son dos cosas diversas. Lo cual supone que el Ser no es la última y la única palabra: hay un Afuera, un Otro, un más allá que, sin ser el Ser, tampoco es el No-Ser, ni en sentido relativo ni absoluto. Es más: para Platón este más allá del Ser está más lejos del No-Ser (privativo) que el propio Ser. Dos cortes, entonces: el que efectúa el Extranjero de Elea en el *Sofista* y el que efectúa Sócrates en *República*. Aquel le corta las piernas: postula una suerte de *hypo*-Ser (el mundo sensible); este le corta la cabeza: postula un *hyper*-Ser o, mejor aún, un *hyper* que ni siquiera pertenece al dominio del Ser. Sin piernas y sin cabeza, el Ser sangra por todos lados. Como quien pierde la conciencia en una sobredosis, la ontología ha perdido la cabeza; acéfala, se dice ahora metanfetafísica.

Textos citados

Dodds, Eric R. (1928). "The *Parmenides* of Plato and the Origin of the Neoplatonic One". *The Classical Quarterly*, Vol. 22, No. 3/4, pp. 129-142.

Gadamer, Hans-Georg (1991). *Die Idee des Guten zwischen Plato und Aristoteles*. En: *Gesamtausgabe 7*. Tübingen: J. C. B. Mohr.

Gaiser, Konrad (1980). "Plato's Enigmatic Lecture «On the Good»". *Phronesis*, vol. 25, no. 1, pp. 5-37.

Heidegger, Martin (1991). *Kant und das Problem der Metaphysik*. En: *Gesamtausgabe 3*. Frankfurt am Main: Vittorio Klostermann.

Henry, P. y Schwyzer, H. R. (eds.), (1957-1973). *Plotini opera*, 3 vols. Oxford: Clarendon Press. Edición española: *Enéadas V-VI*. En: (1988). *Obra completa*, tomo III. Trad. Jesús Igal. Madrid: Gredos.

Krämer, Hans Joachim (1990). *Plato and the Foundations of Metaphysics. A Work on the Theory of the Principles and Unwritten Doctrines of Plato with a Collection of the Fundamental Documents*. Trad. John R. Catan. New York: SUNY Press.

Marquard, Paul (ed.) (1868). *Aristoxenou harmonikon ta sozomena: Die harmonischen fragmente des Aristoxenus*. Griechisch und Deutsch. Berlin: Weidmannsche Buchhandlung.

Moyano, Manuel Ignacio (2021). "El *trocattismo*: primera (y última) civilidad del tiempo post-solar". En: *Elogio del Apocalipsis. Concurso Nacional de Ensayo en homenaje a Héctor Schmucler*. Córdoba: Centro de Estudios Avanzados, pp. 131-155.

Platón, *Parménides*. En: (1988). *Diálogos V*. Trad. Carlos García Gual. Madrid: Gredos.

Platón, *República*. En: (1988). *Diálogos IV*. Trad. Conrado Eggers Lan. Madrid: Gredos.

Textos consultados[3]

Ackrill, John L. (2001). "Aristotle on Good and the Categories". En: *Essays on Plato and Aristotle*. Oxford: Oxford University Press, pp. 201-211.

Allen, R. E. (ed.) (1968). *Studies in Plato's Metaphysics*. London: Routledge and Kegan Paul.

Annas, Julia (1981). *An Introduction to Plato's* Republic. Oxford: Clarendon Press.

Baltes, Matthias (1997). "Is the Idea of the Good in Plato's *Republic* Beyond Being?". En: Joyal, Mark (ed.). *Studies in Plato and the Platonic Tradition: Essays Presented to John Whittaker*. New York: Ashgate Publishing.

Brumbaugh, Robert S. (1961). *Plato and the One. The Hypotheses in the* Parmenides. New Haven: Yale University Press.

Cairns, Douglas; Herrmann, Fritz-Gregor y Penner, Terry (eds.) (1997). *Pursuing the Good. Ethics and Metaphysics in Plato's* Republic. Edinburgh: Edinburgh University Press.

Cherniss, Harold (1932). "On Plato's *Republic* X 597 B". *The American Journal of Philology*, Vol. 53, No. 3, pp. 233-242.

D'Amico, Claudia (2020). "*Parmenides* e *In Parmenidem*. La recepción del diálogo platónico y la de sus intérpretes tardoantiguos en la doctrina cusana de la negación". *Palabra y Razón. Revista de Teología, Filosofía y Ciencias de la Religión*, XXIII, nº 18, pp. 105-120.

De Vogel, C. J. (1986). *Rethinking in Plato and Platonism*. Leiden: Brill.

Demos, Raphael (1937). "Plato's Idea of the Good". *The Philosophical Review*, Vol. 46, No. 3, pp. 245-275.

Eggers Lan, Conrado (1994). "La concepción de los principios en los diálogos platónicos". *Methexis* VII, pp. 27-41.

Ferber, Rafael y Damschen, Gregor (2015). "Is the Idea of the Good Beyond Being? Plato's *epekeina tes ousias* Revisited (*Republic* 6,509b8–10)". En: Nails, Debra; Harold, Tarrant; Kajava, Mika y Salmenkivi, Eero (eds.). *Second Sailing: Alternative Perspectives on Plato*. Espoo: Wellprint Oy, pp. 197-203.

---

3   Mencionamos sólo algunos textos como para orientar al lector interesado. Una lista exhaustiva de toda la bibliografía consultada sería indeseable por varios motivos, entre otros porque podría conducir al lector a detenerse en cuestiones secundarias y no en el eje del planteo metanfetafísico propiamente dicho. Sirva esta aclaración para la totalidad de los capítulos que conforman la primera parte: "Metafísica *Overdrive*. Genealogía de una sobredosis". En la segunda parte, prescindiremos directamente de consignar bibliografía secundaria.

Fine, Gail (1990). "Knowledge and Belief in *Republic* V-VII". En: Everson, S. (ed.). *Epistemology.* Cambridge University Press: Cambridge, pp. 85-115.

Fine, Gail (1993). *On Ideas. Aristotle's Criticism of Plato's Theory of Forms.* Oxford: Clarendon Press.

Mársico, C. y Divenosa, M. (2012). *Platón, alegorías del sol, la línea y la caverna (República, 506d-521b).* Buenos Aires: Losada.

Santas, Gerasimos (1983). "The Form of the Good in Plato's *Republic*". En: Anton, John P. (ed.). *Essays in Ancient Greek Philosophy, vol. II.* Albany: State University of New York Press, pp. 232-263.

Trouillard, J. (1973). "Le «Parménide» de Platon et son interprétation néoplatonicienne". *Revue de Théologie et de Philosophie*, Troisième série, Vol. 23, No. 2, pp. 83-100.

Cordero, Néstor Luis (2016). *Platón contra Platón: la autocrítica del* Parménides *y la ontología del* Sofista. Buenos Aires: Biblos.

Vitiello, Vincenzo (ed.) (1992). *Atti del Convegno "Il* Parmenide *di Platone, 27-28 ottobre 1988".* Napoli: Guida Editori.

Vlastos, Gregory (1965). "Degrees of Reality in Plato". En: R. Bambrough (ed.). *News Essays in Plato and Aristotle.* London – New York: Routledge & Kegan, pp. 1-19.

(1)

Si la figura de Platón es comparable a la de Duchaussois, y la consecuente sobredosis que le hace sufrir al Ser en los inicios de la metafísica es a su vez comparable a la descrita en el pasaje de *Flash ou le grand voyage* que abre la introducción de este libro, la figura de Plotino debería ser comparable, por la intensidad de la subida y el gusto por el *shoot up* metanfetafísico, a la de otro personaje de la misma novela: un alemán que acude periódicamente a una farmacia de Katmandú en busca de morfina. En la farmacia atiende el doctor Makhan, cuyo negocio floreciente consiste básicamente en vender droga: los yonquis van a la farmacia y el doctor les inyecta la dosis solicitada luego de efectuado el pago correspondiente. El alemán acude a las 8 de la mañana y se hace inyectar 2 c.c. de morfina; dos horas después, a las 10, se hace inyectar otros 2 c.c.; regresa al mediodía, 2 c.c. más; a las 14 exige, ante la mirada atónita del doctor y del propio Duchaussois, que le suministren 4 c.c. Makhan duda, calcula que si le inyecta los 4 c.c. el alemán tendría 10 c.c. en su cuerpo, además de las dosis que se habría inyectado en la noche pre-via. No obstante, a pesar de que se trata realmente de "una dosis sagrada" (1974: 206) y por lo tanto de un *shoot* "demasiado arriesgado" (1974: 206), el doctor accede al pedido.

> A medida que el doctor presiona el émbolo, se nota el cambio en su figura. Aprieta los dientes cada vez más fuerte. Cierra los ojos. Se inclina en su silla. Se siente que lucha con todas sus fuerzas. Pues debe sentirse subir, subir a la velocidad de Mach 15 [*monter à la vitesse Mach 15*]. [...] Finalmente, su flash pasa. Logra soportarlo. Comienza a disolverse en sus venas. Con toda evidencia, pla-

nea muy muy alto [*il plane très très haut*]. No debe escuchar nada ni comprender nada. No sé incluso si verá algo (1974: 204).

Pero eso no es todo. A las 16, el alemán regresa y pide… ¡4 c.c. de morfina!

Vemos al tipo cambiar de color. A medida que los 4 c.c. le entran en las venas, se vuelve realmente blanco. Es algo diverso a empalidecer. Se vuelve blanco como una hoja de papel. Se crispa, se tensa, se encorva. Debe resultar verdaderamente insoportable para él. Su flash debe ser terrorífico [*Son flash doit être terrifiant*]. Luego se afloja, se acomoda en su silla, se hace pequeño, se encoge. Tiene, desde la mañana, 16 c.c. de morfina en el cuerpo (1974: 208).

Si nos hemos tomado el tiempo de reconstruir esta historia es porque esos 16 c.c. de morfina, esa subida prácticamente inconcebible para un ser humano, esa elevación a la velocidad de Mach 15 lleva por nombre, en la historia de la filosofía, Plotino.

(2)

Comenta Porfirio que Plotino, quien tenía el aspecto de estar avergonzado por habitar en un cuerpo, pudo experimentar, al menos durante los años en que fue su maestro en Roma, cuatro veces los efectos de la sobredosis. La así llamada "henología", la ciencia de lo Uno, no es más que la metafísica en su punto de hervor. No ya *Mona Lisa Overdrive*, sino *Metaphysics Overdrive* o *Metaphysics Overloaded*, es decir, metanfetafísica. Basta recordar, para darse una idea de este recalentamiento extremo de la metafísica, la descripción que realiza Plotino, en un pasaje de gran inspiración y belleza, del ascenso del alma hasta la realidad más grandiosa y su *unio mystica* —si es que tiene razón, y creemos que la tiene, Émile Bréhier cuando califica a la teoría plotiniana de "mística e intelectualista" (1968: 150)— con lo Uno o el Bien.

> …cuando llega hasta el alma una especie de calor dimanado del Bien, se conforta, se despabila, echa alas realmente [*ontos pteroutai*] y, aunque embelesada por lo adyacente y contiguo, con todo se remonta cual en alas del recuerdo hacia otra realidad más grandiosa. Y mientras hay algo más excelso que lo presente [*anotero tou parontos*], sigue subiendo espontáneamente, alzada en alto por aquello que la enamora [*airetai physei ano airomene hypo tou dontos ton erota*]; y así, se remonta por encima de la Inteligencia [*nou men hyperairei*], empero no puede subir por encima del Bien [*ou dynatai de hyper to agathon dramein*], toda vez que nada hay por encima del Bien [*hoti meden esti to hyperkeimenon*]. Si se queda en la Inteligencia, presencia un espectáculo bello y sublime, es verdad; sin embargo,

     METANFETAFÍSICA. Ensayo de sobredosis ontológica

aún no tiene del todo lo que busca. Es como si estuviera en presencia de un rostro hermoso sin duda, pero incapaz todavía de atraer la mirada porque no luce en él la gracia derramándose sobre la belleza (VI.7.22.13-21).

Las metáforas platónicas del ascenso del alma encuentran aquí su punto de combustión. Se trata de subir tan alto como sea posible, hasta la inefabilidad de lo Uno-Bien, hasta que el propio Ser, equivalente a la Inteligencia (el *nous*) que constituye la segunda hipóstasis y que implica ya (uni)multiplicidad (*hen-polla*), quede por debajo. Las descripciones de Plotino son por cierto conmovedoras. El verbo *airo*, que significa elevar, subir, ascender, etc., marca la tónica propia de las *Enéadas* y, más allá, de todo el neoplatonismo. Por supuesto que se trata de una idea platónica, pero en Plotino el *shoot up* es inigualable. Ni siquiera el verbo *airo* le conviene; el Gran Flash requiere de otro verbo, en realidad del mismo pero sometido a un tratamiento hiperbólico, extremo; se trata de estirar a *airo* más allá de lo pensable y de lo decible. Subir, para Plotino, se dice *hyperairo*, que el *LSJ* vierte por "lift, raise up, jump over, pass over, overshoot, go beyond, transcend, exceed, overflow". El alma ha subido tan alto, en un movimiento que sin embargo, como bien ha visto Pierre Hadot en un gran estudio (1963), es también y fundamentalmente interiorización y vuelta a sí, que ya no puede ir más allá: "Porque correr más arriba, no podría [*oute gar anotero trechei*], y volverse a las demás cosas por sublimes que sean, sería bajar [*katiouses*]" (VI.7.34.24-25). El movimiento opuesto a *hyperairo* es el descenso o el retroceso que designa el verbo *kateimi*. Descender significa realizar el camino contrario al de la fusión extática: abandonar el más allá (del Ser, de la Esencia, del Pensamiento, del Lenguaje, etc.) y retornar al más acá. Por supuesto que Plotino es plenamente consciente, como Platón, del peligro que representa la permanencia ilimitada del filósofo en las alturas de lo Uno-Bien. Con la misma cautela que el Sócrates de *República*, advierte: "bien puede ser que uno quiera quedarse arriba por siempre [*ethelei menein ano*], desdeñando la actividad política como indigna de sí mismo [*ta politika ouk axia autou nomisas*]. Y eso es precisamente lo que puede pasarle al que haya alcanzado visión colmada" (VI.9.7.26-27). No obstante, se tiene la sensación de que a Plotino no le interesa demasiado exhortar a los filósofos a que desciendan y se ocupen de los asuntos públicos, al menos no con la urgencia que muestra Platón en *República*. Es que Plotino no está interesado en fundar un Estado; a lo sumo su deseo, mucho más modesto, fue el de fundar en Campania una pequeña comunidad de filósofos regida por las leyes de *República*, tal como le propuso al emperador Galieno con quien tenía buena relación. La propuesta de fundar *Platonópolis*, tal iba a ser su nombre, no prosperó, por cierto. A diferencia de Platón, pero no de Mariana Enriquez, para Plotino *bajar era lo peor.*

(3)

No se comprende el ascenso del alma y la experiencia extática que describe Plotino en las *Enéadas* si antes no se explica brevemente la estructura jerárquica de su sistema metafísico. Lo más conveniente es mencionar un pasaje del tratado 1 de la quinta Enéada, el número 10 en orden cronológico, en el que Plotino menciona las tres hipóstasis y la naturaleza extra o hiper-ontológica de lo Uno.

> Ha quedado ya demostrado que hay que pensar que las cosas son así: que existe lo que está más allá del Ser, o sea, lo Uno [*hos esti men to epekeina ontos to hen*], tal cual nuestro razonamiento trató de mostrarlo en la medida en que la demostración era posible en este asunto; que, seguidamente, existe el Ser y la Inteligencia [*to on kai nous*] y que, en tercer lugar, existe la naturaleza del Alma [*he tes psyches physis*] (V.1.10.1-4).

Plotino mantiene la premisa platónica, e incluso parmenídea, de que el Ser y la Inteligencia son equivalentes. Pero en tanto que la Inteligencia, el *nous*, supone para Plotino alteridad y (uni)multiplicidad (por lo pronto, una distinción entre la Inteligencia y lo inteligido, entre el *nous* y el *noeton*), es preciso que encuentre su Principio unitario y su fundamento en una instancia superior y más perfecta, absolutamente simple y autosuficiente: la primera hipóstasis, lo Uno (*to hen*). Se comprende entonces por qué lo Uno, siendo unitario y simple, no puede confundirse con el Ser o con lo Inteligible, que implica siempre uni-multiplicidad. De allí la crítica que Plotino le formula a la teoría aristotélica del primer motor: el Principio de todo no puede ser pensamiento, ni siquiera pensamiento que se piensa a sí mismo, porque tal cosa implica alteridad y una cierta pluralidad. A diferencia del Dios de Aristóteles, lo Uno existe –aunque es preciso aclarar que toda predicación acerca de lo Uno es impropia– más allá de la esencia y más allá del Ser. *To hen* es *epekeina tes ousias* y *epekeina tou ontos.* Por eso Plotino puede afirmar, con todo rigor, que lo Uno "es él mismo primordialmente, él mismo supraónticamente [*protos autos kai hyperontos autos*]" (VI.8.14.41-42). La traducción de Jesús Igal, que vierte *protos* e *hyperontos* de forma adverbial, pretende enfatizar la condición inefable –"indecible e indescriptible [*oude rheton oude grapton*]", como dice Plotino en VI.9.4.11-12– y absolutamente excelsa de lo Uno. El movimiento de Plotino, y en cierta forma de buena parte del neoplatonismo, consiste en desplazar el Fundamento, de un registro ontológico, a un nivel que en sí mismo no puede decirse que *sea*, al menos en el sentido en que se lo dice de los entes o de las esencias. Si el Ser coincide con la Inteligencia, entonces lo Uno es "el Progenitor y Padre [*genneten kai patera*] de la Inteligencia" (VI.7.29.28) y por lo tanto es "Principio del Ser, y más soberano que la Esencia [*to de proton arche tou einai kai kyrioteron au tes ousias*]" (V.5.11.10-11). Ahora bien, en la medida en que lo Uno es absolutamente simple, no puede poseer nada, ya que si poseyera algo sería uno más lo poseído y por ende ya no uno. Lo cual no significa que lo Uno sea una suerte de materia primera aristotélica, es decir una mera posibilidad receptiva o privativa carente de forma. Al contrario, si bien lo Uno es *aneideos* (informe, en el sentido de carente de *eidos*), lo es por exceso y no por defecto; lo es por encontrarse más allá de la Forma y no más acá. La *dynamis*, aplicada a lo Uno, no significa privación, sino potencia, fuerza productiva y desbordante. Por eso Plotino aclara que, si bien la condición hiper-ontológica de lo Uno no es positiva, no expresa un "esto", eso no significa que sea algo limitado o imperfecto o deficiente. Lo Uno no es un "esto" porque trasciende cualquier determinación óntica o predicativa.

> No siendo ninguna de ellas, dirás solamente que está más allá de ellas [*epekeina touton*]. Ahora bien, estas cosas son ·los Seres y el Ser [*ta onta kai to on*]; luego aquél está más allá del ser [*epekeina ara ontos*]. Y es que la expresión "más allá del Ser" no expresa un "esto" [*ou tode legei*] –pues no es positiva–, ni expresa el nombre de aquél, sino que comporta meramente la noción de "no esto" [*monon to ou touto*]. Pero al comportar esta noción, no lo circunscribe en modo alguno. Sería ridículo tratar de circunscribir aquella Naturaleza inmensa (V.5.6.9-15).

La cuestión delicada y a la vez crucial, no sólo para Plotino sino para el neoplatonismo en general, es la relación (de procesión o emanación o derivación) entre lo Uno y las demás hipóstasis, sobre todo la segunda, el *nous*, la más inmediata y perfecta después del Principio supremo. Plotino se enfrenta a esta dificultad en diversos tratados. Sabe que en ella se encuentra, por así decir, la clave de todo el sistema. En efecto, ¿cómo lo Uno, siendo absolutamente simple y autosuficiente, no careciendo de nada ni poseyendo nada, permaneciendo siempre igual, sin pérdida ni decrecimiento, puede así y todo engendrar al *nous* y, más allá, a la realidad en cuanto tal? Plotino responde esta pregunta de diversas maneras y a través de diferentes metáforas (el centro del círculo y la circunferencia, la luz y su fuente, el calor y el fuego, etc.) pero el núcleo común radica en la sobreabundancia que caracteriza a lo Uno y en el proceso de engendramiento que implica su misma perfección.

> Pues precisamente porque ninguna cosa había en él, por eso brotan todas de él [*dia touto ex autou panta*], y precisamente para que el Ente exista, por eso él mismo no es Ente [*ouk on*], sino Progenitor del Ente [*gennetes de autou*]. Y ésta es la primera como procreación [*prote hoion gennesis*]. Porque lo Uno, siendo perfecto [*teleion*] porque nada busca, nada posee, nada necesita, se desbordó [*hypererrye*], por así decirlo, y esta sobreabundancia suya ha dado origen a otra cosa [*to hyperpleres autou pepoieken allo*] y ésta, una vez originada, tornóse hacia aquél y se llenó y, al mirarlo se convirtió de hecho en esta Inteligencia. Su detenimiento frente a aquél dio origen al Ente [*to on epoiesen*]; mas su mirada hacia aquél dio origen a la Inteligencia [*ton noun*]. Así pues, como se detuvo para mirarlo, conviértese a la vez en Inteligencia y en Ente [*nous gignetai kai on*] (V.2.1.5-13).

Este extenso pasaje del segundo tratado de la quinta Enéada, siempre según el orden –no cronológico– establecido por Porfirio, nos permite vislumbrar de qué manera Plotino entiende el proceso de emanación que da lugar a la segunda hipóstasis. Lo Uno, debido a su sobreabundancia (*hyperpleres*), se desborda (*hyperenrhyomai*) y da lugar a algo diverso de sí (*allos*). Esto diferente emanado de lo Uno, se detiene y se vuelve a contemplarlo. El detenimiento determina a esa emanación como Ser; la contemplación y el volverse hacia lo Uno de lo cual se originó, la determina como Inteligencia. De tal manera que la segunda hipóstasis es *on* por detenerse y *nous* por mirar lo Uno. No debe creerse, sin embargo, que esta emanación de la segunda hipóstasis implica algún tipo de cambio o disminución en lo Uno. Por eso Plotino insiste en que lo Uno engendra permaneciendo invariable en su propia unidad, idéntico a sí mismo, autosuficiente y digno en su infinita perfección. Es más, como indicamos previamente, lo Uno engendra porque ese proceso desbordante forma parte de la perfección que le es inherente. Lo perfecto, por ser tal, es necesariamente fecundo y no puede ser estéril, como ya había advertido Arthur O. Lovejoy respecto al Bien platónico (véase 1936: 49-52). Perfección y fecundidad resultan así indistinguibles:

> Puesto que el Primero es perfecto y el más perfecto de todos [*panton teleotaton*] y la Potencia primera, preciso es que sea el más potente de todos los seres [*panton ton onton dynatotaton*], y que las demás potencias imiten a aquél en la medida

de sus posibilidades. Ahora bien, vemos que todas las otras cosas que alcanzan su perfección, engendran [*gennon*] y no se contentan con permanecer en sí mismas, sino que producen otra cosa [*heteron poioun*] [...] ¿Cómo podría, pues, el perfectísimo y el Bien primero detenerse en sí mismo, cual si fuera avaro de sí mismo o bien impotente, él que es la Potencia de todas las cosas? Y ¿cómo podría seguir siendo Principio? (V.4.1.24-36).

Lo Uno, entonces, engendra o produce (*gennao*, *poieo*) porque es perfecto. De él emana la Vida, la inteligencia, el Ser, etc. Pero justamente por provenir de lo Uno, este no se confunde con aquello que engendra. Como explica María Isabel Santa Cruz en un artículo que ya cuenta con varios años pero que a nuestro juicio sigue siendo esclarecedor: "Produce al ser, pero lo deja fuera de sí mismo" (1979: 301). El movimiento de Plotino, al igual que el de otros neoplatónicos como Proclo, es sutil pero pletórico de consecuencias: consiste en desplazar el Fundamento último, la Causa de las causas, el Rey de Reyes, el Padre de los dioses, el Principio de todas las cosas, a un estrato ajeno a la ontología. La maniobra es sutil porque no niega la consistencia de la ontología clásica; más bien la desliza a un costado —mejor aún, a un escalón inferior—, la rebaja al nivel de la dependencia; en suma, la relativiza.

(4)

No sorprende que varios autores hayan señalado la "superación" —hoy diríamos, quizás, la deconstrucción— de la metafísica clásica efectuada por Plotino. La henología sería, pues, no sólo la ciencia que estudia lo que está más allá del Ser, sino uno de los nombres —acaso el primero— de la destrucción de la ontología decretada y anhelada por Heidegger: el Gran Flash de la metafísica de Occidente. Paul Aubenque, en un célebre ensayo, fue uno de los primeros en señalar *le dépassement de l'ontologie grecque classique* implícito en las *Enéadas*:

> ...no se trata para Plotino de poner en cuestión la coherencia de lo que nosotros hemos llamado la ontología clásica: pero esta ontología se encuentra en él relativizada, puesta en segundo nivel, que es el de la segunda hipóstasis. Por encima de ella se sitúa lo que se estaría tentado de llamar una "henología", si tanto el *logos* como el *nous* no permanecieran irremediablemente ligados al ente: digamos en todo caso una henología negativa, la indicación siempre repetida de la necesidad de una *superación* de la ontología [*dépassement de l'ontologie*] (1971: 102).

Algunos años más tarde, Reiner Schürmann planteará una tesis similar a la de Aubenque al sostener que, "si la metafísica es la doctrina de la naturaleza de las cosas y de su fundamento último, entonces un discurso sobre lo Uno habrá superado la metafísica" (1982: 331). Lo que le permitía a Schürmann excluir la henología de la tradición onto-teológica en la cual sin embargo se inscribe, es la distinción, no demasiado convincente en nuestra opinión, entre causa/fundamento y condición. Así, lo Uno sería condición del Ser y de la ontología pero no su fundamento, entendido como causa entitativa:

> La distinción entre lo Uno y el ser en Plotino prohíbe reducir la condición primera de todas las cosas a la forma nominal del ser –a la *ousia*, como suele decir. Sin duda, para él, el *on* es Dios, *theos*. Pero la onto-teología de Plotino es su anteúltima palabra. La búsqueda de un fundamento no es su última palabra. Esta búsqueda no constituye la henología, el discurso sobre lo Uno. La onto-teología difiere de la henología como la segunda hipóstasis, *nous*, de la primera, *hen*. Plotino ha visto que todo discurso que tiende a anclar los fenómenos en un fundamento incondicionado cae en un mal círculo. Buscar la razón de los entes en otro ente es girar en redondo entre lo representable. Dicho de otro modo, él ha visto la diferencia entre la *causa* entitativa y representable, y una *condición* no entitativa y no representable (1982: 333).

Schürmann tiene toda la razón de sostener que la condición primera escapa a toda forma pronominal del Ser y en consecuencia resulta irreductible a cualquier identificación con un Ente supremo. Dios, entendido como Ente fundador, continúa Schürmann, pertenece al nivel de la segunda hipóstasis, al *nous* y al *on*, pero no a la primera, a la inefabilidad de lo Uno. El movimiento de Schürmann, entonces, consiste en decir que, en la medida en que lo Uno no funciona en el sistema plotiniano como causa entitativa, es decir en la medida en que lo Uno no es un Ente o una Esencia, no puede decirse que sea un Fundamento incondicionado. Lo Uno es condición de todo cuanto existe, pero no su fundamento. Ahora bien, ¿es correcta esta conclusión de Schürmann? ¿Acaso la noción de fundamento no puede aplicarse también –e incluso habría que decir, ¡sobre todo!– a la condición primera que trasciende todas las cosas y que en sí misma es incondicionada? ¿Por qué una condición *hyper*-óntica, *hyper*-esencial, *hyper*-noética, *hyper*-vital, no podría ser un Fundamento? Que la condición sea irreductible al Ente no quiere decir que no pueda funcionar como Fundamento. De hecho, en un pasaje del tratado 7 de la sexta Enéada, Plotino utiliza los verbos *hidryo* y *epikathemai*, ambos con el sentido de asentarse o apoyarse sobre una base, para describir el modo en que lo Uno-Bien condiciona todas las cosas. Lo Uno-Bien, en este caso, se asienta sobre las cosas, pero sólo porque, desde su altura, las fundamenta y las hace posible:

> La vida era, pues, una potencia universal; la visión derivada de allá, potencia de todas las cosas, y la Inteligencia originada aparece como la totalidad de las cosas mismas. El Bien, en cambio, está asentado sobre éstas [*de epikathetai autois*], no para fundamentarse en ellas [*ouk hina hidrythei*], sino para fundamentar la Forma de las primeras Formas estando él mismo sin forma [*all' hina hidrysei eidos eidon ton proton aneideon auto*] (VI.7.17.31-36).

El Bien-Uno, naturalmente, no es una causa más, en el sentido de que no es un ente, pero no por eso deja de ser causa, sino que, como bien explica Plotino, "es Causa de la causa [*aition de ekeino tou aitiou*]; luego es causa en mayor grado: causantísimo [*aitiotaton*], diríamos; causa en sentido más verdadero [*alethesteron aitia*], porque contiene en sí todas juntas las causas intelectivas [*noeras aitias*] que están a punto de brotar de él" (VI.8.18.38-40). Si bien lo Uno no es causa en su sentido óntico, sí lo es en su sentido hyper-esencial: es Causa de la causa, *aition tou aitiou*, es decir *aitiotaton*, causantísimo, como traduce Igal. Habría que decir, para continuar con el léxico hiperbólico propio de la sobredosis plotiniana, que lo Uno es una *hyper-aitia*, una hiper-Causa. No es que no sea Fundamento, como sugiere Schürmann, sino que es un hiper-Fundamento. Y esto es así porque sin lo Uno, nada sería. Ya E. R. Dodds indicaba, en un artículo extensamente visitado por los amantes del neoplatonismo, que lo Uno de Plotino, siendo incognoscible, absolutamente trascendente e inefable, "no tenía ningún rasgo salvo el de ser un fundamento [*being a ground*]" (1928: 131). La misma idea señalaba Jean-Marc Narbonne en un artículo ya más actual sobre Heidegger y el neoplatonismo: "La alteridad de lo Uno, irreductible a cualquier otra y en sí misma incomprensible, penetra tan definitivamente el horizonte del ser en dirección a una suerte de trans-ser tan enigmático como fundador [*si énigmatique que fondateur*]" (2001: 56). Este es el punto que nos interesa en función del problema planteado en este libro. El desafío al que nos enfrentamos consiste en pensar un Otro fuera del Ser que no funcione como Fundamento y que por ende no se relativice. Se trata por eso de asumir la sobredosis del Ser en toda su radicalidad, es decir de extremar la condición metanfetafísica de la propia metafísica. Plotino es sin duda uno de los pensadores que ha llegado más lejos en el pico metanfetafísico, sin dejar por eso de sucumbir a la relativización de lo Otro (en este caso, de lo Uno). Claro que un lector lúcido podría objetar que, si lo Uno permanece absolutamente invariable aún engendrando los Entes y la Inteligencia, si no necesita de estos puesto que no necesita de nada, ¿cómo se puede sostener que así y todo se relativiza? ¿Acaso no se ha insistido en que lo Uno, siendo absolutamente simple y autosuficiente, no es relativo a nada, ni siquiera a sí mismo? Todo esto es cierto: lo Uno, en efecto, no requiere de nada, no le falta nada ni necesita nada. El problema, sin embargo, no concierne a lo Uno en cuanto tal, sino al Ser y a la Inteligencia, es decir a la segunda hipóstasis y, más allá, a todo cuanto existe. Lo que se relativiza es el Ser, puesto que se lo engancha a lo Uno, en una relación asimétrica, por cierto, ya que lo Uno no precisa del Ser. El punto es que el Ser *sí depende* de lo Uno, lo cual signifi-fica, de nuevo, que sin lo Uno, el Ser no sería. Y esta es la razón por la cual lo Uno se convierte en Fundamento. Lo que hace que algo funcione como Fundamento no es meramente su estatuto óntico, como sostiene Schürmann en la estela de Heidegger, sino el hecho de que ese algo determine o condicione el Ser de aquello que fundamenta. Esto significa, ni más ni menos, que sin lo Uno no se habría generado ni el *nous* ni la *psyche* ni las cosas en general. Lo que Schürmann denomina condición *es ya* Fundamento. Lo Uno no es tan Otro como para que el Ser no dependa de él; su alteridad no es tan radical como para que no engendre, a través de un proceso de emanación o procesión muy complejo cuyos pormenores no podemos reponer aquí, todo cuanto existe. Como explica Malena Tonelli en una introducción nítida al pensamiento de Plotino: "si bien lo generado es inferior, y en ese sentido *otro* que su causa, debe tener una nota común puesto que es semejante. La alteridad del efecto no puede ser, de ningún modo, absoluta" (2019: 83). Si se entiende por Fundamento metafísico aquello que hace posible que la realidad —o lo fundado en un sentido general— sea y exista, entonces lo Uno es Fundamento en su sentido más propio. Por supuesto que no es un Fundamento entitativo, ya que no pertenece a la Esencia ni al Ser, pero así y todo es un Fundamento (un Fundamento, habría que decir, *hyper*-entitativo, *hyper*-esencial e *hyper*-noético). Y es justamente esta condición de *epekeina tes ousias* y de *epekeina tou ontos* la que permite que *fundamente* a las esencias y a los entes. Schürmann simplifica demasiado al identificar al Fundamento con el Ente. No sorprende que Narbonne haya formulado la misma objeción a "la lectura eminentemente reificante y limitada de la metafísica en general y del (neo)platonismo en particular" que realiza Heidegger: "La desnivelación henológica es así sistemáticamente transformada en desnivelación ontológica, y la desnivelación ontológica a su vez remitida a la horizontalidad óntica" (2001: 61). Lo que implica esta maniobra hermenéutica, según Narbonne, es la dilución de esa *différance* –así la llama– irreductible entre lo Uno y el Ser propia de la tradición neoplatónica. Sin embargo, continúa Narbonne, más allá de la "falsedad de esta perspectiva" (2001: 63), Heidegger tiene razón cuando señala –y critica, por cierto– la estructura derivativa del sistema neoplatónico:

> No es, en efecto, simplemente el onto-teologismo lo que Heidegger intenta refutar o superar, sino lo que se podría llamar más ampliamente el *katholou-protologismo*, es decir una tradición de pensamiento que, partiendo de una generalidad para alcanzar una primacía, opera a partir de esta primacía una derivación [*une dérivation*] de las otras cosas. Desde este punto de vista, lo Uno neoplatónico, ni ser ni ente ni cosa, sigue siendo a pesar de todo la fuente última, incluso si resulta inabarcable, de la totalidad de las otras cosas (2001: 76).

Los términos que emplea Plotino, en este sentido, no son para nada casuales: *gennesis, poiesis, gignomai, didomai,* etc., que tienen el sentido de generación, proveniencia, producción, donación, engendramiento, etc. y que indican de manera eminente la *dependencia* de la realidad respecto de lo Uno: "Dependiendo [*Anertemenes*], pues, el alma de la Inteligencia y la Inteligencia del Bien, de ese modo todas las cosas dependen de aquél a través de intermediarios" (VI.7.42.21-24). El término clave, que de algún modo marca la condición fundamental o fundacional de lo Uno, es *anartao*, que significa "depender de, ser referible o remisible a". Si bien Plotino postula un Otro más allá del Ser y de la Esencia, no respeta su absoluta alteridad, ya que identifica a ese Otro con la instancia, poco importa si hiper-ontológica, de la cual *dependen* el Ser y la Esencia; si bien insiste en que de lo Uno "negamos aún el «es» [*to estin aphairoumen*] luego también cualquier tipo de relación con los seres [*pros ta onta*]" (VI.8.8.14-15), eso no significa que lo mismo suceda respecto de los seres (*ta onta*). El Ser sí mantiene una relación con lo Uno. La relación no va entonces de lo Uno *pros ta onta*, sino de los entes *pros to hen*. Esta relación de dependencia –de lo inferior a lo superior, por supuesto, ya que lo Uno no depende de nada– es el paso en falso de toda la metafísica, el lastre que no permite la asunción radical y consecuente de la sobredosis del Ser. Es como si las cosas se relacionasen con lo Uno sin que lo Uno se relacione con las cosas. Sin embargo, esta asimetría no es suficiente. *Para que lo Otro sea respetado en su alteridad absoluta es necesario, no sólo que no se relacione con el Ser, sino que tampoco el Ser se relacione con él.* Ningún término debe presuponer al otro. No basta con que sólo uno, el Ser, presuponga al otro, lo Uno. El *principio de irrelatividad* establece que no debe existir presuposición alguna, ni de lo Otro respecto al Ser ni del Ser respecto a lo Otro. La metafísica pisa siempre el palito porque hace depender al Ser de lo Otro y en ese sentido termina relativizándolo, pues *relación ⇒ relativización.* Es su límite propio. Ni siquiera Plotino, uno de los yonquis más desmesurados de la hiper-ontología, pudo evitar el *shoot down* que implica enganchar el Ser a lo Uno. En esto, al menos, pertenece aún a la metafísica y no a su *dépassement.* Lo cual no quita que su pensamiento represente probablemente uno de los puntos más altos al que ha llegado la sobredosis, los 16 c.c. de morfina en el cuerpo espasmódico del Ser. En este sentido, su importancia es indiscutible. Plotino es uno de los *mayores* yonquis de la historia de la metafísica de Occidente, más aún que Platón, quien sin embargo tiene el mérito innegable de ser el *primer* yonqui. Pero Plotino vuela más alto que Platón. Si este abrió la puerta al más allá, aquel la atravesó y amenazó con tragarse la llave. Las alas platónicas son reactores nucleares en la mente de Plotino. Y los reactores conducen al alma, a la *psyche,* tan lejos, tan alto, que ni siquiera puede decirse que sea ya humana, mucho menos animal... Ni siquiera puede decirse que *sea.*

> ...el alma entonces ni se da cuenta de que está en el cuerpo ni dice de sí misma que es alguna otra cosa: no que es hombre [*ouk anthopon*], no que es animal [*ou zoion*], no que es ser [*ouk on*], ni tampoco que lo es todo [*oude pan*] (la visión de esas cosas no sería uniforme), ni tampoco dispone de tiempo ni tiene ganas para esas cosas, sino que, como el Bien era precisamente lo que buscaba, ahora que lo tiene presente, va a su encuentro y se pone a mirarlo en vez de mirarse a sí misma. ¿Quién es ella que lo mira? Ni siquiera para reparar en esto dispone de tiempo [*oude touto scholazei horan*] (VI.7.34.15-21).

En su vuelo extático, el alma sobrepasa incluso el plano de la inteligencia, embriagándose hasta perder sus propios límites, es decir hasta reencontrarse y fusionarse con lo Uno que en cierto sentido ella misma es. La distancia implícita en el proceso intelectivo es reemplazada por el contacto (*ephapto*) del *Eros* extático. Plotino distingue por eso dos tipos de inteligencia: la inteligencia cuerda, que conoce las Formas eternas, y lo que llama, con una fórmula bellísima, la inteligencia amante.

> La primera es la contemplación propia de una inteligencia cuerda [*nou emphronos*]; la segunda es inteligencia amante [*nous eron*], cuando se enajena [*aphron*]

"embriagada de néctar [*methystheis tou nectaros*]"; y entonces es cuando, desencogida y eufórica por la saturación, se vuelve inteligencia amante. ¡Y más le vale emborracharse con semejante borrachera a guardar la compostura [*methyein beltion e semnoteroi einai toiautes methes*]! (VI.7.35.24-27; trad. ligeramente modificada).

Plotino nos deja entonces con una Inteligencia amante y ebria. Pero, en tanto el *nous* es equivalente al *on*, al Ser, la filosofía plotiniana, en su vuelo último, en el punto más extremo de su purificación ascendente, de su *anabasis*, es la crónica de la borrachera del Ser, de la embriaguez ontológica. El Ser, con Plotino, pierde literalmente su compostura, aunque mantiene siempre, incluso en el peor momento del dislate, su dependencia respecto de lo Uno.

(5)

La pérdida de compostura ontológica conduce al Ser a su Límite último: lo descompone. Pero la náusea no llega a sumirlo en la indeterminación absoluta; el desarreglo convulsivo se mantiene —es la Ley— dentro del perímetro establecido por lo Uno:

> ...aquél no es ninguno de los Seres que se dan en la Inteligencia, sino que de él provienen todos los Seres [*ex autou de panta*]. Por eso estos Seres son, además, Esencias [*ousias tauta*]. Es que están ya definidos [*horistai*]: cada uno de ellos tiene su propia conformación [*morphen hekaston*], por así decirlo. Ahora bien, el Ser no debe estar como balanceándose en la indeterminación [*to de on dei ouk en aoristoi hoion aioresthai*], sino acotado con límites fijos y estables [*horoi pepechsthai kai stasei*]. Pero para los Seres inteligibles la estabilidad [*stasis*] consiste en la delimitación y la conformación [*horismos kai morphe*], con las que recibe además su subsistencia (V.1.7.21-27).

El término clave en este pasaje, al menos en función de uno de los problemas que nos conciernen y que volveremos a encontrar más adelante (véase *Intermissio*), es *horos*: límite, restricción, división, separación, definición, y los términos de la misma familia: *horismos*: limitación, definición, y el verbo *horizo*: limitar, establecer un borde o una frontera, definir, determinar, etc. Lo Uno no sólo es anterior al Ser, sino que lo determina y limita, pues el Ser *no debe* —se trata verdaderamente de un imperativo, de una restricción— tambalearse en la indefinición y en la indeterminación. En efecto, si no fuera limitado y determinado, el Ser no podría equivaler a la Inteligencia. Para que algo pueda ser pensado debe tener límite y forma, *horos* y *morphe*. Pero en tanto la Inteligencia, la inteligibilidad, coincide para Plotino, como para Platón y Parménides, con el Ser en cuanto tal, el Límite y la Forma se aplican al Ser mismo. Lo que nos dice Plotino en el pasaje recién citado es que hay una necesidad –a la que Parménides había identificado con la figura de *Ananke*– de que el Ser sea limitado y definido. Tal necesidad es requerida por la estructura misma del pensamiento. Lo ilimitado es impensable, razón por la cual lo Uno no puede ser aprehendido por la Inteligencia, al menos mientras ésta permanece en su forma discursiva o lógica y no extática. De allí las fórmulas paradójicas o contradictorias que emplea muchas veces Plotino para referirse a lo Uno: "Lo Uno es todas las cosas y ni una sola [*To hen panta kai oude hen*]" (V.2.1.1); "sin estar en ninguna parte, no hay ninguna parte donde no esté [*pos ouk on oudamou oudamou ouk estin hopou me estin*]" (V.5.8.23-24); "ni se mueve ni está en reposo [*ou gar kineitai oud' hesteken*]" (V.5.10.15-17). Para el pensamiento habitual, discursivo, estas expresiones son ciertamente contradictorias. Sin embargo, hay una necesidad de que lo sean, y esa necesidad concierne a la inefabilidad y la absoluta trascendencia de lo Uno. Así como lo Uno determina al Ser, asimismo se eleva por encima de toda determinación y, consecuente-mente, por encima de toda norma lógica o predicativa. El Límite del Ser es también el Límite del lenguaje. Sólo la paradoja, y habría que ver hasta qué punto, es capaz de orientar al alma hacia lo Uno. Ni siquiera el pensamiento que se piensa a sí mismo, es decir el Dios aristotélico, le hace justicia: lo Uno es más que Dios: "Porque si lo concibes o como Inteligencia o como Dios [*e noun e theon*], es más que eso [*pleon esti*]" (VI.9.6.12-14). No obstante, en la absoluta trascendencia que describe este fragmento, en la excelsa inefabili-dad de lo Uno, lo cual no quiere decir, para continuar con las paradojas, que lo Uno no sea al mismo tiempo inmanente a las cosas, se percibe también el paso en falso de Plotino y, en un sentido general, de toda la tradición meta-física. Lo Otro es Otro por hipérbole, por elevación, por plenitud. Plotino dice que lo Uno es *más* que el Ser, *más* que la Inteligencia, *más* que Dios. Lo Uno es *pleos*: excedente, excesivo, pleno, lleno, mayor, etc. Es el modo en el que se expresa la condición fundacional y fundamental de lo Uno en Plotino. Lo Uno desborda todo, incluso a sí mismo –aunque permaneciendo siempre invaria-ble, por supuesto–, y al desbordar(se) produce y genera: *funda*. Este *plus*, abso-lutamente inasible e inefable, despierta sin embargo el deseo y, al modo del primer motor de Aristóteles, aunque sin ser pensamiento sino Padre o Princi-pio del pensamiento, lo Uno-Bien funciona como *telos* de todas las cosas: "la actividad de todos los seres se dirige al Bien [*he d' energeia hapanton pros to agathon*]" (V.6.5.18-19); o también: "lo deseable [*to epheton*] no es la inteligencia en cuanto inteligencia, sino en cuanto bien, en cuanto proviene del bien y conduce al bien [*all' hei agathon kai apo agathou kai eis agathon*]" (VI.7.20.23-24). *Arche* y *telos* de todo cuanto existe, lo Uno-Bien representa el escalón más alto al que ha llegado la metafísica. Sin duda alguna, Plotino es uno de los filósofos más metanfetafísicos de la historia del pensamiento occidental.

Textos citados

Aubenque, Paul (1971). "Plotin et le dépassement de l'ontologie grecque classique". *Colloques Royaumont*. Paris: Ed. Du Centre National de la Recherche Scientifique, pp. 101-110.

Bréhier, Émile (1968). *La philosophie de Plotin*. Paris: Vrin.

Dodds, Eric R. (1928). "The *Parmenides* of Plato and the Origin of the Neoplatonic One". *The Classical Quarterly*, Vol. 22, No. 3/4, pp. 129-142.

Duchaussois, Charles (1974). *Flash ou le grand voyage*. Paris: Le Livre de poche.

Hadot, Pierre (1963). *Plotin ou la simplicité du regard*. Paris: Plon.

Henry, P. y Schwyzer, H. R. (eds.), (1957-1973). *Plotini opera*, 3 vols. Oxford: Clarendon Press. Edición española: *Enéadas V-VI*. En: (1988). *Obra completa*, tomo III. Trad. Jesús Igal. Madrid: Gredos.

Lovejoy, Arthur O. (1936). *The Great Chain of Being. A Study of the History of an Idea*. London: Harvard University Press.

Narbonne, Jean-Marc (2001). "Heidegger et le néoplatonisme". En: C. Esposito y P. Porto (eds.). *Heidegger e i medievali. Atti del Colloquio Internazionale Cassino 10-13 maggio 2000*. Turnhold: Brepols.

Santa Cruz, María Inés (1979). "Sobre la generación de la inteligencia en las *Enéadas* de Plotino". *Helmantica*, XXX, 92/93, pp. 287-315.

Schürmann, Reiner (1982). "Neoplatonic Henology as an Overcoming of Metaphysics". *Research in Phenomenology*, Vol. 13, pp. 25-41.

Tonelli, Malena (2019). "Introducción a Plotino". En: S. Di Camillo y M. Tonelli. *Filósofos griegos antiguos: Volumen I*. La Plata: Edulp, pp. 74-98.

Textos consultados

Achard, Martin; Hankey, Wayne y Narbonne, Jean-Marc (eds.) (2009). *Perspectives sur le néoplatonisme. International Society of Neoplatonic Studies. Actes du colloque de 2006*. Québec: Les Presses de l'Université Laval.

Armstrong, Arthur Hilary (1967). *The Architecture of the Intelligible Universe in the Philosophy of Plotinus. An Analytical and Historical Study*. Amsterdam: Adolf M. Hakkert.

Bowe, G. S. (2003). *Plotinus and the Platonic Metaphysical Hierarchy*. New York: Global Scholarly Publications.

Bussanich, John (1988). *The One and Its Relation to Intellect in Plotinus. A Commentary on Selected Texts*. Leiden: Brill.

Charrue, J. M. (1987). *Plotin lecteur de Platon*. Paris: Les Belles Lettres.

Hines, Brian (2004). *Return to the One. Plotinus's Guide to God-Realization. A Modern Exposition of an Ancient Classic, the* Enneads. Indiana: Unlimited Publishing.

O'Meara, Dominic J. (1975). *Structures hiérarchiques dans la pensée de Plotin. Étude historique et interprétative*. Leiden: Brill.

Santa Cruz, María Isabel (2005). "La dialectique platonicienne d´après Plotin". En: Dixsaut, M. (éd.). *Études sur la* République *(vol. II)*. Paris: Vrin, pp. 125-150.

Santa Cruz, María Isabel y Crespo, María Inés (2020). "Estudio preliminar". En: *Enéadas. Textos esenciales*. Buenos Aires: Colihue, pp. vii-cxviii.

Yount, David J. (2014). *Plotinus the Platonist: A Comparative Account of Plato and Plotinus' Metaphysics*. New York: Bloomsbury.

Libro Γ (Gamma)
Pseudo-Dionisio Areopagita

En Amsterdam le compré quinientos ácidos a un coqueto que venía de filmar una película sobre el surfing en California y los vendí bastante bien en Heidelberg. Dieciocho estudiantes de teología se colocaron tipo cenit para un examen sobre Dionisio no sé qué, debe haber sido grandioso.

Marcelo Cohen, *El país de la dama eléctrica*

(1)

Hay algo oscuro en Dionisio Areopagita. La bruma lo envuelve, una bruma negra y misteriosa, acaso la misma que un ignoto cartujo identificará en el siglo XIV con *The Cloud of Unknowing*. Acceder al *Corpus Dionysiacum* equivale a penetrar, según confiesa Charles Marlow, el protagonista de la notable novela de Joseph Conrad, *into the heart of darkness*. Dionisio es un Plotino sumergido en la tiniebla y pasado por el filtro procliano de la agonizante Academia de Atenas. La sobredosis, en sus manuscritos, se vuelve silenciosa y sombría, cristianamente paradójica. A decir verdad, la altura suprema a la que exhorta el pensamiento de Dionisio está más allá de toda sombra y de todo resplandor, de toda luz y de toda oscuridad; a pesar de las innúmeras metáforas que pueblan sus escritos, la Divinidad, como lo Uno de Plotino o de Proclo, es *hyper*-entitativa, *hyper*-intelectiva, *hyper*-viviente, etc. Con el Areopagita, el *hyper* alcanza el nivel más exacerbado de la mística cristiana. Si Plotino es uno de los mayores yonquis de la filosofía occidental, Dionisio lo es de la cristiandad de habla griega y, al extremo, de la cristiandad en general. Su gusto por el Gran Flash es aún más pronunciado que el de Gregorio de Nisa, decididamente más exuberante que el de Máximo el Confesor, incluso más que el del doblemente Escoto Eriúgena.

(2)

Los teólogos suelen emplear el sintagma *Deus absconditus* para referirse a la condición inefable, incognoscible y misteriosa de la Divinidad. No sería exagerado utilizar de modo análogo el sintagma *homo absconditus* para referirse a la condición también enigmática y escurridiza del propio Dionisio. Borges lo llamó, no por casualidad, "el escondido autor" (1974: 737). Las tinieblas divinas en las que, según el Areopagita, se sumerge el místico al fusionarse con el Dios-Uno son tan oscuras como las que rodean a este monje presuntamente sirio que en el siglo VI escribiría una serie de tratados teológicos conocidos posteriormente en su conjunto como *Corpus Dionysiacum* o *Corpus Areopagiticum*, a los que Juan de Scythopolis y Máximo el Confesor les dedicarían unos tempranos comentarios, antes de ser traducidos al latín por Hilduino de Sanit-Denis en el 838 y por Escoto Eriúgena en el 862. Lo más fascinante de este personaje es que se hace pasar por el Dionisio que llegó a ser obispo de Atenas en el siglo I, luego de escuchar la prédica de Pablo de Tarso en el areópago. La referencia en la que se basa el autor de estos tratados teológicos –al que Edouard Jeauneau califica, en una ponencia exquisita e inolvidable a la que no le faltan ciertos toques de humor, de "piadoso embustero [*pieux faussaire*]" (1997: 2)– se encuentra en un lacónico pasaje de los Hechos de los Apóstoles: "Mas algunos creyeron y se unieron a él; entre los cuales estaba Dionisio el Areopagita [*Dionysios ho Areopagites*], y una mujer llamada Dámaris, y otros con ellos" (Hechos 17:34). Durante muchos siglos, a decir verdad, surtió efecto la impostura, reforzada además por las maniobras de simulación que el propio Dionisio se encargó de implementar en sus manuscritos (referencias a hechos y personajes del siglo I como si fueran contemporáneos al autor, remisiones a textos propios que se suponen ficticios o perdidos, etc.). Lo cierto es que la Edad Media leyó el *Corpus Dionysiacum* creyendo que su autor era efectivamente el discípulo directo de Pablo, quien se había convertido al cristianismo luego de escucharlo en el areópago de Atenas. Recién en el Renacimiento, con Lorenzo de Valla y Erasmo de Rotterdam, un manto de duda –ya insinuado no obstante por algunos escoliastas previos– cayó sobre la autenticidad de estos tratados, fundamentales sin embargo para la tradición conocida como teología negativa. El punto de inflexión está dado por una monografía de Johann G. Engelhardt titulada *Dissertatio de Dionysio platonizante* (1820) que muestra las huellas indudables en el *Corpus Areopagiticum* de la filosofía de Proclo (siglo V d.C.), a la cual le seguiría el ensayo "Der Neuplatoniker Proclus als Vorlage des sogen. Dionysius Areopagita in der Lehre vom Uebel" de Josef Stiglmayr a fines del siglo XIX que demostraría, ya sin margen de error, que el capítulo 4 del *Peri theion onomaton* está basado efectivamente en el tratado *De Malorum Subsistentia* de Proclo. A lo largo de los siglos, algunos sugirieron que el autor del *Corpus* era Severo de Antioquía, otros que era Basilio de Cesarea, incluso hubo quienes llegaron a identificarlo con Pedro el Ibérico. No obstante, la identidad del Areopagita sigue siendo desconocida. Dionisio, *ho pseudos*.

(3)

El sintagma *agnosto theo* (al dios desconocido) remite a la inscripción que descubrió Pablo de Tarso en un altar mientras merodeaba por Atenas. Pero la palabra del Dios cristiano que transmite Pablo viene a desocultar lo oculto y a volver cognoscible lo desconocido. A diferencia del dios ignoto de los paganos, el Dios de Abraham y de Moisés, pero sobre todo el Padre de Jesucristo y de todos los hombres, se ha revelado, y no sólo en las Sagradas Escrituras, sino en la misma carne del Hijo: "porque pasando y mirando vuestros santuarios [*ta sebasmata*], hallé también un altar en el cual estaba esta inscripción: AL DIOS DESCONOCIDO [*AGNOSTO THEO*]. Aquel, pues, que vosotros adoráis sin conocerle, a Este yo os anuncio" (Hechos 17:23). Más allá de que el autor del *Corpus Areopagiticum* no sea el Dionisio que escuchó a Pablo en el areópago, lo cierto es que la idea de un *agnostos theos* ha marcado de forma indeleble la sensibilidad exuberante del "autor escondido". A la teología mística de Dionisio se aplicaría a la perfección el célebre verso de Baudelaire: *Au fond de l'Inconnu pour trouver du nouveau*! En el caso del Areopagita, aunque quizás habría que decir lo mismo de Baudelaire, *le voyage* es siempre y por necesidad un *voyage mystique*.

El Dios de Dionisio, como lo Uno o el Bien de Plotino o de Proclo, es absolutamente trascendente: "Él lo trasciende todo supraesencialmente [*panton hyperousios exeremene*]" (*DN* I.2)[4]. La trascendencia de Dios queda asegurada por el término *exeremenes*, frecuente en los manuscritos neoplatónicos para enfatizar la condición preeminente de lo Uno. Los textos de Dionisio, sin duda,

---

4   Consignamos el tratado *Peri theion onomaton* con las siglas *DN* (correspondientes a la versión latina: *De divinibus nominibus*) y el tratado *Peri mystikes theologias* con las siglas *TM* (correspondientes en este caso tanto a la transliteración del original griego cuanto a la traducción latina: *De mystica theologia*).

reproducen la terminología característica del neoplatonismo; como lo Uno plotiniano, el Dios de Dionisio preserva siempre un halo inefable e incognoscible. En este sentido, Dios es necesariamente *agnostos*. Esta necesidad no es caprichosa, sino que obedece a razones de principio: sólo puede haber conocimiento acerca de los seres (*ta onta*), pero no de lo que se encuentra más allá del Ser: "Si, efectivamente, todo conocimiento se refiere a los seres, y tiene su fin en los seres [*ta onta to peras echousin*], el que es superior a todo ser [*ousias epekeina*], está también fuera de todo conocimiento [*pases gnoseos estin exeremene*]" (*DN* I.4). Sin embargo, el límite del conocimiento y su insuficiencia constitutiva es también el primer escalón hacia la fusión mística con la "Deidad supraesencial y misteriosa [*tes hyperousiou kai kryphias theotetos*]" (*DN* I.1). El término del conocimiento, de la *gnosis*, es a la vez el inicio del no-saber, de la *agnoia* —noción que habrá de fascinar a Georges Bataille, al punto de contraponerla al *absolute Wissen* hegeliano—. Pero lejos de indicar una deficiencia o una incapacidad, la *agnoia* indica más bien un exceso místico y una comunión extática con lo Divino:

> ...hay un conocimiento divino de Dios [*he theiotate theou gnosis*] que se consigue mediante "el no-saber" [*he d' agnosias*] por una unión que supera todo entendimiento [*ten hyper noun henosin*], cuando el entendimiento, apartándose de todos los seres, y olvidándose luego incluso de sí mismo [*heauton apheis*], se une a los rayos de extraordinario resplandor que provienen de lo alto, siendo iluminado allí por la inexplorable profundidad de la Sabiduría [*bathei tes sophias*] (*DN* VII.3).

Como en el caso de Plotino, se trata de ascender lo más posible, hasta dejar atrás —o debajo— los entes sensibles y las realidades inteligibles, el mundo de las cosas que son e incluso el de las cosas que no son; se trata de alcanzar el abismo misterioso donde habita el Dios-Uno inefable e inabarcable. Pero a diferencia de Plotino, cuya predilección por las metáforas luminosas es célebre, en el caso de Dionisio la luz se vuelve más oscura, se mezcla con la noche y con las tinieblas:

> ...cuanto más alto ascendemos, encontramos menos palabras para poder explicar las visiones de las cosas espirituales. Por ello también ahora, al adentrarnos en las tinieblas que exceden toda inteligencia [*eis ton hyper noun eisdynontes gnophon*], no solamente seremos parcos en palabras, sino que nos quedaremos totalmente sin palabras [*alogian*] y sin pensar en nada [*anoesian*] (*TM* III).

Si la sobredosis de Plotino es en cierta forma diurna, la de Dionisio es nocturna o, por lo menos, crepuscular. No obstante, ambos coinciden en que acceder a "las tinieblas del no-saber [*ton gnophon tes agnosias*]" (*TM* I.3) supone reemplazar las palabras por el mutismo y la intelección por el éxtasis. Por eso Dionisio explica que los secretos de las escrituras místicas (*ton mystikon logion*) se ocultan "bajo las tinieblas más que luminosas del silencio [*kata ton hyper-photon enkekalyptai tes kryphiomustou siges gnophon*]" (*TM* I.1). El silencio (*sige*) es al sonido lo que la oscuridad (*gnophos, skotos*) es a la luz. Lo que resulta decisivo, sin embargo, es que en el trance extático los opuestos coinciden: la luz se vuelve indiscernible de la oscuridad y la palabra divina del silencio más absoluto. Conforme avanza el *Peri mystikes theologias*, el lenguaje se estira y se retuerce hasta alcanzar su Límite último dando lugar, como único recurso posible, al oxímoron y la paradoja: la Divinidad habita en una *tiniebla luminosa*, en una *claridad oscura*, en una *luz sombría*. En la carta V dirigida al diácono Doroteo, el Areopagita afirma que, tratándose del Dios-Uno, la tiniebla es luz:

> La tiniebla divina [*ho theios gnophos*] es luz inaccesible [*aprositon phos*], donde se dice que habita Dios [*en ho katoikein ho theos*], es ciertamente invisible debido a su deslumbrante claridad [*hyperechusan phanoteta*] e inaccesible debido al desborde de sus irradiaciones supraesenciales [*hyperbolen hyperousiou photochusias*] (*Carta V*).

Así como la *dynamis* de lo Uno en Plotino no indicaba carencia o deficiencia sino exuberancia y potencia sobreabundante, asimismo en Dionisio la tiniebla divina no indica falta o ausencia de luz, sino luz deslumbrante y absolutamente inasimilable por los ojos humanos, incluidos los de la inteligencia. Del mismo modo, la Unidad absoluta que es Dios excede toda predicación y todo principio lógico, en especial el principio de no-contradicción y el de identidad. De allí las prodigiosas retahílas de oxímoron que inundan los manuscritos del Pseudo-Dionisio. Sirva como ejemplo el siguiente pasaje del *Peri theion onomaton*:

> La Unidad es causa de unión de toda unidad, ser supraesencial [*hyperousios ousia*], inteligencia ininteligible [*nous anoetos*], palabra inefable [*logos arrhetos*], falta de razón y de reflexión [*alogia kai anoesia*], sin nombre [*anonymia*], que no corresponde a nada de lo que existe [*meden ton onton ousa*] y que sin embargo es la causa del ser en todo [*aition men tou einai pasin*], es incluso ella misma no ser [*auto de me on*], porque está más allá de todo ser [*ousias epekeina*] y como si se mostrara a sí misma con su sabiduría y señorío (*DN* I.1).

El procedimiento es similar al de Plotino y, más allá, al del neoplatonismo en general. En tanto el *nous* equivale al *on*, es decir en tanto la inteligencia piensa los entes, lo que es, razón por la cual el Ser es inteligible y lo inteligible es el Ser, y en tanto el Dios-Uno está más allá del Ser (*epekeina ousias*), la Divinidad no es *nous* ni *ousia* ni *logos*. Ningún nombre le conviene: Dios es anónimo. Pero en la medida en que el *nous*, la *ousia* y el *logos* se han generado, por un proceso de emanación creativa, la Unidad Divina no es por completo extraña a lo creado. Por eso Dionisio puede decir, con una serie de fórmulas paradójicas, que Dios es una *ousia hyperousios* (un ser que se encuentra por encima del ser), un *nous anoetos* (una inteligencia ininteligible), un *logos arrhetos* (una palabra que no puede decirse), etc. En sí mismo, Dios es anónimo e innombrable, lo cual no quiere decir que los nombres con los cuales se ha revelado a los humanos y que el Areopagita analiza en el *Peri theion onomaton* no contribuyan a que aprehendamos aspectos medulares de su naturaleza manifiesta, entre otras cosas porque los nombres de Dios son procesiones y no signos arbitrarios. Dionisio tensa el lenguaje hasta abismarlo en lo a-lógico, más allá del Límite que custodia la consistencia del sentido. Dios, pues, es lo Insensato, lo Impensable, lo Inasible. La vía negativa, en la medida en que permite elevarse por encima de los predicados ónticos o entitativos, es superior a la afirmativa. La teología apofática supera con creces a la catafática. Sin embargo, el místico experimentado debe abandonar ambas vías para fusionarse con Aquello que está más allá de toda afirmación y de toda negación. En un inspirado pasaje del *Peri mystikes theologias* Dionisio llega a decir que el *agnostos theos*, excediendo absolutamente los parámetros de nuestra inteligencia, no es ni siquiera uno ni unidad, no coincide con las cosas que son ni con las que no son, no es luz ni oscuridad, nada se puede negar ni afirmar de la Divinidad hiper-eminente. Citamos el fragmento *in extenso* (el vuelo místico justifica la longitud desmesurada):

> No tiene poder ni es poder ni luz [*oute dynamis oute phos*]. No vive ni tiene vida [*oute ze oute zoe*]. No es sustancia, ni eternidad ni tiempo. No hay conocimiento intelectual de Ella [de la Unidad] ni ciencia, ni es verdad ni reino ni sabiduría, ni uno ni unidad [*oute hen oute henotes*], ni divinidad ni bondad, ni espíritu, como lo entendemos nosotros, ni filiación ni paternidad ni ninguna otra cosa de las conocidas por nosotros o por cualquier otro ser. No es ninguna de las cosas que no son ni tampoco de las que son [*oude ti ton ouk onton oude ti ton onton*], ni los seres la conocen tal como es, ni Ella conoce a los seres como son. No hay palabras para Ella, ni nombre, ni conocimiento. No es tinieblas ni luz [*oute skotos oute phos*], ni error ni verdad [*oute plane oute aletheia*]. Nada en absoluto se puede negar o afirmar de Ella [*oute autes katholou thesis oute aphaire*sis], y cuando afirmamos o negamos algo de las cosas inferiores a Ella no le añadimos ni quitamos nada, pues la Causa perfecta y única de todas las cosas está por encima

     METANFETAFÍSICA. Ensayo de sobredosis ontológica

de toda afirmación [*hyper pasan thesin*] y también la trascendencia de quien está sencillamente libre de todo está por encima de toda negación [*hyper pasan aphairesin*] y más allá de todo [*epekeina ton holon*] (*TM* V).

Sin embargo, pese a la alteridad radical y a la trascendencia absoluta que posee la Divinidad en los textos del Areopagita, pese al Gran Flash que promete esta teología mística, lo cierto es que el Dios-Uno-Bien *funda*, como en Plotino y en toda la tradición metafísica, no sólo neoplatónica, el mundo de los seres y de las cosas. Al igual que lo Uno del neoplatonismo, el Dios de Dionisio es Causa, Principio y Fin de todo cuanto existe.

> Y todo ha sido creado y existe por el Bien [*ex ou ta panta hypeste*], como producido por una causa sumamente perfecta [*ek aitias pantelou*], como dice la Escritura, y todo subsiste en Él, como guardado y retenido en un todopoderoso sostén y hacia el cual retornan todas las cosas [*ta panta epistrephetai*], cada una como a su meta propia (*DN* IV.7).

El Bien y lo Uno, *to agathon* y *to hen*, son los dos nombres que abren y cierran respectivamente el *Peri theion onomaton*. Ha sido sugerido que esta disposición no es casual y que responde al movimiento de procesión (*proodos*) y de retorno (*epistrophe*) a la Unidad. Se deja sentir sin duda la influencia de Proclo y, más allá, de Plotino. Como sea, la función fundacional del Dios-Uno-Bien es en los tres autores equivalente. Esto es así porque los seres le deben su ser a Dios, quien derrama su potencia exuberante y dona u otorga —como se otorga una gracia— existencia a todas las cosas. Los entes son en la medida en que participan (*metexis*) de la Unidad divina, la cual los hace ser sin sufrir en sí misma ninguna pérdida ni disminución.

> ...al entregarse a todos los seres [*doroumenegar pasi tois ousi*] y derramar sobre ellos las participaciones de todos los bienes, se diversifica conjuntamente, y se acrecienta singularmente y se multiplica indivisiblemente en su Unidad. Por cuanto Dios es supraesencialmente Ser, y da el ser a los seres [*doreitai de to einai tois ousi*] y produce todas las esencias [*paragei tas holas ousias*], se dice que ese Uno que es se multiplica al crear Él muchos seres, sin que Él sufra menoscabo, y que permanece Uno en esa multiplicación, y unido en tal procesión [*henomenou kata ten proodon*], y completo en la distinción, por estar de forma eminente por encima de todos los seres, y por su interés de unificar todo, y por la efusión que en nada le mengua de las no aminoradas participaciones de Él (*DN* II.11).

Dionisio emplea el verbo *doreomai*, que tiene el sentido de dar o donar gratuitamente, para designar la operación de Dios. La Divinidad dona el Ser a los entes, produce (*parecho*) o crea (*poieo*) las esencias, se derrama sobre el mundo y derramándose le confiere existencia. Lo que se observa entonces, en este pasaje en concreto pero también en la totalidad del *Corpus Areopagiticum*, es el segundo paso característico de la metafísica, el paso en falso: el Ser se engancha a lo Otro, en este caso al Dios-Uno-Bien. Es el movimiento de rehabilitación del Ser. Luego de la sobredosis, del Gran Flash, luego de abismar la ontología en una Alteridad inconmensurable, se convierte a esa Alteridad en Fundamento del Ser. El Dios-Uno no depende de la creación, pero la creación sí depende del Dios-Uno. Dionisio lo dice sin circunloquios: "no existe ningún ser que no participe de lo Uno [*ouden gar esti ton onton ametochon tou henos*] [...] Y por existir lo Uno existen todas las cosas [*to einai to hen panta esti ta onta*]" (*DN* XIII.2). Esta última proposición condensa la dependencia del Ser respecto de lo Uno y al mismo tiempo la condición fundacional de la Divinidad hiper-esencial: las cosas existen porque existe lo Uno. Este enganche del Ser a lo Uno, como sugerimos en la introducción a este libro, no es reversible. Lo superior nunca podría depender de lo inferior. La multiplicidad presupone la Unidad pero no a la inversa: "Sin lo uno [*aneu men to henos*] no podrá existir multitud [*ouk estai plethos*]; sin la multitud [*aneu de plethous*], en cambio, podrá existir lo uno [*estai to hen*], pues la unidad es anterior a todo número multiplicado" (*DN* XIII.2). En este pasaje del *Peri theion onomaton*, como en el anteriormente citado, se encuentra resumida una de las maniobras distintivas de la metafísica neoplatónica: el enganche del Ser a lo Uno. Hay una suerte de deuda ontológica: las cosas le *deben* su ser al Principio hiper-esencial, al Demiurgo supra-eminente que, al contrario del relato que refiere Platón en el *Timeo*, no sólo crea el mundo *ex nihilo,* sino que comete la aberración inconcebible de asumir una naturaleza humana. El Demiurgo de Dionisio, cuyos rasgos lo emparentan más con los desiertos semíticos que con las ciudades griegas, conserva así y todo su trascendencia radical y su absoluta inefabilidad: "El que es supraesencial a todo ser por su poder es la causa sustancial y el autor del ser [*hypostasis aitia kai demiourgos ontos*]" (*DN* V.4), o también: "Es causa desbordante y sobreabundancia eminente [*hyperblyzousan aitian kai exeremenen hyperochen*]" (*DN* XII.4). *Aitia, Telos, Protos*: el Dios de Dionisio, como lo Uno plotiniano o procliano, funciona al modo de un *hyper*-Fundamento. El Areopagita utiliza también el término *hedra*, que tiene precisamente el sentido de fundamento, base, apoyo, etc., para cualificar al Dios-Uno: "Él es el fundamento omnipotente de todo [*pantokratoriken hedran*], todo lo contiene y abarca [*synechousan kai periechousan*], lo fundamenta, lo sostiene, lo comprime, conserva [*enidryousan kai themeliousan kai perisphingu-san kai arrages*] todo indestructible en Él mismo" (*DN* X.1). Además de *hedras*, Dionisio emplea también el verbo *hydro*, que habíamos visto ya –entre muchos otros textos– en *Enéadas* VI.7.17 con el mismo sentido fundacional. Dios es una fuerza cohesiva, abarcadora y sostenedora; por Él, y sólo por Él, por su desbordante fecundidad, las cosas se mantienen en el Ser. En efecto, el Dios de la *theologia*, término que en Dionisio significa simplemente la palabra de Dios, las Sagradas Escrituras, se define por una "fecundidad supraesencial [*hyperousiou gonimotetos*]" (*DN* I.4), es decir por una "fecundidad que produce a todos los seres [*tes epi panta polygonias proodous*]" (*DN* IX.5). *Proodos* es un *terminus technicus* del lenguaje dionisiano y, más allá, neoplatónico en general: designa la procesión o la producción –la *creatio*, en su caso– de las cosas a partir de Dios. A *proodos* le responde *epistrophe*, el retorno de todas las cosas a la Unidad divina.

(4)

Cabe señalar que Dionisio, a diferencia de Plotino y de la tradición neoplatónica que tenía a sus espaldas, considera a Dios, el cual es ciertamente Uno y supra-esencial, como una unidad trinitaria y relacional. De allí expresiones paradó-jicas como "Trinidad Una [*henarchike triadi*]" (*DN* II.4). Este Principio Uni-Trino, esta Unidad-Trina o Trinidad-Una, explica Dionisio, desborda por completo nuestra capacidad de comprensión y debe permanecer inevitablemente envuelta en un cierto misterio. Sólo el no-saber, la *agnoia*, puede penetrar en sus secretos, aunque sin ser ya conocimiento propiamente dicho ni compren-sión en sentido intelectual. De todos modos, no nos detendremos en el arduo problema de la Trinidad que Dionisio hace coincidir, con todas las fricciones que tal movimiento implica, con lo Uno del neoplatonismo (véase Beierwaltes y Hedley 1994: 1-20). Sólo diremos que el Areopagita se cuida de mantener la distinción de las personas de la Trinidad, aunque siempre dejando en claro que la Unidad del Principio divino –el hecho de que se trata de una única natura-leza o esencia– prevalece sobre la pluralidad de las hipóstasis. El punto que sí quisiéramos retener, en función de los objetivos de este libro, es el doble movimiento que realiza Dionisio, sin desentonar en este punto, a pesar de su pensamiento singularísimo, con la tradición onto-teológica a la cual per-tenece. En primer lugar, la postulación de un Otro absoluto por encima del

Ser: en este caso Dios, lo Uno, el Bien. Dios es "supraesencialmente superior a todo principio [*hyperousios hyperarchios arche*]" (*DN* I.3); "causa que trasciende absolutamente todo ser [*te panton exeremene kata pasan hyperochen aitia*]" (*DN* II.7); "subsistencia supraesencial [*hyperousios hyparxis*], deidad supradivina [*hypertheos theotes*], bondad suprabondadosa [*hyperagathos agathotes*]" (*DN* II.4). Dionisio eleva el *hyper* a alturas nunca vistas, lo distribuye por todos los rincones de sus tratados, lo hace funcionar como prefijo de los más variados adjetivos: *hyperkosmios, hyperouranios, hyperousios*, pero también *hyperagathos, hyperagathotes, hyperarrhetos, hyperdynamos, hypertheos, hypertheotes, hyperphotos, hyperplerotes, hyperhyparxis, hyperonymos*, etc. Lo mismo sucede con el *epekeina tes ousia* de origen platónico. Difusión indiscriminada en combinaciones diversas: *panton ousan epekeina, exo kai epekeina ton holon, tou panton epekeina, panton estin epekeina panton aitios on, epekeina ton holon*, etc. El frenesí de Dionisio es aún más pronunciado que el de Plotino. La finalidad de este paroxismo exorbitante es introducir una distinción clara entre Dios y las cosas, entre el Creador y la creación; una distinción que asegure la trascendencia del Primer Principio: la *thearchia*, como lo llama Dionisio. Se trata del primer paso. Pero inmediatamente, como Platón, como Plotino, como toda la tradición metafísica, identifica a ese Primer Principio con el Fundamento de todo cuanto es y existe. Dicho con brevedad: sin lo Uno, sin el Bien, sin Dios, las cosas no serían, el Ser no sería. Se trata entonces del segundo paso. Un fragmento precioso del capítulo V del *Peri theion onomaton* señala a la perfección estos dos momentos: el primero, que distingue lo Uno supra-esencial del Ser y enfatiza su inefabilidad (paso 1); el segundo, que muestra la dependencia del Ser respecto de lo Uno supra-esencial y el consecuente carácter fundacional del Principio divino (paso 2):

> ...no es nuestro propósito explicar aquí el Ser supraesencial, en cuanto supraesencial [*hyperousios*], pues es inefable [*arrheton*], imposible de conocer [*agnoston*], totalmente inexplicable y es superior a toda unidad [*hyperairon ten henosin*], sino que pretendo celebrar la procesión de Dios, como Principio de todo ser, hacia los seres todos [*tes ousiopoion eis ta onta panta tes thearchikes ousiarchias proodon hymnesai*]. El nombre divino "Bien", en efecto, revela las procesiones todas de la Causa Universal [*tou panton aitoiu proodous*], que se extiende hasta el ser y el no ser y trasciende al ser y al no ser [*hyper ta onta kai hyper ta ouk onta estin*] (*DN* V.1).

El Principio divino —o la *thearchia*— es supra-esencial (*hyperousios*), inefable (*arrheton*), incognoscible (*agnoston*), superior a toda unidad (*hyperairon ten henosin*). Lo Uno se despega por completo del Ser, a tal punto que Dionisio llega a decir que Dios está por encima tanto del *on* como del *einai*, es decir no sólo más allá del sentido nominal del Ser, sino de su sentido verbal: *hyper auto to einai* (*Carta IV.5*). La misma función desempeñan los términos *hypereinai* (por encima del ser) y *proeinai* (antes del ser), ambos con un sentido verbal. Ante esta trascendencia exorbitante de la Divinidad sólo resta la alabanza y la celebración, como puede constatarse en los tratados *Peri tes ouranias hierarchias* y *Peri tes ekklesiastikes hierarchias* en los que, a pesar del interés que revisten en sí mismos y de su importancia capital para la teología cristiana, no nos detendremos aquí. Dionisio emplea el verbo *hymneo* (loar, aclamar), un término que recuperará con agudeza Jean-Luc Marion en varios de sus textos, para referirse a la actitud más consecuente que el ser humano puede adoptar frente a la preeminencia divina. La *hymnodia*, el canto de alabanza, es lo que resta cuando el lenguaje predicativo ha llegado a su Límite último. Sin embargo, acto seguido, en el mismo párrafo, luego de resaltar la inconmensurable distancia que separa a Dios del mundo, se muestra que todos los seres (*panta ta onta*) proceden y dependen del Primer Principio. El Ser, así, se pega a lo Uno. El punto clave es que el *pegamento* del Ser es más fuerte que el *despegue* de lo Uno. Dios no es tan absoluto como para no crear el mundo, no es tan Otro como para no producir los seres, no es tan incognoscible como para imposibilitar que se lo considere Principio y Fundamento de todo cuanto es. La dependencia del Ser respecto a lo Uno termina por relativizarlo (a lo Uno), ya que establece una *relación*, poco importa si asimétrica e irreversible, entre lo Otro (Dios) y lo Mismo (el Ser). Basta que el Ser dependa de Dios para que Dios no sea tan Otro. La alteridad radical resulta violada por su propia condición fundacional. El gran problema de la metafísica occidental no es que plantee un Otro absoluto, sino que no respete la condición absoluta de esa alteridad. Y no la respeta porque piensa a ese Otro como el Fundamento del Ser. Desde esta perspectiva, toda la historia de la metafísica occidental no es más que la crónica de las diversas infracciones al *principio de irrelatividad*, el cual postula —según vimos— que no hay relación ni de lo Otro hacia lo Mismo ni de lo Mismo hacia lo Otro. Dionisio dice: "Sin lo uno no podrá existir multitud; sin la multitud, en cambio, podrá existir lo uno". El Sistema de Metanfetafísica General (de aquí en más: SMG), basado en el principio de irrelatividad, reformula: "Sin lo Otro (entendido como proyección fóbico-fantasmática) podrá existir el Ser, aunque no *tal como* —es decir, no en el *modo* en que aparece o se manifiesta—; sin el Ser podrá existir o no-existir lo Otro".

(5)

Una de las maniobras predilectas de la metafísica neoplatónica, e incluso de la metafísica en general, consiste en concebir a lo Uno o al Bien o a Dios como Principios ilimitados e infinitos y al mismo tiempo como agentes limitadores o demarcadores del dominio ontológico. La necesidad de tal operación, por supuesto, es evitar que el mundo se sumerja en la confusión total, que el *kosmos* se vuelva *chaos*, que *peiratos* devenga *apeiratos*:

> Este Principio perfecto, extendiendo a todas las criaturas su acción indivisa, las distingue, las limita [*peiratoi*], las mantiene y envuelve como por cerraduras potentes [*kleithrois*] el conjunto total de estas substancias diversas; y no permite que ellas rompan su unión y se dispersen en lo infinito y lo ilimitado [*diairethenta chythenai pros to apeiron kai aoriston*], exentas de todo orden, de toda estabilidad, separadas de Dios [*atakta kai anidryta kai erema theou*], en guerra consigo mismas y mezcladas unas con otras en una gran confusión [*en allelois pammigos symphyromena*] (*DN* XI.1).

Si bien –o, quizás mejor, a causa de que– el Principio divino no posee límites (*de peratos*, cumpliendo *de* una función adversativa: sin límites, a diferencia de los entes que sí son limitados) y es por eso infinito e ilimitado (*apeiron* y *aoriston*), puede ejercer su función limitadora o contenedora. La operación característica de la metafísica neoplatónica, aunque en Dionisio con ciertas particularidades que lo distinguen de esa tradición pero que no vamos a examinar aquí, consiste en postular un Principio ilimitado e infinito y a la vez conferirle, en función de esa misma condición ilimitada e infinita, la potestad de limitar a la realidad inferior. Es decir: lo Uno o Dios son ilimitados e infinitos y en cuanto tales mantienen encerrado y unificado al Ser con el objetivo de que no se hunda en el caos de la indeterminación y en la confusión generalizada. La naturaleza supra-ontológica de lo Uno o Dios exige así una frontera que rodee al mundo de los seres. Dios dictamina la Ley de la separación: el *chorismos* y el *peras* que custodian la cohesión y la unidad del Ser. Como veremos más adelante, concretamente en la *Intermissio*, el SMG admite y postula la condición limitada del Ser, pero no adjudica el establecimiento de ese Límite a lo que se encuentra más allá, es decir a lo Uno o a Dios. El Límite, veremos, posee una autonomía irrenunciable respecto a los elementos que distingue. A diferencia de la metafísica tradicional que atribuye la operación delimitadora a lo Uno o a Dios, convirtiéndolos de inmediato en Fundamento, la teoría metanfetafísica establece la independencia del Límite tanto respecto al Ser cuanto a lo que está más allá del Ser. Liberar al Límite de lo Uno o de Dios es imprescindible para no relativizar a lo Otro absoluto, más allá de si se lo llama Uno, Dios, Bien o, como propone el SMG, X, signo que, por el momento y hasta llegar al apartado 4 del Libro Z, resultará sin duda incomprensible.

(6)

Los medievalistas conocen la profunda influencia que tuvo el Pseudo-Dionisio en el pensamiento de Tomás de Aquino. Dos cuestiones ameritan ser mencionadas al respecto. La primera es esa suerte de tensión entre dos fuerzas opuestas que se siente al leer algunos textos de Tomás: una fuerza que lo impulsa a postular la primacía del Bien sobre el Ser y a respetar así el orden que el propio Dionisio había propuesto en el *Peri theion onomaton* al ubicarlo en el primer lugar; otra fuerza que lo impulsa a considerar al Ser como el nombre supremo de la Divinidad. El Aquinate reconoce que el Bien, entendido como causa final, engloba no sólo al ser en acto sino también al (no) ser en potencia y que, por lo tanto, tiene prioridad sobre el Ser. No obstante, según el orden del conocimiento, e incluso según razones más profundas propias de la metafísica tomista, el Ser supremo (*Esse*) es primero. Fran O'Rourke, que ha dedicado un excelente estudio a este asunto, lo dice con claridad: "Para St. Tomás, aunque Dios sobrepasa todas las cosas existentes, no puede decirse que, por su carencia de cualificación, trascienda al *esse* en cuanto tal, según afirmaba Dionisio, ya que está en su naturaleza ser el *ESSE* mismo" (1992: 95). Tomás está dispuesto a admitir que Dios es *super omnia existentia* pero no *super omne esse*. *Esse* y *Deus*, para él, coinciden plenamente. Por eso hay una cierta vacilación en Tomás, como si no terminara de sentirse del todo cómodo con los vuelos hiperbólicos de Dionisio, como si el despegue absoluto de Dios respecto al Ser escondiese un peligro acuciante, probablemente el mismo que había detectado Platón en su *epekeina tes ousias*. El gesto del Aquinate es, en este sentido, paradigmático: consiste en hacer bajar a Dios al reino de la ontología, evitar que el *Esse* permanezca grogui luego del puñetazo hiperbólico; en definitiva, el gesto ejemplar reside en reanimar al Ser, como cuando se reanima a un boxeador luego de un KO o a un yonqui luego de una sobredosis. A fin de cuentas, parece haber pensado Tomás, ¿no le ha respondido Dios a Moisés *"Ego sum qui sum"*? Sin embargo, la tensión entre una *metafísica del Bien* de raíz (neo)platónica y una *metafísica del Éxodo* —según la famosa expresión de Étienne Gilson (1969: 50), cuya pertinencia para describir la doctrina tomista ha sido criticada sin embargo por Jean-Luc Marion entre otros– persiste en el alma del Aquinate. Aquella, la metafísica del Bien o de lo Uno, sobredosificaría al Ser, sumiéndolo en un estado casi comatoso; esta, la metafísica del Éxodo o del Ser, lo reanimaría, replegando el *Bonum* al nivel del *Esse*.

La segunda cuestión que quisiéramos señalar, aunque también muy de pasada, es la identificación del no-ser dionisiano con la Materia primera y, más en concreto, con el ser en potencia. Si el Bien para Tomás goza de cierto privilegio, a pesar de la frase contundente del Éxodo, es porque en tanto causa final atrae no sólo a las cosas que son en acto, sino también a las cosas que son en potencia, incluida la Materia primera que, si bien no puede decirse que sea porque carece de forma, tiende o desea así y todo, es decir sin ser aun, aproximarse al Bien. De allí que Tomás concluya que el nombre *Bonum* posee una prioridad sobre *Esse* ya que engloba más cosas, básicamente el no-ser. De todas formas, en general Tomás propende a identificar el término *Esse* con el nombre eminente de Dios. Pero el punto que quisiéramos mencionar, sin adentrarnos en él, es que en cierta forma la Materia primera y Dios, en tanto instancias carentes de toda determinación, parecieran por un instante coincidir. Tomás reconoce, de hecho, que "por una remota similitud, una cierta semejanza de la primera causa existe en la materia primera" (*In DN* IV.ii.297). El Acto puro y la Potencia pura, entonces, coinciden en su carencia de forma y de determinación. Claro que esta indeterminación en el caso de Dios es por exceso y no, como en el caso de la Materia primera, por defecto. Esta similitud y a la vez diferencia entre el Pincipio de todas las cosas (lo Uno, el Bien o Dios) y la Materia había sido advertida desde la Antigüedad, sobre todo por los autores neoplatónios. Un pasaje del comentario de Proclo a la *República* de Platón lo expresa con claridad meridiana:

> El Primero y el último superan la esfera de los seres, el primero del lado superior, el segundo del lado inferior [...]; la materia es semejante al Primero en su desemejanza; como el Primero es superior a toda forma, la materia es inferior; [...] nosotros no la conocemos en sí misma, sino como sujeto de todo, del mismo modo que no conocemos al Primero en sí mismo, sino separado de todo (citado en Bréhier 1919: 461).

Tomás retoma esta tradición propia del neoplatonismo. Dios y la Materia primera coinciden en su indeterminación pero divergen en su preeminencia ontológica. Dios carece de determinación porque está *más allá* de los entes;

la Materia primera, al contrario, porque está *más acá*. Aquel ha atravesado el Ser y lo ha dejado –un tanto mareado, incluso– *detrás*; esta nunca ha llegado al Ser, al que siempre tiene por *delante*. Aquel, en su exuberancia, es *demasiado* para la ontología; esta, en su privación, es demasiado *poco*. La terraza de la Materia primera es el sótano de Dios. La cuestión crucial es que, a pesar de la radical diferencia entre los dos principios, el espiritual y el material, pareciera darse aquí, por supuesto que alejándonos ya del Aquinate, lo que Nicolás de Cusa ha llamado, aunque con un sentido diferente al que le damos en este caso, una *coincidentia oppositorum*. Esa "remota similitud" que detecta Tomás entre la Causa primera y la Materia primera es decisiva para la metanfetafísica general. No se trata en verdad –"en verdad" significa: para el SMG– de una "remota similitud", sino de una identidad absoluta: Causa primera y Materia primera o Causa eficiente y Causa deficiente son, para la metanfetafísica, exactamente lo mismo. Porque el punto decisivo es que en ambos casos se noquea al Ser, se lo deja fuera de combate. En el primer caso, el espiritual, el golpe viene de arriba (*hyper*-puñetazo, golpe al mentón); en el otro, el material, el golpe viene de abajo (*hypo*-puñetazo, golpe prohibido a las partes bajas). *Too old for being*, dice lo Uno primordial; *too young for being*, dice la Materia primera. Ambos eluden la ontología. Sobre-dosis y sub-dosis, hiper-tensión e hipo-tensión, supra-esencialidad e infra-esencialidad, *hyperbole* e *hypo-bole*: todos estos términos aluden a las dos grandes ramas en las que se divide el SMG. El presente libro tiene por objetivo sentar las bases de la sobre-dosis del Ser, la rama *hyper*-ontológica. Un próximo volumen estará dedicado a desarrollar la sub-dosis del Ser, la rama *hypo*-ontológica. Algo de esta última rama será adelantado, sin embargo, en el apartado 6 del Libro E dedicado a la "noción" de *chora* en el pensamiento de Jacques Derrida.

A fin de advertir la profunda afinidad que existe entre la Causa primera y la Materia primera conviene recordar el uso del lenguaje negativo al que recurre Plotino para describir ambas instancias. Por carecer de determinación y de composición, por ser absolutamente simples e impasibles, lo Uno y la Materia exhiben características similares. Plotino llega incluso a decir, en un tratado dedicado no por casualidad al problema del Mal, que la Materia es una "cierta especie de no ser", pero aclara además que "no ser no en sentido absoluto, sino sólo como otro que el ser [*heteron monon tou ontos*], no ser no en el sentido en que son no ser el movimiento y el reposo en referencia al ser, sino como una imagen del ser o incluso aún más no ser [*eti mallon me on*]" (*Enéadas* I.8.3.5-9). Más no ser que la imagen o, mejor aún, otro (*heteron*) que el Ser, la Materia sólo es aprehensible, como la *chora* platónica en la cual se inspira Plotino, por un "razonamiento bastardo". Ambos extremos, por su excedencia respecto al Ser, son idénticos para el SMG. Como en *Voyage au centre de la Terre*, la fascinante novela de Julio Verne, en la profundidad del planeta, en "los abismos del globo" (1867: 140) se abre una inmensa cavidad que posee su propio cielo. La altura más alta coincide con la profundidad más profunda:

> La bóveda suspendida por encima de mi cabeza, el cielo, si se quiere [*le ciel, si l'on veut*], parecía hecho de grandes nubes, vapores móviles y cambiantes que, por el efecto de la condensación, debían en ciertos días resolverse en lluvias torrenciales. Hubiese creído que, bajo una presión tan fuerte de la atmósfera, la evaporación del agua no podía producirse, y sin embargo, por una razón física que se me escapaba, había grandes nubes extendidas en el aire. Pero entonces "hacía buen tiempo". Las napas eléctricas producían sorprendentes juegos de luz [*jeux de lumière*] sobre las nubes elevadas. Sombras vivas se dibujaban en sus volutas inferiores, y con frecuencia, entre dos capas disyuntas, un rayo se deslizaba hasta nosotros con una notable intensidad (1867: 139).

Ni el idealismo ni el materialismo son interesantes en cuanto tales. Sólo adquieren su verdadero tenor y su potencia disruptiva cuando abandonan el Ser, cuando lo descompensan. Ya sea por presión alta o por presión baja, ya sea por exceso o por defecto, ya sea hacia lo Uno o hacia la Materia primera, ya sea hacia el Bien o hacia el Mal, lo verdaderamente decisivo es el colapso –o, mejor aún, el *prolapso*– de la ontología y la descompostura del Ser. El SMG, en este sentido, no es *ni* idealista *ni* materialista, aunque en cierto sentido es idealista *y* materialista. Sucede que se interesa por el desborde del *on* y, por lo tanto, por el vector excedente de ambas doctrinas. La cuestión crucial es que ese vector, más allá del sentido (hacia arriba o hacia abajo) de la salida, conduce a la fórmula mágica: idealismo = materialismo. La pulsión de salida del Ser, el gusto por la sobredosis o por la infradosis, por la hipertensión o por la hipotensión, vuelve a la Materia indistinta de la Idea. En los abismos más profundos de la tierra se abre el cielo; en los abismos más profundos del cielo se abre la tierra: "mirábamos hacia abajo y encontrábamos el cielo, mirábamos hacia arriba y encontrábamos la tierra" (Farrés 2017: 92). El cielo de la profundidad terrestre y la tierra de las alturas celestes son idénticas: "el astro en el fondo del pozo", según el sintagma que emplea César Aira en *La liebre* (2022: 223). Lo mejor del idealismo es el *supra*-idealismo: el salto *más*

     METANFETAFÍSICA. Ensayo de sobredosis ontológica

allá del Ser; lo mejor del materialismo es el *infra*-materialismo: el salto *más acá* del Ser. Más allá y más acá, en tanto Afuera de la ontología, coinciden sin resto. El SMG retiene de ambas corrientes el desborde: su pasión recíproca por la desmesura, su *pathos* exacerbado. La metanfetafísica ama saltar. Su afición por el salto la vuelve *más* idealista que todo idealismo y *más* materialista que todo materialismo, es decir, no ya idealista y no ya materialista en sentido estricto.

Textos citados

Aira, César (2022). *La liebre*. Buenos Aires: Emecé.

Beierwaltes, Werner y Hedley, Douglas (1994). "Unity and Trinity in Dionysius and Eriugena". *Hermathena*, No. 157, Neoplatonica: Studies in the Neoplatonic Tradition, Proceedings of the Dublin Conference on Neoplatonism, pp. 1-20.

Bréhier, Emile (1919). "L'idée du néant et le problème de l'origine radicale dans le néoplatonisme grec". *Revue de Métaphysique et de Morale*, t. 26, n° 4, pp. 443-475.

Borges, Jorge Luis (1974). *Otras inquisiciones*. En: *Obras completa*. Buenos Aires: Emecé.

Farrés, Pablo (2017). *Mi pequeña guerra inútil*. Río Tercero: Editorial Nudista.

Gilson, Étienne (1969). *L'esprit de la philosophie médiévale*. Paris: Vrin.

Jeauneau, Edouard (1997). "Denys l'Aréopagite, promoteur du néoplatonisme en Occident". En: *Néoplatonismo et Philosophie Médiévale*. Turnhout: Brepols, pp. 1-25.

Henry, P. y Schwyzer, H. R. (eds.), (1957-1973). *Plotini opera*, 3 vols. Oxford: Clarendon Press. Edición española: *Enéadas I-II*. En: (2001). *Obra completa*, tomo I. Trad. Jesús Igal. Madrid: Gredos.

O'Rourke, Fran (1992). *Pseudo-Dionysius and the Metaphysics of Aquinas*. Leiden: Brill.

Pseudo-Dionisio Areopagita (2009). *Tutte le opere*. A cura di Piero Scazzoso ed Enzo Bellini. Introduzione di Giovanni Reale. Saggio integrativo di Carlo Maria Mazzucchi. Testo greco a fronte. Trad. Piero Scazzoso. Milano: Bompiani. / Edición española: (2007). *Obras completas*. Trad. Hipólito Cid Blanco. Madrid: Biblioteca de Autores Cristianos.

Verne, Jules (1867). *Voyage au centre de la Terre*. Paris: J. Hetzel et Cie.

Textos consultados

Beierwaltes, Werner (2013). *Platonismus im Christentum*. Frankfurt am Main: Vittorio Klostermann.

Brown, Nahum y Simmons, Aaron J. (eds.) (2017). *Contemporary Debates in Negative Theology and Philosophy*. Palgrave Macmillan.

Carabine, Deirdre (1995). *The Unknown God. Negative Theology in the Platonic Tradition. Plato to Eriugena.* Louvain: Peeters Press.

Hankey, W. J. (1987). *God in Himself. Aquinas' doctrine of God as expounded in the* Summa theologiae. New York: Oxford University Press.

Hughes, Christopher (2015). *Aquinas on Being, Goodness, and God.* London – New York: Routledge.

Ivanovi , Filip (ed.) (2011). *Dionysius the Areopagite Between Orthodoxy and Heresy.* Cambridge: Cambridge Scholars Publishing.

Kenny, Anthony (2005). *Aquinas on Being.* U.S.A.: Oxford University Press.

Klitenic Wear, Sarah y Dillon, John (2007). *Dionysius the Areopagite and the Neoplatonist Tradition.* Ashgate.

Louth, Andrew (2002). *Denys the Areopagite.* London – New York: Continuum.

Louth, Andrew (2007). *The Origins of the Christian Mystical Tradition. From Plato to Denys.* U.S.A.: Oxford University Press.

Perl, Eric David (2007). *Theophany. The Neoplatonic Philosophy of Dionysius the Areopagite.* Albany: State University of New York.

Riordan, William K. (2008). *Divine Light. Theology of Denys the Areopagite.* San Francisco: Ignatius Press.

Rocca, Gregory P. (2004). *Speaking the Incomprehensible God. Thomas Aquinas on the Interplay of Positive and Negative Theology.* Washington, D.C.: Catholic University of America Press.

Rorem, Paul (2015). *The Dionysian Mystical Theology.* Minneapolis: Fortress Press.

Rorem, Paul y Lamoreaux, John C. (1998). *John of Scythopolis and the Dionysian Corpus.* Oxford: Clarendon Press.

Schäfer, Christian (2006). *The Philosophy of Dionysius the Areopagite. An Introduction to the Content and Structure of the Treatise of the* Divine Names. Leiden: Brill.

Yannaras, Christos (2007). *On the Absence and Unknowability of God. Heidegger and the Areopagite.* London – New York: Bloomsbury T&T Clark.

Libro Δ (Delta)
Emmanuel Lévinas

Un filósofo que considerase al pensamiento lévinasiano de lo Otro absoluto como absurdo puesto que inaccesible a la lógica, ¿no nos parecería una suerte de libre-pensador empolvado, incapaz de elevarse al nivel de pertinencia del discurso de Lévinas?

Quentin Meillassoux, *Après la finitude*

(1)

Un clamor se hace sentir por toda Europa en 1927. Dice así: la pregunta por el Ser y, más en concreto, por el sentido del Ser, "está hoy caída en el olvido [*in Vergessenheit gekommen*]" (Heidegger *GA* 2: 3). Este olvido, cuyo origen coincide con el de la propia metafísica, exige una "destrucción de la historia de la ontología [*Destruktion der Geschichte der Ontologie*]" (*GA* 2: 31) en vistas a postular una ontología más fundamental que dé cuenta de la diferencia entre el Ser y el ente –la célebre *ontologische Differenz* o, mejor aún, *ontisch-ontologische Differenz*– y que redima al Ser de su descuido histórico-metafísico. El diagnóstico heideggeriano no deja de tener un cierto tono sombrío que hace recordar a la muerte del dios Pan que anuncia Plutarco en el *De defectu oraculorum* o a la muerte de Dios que anuncia Nietzsche en *Die fröhliche Wissenschaft*. Una misma frecuencia emotiva parece reverberar en estos tres anuncios (los dos primeros concernientes a una muerte; el último, a un olvido, que es otra forma de la muerte). Pero el punto interesante es que el clamor heideggeriano es rápidamente acompañado por una suerte de contra-clamor que indica, no ya la necesidad de recordar al Ser y de elaborar una ontología fundamental, sino de recordar más bien lo que el Ser, en su sentido histórico-filosófico (Heidegger incluido), redujo, con un movimiento inherentemente violento, a la neutralidad de su propio horizonte. Esta nueva consigna, que implica remontarse de la existencia al existente y no, como quería Heidegger, del existente a la existencia, apunta ya a una ética más vieja que la ontología. Como una suerte de contrapunto del clamor ontológico heideggeriano, este contra-clamor ético se había ido gestando lentamente, en un paciente estudio de la fenomenología de Husserl y de la analítica existencial del propio Heidegger, a cuyos cursos Emmanuel Lévinas, un joven lituano de origen judío que terminaría siendo prisionero de guerra en el stalag XI-B de Fallingbostel durante la ocupación alemana de Francia, había asistido en los años 1928-29 en la Universidad de Friburgo. Indicios lo avisaban: el notable ensayo *De l'évasion*, aparecido en 1935; el libro *De l'existence à l'existant*, escrito en cautiverio y editado en 1947; el artículo "L'ontologie est-Elle fondamentale?", publicado en 1951 en la famosa *Revue de Métaphysique et de Morale*; etc. Pero es sin duda en esa obra maestra que es *Totalité et Infini. Essai sur l'extériorité* (1961) que Lévinas, quien además tuvo el mérito de ser uno de los primeros —sino *el* primero— en introducir las filosofías de Husserl y Heidegger en el mundo intelectual francés, convierte el contra-clamor en un elaborado edificio filosófico que expresa ya la madurez de su pensamiento. A *Totalité et Infini* le seguiría, además de diversos artículos y ensayos, otra obra genial cuyo título enigmáticamente platónico o neoplatónico hace ya entrever la importancia decisiva que posee para nuestro SMG: *Autrement qu'être ou au-delà de l'essence* (1974).

(2)

Si Heidegger exhortaba a recordar el Ser, Lévinas exhortará a evadirse de él; si aquel prometía dar un paso *atrás* para aprehender lo impensado por la metafísica y orientarse hacia una ontología fundamental, este prometerá dar un paso *fuera* de la ontología y orientarse hacia una metafísica más fundamental aún; si aquel dejaba atrás al ente para acceder al claro del Ser, este dejará atrás al Ser para recibir el rostro del Infinito; si aquel, por último, definía al *Dasein* a partir de su libertad y su arraigamiento a un horizonte telúrico, este lo definirá a partir de su responsabilidad y su deseo insaciable de trascendencia. Por haber indicado la necesidad de ir más allá del Ser y de la esencia, y por haberlo hecho en una época en general hostil a todo pensamiento de la trascendencia, la figura de Lévinas es irremplazable y enorme. En efecto, hay algo ligeramente incómodo, casi anacrónico, en este pensamiento pletórico de hipérboles y giros inesperados. Viejas fórmulas, que todos creían muertas y sepultadas, expresiones de las que nadie había escuchado hablar por lo menos desde la escolástica o la Modernidad, refulgen ahora con una nueva luz —corregimos: no con una luz, precisamente no con una luz; con una nueva voz, una nueva palabra—. La voz es grave; la palabra, urgente: anuncia que "la filosofía occidental ha sido en general una ontología: una reducción de lo Otro a lo Mismo" (1990: 33), razón por la cual "la ontología, como filosofía primera que no pone en cuestión a lo Mismo, es una filosofía de la injusticia" (1990: 38). El juicio de Lévinas es severo pero fundamental, y lo es al menos por dos razones: 1) porque indica la violencia inherente a la ontología, y 2) porque, además de explicar en qué consiste esa violencia, indica también la necesidad de salir del Ser, esto es: de postular un Otro que Ser. El mecanismo esencial de la ontología, equiparada en cierto sentido a una "egología" (1990: 35), consiste en reducir lo Otro a lo Mismo. Esta reducción –y aquí habría que incluir también la reducción fenomenológica en su sentido husserliano (al menos tal como la interpreta Lévinas)– convierte a la ontología en una máquina totalitaria. Reducir lo Otro a lo Mismo significa totalizar. De allí la necesidad de que la ontología, entendida por Lévinas como una filosofía de la potencia, no sea la última palabra, de que la luz o el claro que permite desocultar al ente se fundamente en un más allá absolutamente trascendente. La postulación de un Otro radical, es decir de una trascendencia separada absolutamente de lo Mismo, es condición indispensable para impedir "el antiguo triunfo de lo Mismo sobre lo Otro" (1990: 87). La única manera de asegurar que la ontología no se totalice es postulando una Alteridad radical e inasimilable por lo Mismo, es decir un *absolument Autre* o una *hétérogénéité radicale de l'Autre*. Este Otro absoluto, esta heterogeneidad indigerible por el metabolismo del Ser, es el Infinito y se define como aquello que no puede ser englobado en una totalidad. Lo Infinito, cuya instancia privilegiada de expresión –y no de encarnación– es el rostro del Otro hombre (del huérfano, del pobre, del extranjero, etc.), rompe la totalidad, traumatiza el Yo, lacera lo Mismo:

> ...se puede remontar a partir de la experiencia de la totalidad a una situación donde la totalidad se rompe, a una situación que sin embargo condiciona a la misma totalidad. Tal situación es el estallido de la exterioridad o de la trascendencia [*l'éclat de l'extériorité ou de la transcendance*] en el rostro de los otros. El concepto de esta trascendencia, rigurosamente desarrollado, se expresa por el término de infinito (1990: 9-10).

La pulsión totalizadora de la ontología solicita, como antídoto –aunque el término es quizás inadecuado ya que no se trata de una antítesis u oposición dialéctica–, una trascendencia radical o una exterioridad absoluta, un *tout autre* o *Autrui*, según el término que a veces emplea Lévinas para referirse al Otro inasimilable. Este *absolument Autre*, en consecuencia, supone una *separación radical* en relación a lo Mismo. En efecto, sólo una distancia entre lo Mismo y lo Otro puede conjurar el impulso totalizante de la ontología. Lévinas es más que claro al respecto: "La idea del Infinito supone la separación de lo Mismo en relación a lo Otro" (1990: 45). Es preciso que el Yo se constituya como una instancia autónoma y que se mantenga en su singularidad cuando se relaciona con el Otro. Sólo un ente que se ha constituido como interioridad, es decir como psiquismo, puede ser capaz de acoger al Otro sin reducirlo ni violentarlo. El Yo en su absoluta mismidad es el egoísmo, el goce de sí, la libertad inmoral de la voluntad. Sin embargo, el punto decisivo para Lévinas es que esta libertad no encuentra su justificación en sí misma, sino que necesita abrirse a lo Otro y justificarse en la Infinitud que la desborda. Y este recibimiento de lo Otro, que es a la vez un ponerse en cuestión radical, un verdadero traumatismo del Yo, no es más que Deseo, pero no cualquier deseo, sino Deseo metafísico, Deseo de Infinito: relación ética. En cierta forma, todo *Totalité et Infini* tiene por objetivo prioritario dar cuenta de esta extraordinaria y paradójica relación entre lo Mismo y lo Otro. La apuesta consiste en explicar cómo es posible una relación en la cual lo Mismo no se apropie de lo Otro o, dicho de otro modo, cómo es posible una relación sin violencia, una relación metafísica y no ontológica o cognoscitiva: "¿Cómo lo Mismo, produciéndose como egoísmo, puede entrar en relación con un Otro sin privarlo inmediatamente de su alteridad? ¿De qué naturaleza es la relación?" (1990: 27). La respuesta a esta pregunta es *Totalité et Infini*.

El núcleo del problema consiste entonces en lo siguiente: ¿cómo puede afirmarse que el Otro es *absoluto* y, en simultáneo, afirmar que existe una *relación* entre ese Otro y lo Mismo? La cuestión es difícil, como reconoce el propio Lévinas, puesto que debe respetarse una doble necesidad: "la separación radical y, simultáneamente, la relación con el otro" (1990: 334). Se comprenderá, además, la importancia fundamental que este asunto tiene para el SMG. También para nosotros se trata de postular un Otro absoluto, un *autrement qu'être ou au-delà de l'essence*, pero que no se relativice. Por otra parte, en el planteo de Lévinas el problema señalado se ramifica ulteriormente en otras dificultades. Lo Otro no debe totalizarse, esto es: la relación –ética o metafísica– entre lo Mismo y lo Otro no puede ser abordada desde fuera de esa relación, como si una visión externa pudiese englobar a ambos elementos en un horizonte común. Por la misma razón, la relación entre lo Mismo y lo Otro no puede ser de oposición o negación dialéctica. El antagonismo dialéctico

    METANFETAFÍSICA. Ensayo de sobredosis ontológica

implicaría la totalización en un sistema más general. De allí que la relación deba ser asimétrica e irreversible. Varios de estos puntos, por supuesto, son fundamentales para la apuesta de este libro. Sin embargo, el SMG y la filosofía de Lévinas divergen en una cuestión central: para Lévinas, *hay relación* entre lo Mismo y lo Otro; para el SMG, *no hay relación*. En efecto, si bien lo Otro para el pensador lituano no se da ni se presenta a una conciencia y excede consecuentemente los parámetros de la fenomenología, eso no significa que no exista relación, sino todo lo contrario: se trata de una relación que desborda la ontología y todo horizonte posible, una relación ética o metafísica: "El deseo es absoluto si el ser deseante es mortal y lo Deseado, invisible. La invisibilidad no indica una ausencia de relación [*une absence de rapport*], sino que implica relaciones [*implique des rapports*] con lo que no es dado, de lo cual no hay idea" (1990: 22). Pero además de este asunto decisivo, quisiéramos mencionar al menos otros tres puntos que nos parecen problemáticos en la filosofía de Lévinas: 1) lo Otro –lo Infinito– *no limita* a lo Mismo, puesto que si así lo hiciera entonces ambos elementos se acoplarían y formarían un sistema, es decir una totalidad; 2) el acontecimiento paradigmático que permite pensar esta relación-separación que mantiene a sus términos absolutos es la *creatio ex nihilo*; 3) lo Mismo *depende* de lo Otro, aunque se trata de una *dependencia* que hace posible paradojalmente la *independencia* de lo Mismo. Estas tres tesis se oponen al SMG, el cual afirma que: 1) existe un Límite entre el Ser y lo Otro; 2) la *creatio ex nihilo*, al menos en su sentido bíblico-teológico, supone necesariamente, por la fórmula de implicancia, una relativización de los términos y la pérdida consecuente de la condición absoluta de lo Otro (identificado con Dios, en este caso); 3) no hay dependencia alguna, ni del Ser respecto de lo Otro ni de lo Otro respecto del Ser. Como puede notarse, los postulados del SMG, si bien retoman muchos elementos del pensamiento lévinasiano, se oponen en otros puntos no menos fundamentales. Lo que está en juego aquí es crucial para la teoría metanfetafísica, razón por la cual convendrá examinar cada punto por separado. Vamos al primero.

(3)

Lévinas postula entonces que existe una separación y a la vez una relación (ética o metafísica) entre lo Mismo y lo Otro pero que ningún término limita al otro: no hay Límite. Hay separación y relación pero no Límite. ¿Por qué?

¿Por qué no debe pensarse que entre lo Mismo y lo Otro, entre lo finito y lo Infinito, hay Límite? Para responder a este interrogante hay que recordar que Lévinas está interesado en pensar una relación en la que lo Mismo no reduzca o violente a lo Otro. La razón por la cual no acepta que ambos dominios estén separados por un Límite es que según él eso atentaría contra la alteridad radical de lo Otro. Si lo Otro limitara a lo Mismo ya no sería estrictamente Otro, puesto que "la comunidad de la frontera" formaría un sistema que terminaría reduciendo lo Otro a lo Mismo.

> Lo Otro metafísico es otro de una alteridad que no es formal, de una alteridad que no es un simple reverso de la identidad ni de una alteridad hecha de resistencia a lo Mismo, sino de una alteridad anterior a toda iniciativa, a todo imperialismo de lo Mismo. Otro de una alteridad que constituye el contenido mismo de lo Otro. Otro de una alteridad que no limita [*ne limite pas*] a lo Mismo, pues, limitando a lo Mismo, lo Otro no sería rigurosamente Otro: por la comunidad de la frontera [*la communauté de la frontière*] sería, al interior de un sistema, todavía lo Mismo. Lo absolutamente Otro [*Autre*] es lo Otro [*Autrui*] (1990: 28).

Varios comentarios que hacer. En primer lugar, si la intención es mantener la condición absolutamente otra de lo Otro, entonces no es posible predicar nada de la Alteridad: ni que es anterior a toda iniciativa o a todo imperialismo de la identidad, ni que deja huellas en un rostro, ni que es Infinito, etc. Lévinas reconoce que lo Infinito *no se da* a la conciencia, *no entra* en una relación cognoscitiva; pero *sí se da* —más allá de toda fenomenología— como Deseo, como rostro, como exigencia de responsabilidad. No hay relación intelectual, pero sí relación ética. El SMG, por el contrario, afirma que ni siquiera puede decirse que lo Otro se da como Deseo o como Infinito o como rostro. Cualquier cosa que digamos de lo Otro supone que de algún modo se nos ha dado, aunque sea como reclamo ético de justicia. No importa que no se dé en términos intelectuales, como sostiene Lévinas. Basta que se dé de alguna manera, como llamado a la responsabilidad o como expresión del rostro, para que lo Otro no sea absolutamente Otro. La condición absoluta de lo Otro exige, más allá de las justificaciones introducidas por el propio Lévinas, que no se dé de ningún modo, ni siquiera ético o metafísico, ni como Enigma ni como Intriga. Antes de continuar es preciso hacer una aclaración: entendemos perfectamente las razones éticas que conducen a Lévinas a pensar a lo Otro como rostro y como reclamo de justicia. No sólo las entendemos, sino que las compartimos, al menos en principio y con ciertos matices que explicaremos más adelante. Pero el punto es que nuestra aventura en este libro no es elaborar una ética, sino una teoría metanfetafísica que postule la necesidad de un Otro que Ser (punto de convergencia con Lévinas) y que al mismo tiempo no lo relativice (punto de divergencia). Según nuestra perspectiva, y al contrario de lo que advierte el propio Lévinas, lo Otro no puede darse de ningún modo: ni como relación ética, ni como Deseo metafísico, ni como idea de Infinito, etc. Todas estas fórmulas, que el propio autor de *Totalité et Infini* considera insuficientes e imprecisas, son contradictorias con la necesidad de mantener la condición absoluta de lo Otro. Por supuesto que Lévinas reconoce que la relación ética es por principio paradójica y contradictoria, ya que no entra en los parámetros de la lógica formal. Pero el problema, al menos para nosotros, no está en la paradoja y la contradicción en sí mismas (muy por el contrario, estimamos que la paradoja es el punto más alto del pensamiento), sino en los efectos de esta paradoja o de esta contradicción en particular al interior de la filosofía del propio Lévinas. El problema es que la paradoja o la contradicción, en lugar de contribuir a reforzar lo que Lévinas está intentando decir, lo destruye. Y lo destruye porque lo relativiza: el Otro exige justicia, responsabilidad; se expresa en un rostro (en un rostro que habla, que es esencialmente lenguaje); viene a mí como la idea de Infinito, etc. Lévinas lo admite, por cierto: hay una relación entre lo Mismo y lo Otro. Evidentemente, no tendría sentido pensar una ética si no se planteara una relación. Sin relación no hay ética posible. Pero sí hay metanfetafísica. El mayor problema está en que Lévinas repite, aunque en otro sentido, el paso en falso de toda la tradición metafísica u onto-teológica: relativiza lo Otro. Si el neoplatonismo relativizaba el *epekeina tes ousias* al convertirlo en Fundamento metafísico, Lévinas lo relativiza al convertirlo en Fundamento ético. Por eso en su planteo el Otro goza de una anterioridad preeminente respecto a lo Mismo: es anterior y constitutivo. De allí que la reticencia de Lévinas a aceptar la existencia de un Límite entre lo Otro y lo Mismo sea, a esta altura, por lo menos llamativa. No hay Límite, para él, porque tal cosa implicaría una relativización de lo Otro, la conformación de un sistema que es siempre un sistema de lo Mismo. Esto es así porque la frontera, según la entiende Lévinas, supone una comunidad de los términos. Si hubiera Límite habría entonces una suerte de contacto o contigüidad de lo Mismo y lo Otro y por lo tanto totalización. Ahora bien, desde la perspectiva del SMG, el Límite no implica ningún tipo de comunidad entre lo Mismo y lo Otro. El Límite posee dos caras: no hay contacto ni intercambio. Lo Mismo se choca con el lado *interior* del Límite. Hasta ahí llega el Ser –y el Lenguaje–. No hay modo de acceder al más allá del Límite, ni siquiera al lado exterior. No podemos decir, a ciencia cierta, que hay un lado exterior del propio Límite. La mera existencia del Límite pareciera sugerirlo, pero no hay modo de saberlo puesto que la frontera es infranqueable, y lo es en ambos sentidos. Se objetará que a pesar de todo hablamos de lo Otro, que, *hic et nunc*, estamos efectivamente predicando cosas de lo Otro, por ejemplo que lo Otro no se da. En cierto sentido, esta es la crítica que Derrida le hace a Lévinas en "Violence et métaphysique":

> Si se piensa, como Lévinas, que lo Infinito positivo tolera o incluso exige la alteridad infinita, hay que renunciar entonces a todo lenguaje [*il faut alors renoncer à tout langage*], y en primer lugar a la palabra *infinito* y a la palabra *otro*. Lo infinito no se entiende como Otro más que bajo la forma de lo in-finito. Desde el momento en que se quiera pensar lo Infinito como plenitud positiva (polo de la trascendencia no-negativa de Lévinas), lo Otro se hace impensable, imposible, indecible. Es quizás hacia ese impensable-imposible-indecible hacia lo que nos llama Lévinas más allá del Ser y del Logos (de la tradición). Pero esta llamada *no debe poder ni pensarse ni decirse* [*ne doit pouvoir ni se penser ni se dire*] (1967: 168; las cursivas son de Derrida).

Derrida tiene razón: lo absolutamente Otro es impensable e indecible. Incluso decir que es impensable e indecible es ya traicionarse. Esto es inevitable. Claro que para Derrida, además de ser inevitable, es bienvenido: sólo porque el rostro es lenguaje, sólo porque puede expresarse y hablar, sólo porque puede penetrar en el recinto de lo Mismo, es posible la ética. Si así no fuera, continúa Derrida, sería la violencia pura, el silencio absoluto. Pero el punto clave que nos concierne ahora es la imposibilidad de predicar algo de lo Otro absoluto. El problema de Lévinas, al menos en *Totalité et Infini*, es que intenta postular una relación en la que lo Infinito interrumpe a lo Mismo en tanto Infinito, lo cual es imposible porque, como bien objeta Derrida, para interrumpir de algún modo, aún a través del Deseo, tiene que penetrar (devenir huella o trazo) en el horizonte de lo Mismo. Si así no fuese, no podría ser recibido, lo Mismo no podría ni siquiera ser interrumpido. Esta crítica, sin duda, conducirá a Lévinas a distinguir el decir (*le dire*) de lo dicho (*le dit*) y a reconocer que el Enigma del rostro sólo puede expresarse traicionándose en el lenguaje del Ser: "La correlación del decir y de lo dicho, es decir la subordinación del decir a lo dicho, al sistema lingüístico y a la ontología es el precio que requiere la manifestación" (1978: 17). El decir es a lo dicho lo que lo Otro es a lo Mismo o lo Infinito a lo finito. El rostro del Otro no se manifiesta de modo directo, sino que se oculta en lo dicho, deja huellas, trazos. En efecto, si se deseara mantener la condición absoluta de lo Otro, advertía Derrida, habría que renunciar al lenguaje. Esta objeción es importante porque se aplica también al SMG, e incluso se aplica con más pertinencia todavía, dado que el SMG postula un Otro extra-ontológico que no se relativiza. De ser así, el SMG giraría en el vacío, sobre su propia imposibilidad: a fuer de mantener la alteridad absoluta de lo Otro, debería renunciar a toda predicación. ¿Cómo salir de esta aporía? La salida requiere tomar elementos de ambos filósofos: de Lévinas la necesidad de postular un Otro absoluto; de Derrida, la imposibilidad de decir o de pensar a ese Otro absoluto sin traducirlo al lenguaje de lo Mismo. A diferencia de Lévinas, el SMG no sostiene que lo Otro se insinúa a través de huellas ni que se revela. Tal cosa sería imposible por razones de principio: no hay relación entre lo Otro y lo Mismo. ¿Por qué entonces no renunciamos al lenguaje? Porque lo que predicamos de lo Otro no es más que una conjetura imaginaria. El Límite provoca que el Ser *imagine* a lo Otro. Esto para Lévinas sería imposible, o al menos problemático, porque implicaría una reducción de lo Otro a lo Mismo. En la medida en que es el Ser quien imagina a lo Otro, este se reduciría y perdería su condición absoluta, su radical alteridad. Si lo Otro es una mera imaginación *de* lo Mismo, entonces lo Otro se totaliza, se constituye como sistema. El punto clave, que desarrollaremos en la segunda sección de este libro, y más concretamente en el Libro Λ, es que la imaginación no forma sistema; al contrario, es lo que rompe el sistema de lo Mismo. Al imaginar, lo Mismo se fractura, se disloca, deja de coincidir –sin haber nunca coincidido– con su propia identidad. La imaginación es lo que hace que el Ser no se cierre. Gracias a la imaginación, el Ser se da, se manifiesta *como si* lo Otro existiera (lo cual no es imposible en principio, pero nada puede decirse ni saberse acerca de su existencia o inexistencia porque no hay relación), *como si* un Afuera –la Alteridad radical– acechara del otro lado del Límite. El más allá es *absolutamente real* para el Ser. El Ser se muestra porque lo Otro (imaginado) lo sacude, lo conmociona, lo espanta. La ficción imaginaria es real. De todas formas, esta ardua cuestión requiere un desarrollo que no podemos realizar aquí. Basta por el momento retener que la noción de Límite no implica una relativización de lo Otro, la formación de un sistema o de una totalidad, sino todo lo contrario: la única manera de que lo Otro no se relativice y de que el Ser no se totalice.

Hemos comparado el gesto de Lévinas con el del neoplatonismo y, más allá, con el de la tradición metafísica en general. Esta comparación no obedece, claro está, a que Lévinas piense al Infinito como Fundamento ontológico de lo finito, ni tampoco a que piense a lo finito como una suerte de degradación o pérdida en relación a lo Infinito, que es el modo en que lo ha pensado el neoplatonismo. En efecto, tanto Plotino como el Pseudo-Dionisio, según hemos visto en los capítulos previos, consideran a la realidad como una estructura jerárquica constituida por grados de perfección decreciente: lo Uno o Dios en la altura trascendente, *hyper*-ontológica, y el resto de la realidad, el Ser, por debajo. En el caso de Lévinas, no hay decadencia o decrecimiento; sin embargo, hay Deseo de lo Mismo por lo Otro y expresión de lo Otro en lo Mismo a través del rostro o, con mayor rigor, de las huellas que deja en el rostro. Lo finito desea lo Infinito, y ese Deseo –propiamente metafísico–, no sólo es lo que abre al Yo y lo desborda, sino lo que hace posible la relación ética.

> Comprender al ser como exterioridad –romper con el existir panorámico del ser, con la totalidad donde ella se produce– permite comprender el sentido de lo finito, sin que su limitación [*sa limitation*], en el seno de lo infinito, exija una incomprensible decadencia de lo infinito; sin que la finitud [*la finitude*] consista en una nostalgia de lo infinito, en un mal del retorno. Plantear al ser como exterioridad es percibir lo infinito como el Deseo de lo infinito [*le Désir de l'infini*], y por ello comprender que la producción de lo infinito solicita la separación, la producción de lo arbitrario absoluto del yo o del origen (1990: 325).

Se percibe la dificultad del planteo lévinasiano: no hay Límite, se afirma por un lado; hay una limitación de lo finito en el seno de lo Infinito, se afirma por el otro. ¿Hay limitación o no la hay? ¿O hay una limitación sin Límite, de la misma manera que la relación ética es una "relación sin totalización"? Lévinas no se siente cómodo con la idea de limitación porque teme que se la conciba o bien como un sistema totalizador, o bien –lo que en verdad es lo mismo– como una degradación que solicita un retorno a la Unidad o al Origen. Pero al mismo tiempo no deja de reconocer la necesidad de que lo finito, por de-finición, tiene que estar limitado. El punto es que si hay limitación hay Límite. Lo cual no significa, desde luego, que ese Límite implique algún tipo de nostalgia del Origen ni una caída o pérdida de perfección de lo Infinito. Hay limitación, punto. No obstante, es cierto que hay Deseo, que lo Infinito interrumpe la homogeneidad de lo Mismo estimulando el Deseo. Pero la diferencia entre Lévinas y el SMG es que para el primero lo que genera el Deseo

     METANFETAFÍSICA. Ensayo de sobredosis ontológica

es lo Infinito, lo Otro, mientras que para el segundo es el Límite y la ficción imaginaria que el choque con el Límite desencadena al interior de lo Mismo. En efecto, no puede haber Deseo de lo Otro *tout court* puesto que lo Otro no se da de ningún modo. Lo Otro es la proyección imaginaria –el Gran Fantasma– que se produce en lo Mismo cuando se enfrenta al Límite. Pero esta Fantasía es completamente real, es lo que rompe a lo Mismo. Y lo rompe porque para lo Mismo lo Otro existe, acecha efectivamente del otro lado del Límite. Para Lévinas, por el contrario, lo Otro es lo Infinito que limita a lo Mismo en tanto lo convierte en un Yo deseante. Hay que señalar, además, que esta limitación no sólo concierne a lo finito sino a lo Infinito mismo, el cual no por limitarse pierde su perfección y su preeminencia. El asunto es complejo en sí mismo y se vuelve aún más difícil porque Lévinas entiende a la limitación de lo Infinito como el acto de creación en su sentido bíblico: "La limitación de lo Infinito creador, y la multiplicidad –son compatibles con la perfección de lo Infinito. Ellas articulan el sentido de esta perfección" (1990: 107). La limitación de lo Infinito, entendido ahora como Infinito creador, remite así a la *creatio ex nihilo*. Es hora entonces de abordar el segundo punto que habíamos indicado hacia el final del apartado anterior.

(4)

Lévinas insiste en que la *creatio ex nihilo* implica forzosamente la idea de separación entre el Creador y la criatura. A diferencia de la teoría demiúrgica de origen griego, el Génesis bíblico introduce la noción de *nihil*, de nada, fundamental para dar cuenta de la radical alteridad de la creación.

> La gran fuerza de la idea de creación, tal como la aporta el monoteísmo, consiste en que esta creación es *ex nihilo* –no porque represente una obra más milagrosa que la información demiúrgica de la materia, sino porque, por ella, el ser separado y creado no es simplemente producto del padre, sino que le es absolutamente otro (1990: 58).

En efecto, se recordará que la separación radical de lo Mismo respecto a lo Otro es condición imprescindible para que pueda haber relación ética. El Yo debe constituirse como sujeto autónomo y libre, como interioridad psíquica, y sólo así está en condiciones de desear lo Infinito, de entrar en relación con lo Otro al que, sin embargo, no deja de presuponer en un nivel todavía más esencial. Lévinas llama *ateísmo* a esta separación radical de lo Mismo respecto a lo Otro. El punto clave es que el ateísmo no excluye la noción de creación, sino que la complementa y la solicita. La mayor gloria del Creador es haber creado un ser ateo, capaz de separarse.

> Por ateísmo nosotros comprendemos así una posición anterior tanto a la negación como a la afirmación de lo divino, la ruptura de la participación [*la rupture de la participation*] a partir de la cual el yo se instituye como el mismo y como yo. Es ciertamente una gran gloria para el creador haber puesto en pie un ser capaz de ateísmo, un ser que, sin haber sido *causa sui* [*sans avoir été* causa sui], tiene la mirada y la palabra independientes y es en sí (1990: 52).

Dejando de lado el hecho de que el Yo no es *causa sui* sino que encuentra su causa afuera, en Dios, lo cual presupone una cierta dependencia de lo Mismo respecto de lo Otro, el Creador admite el ateísmo, crea un ser separado, un ser que implica una ruptura o una fractura en el seno de lo Infinito. Es la interpretación brillante que hace Lévinas de la doctrina del libre albedrío. La libertad del ser humano es requerida para que ese ser libre pueda volverse responsable. Sin embargo, en un sentido aún más profundo y determinante, la responsabilidad es primera. Si Lévinas puede decir que "la metafísica precede a la ontología" (1990: 32) o que "la ontología supone a la metafísica" (1990: 39) es porque el Otro es anterior y constitutivo o, dicho de otro modo, porque el horizonte del Ser se funda en la trascendencia ética. La relación primordial y originaria —pre-originaria habría que decir, an-árquica— es ética. La libertad es el rodeo —necesario— que debe hacer la responsabilidad para producirse en un ser humano. Por eso la nada, tal como la introduce el relato bíblico y la interpreta Lévinas, es la condición de la libertad y de la separación radical del Yo respecto al Otro. En una maniobra genial, Lévinas convierte la *creatio ex nihilo*, que tradicionalmente había servido para exacerbar sobre todo la condición fundacional del Dios creador, en lo contrario de la totalidad. Si puede decirse que hay multiplicidad, que cada Yo humano existe de forma separada, autónoma y libre, es decir resistente a la totalidad, es precisamente porque Dios lo ha creado *ex nihilo*. El *nihil* rompe la pulsión abarcadora del Ser, su envite totalizador.

> A la idea de totalidad donde la filosofía ontológica reúne o comprende verdaderamente lo múltiple, se trata de substituir la idea de una separación resistente a la síntesis [*une séparation résistante à la synthèse*]. Afirmar el origen a partir de nada por la creación es rechazar la comunidad previa de todas las cosas en el seno de la eternidad, de donde el pensamiento filosófico, guiado por la ontolo-

gía, hace surgir a los seres como de una matriz común. El desfasaje absoluto de la separación [*décalage absolu de la séparation*] que la trascendencia supone, no podría decirse mejor que por el término de creación, donde, a la vez, se afirma el parentesco de los seres entre sí, pero también su heterogeneidad radical, su exterioridad recíproca a partir de la nada (1990: 326).

A pesar de que Lévinas insiste varias veces en que el Dios creador, lo Infinito, no es el Dios de la tradición onto-teológica, es decir no es un Ente supremo que oficia de Fundamento de la creación, incurre a nuestro juicio en una aporía insoslayable: Dios no funda, pero crea. Es cierto que crea *ex nihilo*, que crea un sujeto capaz de ateísmo; es cierto que el acto de creación es un acto de separación y de desfasaje; es cierto, en suma, que la *creatio ex nihilo* es todo lo contrario de la totalidad. Sin embargo, no es menos cierto que Dios crea y que, si no fuera por Dios, nada sería. Esta consecuencia es inevitable. La creación presupone al Creador. Poco importa que esa creación permita la des-totalización del Ser, poco importa que lo Infinito permita —y no impida, como en la onto-teología— la condición anárquica de los seres. Lo que sí importa —por lo pronto para el SMG— es que Dios crea y que sin Dios los seres no serían. Conviene recordar en este punto el artículo de Reiner Schürmann sobre Heidegger y Plotino. Schürmann sostenía que, en tanto lo Uno no era un ente, sino que era *hyperousios*, no podía decirse que funcionara al modo de un Fundamento, sino como una condición. En el caso de Lévinas sucede algo similar: en tanto Dios, que al igual que lo Uno plotiniano es exterior al Ser, crea *ex nihilo* y por lo tanto rompe la totalidad, no puede decirse que funcione como Fundamento. El problema es que no basta con decir que Dios no totaliza o que no es un ente para evitar su condición fundacional. El punto crucial está en que sin Dios los seres no serían. Y es precisamente esta dependencia de los seres respecto de Dios, dependencia que en Lévinas, a diferencia de cierta línea neoplatónica, no supone ningún tipo de nostalgia de la Unidad ni de fusión mística o de retorno al Principio, la que convierte a lo Infinito o Dios o lo absolutamente Otro en Fundamento. El esfuerzo de Lévinas por evitar esta lectura fundacional es perceptible por ejemplo cuando equipara a la creación, inspirándose probablemente en el cabalista Isaac Luria Ashkenazi al que sin embargo no menciona, con un proceso de contracción o de exilio de Dios respecto al Ser que permite la separación radical:

Lo Infinito se produce renunciando a la invasión de una totalidad en una contracción que deja un lugar al ser separado [*une contraction laissant une place à l'être séparé*]. Así, se esbozan relaciones que abren una vía fuera del ser. Un infinito que no se cierra circularmente sobre sí mismo, sino que se retira de la extensión ontológica [*se retire de l'étendue ontologique*] para dejar un lugar a un ser separado, existe divinamente (1990: 106).

Quienes estén familiarizados con la cábala sabrán que Luria denomina a esta contracción divina *tzimtzum*. Dios se exilia de sí a fin de abrir un espacio, un vacío, para que pueda tener lugar la creación del mundo. Más allá de las maniobras lévinasianas, los seres (separados, ateos, libres y anárquicos) *dependen* del Dios creador. Esta dependencia nos conduce ya al tercer punto que quisiéramos examinar con mayor detalle.

(5)

El desafío al que se enfrenta Lévinas es el de pensar la *dependencia* del Yo respecto a lo Otro y a la vez su *independencia* irrenunciable. En la medida en que Dios crea, y poco importa para el SMG si esa creación es *ex nihilo*, lo creado depende en cierta forma del Creador; pero el punto decisivo para Lévinas consiste en que esa dependencia provoca —es la gran paradoja— la independencia del ser creado. ¿Por qué —o, mejor aún, para qué— el Yo es dependiente del Otro? Porque así se garantiza su independencia. El Yo es dependiente para poder ser independiente. Se trata de una suerte de círculo propiamente lévinasiano: el Yo es dependiente del Otro para poder ser independiente y ulteriormente responsable, es decir dependiente; o también: el teísmo requiere del ateísmo para que la libertad pueda devenir responsabilidad y abrirse así al Otro, al *Autrui*. Son como tres momentos, diversos a los de la dialéctica hegeliana: 1) Dios crea: el Yo es dependiente de su Creador; 2) al crearlo *ex nihilo*, el Yo existe separado, es capaz de ateísmo, es libre, es decir independiente; 3) la separación o la independencia del Yo crea las condiciones propicias para que haya Deseo metafísico, Deseo de Infinito, es decir para que el Yo pueda acoger el rostro del Otro y responder a su llamada, es decir volverse responsable. Pero la clave está en que toda esta secuencia de dependencias e independencias descansa sobre la *creatio ex nihilo*. Para que pueda existir un ser independiente primero tiene que existir, y para que pueda existir tiene que ser creado (al menos según la tradición en la que se inscribe Lévinas) *ex nihilo*. Por supuesto que no se trata de momentos sucesivos: no es que primero un ser existe y luego se le confiere su independencia como si se tratara de un atributo. Al contrario, existir es ser independiente. Pero esto no quita que Dios garantice, más allá de las precauciones que toma Lévinas para evitar los malentendidos, la existencia del Yo. El hecho decisivo es en realidad muy simple y lo hemos repetido hasta el hartazgo: sin Dios, el Yo no sería, los seres no serían. Esta dependencia originaria de lo finito respecto a lo Infinito no deja de incomodar a Lévinas. De allí las múltiples expresiones que emplea para conjurar la deriva fundacional que inevitablemente supone la *creatio ex nihilo*. Así, Lévinas dice que se trata de una "huella de dependencia", de una "dependencia sin parangón", de una "dependencia excepcional", etc.

> La criatura es una existencia que ciertamente depende de un Otro [*dépend d'un Autre*], pero no como una parte que se separa de ese Otro. La creación *ex nihilo* rompe el sistema, plantea un ser fuera de todo sistema, es decir allí donde su libertad es posible. La creación deja a la criatura una huella de dependencia [*une trace de dépendance*], pero de una dependencia sin parangón [*une dépendance sans pareille*]: el ser dependiente saca de esta dependencia excepcional [*cette dépendance exceptionnelle*], de esta relación, su independencia misma [*son indépendance même*], su exterioridad al sistema. Lo esencial de la existencia creada no consiste en el carácter limitado de su ser y la estructura concreta de la criatura no se deduce de esta finitud. Lo esencial de la existencia creada consiste en su separación respecto de lo Infinito. Esta separación no es simplemente negación. Cumpliéndose como psiquismo, ella se abre precisamente a la idea de lo Infinito (1990: 108).

El *nihil* del *ex nihilo* es interpretado por Lévinas como aquello que permite romper el sistema de lo Mismo, impedir que la totalidad se clausure; el *nihil* es una herida y una fractura: un traumatismo ontológico. Condición de posibilidad de la libertad, la *creatio ex nihilo* produce una dependencia del Yo respecto del Creador y a la vez la ocasión de su independencia. Se trata nuevamente de un oxímoron: *dependencia independiente* o *independencia dependiente*. Independiente porque implica una ruptura del sistema, una no-participación del Yo en la totalidad: es el ateísmo; pero dependiente porque ese Yo ha necesitado del Creador para poder romper con el sistema y ser capaz de ateísmo, es decir de no-participar en la totalidad. Esta relación de dependencia y a la vez de independencia, este vínculo (*religio*) en el que ambos términos mantendrían a pesar de todo su condición absoluta y se absolverían de su relación no es otra cosa que el cara a cara (*face à face*), la expresión del rostro que habla: el lenguaje. Pero el punto central que nos interesa discutir ahora es precisamente la relación de dependencia del Yo respecto a una exterioridad irreductible.

El ateísmo del yo marca, por cierto, la ruptura de la participación y, en consecuencia, la posibilidad de buscar una justificación, es decir una dependencia respecto de una exterioridad [*une dépendance à l'égard d'une extériorité*] sin que esta dependencia absorba al ser dependiente [*absorbe l'être dépendant*], sostenido por hilos invisibles. Dependencia, por lo tanto, que, a la vez, mantiene la independencia [*maintient l'indépendance*]. Tal es la relación del cara a cara (1990: 88).

La cuestión que nos interesa remarcar es que no basta con decir que la dependencia mantiene la independencia, es decir que permite la ruptura del sistema y de la totalidad. Para el SMG no puede existir *ningún tipo de dependencia*, ni siquiera excepcional, ni siquiera sin parangón. Es preciso llevar hasta el extremo la condición absoluta de la alteridad. Lo Mismo no debe depender de lo Otro. Este axioma no admite matices. Decir que lo Infinito se contrae, o que lo Otro se relaciona con lo Mismo, y poco importa si se aclara que ese Otro "permanece absoluto en la relación [*reste absolu dans la relation*]" (1990: 213) o que "se absuelve de la relación en la que se presenta [*s'absout de la relation où il se présente*]" (1990: 42), es ya transgredir el axioma. Los límites del pensamiento lévinasiano, al menos en lo que concierne al SMG, radican en esta dependencia inevitable. Lévinas se esfuerza por aclarar que la relación ética o metafísica no supone una relativización de los términos y que cada uno mantiene su condición absoluta en la relación. Sin embargo, además de que tal afirmación es problemática, como ha notado entre otros Derrida, el hecho es que existe una relación, mientras que el principio de irrelatividad que rige al SMG establece que *no hay relación*. Este principio, como dijimos, tiene un valor absoluto, lo cual significa que no puede enunciarse *ningún tipo de relación*, más allá de los matices y las aclaraciones que se introduzcan. Y no puede enunciarse ninguna relación por lo que establece la fórmula de implicancia: *relación* ⇒ *relativización*. Como señalamos hace un momento, celebramos las paradojas y los oxímoron, pero en este caso implican, *pace* Lévinas, una relativización de lo Otro. El propio filósofo lituano es más que consciente del riesgo. No es casual que haya sido Platón uno de los primeros en denunciarlo, y nada menos que en el *Parménides*. Lévinas lo menciona explícitamente para tomar los recaudos necesarios:

La noción cartesiana de la idea de lo Infinito designa una relación con un ser que conserva su exterioridad total por relación a aquel que la piensa. Ella designa

     METANFETAFÍSICA. Ensayo de sobredosis ontológica

el contacto de lo intangible, contacto que no compromete más la integridad de lo que es tocado. Afirmar la presencia en nosotros de la idea del infinito, es considerar como puramente abstracta y formal la contradicción que revelaría la idea de la metafísica y que Platón evoca en el *Parménides*: la relación con lo Absoluto volvería relativo a lo Absoluto [*la relation avec l'Absolu rendrait relatif l'Absolu*]. La exterioridad absoluta del ser exterior no se pierde pura y simplemente por el hecho de su manifestación; él se "absuelve" de la relación donde se presenta (1990: 42).

No hay que pensar, advierte Lévinas, que la relación ética o metafísica entre lo Mismo y lo Otro implique, como ha creído Platón –y Hegel después de él–, una relativización de lo Otro. Lo Otro, se insiste en *Totalité et Infini*, permanece *absolu dans la relation* (1990: 213). El SMG sostiene que, en este punto, Platón y Hegel tienen razón: *la relación con lo Absoluto vuelve relativo a lo Absoluto*. Es ni más ni menos lo que establece la fórmula de implicancia. El único modo de evitar esta relativización de lo Otro es negando toda relación, que es lo que establece justamente el principio de irrelatividad. Lévinas sugiere que este modo –el de Platón o el de Hegel, pero también el nuestro– de pensar la relación con lo Otro obedece a los términos de la lógica formal, mientras que la relación ética excede ampliamente el horizonte de esta lógica. Por eso para él no existe contradicción en plantear una relación y a la vez la condición absoluta de los términos relacionados: "La relación entre Yo y el Otro no tiene la estructura que la lógica formal encuentra en todas las relaciones. Los términos permanecen absolutos [*demeurent absolus*] a pesar de la relación donde se encuentran. La relación con el Otro es la única donde tal conmoción de la lógica formal puede sobrevenir" (1990: 197). La respuesta que da Lévinas a la objeción planteada ya por Platón consiste entonces en decir que la relación ética tiene características excepcionales, eminentemente paradójicas, que la vuelven única y no susceptible de ser analizada en los términos de la lógica formal. Hacerlo, continúa Lévinas, conduce a detectar una contradicción puramente "abstracta" y "formal" que pierde de vista lo fundamental de tal relación. Giovanni Ferretti ha señalado que la respuesta de Lévinas implica un desvío del problema o una remisión a un campo de experiencia que excede los parámetros de la lógica formal:

La respuesta a la objeción de hecho no hace más que corroborar la paradoja asombrosa de una situación que ni la lógica formal de la contradicción ni la lógica dialéctica logran pensar. Más que una respuesta se trata por lo tanto de escapar a la objeción remitiendo a otro campo de experiencia [*rimandando a un altro campo di esperienza*] que, poniendo en crisis el campo de la experiencia objetual y conceptual donde vale la lógica formal o la lógica dialéctica, es reconocido como el campo por excelencia de la experiencia humana (2017: 127).

Esta remisión al campo de la experiencia humana no es suficiente, como hemos indicado, para evitar la relativización del Otro. En este sentido, Lévinas continúa preso de la tradición onto-teológica o, mejor aún, metafísica. Si bien de un modo diverso al de la tradición, da así y todo el segundo paso, el paso en falso, que consiste en relativizar a lo Otro. Y relativizarlo no ya porque lo Otro depende de lo Mismo, sino porque lo Mismo depende (y poco importa que se trate de una dependencia que garantiza su independencia) de lo Otro. Como en el neoplatonismo, Lévinas engancha el Ser a lo Otro. A pesar de aclarar que ambos términos permanecen absolutos en la relación, lo cierto es que, si no fuera por el Dios creador (lo Infinito o lo *absolument Autre*), los seres no serían. Esto basta, al menos desde la perspectiva del SMG, para que lo Otro se relativice. Lévinas, el primer gran yonqui de la filosofía contemporánea, no puede evitar bajar al Ser de la sobredosis. Sin embargo, el Flash que supone la filosofía lévinasiana, no sólo en *Totalité et Infini* sino también –y sobre todo– en *Autrement qu'être ou au-delà de l'essence*, es incomparable. En el mismo momento en el que una cierta filosofía de la inmanencia (cuyos antecedentes habría que fijar en Spinoza y Nietzsche sobre todo) comenzaba a dominar, de la mano de Gilles Deleuze entre otros, el mundo intelectual francés, Lévinas eleva al Ser hasta su punto límite; es más: lo empuja hasta lo que está más allá, no hasta un Ser otro, sino hasta un Otro que Ser: "Pasar a lo otro del ser [*Passer à l'autre de l'être*], a otro modo que ser [*autrement qu'être*]. No ser de otro modo, sino de otro modo que ser [*autrement qu'être*]" (1978: 13). ¿Acaso alguna vez fue enunciada con mayor claridad la sobredosis? Pasar a lo Otro del Ser, a lo Otro que Ser, ¿no es acaso equivalente al "pasarse de rosca" del yonqui, al "irse de mambo" del adicto? Este paso *fantasmático* a lo Otro del Ser, a lo *autrement qu'être* –paso que, aclarémoslo, a diferencia de Lévinas y de la tradición metafísica, no relativiza a eso Otro– es el sello singular de la metanfetafísica. Mientras la filosofía del siglo XX se encaminaba a pensar un Ser no contaminado por Dios, Lévinas propone, por el contrario, pensar "un Dios no contaminado por el ser [*un Dieu non contaminé par l'être*]" (1978: 10). El pensamiento de Lévinas es por eso profundamente intempestivo e inactual, como un asteroide llegado de otro mundo, de otro mundo que sin embargo es el nuestro, el de Auschwitz, el de millones de judíos asesi-

     METANFETAFÍSICA. Ensayo de sobredosis ontológica

nados en los campos de concentración. En cierto sentido, Lévinas es el anti-Deleuze: si este propone una filosofía de la inmanencia absoluta, aquel propone una filosofía de la trascendencia absoluta; si este propone una filosofía de la potencia, aquel propone una filosofía de la patencia. Por esa suerte de destiempo, de síncopa respecto al clima de época, Lévinas es fascinante: es de hecho uno de los últimos baluartes de la sobredosis. Las tapas de sus libros deberían exhibir una jeringa (aunque a medio llenar) y una cuchara (aunque a medio quemar).

(6)

Es preciso insistir en la centelleante peculiaridad de la teología ética –o, quizás, de la a-teología ética– de Lévinas. Como hemos visto, la radicalidad que caracteriza al Dios lévinasiano es superior en cierta forma a la de la tradición metafísica. Superior porque la trascendencia hiperbólica de este Dios "absolutamente" Otro no sólo supera toda aprehensión cognitiva humana sino a la existencia misma. Dios no es el Ser infinito, sino que es el Infinito más allá del Ser: *epekeina tes ousias*. Un lector apresurado podría creer entonces que el Dios de Lévinas es similar al Dios del Pseudo-Dionisio. Si bien la influencia del neoplatonismo en la obra y el pensamiento de Lévinas es explícita, lo cierto es que sería impreciso equiparar su "noción" de Infinito, más cercano –aunque tampoco idéntico– al Dios judío que el Dios cristiano, con el Dios del Areopagita, entre otras cosas porque el Dios "absolutamente" Otro e Infinito de Lévinas no funciona como *arche* y *telos* de lo creado ni como Unidad Perfecta. En este sentido, los comentaristas de Lévinas han señalado con frecuencia que no es correcto entender a lo Infinito como el Dios de la onto-teología puesto que en rigor de verdad el Dios lévinasiano *no existe*, no pertenece al nivel de la ontología. Claro que lo mismo podría decirse de lo Uno de Plotino –y del neoplatonismo en general– o del Dios del Pseudo-Dionisio, pero en este caso se trata siempre de un Fundamento que garantiza el orden de los seres, mientras que en Lévinas lo Infinito garantiza más bien la anarquía de los seres, el ateísmo. Esta observación, sin embargo, permite volver más visible los límites de la filosofía de Lévinas en lo que respecta a la metanfetafísica. El problema con Lévinas no consiste, como le han criticado muchos autores –a partir de una lectura descuidada, a nuestro parecer–, en la trascendencia radical –en lo radical de la trascendencia– de Dios, exterior incluso al Ser, sino en que esa trascendencia *no es lo suficientemente radical.* Los especialistas advierten contra las lecturas que conducen a confundir al Dios de Lévinas con un Ser preeminente, con un Ser Infinito, cuando en verdad Dios es más allá del Ser. Nuestra objeción, por el contrario, apunta a señalar que el Dios de Lévinas no es lo suficientemente extraño al Ser como para respetar su condición de Otro absoluto. En suma, la insuficiencia de Lévinas, al menos para el SMG, no consiste en que exagera al desenganchar a Dios del Ser, sino en que *no exagera lo suficiente*, no lo desengancha por completo. Su énfasis no es tan enfático; su hipérbole, tan hiperbólica. El Gran Flash –uno de los mayores o por lo pronto el primero, hay que decirlo, de toda la filosofía del siglo XX– al que nos invita el pensamiento de Lévinas no es tan Grande como para eximirse de toda relación con el Ser y con lo Mismo. La dosis de heroína que sin duda Lévinas le ha inyectado al cuerpo de la ontología, haciéndolo volar con un Deseo infinito y de Infinito, enfrentándolo también –y especialmente– al rostro del Otro, enfrentándolo hasta el traumatismo y la conmoción, encuentra su contrapartida en la dosis equivalente de metadona que lo hace bajar y lo rehabilita. El *shoot up* de heroína es ciertamente asombroso, pero no tanto como para que la metadona no deje sus huellas, sus trazos enigmáticos y, posibilitando a partir de esas huellas y esos trazos una relación ética o metafísica, lo resguarde de la sobredosis letal.

(7)

Indexicalism. Realism and the Metaphysics of Paradox es el título de un libro notable de Hilan Bensusan. El planteo general de esta obra singular puede resumirse en tres ejes fundamentales: 1) una metafísica de los otros (nótese el plural); 2) la noción de indexicalismo; y 3) una teoría de la percepción entendida como hospitalidad. Estos tres núcleos conceptuales presuponen a su vez –y necesariamente– la postulación de un Afuera radical o de una Exterioridad absoluta: *the Great Outdoors*, según la expresión que utiliza Hilan y que traduce *le Grand Dehors* de Quentin Meillassoux. Y es precisamente a la hora de pensar este Gran Afuera o esta Exterioridad radical que Hilan recurre al pensamiento de Lévinas:

> La idea de que el otro es primero [*the other is prior*] y de que el pensamiento y el conocimiento son rehenes de algo exterior alrededor de lo cual dan vueltas, ha sido planteada por Emmanuel Lévinas. Lévinas es una figura central en este

libro, en la medida en que provee las bases para el argumento sobre la prioridad del Gran Afuera [*the priority of the Great Outdoors*] (2021: 5).

De todos modos, Hilan se distancia de Lévinas en la medida en que el desafío de *Indexicalism* consiste en pensar una ética y una política más allá de lo humano. Por eso la metafísica de los otros, y no sólo del "Otro humano" como en Lévinas, supone concebir al Gran Afuera en un sentido an-antrópico y cosmopolítico. Sin embargo, lo que quisiéramos señalar aquí en función de la presente investigación es que la metafísica indexicalista y paradójica de Hilan, si bien recupera la premisa lévinasiana de que es preciso postular un Otro absoluto a fin de conjurar la pulsión totalizadora –y totalitaria– del Ser, y si bien evita además el evidente antropocentrismo de la ética de Lévinas, sigue reproduciendo el mismo error que el filósofo lituano, a saber: la relativización del Otro o, en este caso, de los otros. Hilan reconoce, desde luego, que no es posible dar cuenta de manera fehaciente del Afuera. La voluntad de transparencia del Ser es incapaz de aprehender la inevitable opacidad del *Great Outdoors*. No obstante, la metafísica de los otros presupone que existe "una exterioridad que moldea constantemente [*constantly shaping*] lo que es interior" (2021: 3). La apuesta de Hilan está en la misma línea que la de Lévinas: se trata de que el Afuera, los otros, rompan al Ser, lo interrumpan y lo desfundamenten, a fin de que no pueda totalizarse. En este sentido, la misma idea de percepción, en el sentido en que la entiende Hilan, es decir como hospitalidad o recibimiento de lo Otro, conlleva necesariamente la condición *relativa* de ese Afuera. Por cierto, para que los otros puedan interrumpirme, para que yo pueda hospedarlos, es preciso que se establezca una cierta relación (perceptiva, justamente) entre lo Mismo y lo Otro, entre yo y los otros: "La percepción, considerada como un acto de hospitalidad, es donde la mediación aparece como el impacto del afuera próximo en la reestructuración del adentro [*the reshaping of the indoors*]" (2021: 5). La percepción es la mediación entre el afuera y el adentro. El problema –para el SMG, claro está, no para Hilan– es que hablar de mediación es hablar de relación. Y hablar de relación, según postula la fórmula de implicancia, es *relativizar* al *Great Outdoors*. Para que el Afuera reestructure al adentro es necesario que se relacione con él. Reestructurar, de hecho, es establecer una relación entre lo reestructurante (el afuera, los otros) y lo reestructurado (el adentro, el yo). La objeción que le formula el SMG al indexicalismo y a la metafísica de los otros no es que resulte imposible mantener una relación con el *Great*

Outdoors; al contrario, Hilan muestra que tal relación es posible, por ejemplo a través de la percepción hospitalaria; la objeción consiste más bien en que, si tal relación es posible, entonces el *Great Outdoors* no es un Afuera *absoluto*, como sostiene la metafísica paradójica de los otros. Se notará que se trata de la misma objeción que hemos venido formulando, por diferentes motivos, en los capítulos precedentes. El problema con el *Great Outdoors* que postula el indexicalismo es que ese *Outdoors*, para el SMG, no es tan *Great*. Un Afuera absoluto no puede ser considerado "un componente de la realidad" (2021: 12). Esta objeción, por supuesto, no afecta en nada a la fascinante arquitectura del proyecto de Hilan ni a sus pretensiones ético-político-epistemológicas. Simplemente, desplaza a la metafísica de los otros y al *Great Outdoors* al interior del Límite o, dicho de otro modo, considera que el *Great Outdoors* no es sinónimo de un Otro absoluto.

(8)

La filosofía de Mónica B. Cragnolini es una *filosofía de la extrañeza*. Desde una perspectiva derridiana, Cragnolini ha señalado, al igual que Hilan aunque con ligeras diferencias, la condición antropocéntrica del pensamiento de Lévinas acerca de lo Otro. Para Mónica, el Otro de Lévinas es siempre un Otro humano, es decir un rostro, y no un Otro animal: "Puede resultar extraño que un pensamiento tan profundamente preocupado por el otro no tenga en cuenta esa radical otredad que es el animal, más otro que cualquier otro humano" (2016: 131). El animal designa para Mónica una "radical otredad" o, como indica un poco antes, un "otro que es más otro que todo otro, que es más extranjero que todo extranjero" (2016: 35). De allí que la hospitalidad con el otro concierna, de modo preferencial, no ya a los otros en general como sucede en el indexicalismo de Hilan, sino al otro animal. La hospitalidad, tal como la piensa Mónica y que no se aplica meramente a la percepción, es siempre una "hospitalidad (con el) animal" (2016: 123-133). Pero se comprenderá rápidamente que el animal no puede ser un Otro absoluto ni una alteridad radical, como sugiere Mónica. Y no puede serlo por la fórmula de implicancia. Tenemos relaciones con los animales; por lo tanto, "animal" es un término relativo, no absoluto. Incluso sería posible decir que el animal no es más otro o más extraño que lo divino, por mencionar una entidad no humana. Después de todo, tocamos a los animales, al menos a algunos de ellos, los vemos, nos

   METANFETAFÍSICA. Ensayo de sobredosis ontológica

lamen, los acariciamos, vuelan, nadan, zumban, etc. Más allá de su extrañeza irreductible, lo cierto es que un dios es aún más extraño, sobre todo si
no existe. En efecto, suponiendo que dios no existe, resulta evidente que un
ente inexistente, con el cual sin embargo millones de seres humanos se rela-
cionan cotidianamente (a través de rezos, plegarias, liturgias, rituales, etc.),
es aún más *extraño* que un ente existente. De todas formas, el punto decisivo
es que para el SMG, a pesar de compartir muchas de las preocupaciones de
Mónica, el animal no puede ser considerado un Otro absoluto. La extrañeza
de los animales no es tan extraña.

<h2 style="text-align:center">(9)</h2>

En el Libro A fue apuntado, muy de pasada, que la política comienza y termina
con el Ser y que, en consecuencia, no puede haber política del *epekeina tes
ousias*. Esto pareciera acordar, al menos en principio, con el planteo de Lévinas, para quien lo Mismo –la ontología, la inmanencia– constituye el reino de
la política, mientras que lo Otro –la metafísica, la trascendencia– constituye
el reino de la ética. Quiebre brutal, entonces, entre la ética y la política: exclusión mutua. El acuerdo entre Lévinas y el SMG, sin embargo, es meramente
superficial. En una dimensión más profunda, divergen completamente, incluso
se oponen. Bastaría decir que el SMG no identifica a la ética con la relación
que abre lo Mismo a lo Otro por la sencilla razón de que no hay apertura ni
relación alguna, para que comience a notarse la discrepancia radical entre
ambos planteos. No sólo que el SMG no pretende pensar una ética ni una
política, sino que ambas disciplinas prácticas coexisten en el registro de la
ontología. Lo Otro se ha desenganchado por completo de lo Mismo, pero ese
desenganche es a la vez la ocasión para que lo Mismo no sea estrictamente
lo Mismo, sino el juego (ético-político) entre lo Mismo y lo Otro. Claro está
que ya no se tratará de un Otro absoluto puesto que no hay acceso (al) más
allá del Límite. En este punto, resulta pertinente retomar algunas líneas de
un libro extraordinario de (anti)filosofía política publicado en Argentina hace
un tiempo: *La organización permanente* de Damián Selci. Por razones obvias,
nos interesa detenernos en las páginas que Selci le dedica a Lévinas, no tanto
por los puntos en los que la teoría de la militancia se aproxima al planteo del
pensador lituano, sino por las insuficiencias que Selci encuentra en Lévinas
puntualmente y en el post-estructuralismo en general.

Según Selci, Lévinas descubre algo fundamental: el grado cero del poder: la responsabilidad absoluta. Al traumatizar al Yo, el Otro le descubre poderes, recursos, una cierta capacidad de praxis. Este poder originario no es otro que el poder de responder, el poder-responder, es decir el poder de volverse responsable. El problema que detecta Selci es que Lévinas no dice nada sobre esos poderes y esos recursos que el Otro despierta en mí, no dice qué tipo de actividad, de praxis, sería adecuada como respuesta al Otro, no dice qué implicaría concretamente respetar al Otro. La vieja y para nada obsoleta pregunta de Lenin no es reformulada jamás por Lévinas. Nunca encontramos en sus textos algo así como: ¿qué hacer (para respetar al Otro)? Sucede que, continúa Selci, Levinás no le habla al Otro, le habla al Yo, a lo Mismo. Esto es así porque sólo el Yo puede tener una ética. Como el Otro no es un Yo, de él no se puede esperar nada, no se le puede pedir nada. De allí un movimiento genial de Selci: "Ocurre que él mismo [Lévinas] no confía en que el traumatismo originario del Yo le sea tan «traumático» como para despojarlo de su violencia egoísta" (2020: 92). A Selci le interesa extremar a Lévinas, y no podemos sino acompañarlo en este extremismo, al punto de que no sólo el Yo se vuelve responsable del Otro, sino de que se vuelve responsable de la responsabilidad del Otro. La teoría de la militancia que defiende Selci, al contrario de la ética infinita de Lévinas, supone que el Otro traumatice por completo al Yo, que lo enloquezca hasta volverlo también Otro. El movimiento de Selci es muy importante en términos políticos: es preciso que el Otro aliene definitivamente al Yo, que lo conmocione lo suficiente como para que pierda su condición de Mismo, de Yo egoísta. La militancia aboga entonces por la "otrificación" radical del Yo. Si el Yo resultó conmovido por la eminencia del Otro, se pregunta el actual intendente de Hurlingham, "¿por qué no termina de «otrificarse» lo bastante como para perder peligro ante el Otro? Todo indica que lo absolutamente-Otro no sacude *tanto* al Yo, y por cierto no lo sacude *absolutamente*. Sólo un poco" (2020: 93; las cursivas son de Selci). Desde la perspectiva de Lévinas, la otrificación radical del Yo sería, además de imposible por razones de principio, contraproducente: anular al Yo significaría inevitablemente anular toda posibilidad de respuesta al Otro. Sin Yo, para Lévinas, no hay responsabilidad. De allí la importancia fundamental que tiene para él el ateísmo, el cual asegura que el Yo exista separado. Por el contrario, para la teoría de la militancia el Otro disloca por completo al Yo, le descubre poderes concretos, le abre una praxis posible cuyo objetivo no consiste sólo en respon-

   METANFETAFÍSICA. Ensayo de sobredosis ontológica

sabilizarse por el Otro dejándolo en su posición de inocente e indefenso, sino en darle poderes, es decir en politizarlo. No sólo respeta al Otro, sino que, *en tanto lo respeta*, lo convoca a volverse responsable, es decir a militar. No sorprende que el abordaje militante de Selci encuentre en Lévinas una exaltación absolutamente impráctica de la pasividad –de esa pasividad, como dice el filósofo lituano, más pasiva que toda pasividad–. El respeto por el Otro, desde el planteo lévinasiano, implica para Selci la pasividad más absoluta y paralítica. El punto que nos interesa particularmente es que esta pasividad radical significa, de nuevo según Selci, *irrelación*:

> La pasividad es la clave profunda de la relación entre ambos –que por la pasividad misma pasa a ser, siendo precisos, *irrelación*. [...] el advenimiento del Otro [...] sólo puede ser respetado desde una irrelación que resguarde al Otro como realmente otro; es decir, reclama mi *pasividad*. Porque si yo optara por ser activo ante el Otro, eso supondría que yo me estoy *relacionando* con él; pero si me relaciono, entonces el Otro vuelve a ser "para-mí", lo estoy englobando, y ya no es otro irreductible, sino otro explicable, otro *razonable*, sucintamente *mi* otro (2020: 98; las cursivas son de Selci).

Nunca mejor dicho. Nada que agregar. Sólo notar una sorprendente y hasta graciosa diferencia de enfoque: Selci critica a Lévinas por obstruir toda relación entre el Yo y el Otro y por conducir consecuentemente a una irrelación; nosotros criticamos a Lévinas precisamente por lo contrario: por no respetar el principio de irrelatividad según el cual no hay relación entre el Ser y lo absolutamente Otro y por conducir consecuentemente a una relación (ética o metafísica). Selci se queja: Lévinas desengancha lo Infinito del Ser y por ende la ética de la política; nosotros nos quejamos: Lévinas engancha el Ser a lo Infinito y por ende la ontología a la metanfetafísica. Lo interesante es que Selci tiene razón y creemos que nosotros también. Desde una perspectiva ético-política (utilizamos una endíadis porque para la militancia no hay distinción), la posición de Lévinas es demasiado *irrelativa*; desde una perspectiva metanfetafísica, la posición de Lévinas es demasiado *relativa*. Selci pareciera exigir que el Otro se relativice hasta el extremo; nosotros, en cambio, que se irrelativice hasta el extremo. Probablemente uno de los ejes de nuestra discrepancia concierne a la anfibología que posee el Otro lévinasiano: humano y divino. El Otro es siempre en Lévinas el otro hombre (el huérfano, el inmigrante, el pobre, etc.), pero también es lo Infinito, el Dios creador que, por supuesto, sólo puede dejar su huella y expresarse en el rostro humano, es decir en el lenguaje. En rigor de verdad, habría que decir que no es tanto que el Otro humano *es* la presencia o la presentación de Dios, sino más bien que el Otro humano, el prójimo, me interpela *en la huella de Dios*, en el lugar que Dios ha dejado vacío para que haya relación y encuentro (Peperzak 1993: 35). Estos dos sentidos del Otro lévinasiano han llevado a Derrida a concluir que desde la perspectiva del pensador lituano "la relación ética es una relación religiosa" (1967: 142). En tanto Dios se expresa –ausentándose, claro está– en un rostro *humano*, Lévinas peca de irrelativo y Selci tiene razón; en tanto *Dios* se expresa –ausentándose, nuevamente– en un rostro humano, Lévinas peca de relativo y nosotros tenemos razón. En suma, ambos tenemos razón: Selci por leer a Lévinas *políticamente*; nosotros, por leerlo *metanfetafísicamente*. Para la teoría de la militancia, advierte Selci como si hubiera vivido en Königsberg a fines del siglo XVIII, "política sin ética es ciega, pero ética sin política es abstracción. Incluso habría que decir que es *misticismo*" (2020: 101). Se comprenderá entonces que la metanfetafísica no es reductible ni a una ética ni a una política y que por ende no es ni ciega ni abstracta, tampoco mística (aunque aclaramos que no tendríamos ningún problema si lo fuera). Selci califica a la posición de Lévinas y a las tendencias mesiánicas contemporáneas de "teofilosofías posmetafísicas de la irrelación" (2020: 103). El SMG postula ciertamente la irrelación, pero no en términos políticos, sino metanfetafísicos: no hay relación entre el Ser y lo Otro absoluto. Pero esa irrelación es condición de la relación política y militante. Para la metanfetafísica ni siquiera podemos hablar de una "teo-filosofía" porque identificar a lo Otro con Dios es ya decir demasiado. *Nada* puede predicarse de lo Otro extra-ontológico, pero *todo* puede predicarse de lo Otro ontológico. La "otrificación" extrema del Yo que Selci exige para la política, imposible en términos metanfetafísicos, es perfectamente posible –y necesaria– en términos militantes.

Hay un prurito que denuncia Selci en los filósofos de la irrelación que nos parece importante. Todo lo que implique relación entre el Yo y el Otro es, para gran parte de los filósofos post-estructuralistas, sinónimo de violencia o totalidad; *en consecuencia*, hay que prescindir de toda relación.

Digámoslo una vez más: este misticismo de lo irrelacionado puro es una ideología nostálgica, que de la imposibilidad de relación racional deduce también la imposibilidad de relación significante. O sea: *del hecho de que no hay paso natural entre S1 y S2 concluye que no puede haber, entonces, ningún paso.* Todos los pasos le parecen impuros, ontológicos, metafísicos, occidentales, violentos, técnicos. *Relacionar* en general sería hacer Substancia; y esto ha de ser Malo. Por ende, hay que

    METANFETAFÍSICA. Ensayo de sobredosis ontológica

evitar la relación, o sea, la política. Que triunfe lo impolítico, con tal de no relacionar, con tal de mantenernos separados (2020: 103; las cursivas son de Selci).

Acordamos plenamente con Selci. Aclaramos, sin embargo: la ausencia de relación entre el Ser y lo Otro absoluto que garantiza el principio de irrelatividad del SMG es perfectamente compatible con la relación que solicita la teoría de la militancia. El SMG dice: no hay relación entre el Ser y lo Otro, *ergo* (casi decimos *orga*): hay que organizarse, hay que evitar lo impolítico, que triunfe la política. Y no hay que pensar que se trata de una suerte de "es lo que hay", de "hacer de tripas corazón", de "hay que resignarse", etc. No, todo lo contrario: hay que relacionar porque la relación (organizada) con el otro, dentro del horizonte del Ser (que se ha insubstancializado al desengancharse de lo Otro y que constituye el único horizonte que tenemos), es la justicia misma. *In extremis*: la verdadera justicia es la que se mancha o, mejor aún, la que nace manchada. El sintagma *in extremis* debe ser tomado con toda seriedad: indica un movimiento común a la teoría de la militancia de Selci y a la teoría metanfetafísica. Para Selci se trata de extremar el traumatismo provocado por el Otro; para nosotros se trata de extremar el gesto metafísico hasta hacer volar el sistema por los aires. El extremismo de Selci consiste en traer al Otro *acá*, a la interioridad del Yo, hasta el punto de transformar al Yo en Otro; el extremismo que nosotros practicamos en este libro, en cambio, consiste en alejar al Otro, empujarlo al más *allá*, hasta el punto de desengancharlo por completo de la ontología. Estos dos adverbios, acá y allá, que describen de algún modo las maniobras de la militancia y de la metanfetafísica respectivamente, coinciden a pesar de las apariencias en dos puntos decisivos: 1) en el gesto extremista —que ya de por sí es siempre bienvenido y que a nuestro juicio constituye (o debería constituir) lo propio del pensamiento filosófico—; 2) en que al desenganchar el Ser de lo Otro, sólo queda la Insubstancia que conduce a la militancia, razón por la cual el más allá (metanfetafísico) requiere o solicita el más acá (militante) y viceversa.

Que en Selci existe un gusto por la sobredosis es más que evidente. Basta leer sus textos. Se trata de un gesto muy característico de su escritura y de su pensamiento, un gesto inversamente proporcional —no por lo extremo sino por la orientación del exceso— al de la metanfetafísica. Si el gesto metanfetafísico consiste en exteriorizar *lo* Otro hasta desengancharlo por completo del horizonte de lo Mismo, el gesto militante consiste en interiorizar *al* Otro hasta conmocionar por completo al Yo. Los artículos son importantes: *el* Otro de Selci es siempre el otro hombre; *lo* Otro de la metanfetafísica es lo Otro divino o metafísico. Como ya indicamos, esta ambigüedad del "concepto" *Otro*, a la vez humano y divino, proviene del propio Lévinas.

> Paradójicamente, aunque Lévinas cree que en cierto sentido es inapropiado considerar a Dios un ser, es en el encuentro con los otros seres humanos que Lévinas individúa la huella de la divinidad [*the trace of divinity*]. Su doble compromiso con "Dios" y con "el Otro" como elementos conceptuales lo conduce a equiparar los dos [*to equate the two*], intencional y estratégicamente, reconociendo de tal manera la alteridad divina en la humana y viceversa (Turner y Turrell 2007: 379).

La sobredosis de Selci, entonces, se dirige a un Otro humano, militante o susceptible de devenir militante (*humanismo del otro hombre*); la sobredosis del SMG a un Otro divino no contaminado por el Ser, del cual nada podemos decir ni pensar salvo como proyección imaginaria (*teísmo del otro dios*, si pudiera decirse, aunque tal expresión es impropia porque ni siquiera podemos afirmar que se trate de un dios). A propósito, viene a cuento recordar una frase de León Rozitchner que corrobora esta segunda interpretación: "Lévinas hace teología y no antropología filosófica" (2013: 63). Como sea, celebramos ambos gestos, cuya inversión proporcional conduce finalmente al mismo lugar. La *exteriorización* metanfetafísica y la *interiorización* militante se presuponen recíprocamente. En este sentido, no sería arriesgado decir que la militancia es, de algún modo, la sobredosis de la política.

Textos citados

Bensusan, Hilan (2021). *Indexicalism. Realism and the Metaphysics of Paradox*. Edinburgh: Edinburgh University Press.

Cragnolini, Mónica B. (2016). *Extraños animales. Filosofía y animalidad en el pensar contemporáneo*. Buenos Aires. Prometeo.

Derrida, Jacques (1967). *L'écriture et la différence*. Paris: Éditions du Seuil.

Ferretti, Giovanni (2017). *La filosofia di Lévinas. Alterità e Trascendenza*. Torino: Rosenberg & Sellier.

Heidegger, Martin (1977). *Sein und Zeit*. En: *Gesamtausgabe 2*. Frankfurt am Main: Vittorio Klostermann.

Lévinas, Emmanuel (1978). *Autrement qu'être ou au-delà de l'essence*. La Haye: Martinus Nijhoff.

Lévinas, Emmanuel (1990). *Totalité et Infini. Essai sur l'Extériorité*. Paris: Le Livre de Poche.

Peperzak, Adriaan (1993). *To the Other. An Introduction to the Philosophy of Emmanuel Lévinas*. Indiana: Purdue University Press.

Rozitchner, León (2013). *Lévinas o la filosofía de la consolación*. Buenos Aires: Biblioteca Nacional.

Selci, Damián (2020). *La organización permanente*. Buenos Aires: Cuarenta Ríos.

Turner, Donald L. y Turrell, Ford (2007). "The Non-Existent God: Transcendence, Humanity, and Ethics in the Philosophy of Emmanuel Lévinas". *Philosophia*, 35, pp. 375–382.

Textos consultados

Atterton, Peter y Calarco, Matthew (2004). *On Lévinas*. U.S.A.: Wadsworth Publishing.

Atterton, Peter y Calarco, Matthew (eds.) (2010). *Radicalizing Lévinas*. Albany: State University of New York Press.

Bernasconi, Robert y Wood, David (eds.) (1988). *The Provocation of Lévinas. Rethinking the Other*. London – New York: Routledge.

Bloechl, Jeffrey (ed.) (2000). *The Face of the Other and the Trace of God. Essays on the Philosophy of Emmanuel Lévinas*. New York: Fordham University Press.

Courtine, Jean-François (2012). *Lévinas. La trame logique de l'être*. Paris: Hermann.

Critchley, Simon (2014). *The Ethics of Deconstruction. Derrida and Lévinas*. Edinburgh: Edinburgh University Press.

Derrida, Jacques (1997). *Adieu à Emmanuel Lévinas*. Paris: Galilée.

Foran, Lisa y Uljée, Rozemund (eds.) (2016). *Heidegger, Lévinas, Derrida. The Question of Difference*. Springer International Publishing.

Lévinas, Emmauel (2004). *De l'existence à l'existant*. Paris: Vrin.

Moati, Raoul (2012). *Événements nocturnes. Essai sur "Totalité et infini"*. Paris: Hermann.

Moyn, Samuel (2006). *Origins of the Other. Emmanuel Lévinas between Revelation and Ethics*. Ithaca – London: Cornell University Press.

Purcell, Michael (2006). *Lévinas and Theology*. New York: Cambridge University Press.

Shepherd, Andrew (2014). *The Gift of the Other. Lévinas, Derrida, and a Theology of Hospitality*. Cambridge: James Clarke & Co.

Staehler, Tanja (2010). *Plato and Lévinas. The Ambiguous Out-Side of Ethics*. New York – London: Routledge.

Thomas, Lis (2004). *Emmanuel Lévinas. Ethics, Justice, and the Human Beyond Being*. New York: London: Routledge.

Webb, Mary-Ann (2006). "Eros and Ethics: Lévinas's Reading of Plato's «Good Beyond Being»". *Studies in Christian Ethics*, 19, pp. 205-222.

(1)

Digámoslo con un léxico rioplatense: las aguas de manantial, los arroyos que descienden de las altas cumbres, el acuífero de Sierra de los Padres, las vertientes precordilleranas, no difieren cualitativamente del Riachuelo. Lo más puro conserva siempre un resto de impureza. Esta versión hidrográfica y neobarrosa –para emplear un neologismo caro a Néstor Perlongher– de la filosofía derridiana captura, estimamos, algo esencial: no hay pureza, todo es Riachuelo. En el léxico de Derrida, esta impureza radical, esta imposibilidad de acceder a un origen pleno, a una *arche* incontaminada, se dice, entre otras tantas posibilidades, *différance*. Este concepto –que no es un concepto, desde luego– remite a la célebre conferencia sostenida el 27 de enero de 1968 en la *Société française de philosophie*, la cual terminaría adquiriendo para los más leales deconstruccionistas un estatuto similar "al Sermón de la Montaña", según la jocosa comparación de John Caputo (1997: 2). Nos interesa esta conferencia porque contiene varios temas fundamentales para el SMG. No es para nada casual que Caterina Resta haya individuado en la noción de pureza, cuya imposibilidad certifica la propia *différance*, la línea divisoria entre la heterología de Derrida y la de Lévinas:

> Quizás la diferencia entre el pensamiento de Derrida y el de Lévinas podría ser expresada a través de un único adjetivo: *puro*. A partir de aquí, de hecho, la heterología de Lévinas se distancia radicalmente de la de Derrida, que en cambio intenta reivindicar la necesidad de un pensamiento de la diferencia impura y de la contaminación (Resta 2003: 116-117).

Como dijimos al inicio de este capítulo, y ahora esperamos que se advierta la pertinencia, no hay para Derrida pureza alguna. La impureza –la *différance*– es el punto de partida. Y es justamente este aspecto en apariencia desengañado de la deconstrucción lo que marca la distancia de Derrida respecto al proyecto lévinasiano y al mismo tiempo lo que exhibe la condición limitada y finita del horizonte ontológico, esencial también para el SMG. No sorprende, en este sentido, que un comentario al ensayo "Violence et métaphysique" dedicado a Lévinas le permita a Resta explicar la inevitable y esencial finitud o limitación que de-fine al Ser (humano), a lo Mismo, desde la perspectiva derridiana:

> Que todo lenguaje está condenado a decir lo Otro a través de lo Mismo, a traicionarlo [*tra-dirlo*][5], a ofrecerlo necesariamente en *traducción*, indica que, contrariamente a lo que quisiera Lévinas, lo Infinito de lo infinitamente Otro muestra el *límite*, la *clausura* de nuestros discursos. Una clausura que sin embargo es, a la vez, también *apertura*, aunque siempre desde la infranqueable perspectiva de un horizonte finito (Resta 2003: 114-115).

En los apartados que siguen veremos la proximidad que mantiene el SMG con el pensamiento derridiano y a la vez la insalvable distancia. La proximidad: para ambos hay Límite y, al menos en principio, la posibilidad de un Otro absoluto. La distancia: Derrida sigue planteando, por "comodidad estratégica", la necesidad de mantener una relación (por supuesto que una relación sin relación, una relación imposible) con lo Otro absoluto. Es necesario proceder con cautela para captar la sutileza del planteo derridiano. Comencemos cronológicamente con la conferencia de 1968 sobre la *différance*.

(2)

Derrida inicia su intervención explicando que la *différance* no es ni existe, no pertenece a ninguna categoría del ente, ya sea presente o ausente, no posee ni esencia ni existencia. Sin embargo, lejos de lo que podría suponerse, esta caracterización negativa de la *différance* "no es teológica, ni siquiera del orden más negativo de la teología negativa" (1972: 6). Esto se debe a que la *via negativa* de la tradición onto-teológica apunta siempre a "una supraesencialidad [*une supraessentialité*] más allá de las categorías finitas de la esencia

---

5   La autora hace un juego de palabras: *tra*, entre, y *dirlo*, decirlo, que significaría "entre-decirlo"; y *tradirlo*, o sea: traicionarlo, a su vez conectado con *traduzione*, traducción, según el célebre adagio: *traduttore traditore*.

y de la existencia" (1972: 6), mientras que Derrida está interesado en mostrar que la *différance* no sólo es irreductible a toda reapropiación teológica u ontológica, sino que, "abriendo incluso el espacio [*ouvrant même l'espace*] en el cual la onto-teología –la filosofía– produce su sistema y su historia, ella la comprende, la inscribe y la excede sin retorno" (1972: 6). La *différance*, pues, es aún "más vieja" que la onto-teología pero también, como dirá un poco después, "más «vieja» que la diferencia ontológica o que la verdad del ser" (1972: 23). Derrida exhibe aquí el gesto propio de su pensamiento: se trata de remontarse a un "origen" más arcaico que el origen onto-teológico. Este "pre-origen", sin embargo, no funciona ya como principio o fundamento, como *arche*. No hay un origen puro, una presencia plena que, desde su eminencia incontaminada, pudiera fundar el proceso diferencial. Al contrario, sólo hay *différance*, relevo de diferencias, huellas o trazos que remiten a otras huellas y a otros trazos. El punto es que este juego de diferimientos es sin embargo más "viejo" y "originario" que la propia presencia.

> Lo que se escribe *différance* será entonces el movimiento de juego que "produce" [*le mouvement de jeu qui "produit"*], por lo que no es simplemente una actividad, estas diferencias, estos efectos de diferencia. Esto no quiere decir que la *différance* que produce las diferencias sea antes que ellas, en un presente simple y en sí mismo inmodificado, in-diferente. La *différance* es el "origen" no-pleno, no-simple, el origen estructurado y diferenciador de las diferencias. El nombre de "origen" entonces ya no le conviene (1972: 12).

Ameritaría escribir un trabajo sobre el uso de las comillas en esta conferencia de Derrida: "origen", "produce", "históricamente", "constitución", "sentido"... Las comillas indican una precaución explícita: no interpretar estos términos en su sentido metafísico. Por ejemplo: si la *différance* "produce" efectos de diferencia no es porque, de un modo similar a lo Uno del neoplatonismo o al Dios de la onto-teología, oficie de Causa o Fundamento de esos efectos diferenciales. Al contrario, Derrida se apresura a aclarar que las diferencias "no tienen por causa un sujeto o una substancia, una cosa en general, un ente en alguna parte presente que escaparía al juego de la *différance*" (1972: 12). En cierto sentido, la *différance* es y no es anterior a las diferencias: es anterior porque designa el juego que hace posible la proliferación diferencial; pero no es anterior si por anterioridad se entiende una presencia pura y un origen pleno. Derrida parece razonar de la siguiente manera: sólo hay impureza, es decir *différance*; si se afirma que hay algo fuera de la *différance* se afirma que hay algo puro y originario. Pero como no hay nada puro ni originario, sólo hay *différance. Tertium non datur.* De todas maneras, no hay que apresurarse. Derrida no ha perdido nunca el gusto por una Alteridad radical, por un Otro absoluto que, sin ser reductible a los efectos de diferencia, tampoco sea identificable con una presencia plena. *Tertium datur.* ¿Pero qué *tertium*? ¿Cómo pensarlo? En principio, la *différance* indica una suerte de *tertium*, al menos en el sentido de que designa un juego –ni activo ni pasivo– irreductible a las oposiciones a las que da lugar. Se sabe que una de las operaciones estratégicas de la *différance* –y de la deconstrucción en general– consiste en mostrar la mutua contaminación que caracteriza a los términos de las oposiciones metafísicas. Si hay *différance*, fue dicho, todo es Riachuelo.

> Se podría así retomar todas las parejas de oposiciones sobre las cuales se ha construido la filosofía y de las que vive nuestro discurso para ver allí no ya borrarse la oposición sino anunciarse una necesidad tal que uno de los términos aparezca como la *différance* del otro, como el otro diferido en la economía de lo mismo (1972: 18).

La *différance* produce entonces una suerte de *resto* en cada uno de los términos de la oposición que imposibilita que cualquiera de ellos pueda cerrarse sobre sí. Este resto indica precisamente, en un sentido muy próximo –aunque no idéntico– al que tiene el mismo concepto en Giorgio Agamben, la imposibilidad de cualquier término o elemento de coincidir consigo mismo. En el caso de Derrida, esto significa que ningún término es capaz de acceder a su plenitud puesto que se define, como la noción de signo saussureano, en relación a lo que ese término no es. Pero el asunto que nos importa ahora es que la *différance* no es sólo la dislocación de las oposiciones metafísicas, sino también –y especialmente– su posibilidad misma, el juego que hace posible (y a la vez imposible) el sistema conceptual y polarizado de la tradición metafísica: "Tal juego, la *différance*, no es entonces simplemente un concepto sino la posibilidad [*la possibilité*] de la conceptualidad, del proceso y del sistema conceptual en general" (1972: 11). Este es un punto clave: la *différance hace posible* las diferencias. Esto quiere decir que puede haber efectos de diferencia, diferimientos, porque el juego de la *différance*, en su doble operatoria de temporización y de espaciamiento, ha abierto el espacio-tiempo para que la proliferación diferencial pueda acontecer.

La *différance*, dice Derrida, es innombrable, pero no porque sea, como el Dios de la teología negativa, un Ser inefable, sino porque es la condición de que haya nombres (condición, vale la pena aclarar, que se encuentra también inscripta en el juego de los diferimientos):

> Este innombrable es el juego que hace que haya efectos nominales, estructuras relativamente unitarias o atómicas que se llaman nombres, cadenas de substituciones de nombres, y en las cuales, por ejemplo, el efecto nominal "différance" está también implicado, transportado, reinscripto, como una falsa entrada o una falsa salida es todavía parte del juego, función del sistema (1972: 28).

Estos pasajes sugieren que la *différance* funciona al modo de un cuasi-trascendental, es decir como condición de posibilidad y de imposibilidad. De posibilidad: la *différance* abre el espacio para que pueda haber efectos diferenciales y por lo tanto para que puedan constituirse las oposiciones que estructuran el sistema metafísico. De imposibilidad: la *différance* imposibilita el gesto esencial del sistema metafísico, a saber: la búsqueda de una presencia plena que funcione como Fundamento. Es decir: hace posible el sistema pero *a la vez* hace imposible que el sistema se cierre. Ahora bien, hay que recordar que nuestro objetivo en este libro consiste en postular un Otro absoluto que no se relativice, puesto que sólo la condición absoluta de esa alteridad es capaz de evitar que el Ser se cierre sobre sí y se totalice. ¿Puede la *différance* funcionar como ese Otro? La respuesta por supuesto es no. La categoría de cuasi-trascendental es insuficiente. El *cuasi* no es lo suficientemente otro como para romper la trascendentalidad. Volver posible algo –e incluso volverlo imposible– es ya establecer una relación entre la condición de posibilidad y de imposibilidad y lo posibilitado e imposibilitado por esa condición. Derrida se esfuerza en mostrar que esa relación no posee atributos metafísicos. Por eso consigna los términos "produce", "origen", "hace posible", etc. entre comillas. Sin embargo, como dijimos, las comillas no son suficientes. El SMG exige, por la fórmula de implicancia y el principio de irrelatividad, que no se dé ninguna relación, ni de cuasi-trascendentalidad, ni de apertura de un espacio, etc. Esto ya nos obliga a abandonar la *différance* como un "nombre" posible para el Otro radical. De todas formas, Derrida es más interesante y sutil. Su intención no es identificar a la *différance* con un Otro absoluto, con una Alteridad radical en su sentido lévinasiano –hay que tener presente, de hecho, que para Derrida "el pensamiento de la *différance* implica toda la crítica de la ontología clásica emprendida por Lévinas" (1972: 22)–, sino identificarla con la posibilidad de la relación (sin relación, paradójica y, como en el caso del don, imposible) con lo Otro absoluto (al que Derrida llama alternativamente *tout autre, altérité radicale* o *altérité absolue*). La *différance* no sería, pues, lo Otro absoluto en cuanto tal (si es que tiene sentido hablar en estos términos), sino la posibilidad de entrar en relación con esa Alteridad radical. Para comprender esto, advierte Derrida, es preciso abordar el "punto de la mayor oscuridad, el enigma mismo de la *différance*" (1972: 20).

(3)

¿Cuál es este punto de gran oscuridad, el enigma mayor de la *différance*? Es el doble movimiento (*étrange partage*, dice Derrida) que define a la *différance*: la apertura de un espacio diferencial, por un lado, y la relación con una Alteridad irreductible a ese espacio, por el otro; el juego —eminentemente económico— de los diferimientos y de las huellas y *a la vez* la relación an-económica con un Otro radical. El pasaje que juzgamos decisivo surge a partir de un comentario de Derrida a la teoría freudiana del inconsciente:

> ¿Cómo pensar a la vez la *différance* como desvío económico que, en el elemento de lo mismo, tiende siempre a reencontrar el placer donde la presencia es diferida por un cálculo (consciente o inconsciente) y por otra parte la *différance* como relación con la presencia imposible [*rapport à la présence impossible*], como gasto sin reserva, como pérdida irreparable de la presencia, usura irreversible de la energía, es decir como pulsión de muerte y relación con lo otro radical [*rapport au tout-autre*] que interrumpe en apariencia toda economía? Es evidente —es la evidencia misma— que no se puede pensar a la vez [*ensemble*] lo económico y lo no-económico, lo mismo y lo otro radical [*le même et le tout-autre*], etc. (1972: 20).

Lo que aparece aquí es una suerte de indescibilidad interna a la *différance*: juego de lo Mismo y relación con lo Otro radical, economía de lo Mismo y an-economía de lo Otro. El problema es que Derrida está aún muy próximo a Lévinas, y esa proximidad lo constriñe a postular una relación con la Alteridad absoluta, aún siendo plenamente consciente de la imposibilidad lógica de tal relación y de las inmuerables aporías que implica: "la *différance* nos mantiene en relación [*nous tient en rapport*] con aquello que desconocemos necesariamente ya que excede la alternativa de la presencia y de la ausencia" (1972: 21). Y así como para Lévinas el decir, sin hacerse nunca presente, deja huellas o marcas en lo dicho, así también para Derrida la "alteridad radical [*altérité radicale*] por relación a todo modo posible de presencia se marca [*se marque*] en efectos irreductibles de *après coup*, de retardo" (1972: 21). El problema es que si es posible mantener una relación con esa Alteridad radical, conforme a lo que establece la fórmula de implicancia, entonces esa Alteridad no es tan radical. Si la *différance* permite establecer una relación –y poco importa que se trate de una "relación sin relación", de una "relación imposible" o de una "relación paradójica"– con lo Otro absoluto, entonces ese Otro no es tan otro, su otredad no es tan absoluta. El principio de irrelatividad, en este punto, es inflexible. A diferencia de las filosofías de Lévinas y Derrida, para el SMG no hay ninguna relación entre el Ser y lo Otro. *Ninguna relación* significa que tampoco hay relación sin relación ni relación aporética ni relación ética ni relación imposible. El SMG extrema la irrelatividad hasta sus últimas consecuencias.

(4)

Derrida afronta este problema en varios lugares de su obra, por ejemplo en *Sauf le nom* o en el ensayo *En ce moment même dans cet ouvrage me voici* dedicado a Lévinas, o un poco más tarde en *Spectres de Marx*, en *Donner la mort* o en *Adieu à Emmanuel Lévinas*, pero estimamos que su abordaje más directo se encuentra en un coloquio organizado junto a Pierre-Jean Labarrière, Francis Guibal y Stanislas Breton cuyas intervenciones, incluido el jugoso debate entre los participantes, fueron publicadas bajo el título *Altérités* en 1986. Luego de exponer los puntos centrales del pensamiento derridiano, especialmente las tesis avanzadas en "La différance", Francis Guibal le solicita a Derrida que explique con mayor detalle la paradoja implícita en la idea de una relación con una alteridad absoluta. Guibal se refiere a este problema como el de "la relación entre alteración y alteridad [*la relation entre altération et altérité*]" (en Derrida y Labarrière 1986: 27). En tanto la *différance* es el juego de los diferimientos, funciona como *alteración*, es decir como movimiento de desencaje de lo Mismo, como desfasaje de la presencia; pero en tanto la *différance* hace posible una relación con lo Otro absoluto, funciona también como nexo con la *alteridad*. El punto es que esta relación con la alteridad sólo es posible a través de la alteración. De allí la pregunta de Guibal:

> ¿Es posible precisar esta paradoja [*ce paradoxe*] de la relación entre la alteración económica y la alteridad aneconómica para "identificar" mejor así, con todo el riesgo que esto implica, "aquello" que no puede más que mostrarse con el índice como afuera inapropiable y otro inalterable [*dehors inappropriable et autre inaltérable*]? (1986: 28).

Guibal va al grano. Pero lo que nos interesa es la respuesta de Derrida:

Si el otro está a una distancia infinita, y es bajo esta condición que es otro, no puede tocarme, afectarme, y tampoco alterar nada. Esta relación con el otro radical [*Ce rapport au tout autre*], en el fondo, dejaría las cosas inmodificadas, no alteradas. *Es una lógica irrefutable que la alteridad pura no debería ser compatible con la lógica de la alteración.* Hay un momento en el que yo he sentido que era necesario recuperar la negociación –es una cautela política, digamos, histórica. Es que si se mantiene un respeto puro por esta alteridad sin alteración [*cette altérité sans altération*], se corre el riesgo siempre de fomentar el inmovilismo, el conservadurismo, etc., es decir la supresión de la alteridad misma (1986: 31-32; las cursivas son nuestras).

Esta respuesta de Derrida es notable por varios motivos, pero sobre todo porque reconoce la lógica férrea –"irrefutable" es la palabra que emplea– de la fórmula de implicancia y del principio de irrelatividad: *c'est une logique irréfutable que l'altérité pure ne devrait pas être compatible avec la logique de l'altération.* Nunca mejor dicho. El SMG se atiene a esta lógica y la respeta hasta las últimas consecuencias. Por supuesto que las razones políticas que obligan a Derrida a transgredir el principio de irrelatividad, al igual que las razones éticas que habían obligado a Lévinas a hacer lo mismo, son más que entendibles. Compartimos con Derrida la necesidad *política* de "negociar", es decir de introducir una mediación o una relación, por más paradójica que sea, entre lo Mismo y lo Otro. Caso contrario se corre el riesgo del inmovilismo y de la peor violencia, como ya le había objetado Derrida a Lévinas en "Violence et métaphysique". Pero sucede que aquí, en este libro, en esta investigación, no estamos sentando las bases de una teoría ética o política, sino metanfetafísica. Y la metanfetafísica exige el respeto a la fórmula de implicancia y al principio de irrelatividad, y lo exige absolutamente. La alteración de la *différance* no es compatible con la alteridad pura. Es preciso reconocerlo. Derrida, en cambio, pretende honrar –es la palabra que utiliza adrede– tanto la alteridad como la alteración. Se trata de una "necesidad de estrategia" (1986: 76). Y esta necesidad dicta que debe existir una mediación entre lo Mismo y lo Otro. La clave para Derrida está en la posibiliad de pensar una mediación que no reduzca lo Otro a lo Mismo. Es evidente que en este punto la influencia de Lévinas y de Blanchot es patente en el pensamiento derridiano.

Pero hay una mediación que no suprime el pasaje al otro [*ne barre pas le passage à l'autre*], o al otro radical [*au tout autre*], al contrario. La relación con el otro radical como tal es una relación. Es una relación, evidentemente, sin relación con ninguna relación, es la relación con alguien que, en razón de su alteridad y de su trascendencia, vuelve la relación imposible [*rend la relation impossible*]: es *la paradoja*; es una relación sin relación [*c'est un rapport sans rapport*] se diría, a la manera de Blanchot. Para entrar en la relación con el otro, es necesario que sea posible la interrupción: es necesario que la relación sea una relación de interrupción [*un rapport d'interruption*]. Y la interrupción, aquí, no interrumpe la relación con el otro, ella abre la relación al otro [*elle ouvre le rapport à l'autre*] (1986: 76).

Se trata de una "relación loca", de una relación que desborda la lógica formal, como ya había visto Lévinas respecto al vínculo ético. No es para nada casual que uno de los participantes del coloquio, Francis Jacques, le objete que una relación sin contrapartida, una relación sin relación, es "un monstruo lógico [*un monstre logique*]" puesto que "infringe las normas lógicas en cuanto al uso de las palabras esenciales" (1986: 78). Desde el punto de vista de la lógica formal, la relación ética, pero también la *différance* en tanto relación con una Alteridad radical, es un monstruo. Sin embargo, el monstruo no es lo suficientemente monstruoso como para desenganchar al Ser de lo Otro. Más allá de todas las justificaciones y precauciones, lo cierto es que la *différance* hace posible *un rapport au tout autre*, mientras que el principio de irrelatividad que rige al SMG establece que no hay relación. El "nombre" de *différance*, parafraseando a Derrida, ya no nos conviene.

(5)

"Comment ne pas parler. *Dénégations*", la conferencia pronunciada por Derrida en junio de 1986 a modo de apertura de un coloquio organizado por The Hebrew University y The Institute for Advanced Studies de Jerusalén[6], es fundamental por varias razones. En primer lugar, porque Derrida retoma el gran problema de la relación entre la deconstrucción y la teología negativa, señalando proximidades y divergencias inconmensurables. En segundo lugar, porque refiere específicamente al *epekeina tes ousias*, es decir a la sobredosis platónica, y enuncia con la mayor claridad la insuficiencia de la tradición metafísica a la hora de pensar un Otro absoluto. Es decir: muestra los dos momentos —los dos pasos— característicos de la metafísica que hemos indicado a lo largo de esta investigación: el paso hacia arriba, el pico hiperbólico, la sobredosis, y el paso hacia abajo, la rehabilitación del Ser, la reanimación

---

6   La conferencia fue pronunciada originalmente en inglés. Aquí utilizamos la transcripción francesa incluida en *Psyché. Inventions de l'autre* (Galilée, 1987).

de lo Mismo. En tercer lugar, porque señala que el mismo Platón introduce una suerte de caballo de Troya en su propio sistema, pero diverso al *epekeina tes ousias*. Este caballo lleva por "nombre" *chora*. Sólo la *chora*, y no el *agathon*, sería capaz de funcionar como un Otro radical. A continuación, quisiéramos retomar cada uno de estos tres puntos con un poco más de profundad.

1) Derrida indica que la teología negativa ha estado siempre animada por un "movimiento hacia la hiperesencialidad" (1987: 523), mientras que la *différance*, no sólo no dependería del ser y de la esencia, sino que dependería "todavía menos de alguna hiperesencialidad" (1987: 523). Derrida es plenamente consciente de la sobredosis platónica y neoplatónica. Tal es así que la identifica con el término *surenchère*: sobrepuja, exageración, exceso, escalada, etc. La metafísica —más allá de si se la considera en términos onto-teológicos, como Heidegger, o no— se caracteriza por una "subrepuja ontológica de la hiperesencialidad [*surenchère ontologique de l'hyper-essentialité*]" (1987: 522) que da lugar, para decirlo con John Caputo, a una "onto-teología *eminentiore modo*, una variación de la filosofía de la presencia que toma la forma de una teología de super- o hyper-presencia" (1997: 8). Si el Bien o lo Uno o Dios no pertenecen al Ser es siempre por un exceso de Ser, un *plus d'être*, una hipérbole. Lo cual significa que la estructura de la realidad tal como la concibe el neoplatonismo es esencialmente jerárquica.

> En cuanto al *hyper* de lo superesencial (*hyperousios*), tiene el valor doble y ambiguo de lo que está encima en una jerarquía [*au-dessus dans une hiérarchie*] y así, a la vez, está más allá (*beyond*) y es más (*more*). Dios (es) más allá del ser, pero en eso más (ser) que el ser: *no more being and being more than being: being more*. El sintagma francés "*plus d'être*" formula este equívoco de manera bastante económica (1987: 552).

2) Derrida denuncia la condición jerárquica y fundacional de la tradición onto-teológica. Por supuesto que compartimos este diagnóstico. Como hemos mostrado, la metafísica se caracteriza por dar dos pasos, uno que excede al Ser y a la ontología, y otro, el paso en falso, que convierte a ese exceso en Fundamento de la realidad. Derrida indica precisamente este doble movimiento de la onto-teología y su insuficiencia a la hora de pensar una Alteridad radical irreductible al Ser. En efecto, la teología negativa introduce un Límite entre el Ser y lo Otro, pero al mismo tiempo renuncia a la discontinuidad absoluta que ese Límite podría o debería asegurar. Derrida explica esto diciendo que lo Otro que Ser, el Bien del neoplatonismo, no es neutro, sino que adopta

   METANFETAFÍSICA. Ensayo de sobredosis ontológica

siempre el estatuto del *hyper*. Merece la pena citar un largo pasaje porque resume en gran medida el enfoque del SMG:

> Por una parte, cualquiera que sea la discontinuidad [*la discontinuité*] marcada por ese más allá (*epekeina*) con respecto al ser, al ser del ente o de la entidad (tres hipótesis distintas, sin embargo), este límite singular [*cette limite singulière*] no da lugar a determinaciones simplemente neutras o negativas sino a una hiperbolización [*hyperbolisation*] de aquello mismo más allá de lo cual el Bien deja pensar, conocer y ser. La negatividad sirve al movimiento en *hyper* que la produce, la atrae o la dirige. Ciertamente el Bien no es, en el sentido de que no es el ser o el ente, y toda gramática ontológica debe tomar respecto a él una forma negativa. Pero ésta no es neutra [*n'est pas neutre*]. No oscila entre el ni esto-ni aquello [*ni ceci-ni cela*]. Obedece en primer lugar a una lógica del sobre, del *hyper*, que anuncia todos los superesencialismos de las apófasis cristianas y todos los debates que se desarrollan ahí (por ejemplo, la crítica de Dionisio por santo Tomás que le reprochará el que sitúe *Bonum* antes o por encima de *Ens* o *Esse* en la jerarquía de los nombres divinos) (1987: 564).

Derrida dice que, a diferencia de la deconstrucción y particularmente de la *différance*, la teología negativa no es neutra. Pareciera ser entonces que la vía apofática sigue siendo metafísica en la medida en que piensa a lo Otro que Ser en términos hiperbólicos y no en términos de neutralidad. El Bien o lo Uno se rigen por la lógica del *hyper* y no por la lógica del *ni-ni*. ¿Qué significa esto? Significa que la onto-teología entiende siempre al más allá del Ser, al *epekeina tes ousias*, al modo de un Fundamento. Luego de la sobredosis, luego de la sobrepuja ontológica de la hiper-esencialidad que habría amenazado al Ser con dejarlo en estado de coma, la onto-teología no puede evitar reanimarlo, revivificarlo, rehabilitarlo. ¿Cómo? Ya lo hemos dicho: identificándolo con el Fundamento de todo cuanto es y existe. Y para llevar adelante esa identificación es preciso que lo Otro que Ser no sea tan otro, que la Alteridad radical no sea tan radical, que el *epekeina tes ousias* no sea tan *epekeina*; es preciso, en suma, que la relación entre lo Mismo y lo Otro sea lo suficientemente homogénea como para permitir una comparación y una continuidad analógica.

> Esto mantiene entre el ser y (lo que es) el más allá del ser una relación lo bastante homogénea, homóloga o análoga como para que lo que exceda el límite pueda dejarse comparar con el ser [*se laisser comparer avec l'être*], aunque sea en la figura de la hipérbole, pero sobre todo para que lo que es o es conocido deba a ese Bien su ser y su ser-conocido [*son être et son être-connu*]. Esta continuidad analógica permite la traducción [*permet la traduction*], y comparar el Bien

con el sol inteligible, y después a éste con el sol sensible. El exceso de este Bien que (es) *hyperechon*, su trascendencia lo sitúa en el origen del ser y del conocimiento (1987: 564).

Amén, Jacques. Nunca mejor explicado el segundo paso, el paso en falso, de la metafísica occidental. Lo Otro de la onto-teología, dice Derrida, no es tan otro porque permite una traducción, permite ser comparado con el sol, por ejemplo, y por ende ser identificado con el Origen y el Principio del Ser y del conocer. Derrida es certero: "La excelencia no es lo bastante extraña al ser o a la luz [*n'est pas assez étragère à l'être ou à la lumière*] como para que el exceso mismo no pueda ser descrito en los términos de lo que aquel excede" (1987: 564). Esto, y no otra cosa, es lo que hemos llamado *el paso en falso* de toda la tradición metafísica, su reticencia constitutiva, su inveterada prudencia. La teología negativa, sobre todo en su vertiente neoplatónica, ama la sobredosis, pero al mismo tiempo la conjura; siente fascinación por la transgresión del Límite, pero a la vez no deja de medir el *shoot up*, de aplicar el desfibrilador fundacional en el corazón del Ser a fin de reavivarlo. El Límite no temina de interrumpir el comercio entre el más allá y el más acá. El Otro no es tan otro: "El discurso negativo sobre lo que se mantiene más allá del ser y aparentemente no soporta ya los predicados ontológicos no interrumpe esta continuidad analógica [*n'interrompt pas cette continuité analogique*]. En verdad la supone, incluso se deja guiar por ella. La ontología sigue siendo posible y necesaria" (1987: 565). La pregunta que debemos formularnos a esta altura es: ¿logra Derrida interrumpir esta continuidad?, ¿logra desenganchar la ontología de la extra-ontología? Hay que ir despacio y proceder con cautela.

3) En principio, Derrida es consciente de las insuficiencias de la onto-teología, y en especial de la teología negativa, a la hora de postular un Otro absoluto más allá del Ser. Es consciente, además, de que esas insuficiencias convergen en la naturaleza fundacional o fundamental que posee lo Uno o el Bien o Dios para esa tradición. De lo cual se sigue que para Derrida esa Alteridad radical no deberá funcionar como Fundamento, si es que al menos no se quiere dar el paso en falso de la onto-teología. La tesis de Derrida es que ya Platón —siempre y cuando sea leído contra sí mismo— nos ofrece una salida de la ontología, y una salida además que no desemboca en el movimiento hiperbólico y fundacional del *epekeina tes ousias*. No se trata ya del *agathon*, por supuesto, sino de la *chora*: "De esta trópica de la negatividad

que acabo de esbozar de forma tan esquemática distinguiré, siempre en Platón, otra trópica [*une autre tropique*], otra manera de tratar el más allá (*epekeina*) del límite, el tercer género y el lugar. Éste se denomina aquí *chora*, y aludo claro está, al *Timeo*" (1987: 567). Dos salidas del Ser, entonces: una que conduce al Fundamento, *to agathon*; otra que conduce a lo desfundado, al "fundamento sin fundamento", *he chora*; una que reanima al Ser, otra que lo desanima; una que sale por arriba, otra que sale por abajo. ¿Pero es *chora* realmente un nombre posible para un Otro absoluto que no se relativice de ningún modo y que respete, por ende, el principio de irrelatividad? ¿Es una salida absoluta y radical de la ontología? ¿Es, más sencillamente, una salida? Consideremos este asunto con más detenimiento.

(6)

Platón explica en el *Timeo* que la *chora* es una suerte de receptáculo, un lugar en el que el demiurgo imprime las imágenes de las Formas inteligibles. *Chora* pertenece a un tercer género del Ser, irreductible a lo inteligible y lo sensible, y se caracteriza por dar lugar a las imágenes que conforman el mundo sensible. Poco importa si la lectura que propone Derrida se ajusta al pensamiento platónico. Detenerse en esa cuestión, en la mayor o menor fidelidad de Derrida respecto al *Timeo*, no conduce a ningún lugar. Hay cosas más importantes que discutir, sin ir más lejos el modo en el que Derrida entiende a la *chora*. El SMG exige no abordar a los autores por el lado más mezquino, más tonto. En el debate con Jean-Luc Marion a propósito del don, el propio Derrida dice sin rodeos que su interpretación de la *chora* es diversa a la de Platón: "Cuando me intereso por la *chora*, intento alcanzar una estructura que no es la *chora* como la interpretó Platon, sino una propia en contra de la de Platon [*against Plato*]" (1999: 73). Algo similar hace Lévinas en *Autrement qu'être ou au-delà de l'essence* cuando distingue su propia concepción del Bien de la concepción platónica. Lévinas dice que el más allá del Ser o lo Otro que Ser fue identificado por Platón con el Bien, y luego aclara: "Que Platón lo haya convertido en una idea y en una fuente de luz, qué importa" (1978: 36). Este "qué importa" es fundamental: indica que lo importante no está en lo que Platón dijo, sino en lo que Lévinas dice de Platón, incluso contra el mismo Platón. *In extremis*, el "qué importa" dice que lo importante es el modo en el que Lévinas concibe al Bien, más allá de su fidelidad o infidelidad al texto platónico. Lo mismo se aplica a Derrida y a su pensamiento de la *chora*. Leámoslo, entonces, sin mezquindades ni estupideces. Comencemos con un largo fragmento:

> *Chora* recibe, para darles lugar [*pour leur donner lieu*], todas las determinaciones pero ella no posee ninguna propia. Las posee, las tiene —puesto que las recibe—, pero no las posee como propiedades, no posee nada propio. No "es" otra cosa que la suma o el proceso de lo que se inscribe "sobre" ella, a propósito de ella, pero no es el *sujeto o soporte presente* [*elle n'est pas le sujet ou le support présent*] de todas esas interpretaciones, porque, sin embargo, no se reduce a ellas. Este exceso simplemente no es nada, nada que sea y se diga ontológicamente. Esta ausencia de soporte, que no puede ser traducida en soporte ausente o en ausencia como soporte, provoca y resiste cualquier determinación binaria o dialéctica, cualquier examen de *tipo* filosófico, digamos, más rigurosamente, de tipo *ontológico* (1993: 36-37).

Chora es irreductible a cualquier determinación ontológica: no es un ente, no es un ser, no posee nada propio, no es ni presente ni ausente, etc. En este punto, designa un Otro que Ser. Pero a diferencia del *agathon* que tiende siempre a exceder la ontología a través de una hiper-esencialidad y a postular por eso mismo un *más allá* del Ser, la *chora* pareciera fugarse de la ontología por abajo y postular, no ya un más allá, sino una suerte de *más acá* del Ser. Como si la *chora* no se escapase de la ontología por exceso sino por defecto. Ciertamente, este defecto es a su modo otra forma de exceso, sólo que no un exceso hiperbólico equivalente al de la teología negativa, sino un exceso neutro y desfundado. John Caputo señala esta contraposición entre el Bien-Dios del neoplatonismo y la *chora* derridiana, a la que equipara a la *différance*, a partir de dos evasiones diversas de la ontología: "Dios es inefable del mismo modo que el *agathon* de Platón es inefable, más allá del ser [*beyond being*], mientras que la *différance* es como la inefabilidad ateológica de la *chora* de Platón, debajo del ser [*beneath being*]" (1997: 10). *Beyond*: hipertensión ontológica (*agathon*); *beneath*: hipotensión ontológica (*chora*).

Hay que recordar que Derrida había criticado a la teología negativa por ignorar la condición neutra que, al menos en su opinión, debía definir a la Alteridad absoluta para poder ser realmente absoluta, para no resultar homogeneizada y apropiada o reducida por lo Mismo. Al parecer, Derrida encuentra en la "noción" de *chora* ese "espacio neutro de un lugar sin lugar [*espace neutre d'un lieu sans lieu*]" (1993: 59) que permitiría, al menos así lo sugiere en varias oportunidades, pensar un Otro radical que, por escapar a las categorías de la metafísica occidental, no podría ya decirse que es o que existe: "Hay *chora*, pero la *chora* no existe" (1993: 32). De tal manera que pareciera ser que *chora* es el "nombre" elegido por Derrida para designar, con todas las paradojas y las reapropiaciones ontológicas que esa desginación podría admitir, "un otro que no sería ni siquiera *su* otro" (1993: 46) o, como dice en su conversación con Marion, una "absoluta heterogeneidad [*absolute heterogeneity*]" (1999: 76). Así lo cree por lo pronto John Caputo: "Ella/eso recibe todo sin devenir nada, por lo cual ella/eso no puede ser el sujeto ni de un filosofema ni de un mitema. En suma, la *chora* es lo otro absoluto, absolutamente [*the chora is* tout autre, *very*]" (1997: 36). Retomemos entonces las preguntas que nos habíamos formulado en el apartado previo: ¿es *chora* el nombre de esta Alteridad absoluta como cree Caputo, de este Otro que no sería ni siquiera lo otro *de* lo Mismo, lo otro *del* Ser? La respuesta, como en el caso de la *différance*, es no; *chora* no es el nombre del Otro absoluto, al menos en lo que concierne al SMG. ¿Por qué? Porque a pesar de las inmúmeras precauciones que toma Derrida para que no se conciba a la *chora* en términos metafísicos, sigue postulando una relación entre *chora* y aquello a lo que da lugar. Derrida tiene el mérito de ser plenamente consciente de este problema y de explicitarlo sin rodeos. De allí las aclaraciones que intercala en su ensayo, similares –aunque más extremas todavía– a las que había intercalado en la conferencia de 1968 dedicada a la *différance*. *Chora*, dice por ejemplo Derrida, "da lugar sin engendrar" (1993: 92); da lugar a todos los relatos, pero ella misma "no llega a ser objeto de ningún *relato*, pase por verdadero o por fabuloso" (1993: 76); posee todas las determinaciones, pero a la vez "no posee nada propio" (1993: 37); da lugar, pero "no es un sujeto dador" (1993: 38); es un lugar en el que todo queda marcado, pero "que sería no marcado «en sí mismo»" (1993: 59); recibe todas las imágenes, pero "no debe recibir *para ella*, no debe pues recibir, sólo dejarse atribuir las propiedades (de lo) que recibe. No debe recibir, debe no recibir lo que recibe [*elle doit ne pas recevoir ce qu'elle reçoit*]" (1993: 34). ¿Qué significan todas estas formulaciones paradójicas?, ¿todas estas aclaraciones en apariencia contradictorias?, ¿cuál es su función en la trama del texto derridiano? Su función es la de evitar cualquier interpretación metafísica u onto-teológica de la *chora*. La relación entre *chora* y lo que en ella tiene lugar es una "relación imposible", una "relación de independencia", una "no-relación", "una relación disimétrica con todo lo que, «en ella», al lado o más allá de ella, parece hacer pareja con ella". Por eso Derrida habla de *chora* como de una "pareja fuera de la pareja". Sin embargo, o precisamente a causa de estas aclaraciones, *chora* sigue manteniendo una relación con lo que en ella tiene lugar. Se trata del mismo problema que encontrábamos en la relación ética de Lévinas o en la noción de *différance*. A pesar de la conciencia total que tiene Derrida de este problema, sigue pensando a *chora* como "aquello" que da –sin dar– lugar, es decir como "aquello" que abre –sin abrir– un espacio o que instaura –sin instaurar– un campo de existencia y/o de inexistencia. No importa que no funcione al modo de un sujeto o de un soporte, no importa que no oficie, al igual que la *différance*, de origen pleno o de presencia pura. Lo que sí importa es que mantiene algún tipo de relación (imposible, paradójica, sin relación, etc.) con lo que tiene lugar en el espacio abierto por ella. En su debate con Marion sobre el problema del don, Derrida llega incluso a decir, confesando su incomodidad con el modo de expresión que se ve obligado a emplear, que *chora* es condición de posibilidad y de resistencia:

> Es también, si se me permite usar esta terrible palabra, una condición de posibi-lidad [*a condition of possibility*] que hace posible la historia al resistirla. Es también un lugar del no don que hace posible el don al resistirlo [*makes the gift possible by resisting it*]. Es el lugar del no-deseo. La *chora* no desea nada, no da nada. Es lo que hace posible el tener lugar o un evento. Pero la *chora* no ocurre, no da, no desea. Es un espaciar absolutamente indiferente [*absolutely indifferent*] (1997: 76).

Chora hace posible e imposible, como la *différance*, el sistema de la historia y de la onto-teología, es decir el despliegue de lo Mismo. Razón por la cual Caputo considera que la *chora* se define por una "anterioridad cuasi-trascendental" (1997: 3). No obstante, hemos visto que el *cuasi* no es suficiente. Un Otro absoluto no puede funcionar como condición de posibilidad ni de imposibilidad, no puede abrir un espacio, aún permaneciendo ajeno a esa apertura. Pero, si Derrida es plenamente consciente de esta imposibili-dad insuperable, ¿por qué no extrema entonces la condición absoluta de la Alteridad? ¿Por qué no lleva la sobredosis hasta sus últimas consecuencias y deja al Ser en estado de coma? Como en el caso del coloquio con Pierre-Jean Labarrière, Francis Guibal y Stanislas Breton, las razones de esta rehabilita-ción y reanimación del Ser son eminentemente políticas: "Pienso que la refe-rencia a este lugar de resistencia [Derrida se refiere a la *chora*] es también la condición para una política universal [*the condition for a universal politics*]" (1997: 76). Como dijimos, se entiende perfectamente la cautela de Derrida, su gusto por la negociación, por la mediación, su desconfianza respecto a la traducción política de un Otro puro y absoluto. Se entiende y se comparte, desde luego. En este punto, Derrida parece aproximarse a la crítica de Selci a Lévinas: la afirmación de una alteridad radical, de una irrelación, conduce a la pasividad y a la parálisis política, cuando no a la peor violencia y al conservadurismo más reaccionario. De allí que sea preciso relativizar al Otro, establecer una mediación. El punto clave es que el SMG, como ya indicamos, no pretende elaborar una teoría política o ética. Al contrario, efectúa el movimiento opuesto: eleva el Ser hasta asfixiarlo, hasta la pérdida de la conciencia, hasta el coma. Pero el movimiento es tan extremo que prepara el terreno para la política militante y antagónica. La metanfetafisica va tan alto que el Ser se apuna y, apunándose, queda invalidado y desfundamentado. Al desengancharse de lo Otro, el Ser se insubstancializa o se desubstancializa, se desfonda, y en ese desfondarse, en ese desubstancializarse, encuentra también la ocasión para mostrarse y aparecer.

(7)

¿En qué situación nos deja Derrida? En la situación de la máxima conciencia. Derrida tiene mirada de lince o de mosca. Detecta los problemas, los pasos en falso, los propios y los ajenos, los presupuestos latentes, las consecuencias (políticas, éticas, etc.) de las decisiones filosóficas; extrema por eso las precauciones, las justificaciones, las medidas cautelares. ¿No sentimos acaso, cada vez que leemos sus textos, una suerte de "doble discurso": la palabra escrita, visible, por un lado, y un decir invisible que pide disculpas por lo dicho, que pide perdón por no haber tenido ni el tiempo ni las ganas de explicitar todos los supuestos, todas las trampas, por el otro? Como sea, en lo que concierne al SMG Derrida es esencial al menos por dos motivos: 1) porque ha visto el paso en falso de la onto-teología, es decir la rehabilitación del Ser, su dependencia respecto de lo Otro; 2) porque ha visto la aporía contenida en la empresa lévinasiana de pensar una relación (ética) con un Otro absoluto. En suma, Derrida es esencial porque *ha visto*. La pregunta que nos formulábamos entonces era por qué, con tal poder de visión, con semejante hiperconciencia de las insuficiencias de la tradición metafísica a la hora de pensar un Otro radical, no había extremado la radicalidad de ese Otro. Ya sabemos por qué: por cautela ética y política. No podemos culpar a Derrida por eso. Pero sí podemos seguir otro camino, incluso el camino inverso. No, desde luego, porque adoptemos una posición política contraria a la de Derrida, sino porque concebimos de diversa manera al *epekeina tes ousias* y a la metafísica en general. Derrida no va lo suficientemente lejos porque lo retiene un super-yo ético-político. Lo más curioso es que lo que dice del *epekeina tes ousias* y de la tradición neoplatónica se aplica también a su propia filosofía. Derrida dice que el Ser del platonismo y del neoplatonismo mantiene aún "una relación lo bastante homogénea, homóloga o análoga como para que lo que exceda el límite pueda dejarse comparar con el ser"; la alteridad del Bien, del *epekeina tes ousias*, no es lo suficientemente extraña o excesiva "como para que el exceso mismo no pueda ser descrito en los términos de lo que aquel excede". Volvemos a citar estos pasajes para que se note la proximidad de Derrida y el SMG. Pero también para que se note la insalvable distancia que los/nos separa. En efecto, algo similar podría decirse de la *différance* o de la *chora*. La *différance* no es lo suficientemente extraña a las diferencias como para no abrir el espacio de su diseminación; la *chora* no es lo suficientemente extraña a las imágenes como para no posibilitar su tener lugar. Como dijimos, la condición cuasi-trascendental es insuficiente para lo que nos proponemos en este libro, y es insuficiente porque sigue implicando una dependencia muy sutil, más allá de las precauciones y de las advertencias, de lo posibilitado respecto a lo posibilitante e incluso de lo imposibilitado respecto a lo imposibilitante (en efecto, para imposibilitar algo es preciso mantener una relación con ese algo). Más allá de las aclaraciones introducidas por Derrida, lo cierto es que su pensamiento de la *différance* y/o de la *chora* no difiere demasiado, al menos en lo que concierne al SMG, del que ha caracterizado al neoplatonismo y a la teología negativa. Conviene recordar que también para Plotino o el Pseudo-Dionisio lo Uno-Bien-Dios produce sin producir o engendra sin engendrar. Podríamos evocar un fragmento de las *Enéadas* o del *Peri theion onomaton* como prueba de esto, pero preferimos transcribir un pasaje del estudio premilinar elaborado por María Isabel Santa Cruz y María Inés Crespo para la selección de textos plotinianos editada por Colihue, no sólo por la claridad expositiva y la copiosa bibliografía consignada allí, sino porque siempre provoca una satisfacción especial mencionar a autoras y autores de nuestra región y evitar así la inveterada constumbre tan argentina de no citarnos entre nosotros: "El punto de partida del despliegue [las autoras se refieren a la *proodos*, la procesión que se origina en y de lo Uno] es un primer productor que, paradójicamente, *produce sin producir*, permanenciendo en sí mismo. [...] Cuanto surge de él surge sin que él lo quiera, ni se incline, ni se lo pro-

   METANFETAFÍSICA. Ensayo de sobredosis ontológica

ponga" (2020: xxvii; las cursivas son nuestras). Se objetará que Derrida se ha encargado de distinguir con sumo cuidado su propia posición respecto de la teología negativa. Desde luego, la deconstrucción no tiene nada que ver con la supraesencialidad de la vía apofática que siempre convierte el más allá del Ser en Fundamento último de la realidad. Pero el punto es que para el SMG las justificaciones y las cautelas de ambas posiciones, de la deconstrucción y de la teología negativa, son igualmente insuficientes; más aún: *coinciden* en su insuficiencia, en su reticencia a desenganchar por completo el Ser del Afuera, lo Mismo de lo Otro absoluto. Poco importa que la *différance* o la *chora* no impliquen una hiper-esencialidad, poco importa que su "producción sin producción" no obedezca a una eminencia árquica o fundacional; lo que importa es que, aún aclarando que sin producir, producen, y por lo tanto mantienen algún tipo de relación, por más sutil y evanescente que sea, por más "sin relación" o "imposible" que sea, con lo producido. ¿Se dirá que estamos leyendo a Derrida *contra* Derrida? Quizás, es que no encontramos mejor manera de honrarlo. En síntesis, el punto de convergencia entre la deconstrucción y la teología negativa sobre todo de raíz neoplatónica está en la reticencia mutua a la sobredosis, reticencia que obedece a razones diversas, claro está, incluso contrarias, pero reticencia al fin. Por razones hiper-esenciales y eminentes en un caso, por razones éticas y políticas en el otro, lo cierto es que ambas teorías terminan relativizando a lo Otro. El SMG, en cambio, solicita ir hasta el fondo, solicita incluso adherir a los principios de la lógica formal y reconocer que una relación sin contrapartida es efectivamente un monstruo lógico o que una "relación sin relación" es una quimera. Claro que no somos amantes de la lógica. Al contrario. Sólo recurrimos a ella por "razones estratégicas". No por pruritos silogísticos, sino por deseo de extremismo. Respetar la lógica –que el mismo Derrida reconocía a pesar de todo "irrefutable"– de la fórmula de implicancia y del principio de irrelatividad es fundamental para extremar la propia metafísica, para convertirla en metanfetafísica. Este movimiento extremo permite desenganchar al Ser de lo Otro definitivamente. No hay relación. Lo Otro se ha quitado el lastre del Ser. Y a la vez el Ser se ha insubstancializado. Es el paso que no logra dar Derrida. ¿Por qué? Porque conserva otro tipo de lastre: el que engancha la política a la noción de un Otro absoluto. Como la postulación de un Otro absoluto es peligrosa en términos políticos, Derrida renuncia a ese Otro, a la condición absoluta de ese Otro, entonces negocia, lo relativiza, introduce mediaciones para evitar la peor violencia. Se diría que la política para Derrida mantiene "una relación lo bastante homogénea, homóloga o análoga como para que lo que exceda el límite (del Ser, es decir: lo Otro absoluto) pueda dejarse comparar con ella". El SMG, por el contrario, se desentiende también de este lastre. No teme postular un Otro absoluto porque, al no haber relación entre ese Otro y el Ser, no hay política que le concierna. Como ya hemos dicho, no hay política de lo Otro absoluto. Sin embargo, es gracias a lo Otro absoluto o, mejor aún, al Fantasma de lo Otro absoluto que el Ser proyecta fóbicamente al enfrentarse al Límite, que la ontología se desubstancializa y la política adquiere, por ende, toda su potencia y legitimidad. A diferencia de la metafísica, que mantiene una relación *de iure et de facto* con la política, la metanfetafísica le es por completo ajena. No sólo rompe toda relación entre lo Mismo y lo Otro, sino entre la política y lo Otro (absoluto). Pero romper esta relación entre el Ser y lo Otro absoluto es imprescindible para que pueda aparecer un Otro relativo y, por ende, la política en cuanto tal. Si sólo puede haber política porque hay contingencia, es decir desfundamento, es decir insubstancia, y si hay contingencia, desfundamento e insubstancia porque el Ser se rompe al enfrentarse al Límite y proyectar fóbica e imaginariamente lo Otro radical, es decir al proyectar "aquello" que adivina o presiente del otro lado del Límite, entonces esa proyección fóbica (a cuyo "objeto" —el *en sí* de lo proyectado— nunca accede y con el cual no hay relación) es la condición de posibilidad de la política. Pero que sea condición de posibilidad, en este caso, no significa que se establezca una dependencia o una relación entre lo condicionado y la condición. No sucede tal cosa porque no hay relación con lo Otro. Sólo hay relación con el Límite, y es el Límite, cuya naturaleza es profundamente intransitiva, el que produce en el Ser la proyección fóbica de lo Otro. Claro que nada impide que haya —o pueda haber, por lo menos— lo Otro del otro lado del Límite, pero no se puede afirmar o negar nada al respecto porque todo pasaje al más allá está vedado por el principio de irrelatividad. No obstante, basta que el Ser se choque con el Límite para que imagine a lo Otro y lo proyecte fóbicamente. Esta proyección es la condición del aparecer del Ser y, correlativamente, de la política misma.

Textos citados

Caputo, John (1997). *The Prayers and Tears of Jacques Derrida. Religion without Religion.* Indianapolis: Indiana University Press.

Derrida, Jacques (1972). *Marges de la philosophie*. Paris: Les Éditions de Minuit.

Derrida, Jacques (1987). *Psyché. Inventions de l'autre*. Paris: Galilée.

Derrida, Jacques (1999). "On the Gift: A Discussion between Jacques Derrida and Jean-Luc Marion". En: Caputo, John y Scanlon, Michael (eds.). *God, the Gift, and Postmodernism*. Indianapolis: Indiana University Press, pp. 54.78.

Derrida, Jacques y Labarrière, Pierre-Jean (1986). *Altérités*. Paris: Osiris.

Derrida, Jaques (1993). *Chora*. Paris: Galilée.

Lévinas, Emmanuel (1978). *Autrement qu'être ou au-delà de l'essence*. La Haye: Martinus Nijhoff.

Marion, Jean-Luc (1999). "On the Gift: A Discussion between Jacques Derrida and Jean-Luc Marion". En: Caputo, John y Scanlon, Michael (eds.). *God, the Gift, and Postmodernism*. Indianapolis: Indiana University Press, pp. 54.78.

Resta, Caterina (2003). *L'evento dell'altro. Etica e politica in Jacques Derrida*. Torino: Bollati Boringhieri.

Santa Cruz, María Isabel y Crespo, María Inés (2020). "Estudio preliminar". En: *Enéadas. Textos esenciales*. Buenos Aires: Colihue, pp. vii-cxviii.

Textos consultados

Coward, Harold y Foshay, Toby (eds.) (1992). *Derrida and Negative Theology*. Albany: State University of New York Press.

De Vries, Hent (1999). *Philosophy and the Turn to Religion*. Baltimore: Johns Hopkins University Press.

Derrida, Jacques (1991). "Circumfession". En: Geoffrey Bennington y Jacques Derrida. *Jacques Derrida*. Chicago: University of Chicago Press.

Derrida, Jacques (1993). *Spectres de Marx. L'État de la dette, le travail du deuil et la nouvelle internationale*. Paris: Éditions Galilée.

Derrida, Jacques (1997). *Adieu à Emmanuel Lévinas*. Paris: Éditions Galilée.

Derrida, Jacques (1999). *Donner la mort*. Paris: Éditions Galilée.

Derrida, Jacques (2000). *Foi et Savoir, suivi de Le Siècle et le Pardon (entretien avec Michel Wieviorka)*. Paris: Éditions du Seuil.

Hägglund, Martin (2008). *Radical Atheism: Derrida and the Time of Life*. Stanford: Stanford University Press.

Hart, Kevin (2000). *The Trespass of the Sign. Deconstruction, Theology, and Philosophy*. New York: Fordham University Press.

Horner, Robyn (2001). *Rethinking God as Gift: Marion, Derrida and the Limits of Phenomenology*. New York: Fordham University Press.

Kearney, Richard (2002). *Strangers, Gods and Monsters. Interpreting Otherness*. London – New York: Routledge.

Rayment-Pickard, Hugh (2003). *The Impossible God: Derrida's Theology*. Aldershot: Ashgate.

Rollins, Peter (2006). *How (Not) to Speak of God*. London: SPCK.

Ryba, Thomas (1997). "Derrida, Negative Theology and the Trespass of the Sign". *Religion*, 27, pp. 107–115.

Shakespeare, Steven (2009). *Derrida and Theology*. New York: T&T Clark.

Taylor, Mark C. (1982). *Deconstructing Theology*. New York: Crossroad and Scholars' Press.

Taylor, Mark C. (1984). *Erring: A Postmodern A/Theology*. Chicago: Chicago University Press.

Westphal, Merold (2001). *Overcoming Ontotheology: Toward a Postmodern Christian Faith*. New York: Fordham University Press.

Wolosky, Shira (1998). "An «Other» Negative Theology: On Derrida's «How to Avoid Speaking: Denials»". *Poetics Today*, Vol. 19, No. 2, Hellenism and Hebraism Reconsidered: The Poetics of Cultural Influence and Exchange II, pp. 261-280.

Libro Z (Dzeta)
Jean-Luc Marion

(1)

Es indudable que en ese *tournant théologique de la phénoménologie française* señalado por Dominique Janicaud a comienzos de los años noventa o en ese "retorno a una metafísica post-metafísica, directamente teológica" señalado por León Rozitchner algunos años después, la figura de Jean-Luc Marion, quien en el preciso momento en el que escribimos estas líneas acaba de recibir el premio Ratzinger de manos del Papa Francisco, ocupa un lugar destacado. La obra de Marion es amplia y difícil de circunscribir. Por razones de extensión, pero también y fundamentalmente por el tema específico que nos convoca aquí, nos concentraremos en un libro en particular: *Dieu sans l'être*, publicado en Francia en 1982. A esta obra maestra habría que añadir un texto un poco más temprano, también centrado –como en cierta forma *toda* la producción de Marion– en una problemática teológica: *L'idole et la distance* (1977).

Derrida tiene razón en algo fundamental respecto a Marion: los títulos de sus libros son geniales. *Dieu sans l'être*: el título de esta obra nos introduce de lleno en su apuesta teológica: se trata de pensar –o, quizás mejor, de experimentar, de vivir– a Dios más allá de la metafísica y de la ontología. Se comprenderá la importancia que reviste este pensamiento para nuestro estudio metanfetafísico. Pero antes de abordarlo directamente conviene realizar algunas precisiones conceptuales, en particular concernientes a tres términos decisivos que, ya en su formulación temprana, ponen de manifiesto el problema central de toda la propuesta marioniana. Nos referimos a ídolo (*idole*), ícono (*icône*) y distancia (*distance*).

(2)

El ídolo, al que Marion califica de primer visible, fascina la mirada, la retiene en la plenitud de lo visible, la colma y la devuelve a su propia fuente. El ídolo funciona al modo de un espejo: refleja la mirada y la mantiene dentro de los límites de lo visible, imposibilita que la intención o la mención de la mirada alcance el más allá o lo invisible:

> Puesto que ofrece a la mirada su primer visible, el ídolo resulta él mismo espejo invisible. Y que el espejo resulte invisible, pues lo visible deslumbra la mirada, hace que el idólatra no engañe nunca ni se encuentre engañado; permanece solamente fascinado. El ídolo, como espejo invisible, fija a la mirada su límite y mide su alcance (2010: 31).

Lejos de la *communis opinio*, el ídolo no engaña ni falsifica; al contrario, expone lo visible en su nivel máximo de visibilidad. Pero precisamente por confinarse a lo visible, por colmar la intención primera de la mirada, el ídolo no es capaz de transgredir el límite que abismaría a esa mirada en lo invisible, en lo no-mentable. Lo cual no significa que lo divino no se manifieste en el ídolo. Lo divino adviene efectivamente a la visibilidad, sólo que se trata de una visibilidad humana, demasiado humana; una visibilidad que fija o paraliza la mirada en un horizonte limitado. Por eso Marion puede decir que "el ídolo consigna lo divino a la medida de una mirada humana" (2010: 33). De algún modo, el ídolo es un efecto de la mirada que lo mienta o intenciona, razón por la cual permanece siempre dentro de los confines de lo visible. Ahora bien, "al ídolo, por contraposición, responde el ícono" (1977: 25). A diferencia del ídolo que paraliza la mirada y le impide transgredir el límite especular, "el ícono convoca la mirada para que se sobrepase, sin paralizarse jamás en un visible, puesto que lo visible sólo se presenta aquí con vistas a lo invisible" (2010: 38). El ícono vuelve infinita la mirada, le imprime una desmesura que la tensiona –o intenciona– hacia lo invisible. Más que convocar una mirada humana, el ícono encarna –porque se trata finalmente de (la) encarnación– el acontecimiento inverso: convoca la mirada de lo invisible y convierte al hombre que lo contempla en espejo contemplado: "El ícono nos mira —nos concierne, al dejar advenir visiblemente la intención de lo invisible" (2010: 39). No sorprende, tratándose de un autor que ha leído con mucha atención a Lévinas, que, si la figura paradigmática del ídolo es el espejo (invisible), la del ícono sea el rostro. Al espejo que refleja la mirada y la contiene en su propio horizonte de visibilidad, en un *más acá* refulgente pero paralizante, se le opone el rostro que arrastra la mirada hacia el infinito y lo invisible, hacia el infinito de lo invisible, y la abre a un *más allá* desbordante: "en lugar del espejo invisible que reenviaba la mirada humana sólo a él y censuraba lo no-mentable, el ícono se abre en un rostro que mira nuestras miradas para convocarlas a su profundidad" (2010: 40), o también: "Al espejo invisible en el que se paraliza la mirada, le sigue la apertura de un rostro en el que la mirada humana se abisma, invitada a ver lo invisible" (2010: 40). Inversión sublime: de contemplar el esplendor visible en un espejo invisible (el ídolo), el hombre termina siendo el espejo visible en el que se contempla una mirada infinita e invisible (el ícono). Interpretación brillante de la célebre querella de las imágenes. Marion toma de Juan de Damasco, entre tantos otros, los elementos esenciales para esbozar su fenomenología icónica y distinguirla de la idolatría. Esta teoría, ya desde antes de *L'idole et la distance*, se estructura a partir de ciertas polaridades. El ídolo y el ícono, el espejo y el rostro, lo visible y lo invisible, lo finito y lo infinito... ¿A qué responde esta serie de oposiciones? Responde a dos modos de darse de los entes, a dos fenomenologías. Y dos modos, además, que guardan una relación esencial con el tercer término que habíamos mencionado con anterioridad: *distance*. ¿Por qué? Porque mientras que el ícono permite "un recorrido de la distancia, donde la separación coincide con la intimidad bajo la forma de una desemejanza semejante [*une dissemblance ressemblante*]" (1977: 224), el ídolo la anula, razón por la cual "cerrarse ante la distancia, sin poder sustraerse a ella, caracteriza a la idolatría" (2010: 180). El ícono se abre a la distancia, permite su recorrido y su exploración, aunque manteniendo siempre una distinción entre los términos que convoca; el ídolo, en cambio, borra la distancia, "cierra el horizonte", yergue un muro espejado allí donde debería abrirse una vía de comunión con el más allá. Pero ¿qué es en definitiva la distancia? Se trata de un término difícil y un tanto ambiguo. A veces la distancia designa la separación-unión con Dios, la irreductible desproporción que existe entre lo finito y lo Infinito o entre la creación y el Creador, pero también la posibilidad de su encuentro; otras veces, sin embargo, pareciera designar a Dios mismo (véase Horner 2005: 51-60). Como sea, *distance* es el término que en Marion viene a reemplazar –o incluso a destituir– la *ontologische Differenz* de Heidegger, por ser demasiado idolátrica aún, el *Autre* de Lévinas, por invertir meramente la *Differenz* heideggeriana, y la *différance* de Derrida, por "banalizar" esa misma *Differenz*. Todo se juega en este término. ¿Es capaz la *distance*, tal como la entiende Marion, de superar la gran aporía que encontrábamos en los demás autores hasta aquí considerados, a saber: la postulación de un Otro absoluto y a la vez su irremediable relativización? ¿Es el término *distance* un sinónimo posible de lo que aquí, en este libro, llamamos Límite?

En principio, hay que decir que la distancia designa una "separación que une tanto como separa, separación cuyo primer término no puede sino comprender la incomprensibilidad del segundo, separación que se ofrece menos a concebir o reducir que a recorrer o habitar" (2010: 180). A partir de este breve pasaje podemos ya formarnos una idea de los términos implicados en la distancia: Dios y el hombre. Dios es lo Otro absoluto, lo Ab-soluto, lo desproporcionado e incomprensible. Pero el punto que nos interesa señalar ahora es que la distancia no implica un Límite infranqueable, sino un "espacio" –aunque los términos son impropios– destinado a ser recorrido y habitado. No sorprende, por eso, que Marion piense a la distancia según el eslogan con el cual la cristología ha pensado la relación entre las dos naturalezas (humana y divina) en la hipóstasis de Cristo. La distancia hace posible una relación "sin confusión ni variación, sin división ni separación" (1977: 13). Ahora bien, si la distancia ofrece –y ofrece al modo de un don o de una gracia– un campo para recorrer y para entrar en comunión con Dios, esto significa que Dios se relativiza, no porque pierda algo de su alteridad irreductible, tampoco porque dependa o requiera en cierta forma del hombre, sino porque se da y, dándose, instaura una relación caritativa y amorosa con quien ha creado a su imagen y semejanza.

Para comprender la distancia es preciso tener presente el acontecimiento de la encarnación. Dios, sin dejar de ser Dios, se hace humano: el Verbo se hace carne y habita entre los hombres. Por eso Cristo es el fundamento mismo de la distancia: "La distancia de Dios se prueba primero en la figura del Cristo [*la figure du Christ*]: allí, ella encuentra su insuperable fundamento y su definitiva autoridad" (1977: 203). Cristo viene a (re)abrir la distancia que había sido anulada por el pecado –la idolatría– de Adán. Por eso Pablo, un autor absolutamente clave para Marion, puede presentar a Cristo como "el último Adán" (1 Corintios 15:45-49) y a la vez como "la imagen [*eikon*] del Dios invisible" (1 Colosenses 15:20). Pero al identificar a la distancia con la figura de Cristo, el mediador (*mediator dei et hominum*), Marion se ve obligado a reconocer que la distancia mediatiza. Si Cristo *es* la distancia, entonces la hostia consagrada,

    METANFETAFÍSICA. Ensayo de sobredosis ontológica

el sacramento de la eucaristía, se convierte en la experiencia paradigmática de la comunión y de la intimidad con lo Otro radical.

> Lo que la hostia consagrada impone, o más bien permite, es la exterioridad irreductible del presente que Cristo mismo nos ofrece, presente de él mismo, en esa cosa que se convierte en cuerpo sacramental. Sólo los que no quieren abrirse a la distancia pueden ignorar que esa exterioridad, lejos de impedir la intimidad, la posibilita evitando que caiga en la idolatría. Sólo la distancia, al mantener una separación distinta de los términos (de las personas), posibilita la comunión y mediatiza inmediatamente la relación. Aquí, de nuevo, hay que escoger entre el ídolo y la distancia (2010: 230).

Como se ve, la distancia designa para Marion la posibilidad de una comunión o intimidad con Dios, es decir una mediatización inmediata –una *relación*– con lo Otro absoluto. Cristo, sin ir más lejos, es la figura ejemplar de la relación, quien sella la *nueva alianza* entre Dios y los hombres. Ya desde ahora podemos advertir que la distancia de Marion resulta incompatible con el principio de irrelatividad que rige al SMG. En cierta forma, Marion se enfrenta al mismo problema que Lévinas y Derrida: ¿cómo mantener la condición absoluta de lo Otro y al mismo tiempo admitir una relación con esa Alteridad? Más allá de las precauciones y advertencias, lo cierto es que este modo de plantear la cuestión está condenado al fracaso desde el vamos. Por el contrario, según la perspectiva que adoptamos en la presente investigación, atenta siempre a la fórmula de implicancia, cualquier tipo de relación o mediación entre lo Otro y lo Mismo implica *necesariamente* una relativización de los términos. En el caso de Marion, la aporía es aún mayor ya que recurre explícitamente a la revelación bíblica, y en particular al Nuevo Testamento, para pensar esa relación y a la vez la condición absoluta de Dios. Las aclaraciones que introduce Marion, consciente del problema al que se enfrenta, son sin embargo insuficientes: no basta con decir que la distancia, si bien puede ser recorrida, permanece infranqueable e incomprensible; no basta con decir que, si bien establece una mediación y por ende una relación, mantiene en todo momento su condición ab-soluta.

> La distancia de lo Ab-soluto precede todo enunciado y toda enunciación con una anterioridad que nada podrá abolir. La distancia anterior esquiva toda concepción. Pero precisamente ¿la distancia debe concebirse? La distancia anterior nos concibe, puesto que ella nos engendra [*elle nous engendre*]. La distancia no es dada para ser comprendida, puesto que ella nos comprende. La distancia no es dada más que para ser recibida [*pour être reçue*]. La distancia anterior pide

ser recibida puesto que ella nos da más fundamentalmente a recibirnos en ella. La distancia, precisamente porque permanece lo Ab-soluto [*demeure l'Ab-solu*], libera el espacio donde nos resulta posible recibirnos (1977: 198).

La vía teológica es deficiente a la hora de dar cuenta del Otro absoluto. Esto no supone una crítica a la teología en cuanto tal, por supuesto, pero sí supone reconocer su insuficiencia para pensar lo que pretende el SMG. La teología –y sobre todo la teología cristiana, la cristología–, puesto que necesariamente presupone una *religio* –y en consecuencia una relación– entre lo Mismo y lo Otro, entre el hombre y Dios, resulta inadecuada a la hora de postular un Otro absoluto *que no se relativice*. En cierta forma, la distancia se contrapone al Límite. Aquella establece un espacio a recorrer y la posibilidad de una comunión eucarística con lo Otro divino; este establece la imposibilidad de toda relación y de toda comunión. Aquella asegura una mediación y una donación que mantiene –o pretende mantener, al menos– la condición irreductible de sus términos; este asegura que no hay mediación ni donación. En suma, desde la perspectiva de Marion, el Límite sería una forma de idolatría, un espejo que devuelve la mirada y, paralizándola o fijándola en su propio esplendor, le impide abismarse en el más allá. Lo concedemos, y lo concedemos sin ningún problema. El Límite funciona efectivamente al modo de un espejo (véase Libro N) y por tanto al modo de un ídolo. Pero el punto es que para nosotros, a diferencia de Marion, ese espejo está roto y fragmentado. La imagen que devuelve el Límite no es igual a su foco de proveniencia. La mirada del Ser recibe una imagen distorsionada de sí, multiplicada y delirante, y es esta multiplicación esquizofrénica la que lo abre a su Otro, la que lo conmina a desfasarse y devenir, esto es: a mostrarse y aparecer. El Límite hace que el Ser no coincida consigo mismo; lo devuelve deshecho, descompuesto. Es como si el Ser le enviase el "Va pensiero" de *Nabucco* y el Límite especular le devolviese el *Pierrot Lunaire*; como si el Ser esperase contemplar *La Nascita di Venere* y se encontrase con *Les Demoiselles d'Avignon*; como si se creyese *A Christmas Carol* y terminara descubriéndose *Naked Lunch*. Sin embargo, no hay que deducir de esto que el Ser es primeramente una identidad que luego se aliena al reflejarse en el Límite. Al contrario, la primera experiencia del Ser en tanto Ser, del *Ens quatenus Ens*, es el reflejo especular. Antes de la reflexión alienante no había en sentido estricto Ser sino Caos, como consigna Hesíodo en la *Teogonía* (véase Libro K, apartado 9). De todas maneras, lo que nos interesa indicar por el momento es que, a diferencia de la distancia que

 METANFETAFÍSICA. Ensayo de sobredosis ontológica

libera un espacio susceptible de ser recorrido, un espacio hacia el más allá, el Límite obtura todo pasaje, pero a la vez rompe al Ser y lo horroriza. Este horror es doble: 1) genera en el Ser el *pre-sentimiento*, la fobia, de una Exterioridad radical, de un Otro más allá del Límite —más allá al que nunca accede, por supuesto—; y 2) genera en el Ser una disyunción y un desfasaje respecto a sí mismo al devolverle una imagen fragmentada y distorsionada. Lo Otro absoluto no puede ser recibido, como sucede con la distancia de Marion, mucho menos puede decirse que nos engendra o que nos concibe. Desde la perspectiva teológica de Marion, la distancia implica una desapropiación de Dios, una suerte de exilio —que recuerda en cierta forma al *tzimtzum* luriano— a partir del cual Dios crea.

> Ella [la distancia] denota entonces el movimiento positivo de lo Ab-soluto que, por la puesta a distancia, se desapropia extáticamente de Él-mismo para que el hombre se reciba a sí mismo, extáticamente en diferencia. Recibiéndose de la distancia, el hombre comprende no sólo que ella lo comprende, sino que lo vuelve posible [*qu'elle le rend possible*]. La distancia aparece entonces como la desapropiación misma por la cual Dios crea [*la désappropriation même par laquelle Dieu crée*]. No la ruptura de la alienación [*la brisure de l'aliénation*], sino el lugar extático que modera la alteridad irreductible [*ménage l'altérité irréductible*] (1977: 199).

El SMG invierte la perspectiva de Marion, y en especial la última proposición. El Límite provoca una verdadera disyunción esquizoide en el Ser, una ruptura de alienación, y no una moderación de la alteridad irreductible. Justamente, se trata de exacerbar la ruptura y alienar por completo al Ser. El SMG es indudablemente inmoderado. La sobredosis debe ser violenta y atroz. En cierta forma, el problema al que se enfrenta Marion es similar —es el mismo problema, a decir verdad— al que encontrábamos en Lévinas respecto al Infinito creador. Volveremos a este asunto más adelante. Por el momento, sin embargo, retengamos que la distancia, equiparada en este pasaje con Dios mismo, hace posible (*rend possible*) al ser humano y al Ser en general. Hacer posible, como crear, implica algún tipo de relación, cosa que Marion no tendría inconveniente en admitir. El punto es que el principio de irrelatividad establece que *no hay relación* entre el más acá del Límite y el más allá. Lo cual supone que el más allá no puede funcionar como condición de posibilidad del más acá, a riesgo de relativizar los términos. La alteridad irreductible de Marion no es tan irreductible, al menos no lo es al punto de no funcionar siquiera como condición de posibilidad. Lo Otro absoluto, Dios, se desapropia extáticamente, dice Marion. ¿Pero con qué legitimidad se puede afirmar eso de lo Otro absoluto, si es que eso Otro se pretende irreductible e incomprensible? ¿Cómo podemos predicar cosas de lo Otro, si es que lo Otro es inasible e inefable, si es que "lo *absoluto* —como reconocía Oscar Del Barco en un ensayo notable— no soporta ninguna palabra, ni la palabra *absoluto*, ni la palabra *palabra*" (2003: 25)? Evidentemente, se trata del problema de la teología negativa. En el caso de Marion, la respuesta a estas preguntas es la revelación bíblica. Podemos predicar cosas de lo Otro porque lo Otro se ha revelado: "La revelación comunica lo íntimo mismo de Dios —la distancia misma" (1977: 202). Se comprenderá que para el SMG esta respuesta es insatisfactoria. Si lo Otro es realmente absoluto, si es absolutamente Otro, entonces no puede revelarse, no puede desapropiarse ni exiliarse ni crear. O, por lo pronto, nada podemos decir al respecto. Para el SMG hay revelación, pero no de lo Otro absoluto, sino del mismo Ser al enfrentarse al —y reflejarse en el— espejo roto y distorsionado del Límite. Dicho de otro modo: el ícono de Marion es un ídolo para el SMG. Esto sería el horror mismo para Marion: Dios, incluso liberado de la metafísica y de la ontología, sigue siendo un ídolo. Pero para comprender la magnitud de este horror es necesario explicar primero la concepción fascinante de Marion acerca de Dios.

(3)

Marion piensa y escribe luego de Nietzsche y de Heidegger, esto es: luego de la muerte de Dios y de la destrucción de la ontología occidental. Lejos de lo que podría pensarse a primera vista, Marion lee con mucha atención la crítica de Nietzsche a la religión y a la trascendencia. La muerte de Dios, tal como la interpreta Marion, supone ante todo la muerte del "Dios moral", del Dios kantiano o del Dios de la metafísica, el "Dios" entre comillas, pero justamente por eso permite entrever la posibilidad de una concepción no idolátrica de lo divino. En efecto, la idolatría concierne también al plano conceptual. La metafísica occidental es esencialmente idolátrica en la medida en que concibe a Dios siempre al modo de un *ens supremum* y de *causa sui*, es decir como un Ente preeminente que fundamenta al resto de los entes. En este punto, el diagnóstico de Heidegger es respetado *à la lettre* por Marion. Pero precisamente por eso, el crepúsculo de los ídolos anunciado por Nietzsche puede ser también la ocasión para una concepción no metafísica de la divinidad.

La "muerte de Dios", como muerte del "dios moral", constata el crepúsculo de un ídolo; pero, puesto que se trata precisamente de un ídolo, su derrumbamiento entraña, más esencialmente aún que una ruina, el desprendimiento de un nuevo espacio libre para una eventual aprehensión de Dios que no resulte ya idolátrica (2010: 66).

Este nuevo espacio libre es ni más ni menos que la distancia. El ídolo, como vimos, anula la distancia, cierra el espacio o el horizonte de lo infinito y, obturando toda apertura a lo invisible, consigna la mirada a su propia visibilidad. En este sentido, la concepción metafísica de "Dios" es necesariamente idolátrica, puesto que mantiene a "Dios" dentro de los límites de la enticidad, dentro del perímetro de lo óntico. "Dios" es un ente más, claro que supremo y preeminente, pero un ente al fin. La pregunta que se formula entonces Marion es si Nietzsche logra postular, más allá de la crítica al ídolo metafísico que es el "Dios" moral, una concepción no idolátrica de Dios. La respuesta es negativa. ¿Por qué? Porque Nietzsche sigue pensando a lo divino como una función de la voluntad de poder, es decir como el producto de un instinto religioso que, más allá de su naturaleza activa o reactiva –y en Nietzsche es por lo general reactiva–, remite siempre a la voluntad de poder como su origen: "Así, a una aprehensión idolátrica sucede otra aprehensión idolátrica: la manifestación de lo divino pasa solamente de una condición (moral) a otra (*Wille zur Macht*), sin que nunca lo divino se libere como tal" (2010: 67). En tanto Nietzsche piensa a Dios a partir de la *Wille zur Macht* sigue siendo idólatra, es decir metafísico: idólatra *en tanto* metafísico. No cuesta demasiado percibir aquí la influencia de Heidegger: Nietzsche es quien consuma la metafísica pero no la supera. Es el último metafísico, pero metafísico aún. En suma, Nietzsche –como Feuerbach y como tantos otros– denuncia una forma de idolatría pero sólo para caer en otra forma idolátrica. Claro que esta lectura supone una parcialidad hermenéutica por parte de Marion y, más allá, de Heidegger. Algunos intérpretes franceses de Nietzsche, por ejemplo Bataille, Deleuze, Foucault o Derrida entre otros, no estarían de acuerdo con esta lectura, así como no estuvieron de acuerdo en su momento con la lectura heideggeriana. Sería interesante contraponer estas dos posiciones hermenéuticas: Marion-Heidegger que consideran a Nietzsche un metafísico y tratan de superarlo; los otros autores franceses que encuentran en Nietzsche la posibilidad de superar las dificultades que detectan en el mismo Heidegger (¿y también en Marion?), a quien consideran aún atrapado en la tradición que pretendía superar. Como sea, lo cierto es que para Marion Nietzsche sigue siendo idólatra en la medida en que piensa a "Dios" en términos metafísicos, es decir en términos de *Wille zur Macht*.

Heidegger, por su parte, es una referencia decisiva para Marion. Como el pensador alemán, el autor de *L'idole et la distance* denuncia la condición onto-teológica de la metafísica occidental, el hecho de que la metafísica ha siempre pensado a "Dios" como *ens supremum* y como *causa sui*, es decir como Fundamento entitativo. También como Heidegger, considera que una verdadera teología debería ser capaz de pensar a Dios por fuera de la metafísica. En efecto, Heidegger ha criticado al "Dios" de la metafísica en la medida en que esta lo ha identificado siempre —aunque este "siempre", claro está, es discutible— con el Ser mismo cuando en realidad se trata de un Ente. Pero eso no significa que Heidegger, quien además sintió desde joven una afición muy profunda por los estudios teológicos, critique *toda* idea de Dios o *toda* forma de vida religiosa. Marion comparte con Heidegger la crítica a la concepción metafísica, onto-teológica —es decir idolátrica— de "Dios". Liberar a "Dios" de sus comillas significa por eso pensarlo más allá de la metafísica: "Para lograr un pensamiento no idolátrico de Dios, que libere a «Dios» de las comillas desligando su aprehensión de las condiciones postuladas por la onto-teología, sería necesario pensar a Dios fuera de la metafísica" (2010: 65). Se notará la proximidad con Heidegger: así como este intentaba pensar el Ser fuera de la metafísica, asimismo Marion intenta pensar a Dios fuera de esa misma tradición onto-teológica. Pero es aquí que los senderos se bifurcan. Es menester para Marion liberar a "Dios" no sólo de la metafísica, sino del Ser mismo, el último ídolo. No sólo hay que pensar a Dios más allá del ente, sino más allá del Ser. Según Marion, Heidegger sigue subsumiendo a "Dios" al problema del Ser. La *ontologische Differenz* es para él, para Heidegger, siempre primera respecto a cualquier Dios o divinidad (a pesar de haber confesado, como el mismo Marion se encarga de recordar, que si tuviese que escribir una teología la palabra "Ser" no intervendría en ningún caso y que la fe no necesita el pensamiento del Ser):

> ...la verdad sobre "Dios" sólo podrá venir de aquello de lo que proviene la verdad misma, a saber, del Ser, de su constelación y de su apertura. La cuestión de Dios debe admitir un previo, bajo la forma de una pregunta previa. Al comienzo y en el principio, no advienen un Dios, ni un dios, ni el *logos*, sino el advenimiento mismo: el Ser, con una anterioridad tanto menos compartida por cuanto parte y reparte todo el resto, ya que, conforme a ella y a partir de ella no quedan literalmente sino los entes, y nada más que los entes y la nada (Marion 2010: 72).

Llegamos así al gesto más radical, y por eso más interesante, del pensamiento de Marion: liberar a Dios de las comillas implica no sólo liberarlo de la metafísica sino también de la ontología, de la diferencia ontológica misma, liberarlo del Ser. Se trata de pensar, pues, a *Dieu sans l'être*. Heidegger supera por cierto la idolatría nietzscheana, pero sólo para caer en una nueva idolatría; reemplaza la idolatría metafísica por una idolatría ontológica. Marion lo denuncia sin rodeos:

> Postulamos entonces que aquí, por segunda vez y más allá de la idolatría propia de la metafísica, opera otra idolatría, propia del pensamiento del Ser en cuanto tal. Esta afirmación, por radical que pueda parecer, deriva directamente de la anterioridad –indiscutible y esencial– de la pregunta ontológica frente a la pregunta óntica por "Dios". Esta anterioridad basta para establecer la idolatría (2010: 72).

Dios no es un ente, corrobora Marion, pero tampoco es remisible a la diferencia ontológica. Liberar a Dios de las comillas implica liberarlo de la apertura que el Ser hace posible. Dios es indiferente a toda *Lichtung* y a todo *Ereignis*. Así como Heidegger había tachado al Ser (al *Sein* y al *Seyn*) para liberarlo de la metafísica y de toda confusión posible con el ente, Marion tacha a Dios para liberarlo de la metafísica *y* de la ontología, del ente *y* del Ser. La tachadura de Dios, en este sentido, va más lejos aún que el cruce heideggeriano del Ser. No se trata ya de una cruz griega, sino cristiana; no es la cruz pagana del pensamiento auroral que fascinaba a Heidegger, sino la cruz de San Andrés en tanto remite sin cometer idolatría a la cruz de Cristo. Es preciso citar un largo pasaje de *Dieu sans l'être*:

> Lo impensable nos obliga a sustituir las comillas idolátricas de "Dios" por Dios mismo, que ninguna marca de conocimiento puede marcar; y, para decirlo, tachemos a D̶i̶o̶s̶ con una cruz, provisionalmente la cruz de San Andrés, que indica su límite a las tentaciones, conscientes o ingenuas, de blasfemar ante lo impensable con un ídolo. La cruz no indica que D̶i̶o̶s̶ deba desaparecer como concepto o que deba intervenir tan sólo a título de hipótesis en trance de validación, sino que lo impensable sólo entra en el campo de nuestro pensamiento haciéndose impensable por exceso, es decir, sometiendo a crítica nuestro mismo pensamiento: tachar a D̶i̶o̶s̶, de hecho, indica y recuerda que D̶i̶o̶s̶ tacha nuestro pensamiento porque lo satura; o mejor, que sólo entra en nuestro pensamiento obligándolo a criticarse él mismo. Trazamos la tachadura de D̶i̶o̶s̶ sobre su nombre escrito sólo porque, ante todo, Él la ejerce sobre nuestro pensamiento como su impensable. Tachamos el nombre de D̶i̶o̶s̶ para poner de manifiesto, ante noso-

tros mismos claro está, que su impensable satura nuestro pensamiento, desde el origen y para siempre (2010: 78).

La tachadura de D̶i̶o̶s̶ reproduce, aunque sólo para exceder y suspender, el gesto de una tradición que incluye por lo menos a Heidegger y a Derrida. Se recordará que en el famoso ensayo "Zur Seinsfrage" de 1955, Heidegger había propuesto escribir la palabra Ser con una tachadura en forma de cruz (*kreuzweise Durchstreichung*): S̶e̶i̶n̶. Esta curiosa tipografía, por cierto, debía funcionar ante todo como una advertencia: no confundir el Ser con el ente, no reducirlo a la relación sujeto-objeto, no introducirlo en la economía de la representación, etc. Pero esencialmente la tachadura pretendía mostrar la Cuaternidad (*das Geviert*) que define el lugar en el que habitan los mortales. En la célebre conferencia "Bauen Wohnen Denken", Heidegger explicaba:

> Desde una unidad originaria los cuatro –tierra y cielo [*Erde und Himmel*], los divinos y los mortales [*die Göttlichen und die Sterblichen*]– pertenecen a una unidad. [...] Esta unidad de los cuatro la llamamos la Cuaternidad [*das Geviert*]. Los mortales están en la Cuaternidad al habitar (GA 7: 151-152).

La tachadura en forma de cruz, así, procuraba mostrar la reunión (*Versammlung*) de estos cuatro extremos en el centro de la X, "en el lugar de cruce [*im Ort der Durchkreuzung*]" (Heidegger *GA* 9: 411). A estas reflexiones heideggerianas le responde Marion con su Dios crucificado y con su teología "rigurosamente" cristiana:

> ¿El nombre de Dios, cruzado porque se crucifica, depende del Ser? No hablamos de "Dios" en general, o pensado a partir de lo divino y, por tanto, de la Cuaternidad; hablamos del Dios tachado con una cruz puesto que se revela por medio de su crucifixión, el revelado por, en y como Cristo; o dicho de otro modo, el de una teología rigurosamente cristiana (2010: 112).

Se recordará también la célebre conferencia de Derrida sobre la *différance* y el gesto de cruzar o tachar el "es" para evitar toda interpretación metafísica e incluso ontológica del juego diferencial. La tachadura del "es" tenía por función señalar que la *différance* nunca se presenta ni se expone puesto que no pertenece a la presencia: "si la *différance* e̶s̶ (consigno así el e̶s̶ bajo tachadura [*sous rature*]) lo que vuelve posible la presentación del ente-presente, ella no se presenta jamás como tal. No se da jamás en presente" (1972: 6). Sin embargo, para Marion no se trata meramente de inscribir la diferencia ontológica en una diferencia que sería aún "más vieja", sino de pensar a D̶i̶o̶s̶ más allá de la diferencia ontológica, es decir en un afuera completamente *indiferente* al juego entre el Ser y el ente, e incluso indiferente al juego de la misma *différance*.

> Desbaratar el Ser exige, por tanto, mucho más que revocar la diferencia ontológica en favor de otra diferencia. Se trata de que el ente juegue según una regla tal que sus diferencias no reenvíen al Ser; o también: se trata de que el ente se disponga y se interprete según una diferencia tal que ya no permita que el Ser se restablezca en el ente, ni que el ente se reconduzca al Ser, de manera que el juego del ente escape al Ser, el cual ya no aparecería más en él –ni siquiera bajo la figura del retiro o de lo impensado (2010: 128).

El pensamiento de Dios reclama entonces una *diferencia indiferente* al juego entre el Ser y el ente. Las expresiones de Marion son sin duda geniales: desbaratar al Ser, enloquecerlo, desviarlo, etc. Para desbaratar la diferencia ontológica se requiere alterar o distorsionar el juego entre el Ser y el ente, su remisión intrínseca. Hay que enloquecer al ente y liberarlo de todo sentido fijado por el Ser, abordarlo lejos de todo horizonte abierto por el *Sein*. El Ser heideggeriano implica siempre el pliegue de la diferencia ontológica según la cual el ente se pliega al Ser en tanto se despliega según el pliegue Ser/ente. ¿Qué hace Dios entonces? Desarticula el pliegue, libera al ente de la diferencia ontológica, lo remite a una Exterioridad más exterior aún que el Ser, inaugura una trascendencia desmesurada y loca que, sin embargo, no niega ni destruye el pliegue ontológico; lo ignora, simplemente:

> Enloquecer el ente significaría, por tanto, nada menos que: volverlo loco liberándolo del Ser, separarlo del eje del Ser, desvincularlo del Ser. O dicho de otra manera: anular el pliegue que pliega el ente al Ser, sustraer al ente de aquello por lo cual es, el Ser, desplegar el ente fuera de su único y universal sentido, que es (2010: 135).

¿Pero cómo pensar este enloquecimiento del ente, este desbaratamiento del Ser, esta desarticulación de la diferencia ontológica? No sorprende, a la luz de lo que hemos desarrollado hasta aquí, que Marion encuentre la posibilidad desmesurada, enloquecida, de este pensamiento en la revelación bíblica: "la revelación bíblica ignora la diferencia ontológica, la ciencia del Ser/ente en cuanto tal y, por tanto, la pregunta por el Ser" (2010: 130). Y lo que encuentra en la revelación, sobre todo en los *logia* evangélicos y en la figura de Cristo en cuanto tal, es fundamentalmente la cuestión del don y de la donación –cuestión, por otro lado, que resultará central en los desarrollos ulteriores de su pensamiento, sobre todo en su deriva fenomenológica–. El don es absolutamente indiferente, explica Marion, a la diferencia ontológica. Tal es así que el don cruza al Ser/ente, lo tacha y lo abre a ese Otro absoluto que es Dios: "El don cruza el Ser/ente: lo encuentra, lo tacha con una marca y lo abre finalmente, como el marco de una ventana, a una instancia que permanece indecible según el lenguaje del Ser" (2010: 147). Sin embargo, el don sólo se libera a sí mismo y libera al ente del Ser si se ejerce, como Juan Bautista respecto a Jesucristo, en nombre de quien viene después y lo supera con creces: la caridad, el amor (*agape*): "el don sólo se libera a sí mismo ejerciéndose a partir y en nombre de lo que, mayor que él, viene detrás de él –lo que se dice y se da como don, la caridad misma. La caridad libra el Ser/ente" (2010: 147). El cruce del Ser/ente que suponía el don revela ahora su núcleo más verdadero: el *agape*. La cruz que tacha a Dios es esencialmente amor, es la cruz de Cristo que ha muerto por amor a los hombres. Por eso Marion puede decir que Dios "cruza y tacha el Ser/ente sometiéndose primero a la cruz con la que se santigua el *agape* hiperbólico" (2010: 152), o también: "lo que cruza el Ser, eventualmente, se llama *agape*" (2010: 157), o, por último y más simplemente, con una fórmula magistral –que abundan, reconozcámoslo, en los textos de Marion–: "Sólo el amor no ha de ser. Dios ama sin el ser" (2010: 189). Ante este *agape*, concluye Marion, sólo resta la alabanza, el *hymnein*. La influencia del Pseudo-Dionisio, en este punto, es tangible.

(4)

Marion ha ido extraordinariamente lejos: ha distinguido a Dios del "Dios" de la metafísica; lo ha distinguido también del "Dios" de la ontología y en consecuencia del Ser. Dios no tiene necesidad de ser, es indiferente al Ser y a la diferencia ontológica. Pareciera ser entonces que está muy cerca de pensar un Otro absoluto que no se relativice. En efecto, la tachadura de Dios, su cruce o su crucifixión, parecería implicar una radical exterioridad respecto al Ser/ente. Sin embargo, como ya sugerimos en el apartado 2, la propuesta de Marion resulta insuficiente en función de los objetivos del presente libro. El Dios de Marion no termina de enloquecer lo suficiente al Ser/ente, no lo desbarata hasta el punto de que no necesite siquiera revelarse, hasta el punto de permanecer en una Exterioridad a la que ninguna distancia, por más irreductible e inasimilable que sea, sería capaz de apuntar o mentar. Heidegger tachó el *Sein*; Derrida el *es* de la *différance*; Marion a Dios. Sin embargo, estas tachaduras o cruces son insuficientes: todas dejan entrever, por detrás

de las líneas del tachado, su relación con el Ser/ente, con lo pensable y lo decible, incluso aclarando que se trata de una instancia impensable e indecible;
todas dejan vislumbrar el término que se tacha, la entidad (poco importa si
gráfica o conceptual o terminológica) que se pretende liberar de la metafísica
o de la diferencia ontológica o de la presencia. El SMG, por el contrario, no
tacha ningún término porque considera que hacerlo significaría devolverlo,
implícita o explícitamente, directa o indirectamente, al dominio de lo Mismo
y por ende relativizarlo. Pero eso no quiere decir que renuncie a la tachadura.
Muy por el contrario: admite la tachadura pero le confiere al mismo tiempo
toda su autonomía y su singularidad. No dice por lo tanto ni *Sein* ni *es* ni *Dios*;
dice meramente X[7]. En lugar de liberar al *Sein* de la metafísica o a la *différance* de la presencia o a *Dios* de la diferencia ontológica, libera la tachadura
de cualquier referencia nominal. El SMG libera a X del *Sein*, pero también de
la *différance* y de *Dios*. Si lo Otro es realmente absoluto, si es absolutamente
Otro, entonces no puede ser nominado, ni siquiera por debajo de una tachadura. X es el signo de lo Otro absoluto. Introducir un nombre o un término
detrás de X es ya relativizar lo Otro. En cierta forma, Marion ha presentido
esta objeción, esta relativización —aparente para él, evidente para nosotros—
de lo Otro absoluto; relativización que estaría supuesta, además y como ya
sugerimos, en la misma idea de creación:

> En este punto, podría objetarse: esta inclusión del Ser/ente en la distancia, supo-
> niendo que tuviese alguna legitimidad (aunque se trata, lo aceptamos, de una
> violencia), ¿ofrece alguna posibilidad? ¿No nos estamos condenando a regre-
> sar al punto en el que el otro término de la distancia aparecerá, si no como
> una causa al menos como un ente que, a título de "creador", daría el Ser/ente?
> ¿Qué ganamos con una grosería semejante que se cree apologética cuando en
> realidad se hunde en el no-pensamiento? Esta objeción empero, sólo puede ser
> lanzada por quien no se toma la molestia de pensar la distancia. La distancia
> implica una separación irreductible, propiamente la desapropiación. Por defini-
> ción, separa totalmente los términos que, precisamente por ello, pueden poner
> en juego su envío y reenvío (2010: 151).

---

7   De aquí en más, por razones tipográficas, consignaremos el signo X con la letra X. En rigor de verdad, X es
     indecible, es un signo para lo que está más allá de todo lenguaje. Sin embargo, a fin de que pueda ser pro-
     nunciado (no sólo de forma mental sino sobre todo física, es decir a través de los órganos fonadores), identi-
     ficamos a X con el significante "equis". De tal manera que en ciertas ocasiones escribiremos por ejemplo
     "X, a la cual…", aunque lo menos ambiguo habría sido escribir "X, a lx cual…", puesto que X está más allá
     de todo género. En suma, de aquí en más, el signo X será identificado, sólo a título fonético, con el género
     femenino, correspondiente a "equis".

Por supuesto que la perspectiva que intentamos desarrollar en este libro sería juzgada por Marion como idolátrica. Por supuesto que Marion consideraría que nuestra objeción proviene de no habernos tomado la molestia de pensar la distancia. Sólo quien ignora la naturaleza paradójica de la distancia –diría él– podría levantar una objeción como la que planteamos aquí. La distancia, respondería Marion, instaura una separación irreductible, una desapropiación y una desproporción entre los términos implicados. Sin embargo, y este es el núcleo del problema, esa separación irreductible e inasimilable *hace así y todo posible el juego de envío y reenvío* entre los términos. Por el contrario, para el SMG no puede haber envío ni reenvío entre lo Mismo y lo Otro, entre el Ser/ente y X. Y no puede haberlo por el principio de irrelatividad, cuya vigencia es inquebrantable. No hay relación entre el Ser/ente y X, ni del Ser/ente hacia X ni de X hacia el Ser/ente. Se comprenderá por qué la propuesta de Marion, centrada en la revelación bíblica y particularmente en la figura de Cristo, está viciada desde su mismo inicio, por qué su punto de partida es ya equivocado. Aclaramos: equivocado si es que se pretende postular un Otro absoluto que no se relativice, no equivocado en sí mismo. En lo que a nosotros concierne, no tenemos ningún problema con la revelación bíblica, mucho menos con la figura de Cristo o con la religión, sea cristiana o no. Nuestro problema es que el Dios de las Escrituras no resulta idóneo para pensar un Otro absoluto que no se relativice. Y esto es necesariamente así ya que el Dios bíblico es un Dios que crea y que se revela, es decir que establece una relación, una *religio*, con la creación y singularmente con el ser humano, no por nada hecho a su imagen y semejanza. No alcanza con tachar a Dios, no alcanza con eximirlo de ser, con absolverlo del Ser. No basta con utilizar fórmulas paradójicas tales como "imparticipable participación" para referirse a la distancia o como "semejanza desemejante" para referirse al ícono. Si Dios se revela, si crea, entonces se relativiza, es decir guarda algún tipo de relación con el Ser/ente. Por más que la distancia sea infranqueable, permite así y todo, y permite justamente a causa de ser infranqueable, la unión o la com-unión con Dios:

> La participación no franquea entonces jamás la distancia pretendiendo abolirla, sino que la recorre como el único campo para la unión [*l'unique champ pour l'union*]. La participación se acrecienta al participar de lo imparticipable como tal, y acrecienta su imparticipabilidad tanto más cuanto ella participa allí más íntimamente. La paradoja fundamental de la participación remite aquí a la distancia (1977: 201-202).

La distancia es infranqueable, de acuerdo, pero permite el único campo para la unión. Ergo: la distancia no nos sirve para pensar el Límite, del mismo modo que Dios tampoco nos sirve para pensar a lo Otro absoluto o X. En ambos casos, se viola la fórmula de implicancia y el principio de irrelatividad.

(5)

Pocos teólogos son tan afectos a la sobredosis como Marion. Pocos, además, poseen una sensibilidad tan exquisita, tan de fenomenólogo. Leerlo es fascinante. Fórmulas inspiradas pueblan sus escritos. De todas maneras, nos vemos obligados a abandonarlo. ¿Por qué? Porque si bien Dios se desengancha del Ser, el Ser/ente *no se desengancha* de Dios. Esta dependencia del Ser respecto de Dios se expresa en Marion por ejemplo en relación a la problemática del don. El don no se da ni se expone a partir de la diferencia ontológica, sino que ésta se da y se expone según el don: "Abrir el Ser/ente a la instancia de un don implica, cuando menos, que el don pueda decidir (sobre) el Ser/ente. O dicho de otra manera, que el don no se exponga según el Ser/ente, sino que el Ser/ente se dé según el don" (2010: 147). Al contrario, el SMG establece que no debe existir dependencia alguna, ni de X respecto del Ser/ente ni del Ser/ente respecto de X. Ningún término puede condicionar el darse o el exponerse del otro. En cierta forma, se le podría dirigir a Marion la misma crítica que él le dirigía a Lévinas. Marion le objetaba que, en vez de superar la diferencia ontológica, el autor de *Totalité et Infini* se limitaba a invertirla. Lo gracioso es que Marion hace el mismo movimiento, sólo que, en vez de invertir la relación y la preeminencia del Ser y el ente, invierte la relación entre el Ser/ente y Dios. Dios no depende del Ser/ente, pero el Ser/ente sí depende de Dios. Esta consecuencia es inevitable y se debe al trasfondo bíblico que subyace a la tradición teológica en la que se inscribe Marion. Postular un Otro absoluto que no se relativice e identificar a ese Otro con el Dios bíblico es contradictorio por razones de principio. Si no lo fuera, no habría *religio*. El problema con Marion, por eso, es que su sobredosis es demasiado bíblica, demasiado cristiana. La jeringa, para él, tiene siempre la forma de la cruz: †; la heroína es únicamente la sangre de Cristo; la cuchara es sólo el cáliz sagrado; el Flash, siempre un bautismo. Por tal motivo, la sobredosis de Marion no va hasta sus últimas consecuencias, no deja al Ser en estado de coma, no lo enloquece lo suficiente. El SMG, en cambio, propone enloquecerlo por completo, desbaratarlo hasta que vuele por los aires, hacerlo girar en falso, como gira una rueda –la metáfora es de Marion– que ha perdido su eje. El problema con Marion es que la pérdida de eje es sólo relativa; se limita a desplazar al eje de lugar: de identificarlo con el Ser pasa a identificarlo con Dios. Pero el punto es que, más allá de este desplazamiento, sigue habiendo eje, sólo que ahora el eje no coincide con la ontología, sino con la teología. Para el SMG, por el contrario, *no hay eje*: ni en el ente, ni en el Ser (o Ser), ni en Dios (o Dios). Esta consigna, *no hay eje*, es correlativa a la que dicta el principio de irrelatividad: *no hay relación*.

Por otra parte, en Marion la distancia es indiferente al Ser pero no al ente, con el cual mantiene una relación de separación-proximidad o de distinción-unión. La distancia introduce una diferencia diversa a la ontológica pero también diversa a la *différance* derridiana. Resulta interesante notar que la ontología de Heidegger es pensada por Marion como un juego de reflejos especulares y de proyecciones que no deja de tener relación con la preeminencia de la visión que caracteriza a la cultura occidental y que se remonta por lo menos al mundo de la Grecia antigua (véase Prósperi 2019). No es para nada casual, en este sentido, que Marion identifique al Ser heideggeriano con el espejo invisible –la pantalla– que define al ídolo en sentido propio.

> ...el Ser se ofrece como el ídolo reservado al resultar reflejo sólo de sí mismo. Pantalla del Ser en la que, por cada ente, el Ser se proyecta sobre él mismo. Distorsionar una diferencia mediante otra desbarata el Ser (del ente), de tal manera que el ente no reenvía ya al Ser en un reflejo evidente (aunque impensado), sino a otra instancia, respecto a la cual se extrae otra diferencia más esencial al ente que la diferencia ontológica misma (2010: 128).

En el ídolo, como vimos en el apartado 2, la proyección o la intención de la mirada se paraliza y se fija siempre en un visible que la colma y la devuelve a su lugar de proveniencia. Por eso el ídolo funciona al modo de un espejo o de una superficie reflexiva. La mirada obtiene lo que estaba de algún modo implícito en su naturaleza finita o humana. Para emplear un lenguaje kantiano, diríamos que la mirada mantiene con el ídolo una relación *analítica*, en el sentido de que el ídolo le devuelve a la mirada lo que en cierta forma ya estaba implícito en ella, en su propia sed de visibilidad. En el caso del ícono, en cambio, se trata de una relación *sintética*: algo rompe la mirada, la estira, introduce una dimensión para la cual no estaba preparada ya que se trata de una dimensión sin medida, literalmente des-mesurada: lo infinito o lo invisible. El ícono le ofrece a la mirada un sorbo de invisibilidad, despierta en ella la sed de lo invisible, el deseo de lo Infinito. Pero el punto que quisiéramos señalar ahora es que la ontología, para Marion, al funcionar como un espejo reflexivo o como un reflector, es necesariamente espectral. ¿Por qué? Porque es necesariamente idolátrica. El Ser es el último ídolo y la diferencia ontológica la última idolatría, luego de la idolatría nietzscheana. El Ser se proyecta al modo de una pantalla o un espejo, de tal manera que devuelve siempre un reflejo de sí mismo. Y este volver a sí, este devolver(se), este *revenir*, convierte a ese reflejo en un *revenant*, en un espectro.

> Mientras que el ídolo se determina siempre como un reflejo, que lo hace provenir de un punto fijo a partir de un original al cual, fundamentalmente, regresa [*revient*] (el ídolo entonces como un espectro [*revenant*] –*Gespenst* recoge ciertamente algunos usos de *eidolon*), el ícono se define al contrario por un origen sin original: un origen él mismo infinito, que se vierte o se da a lo largo de la infinita profundidad del ícono (2010: 41).

De algún modo, Marion invierte la premisa platónica según la cual el ícono (*eikon*), a diferencia del ídolo (*eidolon*), remite siempre a un arquetipo ideal y se funda en una relación de semejanza, es decir de simetría y proporción con dicho modelo. Por el contrario, Marion afirma que el ícono no posee original mientras que el ídolo sí. Comprendemos perfectamente lo que impulsa a Marion a realizar esta maniobra hermenéutica, pero no la compartimos. Consideramos que el ícono, lejos de no remitir a ningún original, remite al Arquetipo de los arquetipos, a Dios, como lo confirma por otro lado Pablo cuando sostiene que "Cristo es la imagen [*eikon*] del Dios invisible" (1 Colosenses 15:20), o Juan cuando refiere las palabras del mismo Jesús: "El que me ha visto a mí, ha visto al Padre" (Juan 14:9). El ícono de Cristo, el ícono que *es* Cristo, conduce al Padre, al Original, como no deja de repetir el Damasceno en el *Pros tous diaballontas tas hagias eikonas*. El ídolo, en cambio, designa una imagen insubstancial, una apariencia que se demora, por así decir, en su propia materialidad. De todas formas, no tenemos intención aquí de discutir la interpretación de Marion, pero sí de señalar el nexo esencial que existe para él –y para nosotros, dicho sea de paso– entre el ídolo y la imaginación. Considerar a Dios como un *ens* es ciertamente una forma de idolatría. Pero ¿de dónde proviene esta pretensión idolátrica? Según sugiere –o pareciera sugerir– Marion, proviene de la imaginación. Meditando acerca de la indecisión de Tomás de Aquino respecto a considerar al Bien o al Ser como primer nombre divino y por ende a la primacía de la teo*logía*, como ciencia conceptual de "Dios", o de la *teología*, como revelación de ~~Dios~~, Marion cita un pasaje del comentario tomista al *Peri theion onomaton* del Pseudo-Dionisio e indica la relación entre el *idolum* y la *imaginatio*.

Para nuestro propósito, poco importa la herencia históricamente reconocible de esta indecisión; lo único que cuenta es lo que la provoca: la pretensión de que el *ens*, aún definiéndose a partir de la concepción humana, valga como primer nombre de ~~Dios~~. Esta pretensión difícilmente puede escapar a la sospecha de idolatría, desde el momento en que el *ens*, referido de este modo a ~~Dios~~, se engendra no solamente *in conceptione intellectus*, sino también *in imaginatione intellectus* –en la imaginación del entendimiento, así pues, en la facultad para formar imágenes, es decir, ídolos. Pues "la potencia imaginativa se forma cierto ídolo de una cosa ausente, incluso de una cosa nunca vista, *vis imaginativa format sibi aliquod idolum rei absentis, vel etiam numquam visae*" (2010: 124).

Marion está muy cerca y a la vez muy lejos del SMG. *So far so close.* Muy cerca: el Ser/ente se estructura a partir de una reflexión especular, esencialmente idolátrica. Muy lejos: esa reflexión especular no produce para él ningún efecto desestabilizador en el Ser/ente, no lo disloca ni lo desbarata. Muy cerca: entre lo Otro absoluto y lo Mismo (el Ser/ente) hay una distancia (un Límite, para el SMG). Muy lejos: esa distancia, si bien asegura una separación irreductible, permite así y todo una unión con ~~Dios~~ o, por lo pronto, una relación, mientras que el Límite clausura toda relación. Marion olvida además que el espejo en el que rebota la mirada del Ser está roto y fragmentado; olvida, en suma, lo que nos ha enseñado Jacques Lacan o más recientemente Florencia Abadi: la imagen que nos devuelve el espejo, la imagen de Narciso, es siempre *otra* respecto a su presunto origen. Por eso el narcisismo, según lo entiende Florencia, no se define por un amor a sí mismo, sino por un sacrificio a un otro que es la imagen: "Narciso no se ama a sí mismo. Se enamora de su imagen, y se suicida en el intento de abrazarla" (Abadi 2018: 77). La imagen es un Otro y no el mero reflejo de lo Mismo, del sí mismo. En esta alteridad irreductible se cifra ni más ni menos que la condición insubstancial del Ser que es además la ocasión de su darse y de su aparecer. El Ser/ente no es d(on)ado por ~~Dios~~, sino que se d(on)a a *sí mismo* –o, con más precisión, a *sí otro*– al enfrentarse al Límite que le devuelve una imagen disparatada, disimétrica y completamente desproporcionada. Marion, en cambio, es como la Alicia de Lewis Carroll: pretende traspasar el espejo e internarse en lo que está más allá: *Through the Looking-Glass, and What Jean-Luc Found There.*

Y lo que Marion *found there* es ni más ni menos que Dios. Para el SMG, sin embargo, *the Looking-Glass* es impenetrable e infranqueable, razón por la cual no puede decirse nada del más allá. Nada impide, desde luego, que haya un *there*, un allá, pero no podemos predicar cosa alguna de esa Alteridad radical puesto que no es relativa ni se da. A lo sumo, *what we found "there"* es X. Y X es ya una proyección imaginaria, un ídolo en los términos de Marion. El SMG exige reemplazar a Dios por X y a la distancia por el Límite especular. No es Dios quien enloquece al Ser/ente, sino el Límite. Lo enloquece porque lo espanta, lo horroriza, le inocula el germen de X, del más allá del espejo al que sin embargo nunca accede. Al chocarse con el Límite, el Ser/ente experimenta una contusión asombrosa que lo desfasa y lo fragmenta. El Límite le devuelve esquirlas de imágenes, fragmentos que descomponen su presunta unidad. Esta fragmentación, producto del Horror y de la proyección fóbico-imaginaria de X (véase Libros I y N), provoca el devenir del Ser y la eclosión que inicia su aparecer. Se comprenderá entonces por qué para el SMG la ontología es necesariamente fenomenológica e imaginaria, es decir espectral. En la medida en que el darse del Ser depende de su rebote en el espejo o Límite, es decir del *revenir* de su imagen (con más precisión: de una imagen que no es *suya*), de la imagen como *revenant*, la dinámica propia de la ontología es espectral.

(6)

El *pathos* de la filosofía contemporánea por el arte de la tachadura (del Ser, de Dios, etc.) resulta interesante en la medida en que indica una suerte de exceso o de desmesura respecto al término tachado. En este sentido, X es el signo propio de la sobredosis absoluta. Si en la introducción a este libro hemos afirmado a modo de hipótesis que la metafísica nace con una sobredosis y que esa sobredosis acontece en el pensamiento platónico, es porque el *epekeina tes ousias* de *República* representa en cierta forma la primera tachadura del Ser. Dicho de otro modo: el Ser nace tachado, nace Ser. Pero, como hemos dicho también, esa tachadura no termina de sumir al Ser en estado de coma, no termina de dejarlo fuera de juego, de *sobre*-dosificarlo lo suficiente: el Ser no llega nunca a X. Por eso el segundo paso, la reacción a la sobredosis, consiste en enganchar el Ser a lo Otro, hacerlo depender de aquello que lo excede pero que sobre todo lo funda; en suma: el paso en falso consiste en establecer una relación entre el Ser y lo Otro y simultáneamente convertir a esa Alteridad en Fundamento. Lo que se obtura así, con este contra-movimiento de rehabilitación ontológica, es lo más valioso de la sobredosis, quizás su único valor: la posibilidad de que el Ser no se cierre sobre sí, de que la ontología no se clausure ni se totalice. Esta posibilidad había sido ya advertida por Oscar Del Barco en un ensayo magistral, compilado luego en el libro *Exceso y donación. La búsqueda del Dios sin Dios.*

> Tachar el *ser* abre al exceso, a *más* que todo, incluso a *más* que el todo. ¿Pero cómo puede haber *más* que el todo, *más* que el Absoluto? Precisamente porque el *más* no señala una cuantificación sino otro que siempre se supera, más-del-más, lo cual impide que "algo" se cierre, que las cualificaciones se cierren; y, en última instancia, que se cierre lo abierto de lo Absoluto convirtiendo lo absoluto en un correlato verbal (2003: 107).

Si bien nuestra concepción de lo Otro absoluto (X) no es equivalente al *más* de Del Barco, puesto que el "término" *más* no deja de tener un sentido relativo que nosotros preferimos evitar –aunque lo mismo podría decirse del término Otro, que es relativo a lo Mismo, razón por la cual hemos optado por el signo X: lo Otro absoluto sin referencia a ningún Mismo, lo ya-no-Otro puesto que sin Mismo–, el pasaje recién citado es importante porque describe la maniobra específica de la sobredosis: *impedir que "algo" se cierre.* Es decir: impedir que el Ser/ente se clausure y se totalice, como ya había visto con lucidez Lévinas. En este punto, Del Barco recupera una línea que incluye ciertamente a Lévinas, pero también a Heidegger, a Derrida, a Blanchot y a Marion entre otros. Del Barco es el pensador argentino que sin duda alguna ha *sentido* estos problemas con la mayor intensidad, el que más sensible se ha mostrado al exceso de la sobredosis. Como vimos, Del Barco nombra a este exceso, aún siendo plenamente consciente de la imposibilidad de nombrarlo con propiedad, *más*, pero también lo identifica con una suerte de *hybris.* *Hybris* es la traducción que él encuentra –al menos así nos gusta leerlo– para el *hyper* de la *hyper*-dosis, para el *supra* de la *supra*-dosis. Pero además se da cuenta –y no es poco– que esa *hybris* tiene la cualidad de provocar una hendidura o disyunción en el seno del Ser, en el núcleo de lo que hay o, con más sencillez y precisión, del *hay.*

> El *hay* siempre está hendido, superado, por el *más.* La metafísica siempre encierra o limita el *hay* en un concepto total: el de ser, el de razón o el de Dios. Entendido post-metafísicamente Dios sería el nombre del algo *y* del *más* absoluto del algo; la potencia que es, como Dios, acto. Siempre hay más que ser, que Idea,

que Dios: hay lo *abierto* que no podemos ni pensar, ni imaginar, ni nombrar. En su *más* es donde Dios se reserva. Si Dios se definiera, se entregaría absolutamente como Ser. Pero Dios es *más* que ser, como dice Platón (y en esta frase lo esencial no es ni Dios ni ser sino el *más*). El *más* es lo desmesurado, la *hybris* (2003: 130).

Comentar este pasaje requeriría un libro entero. Retengamos sólo dos cuestiones: 1) la conciencia que tiene Del Barco de la sobredosis platónica (aunque nunca emplea, desde luego, el término "sobredosis"): el *más* implícito en el *epekeina tes ousias*; y 2) la identificación de ese exceso, de ese *más* (*epekeina*) irreductible al *hay*, con el Dios post-metafísico, con el Dios sin el Ser o el Dios sin Dios. El SMG admite el punto 1 pero no el 2. También para el SMG hay —o podría haber— un Otro absoluto irreductible al *hay*, pero ese Otro no puede ser identificado con ningún Dios, ni siquiera post-metafísico, tampoco con ningún *más*, ni siquiera excesivo o excedente. Lo Otro o X no exceden nada, puesto que para exceder algo deberían mantener una relación con lo excedido. Su alteridad es tan irreductible y tan inefable que ni siquiera puede decirse que excedan, es decir que "ellos" "realicen" la acción de exceder. Lo que sí puede decirse es que el Ser/ente se excede a sí mismo —deviniendo sí otro— al enfrentarse al Límite que lo desarticula y desfasa. Por eso quien sufre la sobredosis es el Ser y no X o lo Otro absoluto. Como ya hemos repetido hasta el cansancio: hay Límite, hay Espejo, y por lo tanto nada impide, al menos en principio, que haya algo más allá del Límite o del otro lado del Espejo. Sin embargo, nada podemos decir al respecto, ni siquiera es apropiado referirnos a X como "algo" que "haya". Al ser un Otro absoluto, irreductible al *hay*, no puede reducirse a "haber". Decimos sólo X. Nada impide a X (o a no-X); simplemente, no hay modo de saberlo. Pero no importa demasiado saberlo o no saberlo. Lo que importa es que X existe imaginariamente para el Ser, y esa existencia imaginaria, esa proyección fóbica, es *real* para el Ser; es más: es *lo Real* en cuanto tal. El Ser/ente se da como si X fuera, como si X acechara realmente más allá del Límite o del otro lado del Espejo. No importa si X es o no-es, puesto que para el Ser X es. La modalidad de su aparecer, el modo en el que se da el *hay*, en el que hay el *hay*, es prueba fehaciente de ello.

Textos citados

Abadi, Florencia (2018). *El sacrificio de Narciso*. Buenos Aires: Hecho Atómico Ediciones.

Del Barco, Oscar (2003). *Exceso y donación. La búsqueda del Dios sin Dios*. Buenos Aires: Biblioteca Internacional Martin Heidegger.

Derrida, Jacques (1972). *Marges de la philosophie*. Paris: Les Éditions de Minuit.

Heidegger, Martin (1976). *Wegmarken*. En: *Gesamtausgabe 9*. Frankfurt am Main: Vittorio Klostermann.

Heidegger, Martin (2000). *Vorträge und Aufsätze*. En: *Gesamtausgabe 7*. Frankfurt am Main: Vittorio Klostermann.

Horner, Robyn (2005). *Jean-Luc Marion. A Theo-logical Introduction*. U.S.A.: Ashgate.

Marion, Jean-Luc (1977). *L'idole et la distance*. Paris: Bernard Grasset.

Marion, Jean-Luc (2010). *Dios sin el ser*. Trad. Daniel Barreto González, Javier Bassas Vila y Carlos Enrique Restrepo. Pontevedra: Ellago Ediciones.

Prósperi, Germán O. (2019). *La máquina óptica. Antropología del fantasma y (extra)ontología de la imaginación*. Buenos Aires: Miño y Dávila.

Textos consultados

Bath, Rachel; Calcagno, Antonio; Lawson, Kathryn y Lofts, Steve G. (eds.) (2018). *Breached Horizons. The Philosophy of Jean-Luc Marion*. London – New York: Rowman & Littlefield Publishers.

Gschwandtner, Christina M. (2007). *Reading Jean-Luc Marion. Exceeding Metaphysics*. Indianapolis: Indiana University Press.

Leask, Ian Graham y Cassidy, Eoin G. (eds.) (2005). *Givenness and God. Questions of Jean-Luc Marion*. New York: Fordham University Press.

Mackinlay, Shane (2009). *Interpreting Excess. Jean-Luc Marion, Saturated Phenomena, and Hermeneutics*. New York: Fordham University Press.

Marion, Jean-Luc (1989). *Réduction et donation. Recherches sur Husserl, Heidegger et la phénoménologie*. Paris: P.U.F.

Marion, Jean-Luc (2003). *Le Phénomène érotique*. Paris: Grasset.

Marion, Jean-Luc (2013). *Étant donné*. Paris: P.U.F.

Marion, Jean-Luc (2015). *De surcroît*. Paris: P.U.F.

Marion, Jean-Luc (2016). *Givenness and Revelation*. Trad. Stephen E. Lewis. New York: Oxford University Press.

Pettinari, Graziano (2014). *La misura dell'umano. Ontoteologia e differenza in Jean-Luc Marion*. Milano: Mimesis.

Vinolo, Stéphane (2012). *Dieu n'a que faire de l'être, introduction à l'œuvre de Jean-Luc Marion*. Paris: Germina.

Libro H (Eta)
Maurice Blanchot

(1)

Maurice Blanchot forma parte de una constelación de pensadores franceses que comparten una suerte de *pathos* por la alteridad y un horror a cualquier forma de clausura ontológico-metafísica. Tal es así que Marlène Zarader, en un estudio brillante por su sistematicidad y claridad, ha sostenido que uno de los ejes que aúna a este grupo de filósofos es la obsesión por pensar un Otro que Ser:

> Si Blanchot comparte con varios de sus contemporáneos la voluntad de hacer justicia a la noche, y si supone como ellos que esta justicia no será hecha más que por un pensamiento finalmente abierto a un "otro que el ser [*autre que l'être*]", es sin duda quien mejor ha medido lo que exigía esta apertura. Quien ha querido, sobre todo, consumar el sacrificio: para terminar con el ser, y con la seguridad que garantiza, renunciar al *sentido* mismo (2001: 33; las cursivas son de Zarader).

No vale la pena indicar la importancia que tiene este pensador para nuestro estudio de metanfetafísica. Si Blanchot es quien mejor ha medido lo que exigía un pensamiento exterior al Ser, si ha sido, de todos los autores mencionados, quien más conciencia ha tenido del sacrificio que esa exigencia implicaba, entonces resulta inevitable dedicarle un examen atento. Por supuesto que abordar la prolífica y compleja obra blanchotiana está fuera de nuestro plan. Nos bastará tomar como guía esa suerte de *quadrivium* (que sin duda habría hecho enloquecer a Marciano Capella) constituido por las nociones de "*otra* noche", "afuera", "neutro" y "desastre". Estas cuatro "categorías" —el término es por cierto inapropiado— no sólo permiten abordar el pensamiento de Blanchot en diferentes momentos de su itinerario, sino también sopesar el modo en el que, a través de una escritura singular y extremadamente fina, ha intentado dar cuenta de un Otro absoluto fuera del Ser.

(2)

Una cierta dialéctica recorre *L'espace littéraire* –y en cierto sentido toda la *œuvre* de Blanchot–: el día, la noche. El día es el dominio del trabajo y de la acción, del proyecto y de la posibilidad, de las cosas y los seres; en suma: de la presencia, del mundo y del sentido. La noche, por el contrario, es el dominio de la ausencia, del reposo y del silencio. En la noche se descansa de las tareas diurnas; la luminosidad del día da lugar a la oscuridad serena del sueño. En la noche se duerme. Pero esta noche, acogedora y funcional a las obras del día, es sólo la *primera* noche (*la première nuit*). Blanchot explica que "es todavía un presente del mundo, un recurso del día" (1955: 215) o también que "es el día el que hace la noche, que se edifica en la noche" (1955: 219). La primera noche, en consecuencia, es sólo la otra cara del día, su disfraz, su lado silencioso y reservado, la astucia del día para renovar alternadamente su potencia y su virilidad. Noche y día describen así los dos movimientos de la dialéctica histórica cuya naturaleza, más allá –o en función– de la mutua complicidad entre la positividad tética y la negatividad antitética, es esencialmente diurna: "El día es entonces el todo del día y de la noche, la gran promesa del movimiento dialéctico" (1955: 220). Pero además de esta primera noche, hay la *otra* noche (*l'autre nuit*), la noche irreductible, imposible, la noche que no puede ser integrada en la dinámica del día: el horror de la dialéctica. No es ya la noche en la que se duerme y se descansa, en la que se recuperan las fuerzas para el trabajo del día venidero; es la noche en la que se gasta toda fuerza, todo poder, toda posibilidad. No se duerme, ni siquiera se sueña; el hombre se mantiene allí, en ese allí sin allí que es el abismo de la imposibilidad, fuera de todo refugio y de todo sentido: "la *otra* noche no acoge, no se abre. En ella, se está siempre afuera. [...] La noche es inaccesible, puesto que tener acceso a ella es acceder al afuera, es permanecer fuera de ella y perder para siempre la posibilidad de salir de ella" (1955: 214). *L'autre nuit*: Blanchot subraya siempre el "otra" de la *otra* noche. ¿Por qué? Porque "la *otra* noche es siempre otra [*l'autre nuit est toujours autre*]" (1955: 220). Este énfasis en *autre* pretende mostrar que la *otra* noche, a diferencia de la primera noche, es absolutamente ajena al movimiento dialéctico e irreductible a la potestad del día. La *otra* noche, para Blanchot, es lo absolutamente Otro, lo Otro absoluto: *tout autre*.

Pero si bien la *otra* noche es absolutamente otra, es posible así y todo tener una experiencia de ella, pero una experiencia que disloca y transgrede todos los principios de la fenomenología tradicional. La paradoja a la que nos enfrenta Blanchot concierne a la *posibilidad* de una experiencia *imposible*, y por imposible hay que entender una experiencia sin sujeto, una experiencia que, en el mismo momento en el que se accede a ella, se abandona toda forma de subjetividad egocentrada y de presencia, pero también una experiencia de lo que, en cierta forma, no puede ser experimentado porque no se da según los parámetros del día. Ingresar en la *otra* noche es exiliarse de sí, destituirse del poder de decir yo; *in extremis*, destituirse de todo poder. Aproximarse a la *otra* noche, al *cœur de la nuit*, es abandonar el mundo y el sentido, es devenir otro, desasirse: "La *otra* noche es siempre la otra, y aquel que la escucha deviene el otro, aquel que se aproxima se aleja de sí, no es más aquel que se aproxima, sino aquel que se desvía, que va de aquí a allá" (1955: 222). Blanchot ha llamado de diferentes maneras a esta experiencia singularísima: soledad esencial, experiencia-límite, experiencia original, fascinación, inspiración, etc. En cierta forma, no sería erróneo afirmar que todas estas expresiones convergen en la noción de *experiencia literaria*, sintagma que nuclea las diversas formulaciones y reformulaciones de una única experiencia que Blanchot ha ido desarrollando a lo largo de su escritura. Sea, a modo de ejemplo, la soledad esencial, la *solitude essentielle*. Se trata, por razones evidentes, de la *solitude de l'écrivain*. ¿Qué sucede cuando la soledad (esencial) asalta al escritor?, ¿cuando este accede a un espacio —eminentemente literario— en el que no sólo se ha alejado de los demás seres humanos sino del mundo en cuanto tal, del sentido que prometía la claridad del día?

> Allí donde yo estoy solo [*je suis seul*], no estoy allí, no hay nadie, sino que lo impersonal está allí: el afuera [*le dehors*] como lo que previene, precede, disuelve toda posibilidad de relación personal. [...] Allí donde yo estoy solo, el día no es más que la pérdida del lugar, la intimidad con el afuera sin lugar y sin reposo. La venida aquí hace que aquel que viene pertenezca a la dispersión, a la fisura [*la fissure*] donde lo exterior es la intrusión que asfixia [*l'intrusion qui étouffe*], es la desnudez, es el frío de aquello en lo que se permanece al descubierto, donde el espacio es el vértigo del espaciamiento. Entonces reina la fascinación (1955: 27-28).

Detengámonos un momento en este pasaje. La soledad esencial es la experiencia del *afuera*, término que debe ser entendido, en primer lugar, como un afuera del propio yo. En efecto, cuando yo estoy solo, el yo no está, estoy en tanto otro que yo, estoy fuera del yo, es decir no estoy. Es la extrañeza más profunda, la más radical, y la más radical porque la más íntima. El punto es que se trata de una "intimidad con el afuera", es decir no de una intimidad que devolvería al yo a su centro más oculto y esencial, que lo sumergiría en su interioridad más propia, sino de una intimidad con lo que precisamente desarma al yo, con una exterioridad que lo disgrega y anula. Intimidad sin interioridad, intimidad exterior: éxtimidad, quizás, si fuésemos lacanianos. La experiencia del afuera supone una ruptura radical del orden del mundo, un desgarro irreductible de la trama del sentido y de la historia. Algo sucede, un ligero acontecimiento, ligero por su neutralidad e impersonalidad, que sacude el orden del día, y lo sacude para siempre. El afuera –la *otra* noche– es inasimilable e irreductible. El yo se pierde irremediablemente en un murmullo sin comienzo ni fin. Por supuesto que habrá que retornar al día, habrá que trabajar y participar en la vida cotidiana, habrá que proyectar y acoplarse a un campo histórico de sentido. Pero el desgarro habrá hecho su (des)obra y nada volverá a ser igual.

En *L'être et le neutre. À partir de Maurice Blanchot*, Zarader ha oficiado de abogada del diablo, aunque sólo con el objetivo de defender a Blanchot, y ha planteado una posible objeción de carácter fenomenológico a la experiencia de la noche o del afuera. La objeción se enuncia así: "Si el afuera es también afuera del mundo, si es ausencia de relaciones (claramente de toda relación de posibilidad) y si no posee ninguna forma aprehensible, ¿cómo entonces puedo yo hacer la experiencia? ¿No es una contradicción en los términos?" (2001: 109), o también: "Se puede perfectamente proclamar la destitución del sujeto, si se entiende a este según el modelo de una substancia o de un principio, pero no se puede prescindir de un sujeto *de* la experiencia, sino no habría experiencia" (2001: 129). Zarader, fiel a Blanchot, responde que es preciso mantener esta paradoja en su máxima tensión y que la experiencia-límite descrita por Blanchot nos obliga a considerar una experiencia que no se da a ningún sujeto, una experiencia sin yo que, desde la perspectiva de la fenomenología tradicional, resultaría imposible. Sucede que para Blanchot se trata efectivamente de una experiencia imposible, pero de una imposibilidad que es preciso experimentar en cuanto tal, *en tanto* imposible o *como* imposible. El problema que señala Zarader, haciendo las veces de fenomenóloga *à la lettre*, es que resulta contradictorio pensar en una experiencia que destituye y horada las propias condiciones de posibilidad de la experiencia. Ahora bien, las dos citas que hemos transcripto de Zarader no son completamente equivalentes: la primera apunta a la posibilidad (aparentemente contradictoria) de que un afuera absoluto pueda darse en el horizonte del mundo; la segunda, a la necesidad de que permanezca algún tipo de instancia –aunque ya no sea un yo– capaz de realizar la experiencia a fin de que dicha experiencia sea posible. De algún modo, la primera objeción concierne al "objeto" –el término es sin duda inapropiado– de la experiencia: el afuera, y a la relación entre ese afuera y el horizonte mundano; la segunda objeción, en cambio, concierne al "sujeto" –término también inadecuado– de la experiencia. Mencionamos deliberadamente estas objeciones que Zarader introduce en su texto para mostrar la especificidad de nuestra posición y la distancia que la separa de la fenomenología. Nuestro problema no es si puede haber o no una experiencia del afuera. Nosotros le concedemos a Blanchot que pueda efectivamente haber tal experiencia, que, por más paradójico y contradictorio que parezca, pueda darse una experiencia imposible, una experiencia de lo imposible *en tanto* imposible; le concedemos además que tal experiencia destituya al sujeto de su poder, lo desarme y disloque por completo; le concedemos incluso que ese afuera rompa la trama del sentido y desarticule la potestad del día. Nuestra objeción, nuestra única objeción, es que si tal experiencia existe, si puede haber experiencia *del* afuera, posibilidad (imposible) que demuestran sin ir más lejos los escritos –sobre todo literarios– del propio Blanchot, entonces ese afuera no es un afuera absoluto, la *otra* noche no es tan otra. Nuestra observación es diversa, y en cierto sentido contraria, a la de la fenomenología. Esta sostiene que no puede haber una experiencia como la que describe Blanchot; nosotros sostenemos que sí puede haber tal experiencia, pero justamente por eso, porque puede haberla, es que lo experimentado –no por un yo, desde luego–, lo que viene a desgarrar la trama del sentido, lo que viene a romper el orden del mundo y a cortar el hilo del tiempo, no puede ser un Otro absoluto como el que postula el SMG. Cabe señalar que la propia Zarader es consciente en cierta forma de este problema. Tal es así que casi al inicio de su libro, luego de hacer referencia a la ruptura que implica en el seno del mundo la experiencia de la *otra* noche o del afuera, a la que presenta además como una experiencia de lo absolutamente otro, asevera:

Acontecimiento inintegrable, abertura sobre un abismo, aparición de un absoluto [*apparition d'un absolu*]. Se dirá que este supuesto absoluto es relativo [*cet absolu prétendu est tout relatif*], que se trata de desaventuras psicológicas cuyo carácter irreductible el filósofo tendrá prontamente que refutar para inscribir su posibilidad en el orden del mundo. [...] Sin embargo, algo tuvo lugar [*eut lieu*]: por espacio de un instante, todo apareció de manera radicalmente otra (2001: 14-15).

Sucede que para nosotros el hecho de que lo absolutamente Otro haya podido *tener lugar*, haya podido *aparecer* –sin perder, claro está, nada de su irreductibilidad–, implica ya una relativización de lo Otro. De algún modo, lo Otro, el afuera, ha tenido que establecer una relación –y poco importa que se trate de una relación sin relación (*rapport sans rapport*)– con lo Mismo, con el adentro, para poder desgarrarlo y abrirlo a un abismo. Zarader enuncia retóricamente: "se dirá que este supuesto absoluto es relativo". Sí, es en efecto lo que decimos. El absoluto de Blanchot, al menos entendido bajo las expresiones "*otra noche*" o "afuera", es relativo. ¿Por qué? Por lo mismo que dice Blanchot. Citamos algunos ejemplos, todos extraídos de *L'espace littéraire*: *a*) "Nosotros somos, por un movimiento demasiado fuerte, atraídos [*attirés*] en un espacio donde la verdad falta, donde los límites han desaparecido, donde somos librados a la desmesura" (1955: 243); *b*) "El poeta es la intimidad del desasosiego. Solo, él vive [*il vit*] profundamente el tiempo vacío de la ausencia y, en él, el error deviene la profundidad del extravío, la noche deviene la *otra* noche" (1955: 331); *c*) "Cualquiera que haga la experiencia [del "se muere", *on meurt*], hace la prueba [*fait l'épreuve*] de una potencia anónima, impersonal, de un acontecimiento" (1955: 323); *d*) "La pasión por la noche, sólo el día puede probarla [*seul le jour peut l'éprouver*]. [...] No es más que en el día [*dans le jour*] que la *otra* noche se descubre como el amor que rompe todos los lazos, que quiere el fin y unirse al abismo" (1955: 220). Consideremos cada uno de estos pasajes. La cita *a* da cuenta de la (experiencia de) inspiración: el escritor se siente atraído (*attiré*) a un espacio –el espacio literario, precisamente– que no es sino el afuera mismo o la *otra* noche. *Nous sommes attirés*, dice Blanchot. El punto es que para ser atraídos tiene que darse o producirse una relación entre quien es atraído, el escritor, en este caso Kafka, y lo que atrae, el afuera. Poco importa que en la experiencia blanchotiana quien es atraído no sea un yo o un sujeto, poco importa también que lo que atrae no sea un objeto ni pertenezca al orden del mundo y al horizonte del sentido. Lo que importa es que se produce algún tipo de relación –la cual conduce irremediablemente a una relativización de los términos, según dicta la fórmula

   METANFETAFÍSICA. Ensayo de sobredosis ontológica

de implicancia– entre al afuera y el adentro; es más: la experiencia literaria es de algún modo experiencia de esa relación (imposible, sin relación, etc.). Algo similar sucede en la cita *b*. Blanchot dice que el poeta vive el tiempo vacío de la ausencia en el que la noche se vuelve la *otra* noche. El problema, de nuevo, es que el poeta *vive* (*il vit*, dice el texto) esa temporalidad neutra e impersonal que lo abisma en el afuera. Si no se diera esa vivencia, esa experiencia de un tiempo otro respecto al tiempo del mundo y del proyecto, no podría ni siquiera hablarse de un tiempo muerto o vacío. Se objetará que esa vivencia no es la vivencia de un sujeto, no es el *vécu* del ego fenomenológico, y que por lo tanto la relación entre el afuera y el poeta no es una relación entre sujeto y objeto. Sea. Pero eso no quita que no se dé alguna forma de relación. Lo mismo sucede en la cita *c*. En este caso, la experiencia concierne a la muerte, a la muerte en su aspecto impersonal, anónimo, al se muere: *on meurt*. El *on meurt* puede ser experimentado por cualquiera; todos y cada uno pueden hacer la prueba –que sin embargo posee una intimidad esencial con la literatura y la escritura– de ese acontecimiento impersonal que desgarra el tejido de una existencia. Pero justamente porque puede ser experimentado o probado, lo que irrumpe en ese acontecimiento no es lo Otro absoluto, lo absolutamente Otro. El último ejemplo, el *d*, muestra además a las claras que quien *fait l'expérience*, quien *fait l'épreuve* pertenece al orden del mundo y al horizonte del sentido, y precisamente por pertenecer a él, el acontecimiento de la *otra* noche supone una conmoción radical en el dominio en el que rige la potestad diurna. En efecto, Blanchot es muy claro: sólo el día puede hacer la prueba o la experiencia de la *otra* noche, sólo en el día la *otra* noche puede descubrir su desmesura. Pero si esto es así, entonces la *otra* noche ha tenido que afectar de algún modo al día. Y no sólo de algún modo, sino radicalmente. La *otra* noche es ciertamente otra, pero sólo el día puede experimentarla. Es lo que sucede, por ejemplo, con la obra artística o literaria: "La obra saca luz de lo oscuro, ella es relación con lo que no sufre relaciones [*relation avec qui ne souffre pas de rapports*], encuentra al ser antes que el encuentro sea posible y allí donde la verdad falta. Riesgo esencial. Allí, nosotros tocamos el abismo" (1955: 320). La obra posee su luz en la medida en que forma parte del mundo, pero su origen –sin origen– no proviene del mundo, sino del afuera, de la oscuridad de la noche y, más profundamente aún, del abismo de la *otra* noche. El afuera o la *otra* noche es lo que no sufre relaciones (*rapports*). Sin embargo, la obra establece así y todo una relación

(*relation*) o un encuentro (*rencontre*) con esa Exterioridad presuntamente absoluta. Pues bien, el principio de irrelatividad que legisla al SMG establece que
no existe ningún tipo de relación (ni *rapport*, ni *relation*, ni *rencontre*) entre el
Ser/ente y lo Otro absoluto o, para decirlo con el léxico de Blanchot, entre el
día y la *otra* noche. Alguien podría objetar que esta ambigüedad del pensamiento blanchotiano en relación a la condición absoluta o relativa de lo Otro
se debe a que *L'espace littéraire* es un texto relativamente temprano y que en
libros posteriores el propio autor ha ido revisando y afinando sus ideas. Esto
es sin duda cierto, pero el punto que estamos intentando señalar, como veremos en los apartados siguientes, permanece inalterable, aún si los términos
cambian –y cambian radicalmente–. Incluso cuando la noche y el afuera den
lugar a lo neutro y al desastre, cuando la exposición más sistemática dé lugar
a una escritura más fragmentaria y descentrada, lo Otro seguirá apareciendo
siempre en una irremediable relatividad.

(3)

¿Cómo ingresar a *L'entretien infini*, ese libro inconmensurable publicado en
1969, es decir catorce años después de *L'espace littéraire,* en el cual ya se siente
la enorme influencia de *Totalité et Infini* y de *De la grammatologie*? Resulta por
supuesto imposible dar cuenta aquí de esta obra desmesurada y temible.
Comencemos en todo caso y tímidamente con una idea –una suerte de contraposición asimétrica, de desbalance perturbador y difícil de pensar– que
ya estaba insinuada en *L'espace littéraire* pero que en *L'entretien infini* alcanza
un grado de desarrollo mucho mayor: la dialéctica entendida como la lógica
y el pensamiento de la Totalidad, del Libro, de lo Uno, por un lado, y la literatura entendida como el afuera del Libro, la ausencia de Libro, la escritura
discontinua, no-totalizable, por el otro. De algún modo, esta tensión recorre
todos los ensayos que componen este libro incomparable. Sea la experiencia-límite, la cual remite a –la cual es– lo que Georges Bataille llamaba *expérience intérieure.* La experiencia-límite es lo que queda una vez que el saber
absoluto ha sido alcanzado, es decir una vez que la Totalidad en cuanto tal ha
sido consumada: "La experiencia-límite es la experiencia de lo que hay fuera
del todo, cuando el todo excluye todo afuera, de lo que resta por alcanzar
cuando todo es alcanzado, y por conocer, cuando todo es conocido: lo inaccesible mismo, lo desconocido mismo" (1969: 304-305). Cuando la Unidad

se ha extendido a todos los dominios del Ser (y de la Nada, tratándose de la dialéctica hegeliana), sobreviene la experiencia-límite. Y lo que sobreviene en ella, a partir de ella pero también a pesar ella, es una suerte de exceso o de "incremento de negatividad [*surcroît de négativité*]" (1969: 308), una "negatividad sin empleo [*négativité sans emploi*]" (1969: 305), para utilizar los términos de Bataille, que ya no puede ser identificada con la negatividad dialéctica. En cierto sentido, la experiencia-límite es pura afirmación, pero afirmación sin nada que afirmar, afirmación no-dialéctica o no positiva, como dice Foucault (1994: 238); ni afirmación ni negación entonces. Se trata de la misma imposibilidad que ya observábamos en la experiencia de la *otra* noche, de ese cortocircuito en el que nos abisma la propia experiencia enfrentándonos a la paradoja de una relación (con el afuera, con la soledad esencial, con el no-saber, etc.) "allí donde la relación es imposible" (1969: 309). En cierta forma, toda la obra de Blanchot, no sólo ensayística sino literaria —si es que al menos tiene sentido esta distinción en su caso—, no apunta más que a pensar y a escribir esta imposibilidad. Hay una suerte de exhortación muda, casi en sordina, a mantenernos fieles —¡extraña y ardua ética!— a esta imposibilidad: decir lo imposible *en tanto* imposible, escribir el afuera *en tanto* afuera, pensar lo otro *en tanto* otro. En tanto: exigencia de algún modo lévinasiana a no homogeneizar lo heterogéneo, a no igualar lo desigual, a no interiorizar lo exterior, etc.; exigencia a hablar de lo otro sin reducirlo a lo mismo, a experimentar lo imposible sin que pierda, en esa experiencia, su condición de imposible; experiencia de impotencia y no de potencia, de impoder y no de poder: "experiencia de la no-experiencia" (1969: 311). Lo que quisiéramos señalar, porque concierne directamente a la metanfetafísica, es que esta experiencia imposible y *de* lo imposible implica inevitablemente —inevitablemente por lo pronto para Blanchot— una exterioridad irreductible al Ser y, por ende, a la ontología. La experiencia-límite, como dijimos, instaura una afirmación extrañamente singular que, a diferencia de la positividad hegeliana, no afirma ya "lo que es, sino que se mantiene por encima, por fuera del ser [*en dehors de l'être*] y no remite entonces más a la ontología ni a la dialéctica" (1969: 310), razón por la cual el hombre, atraído a lo imposible por la experiencia que lo destituye, asume "una nueva soberanía, la de un ser sin ser [*un être sans être*] en el devenir sin fin de una muerte imposible de morir" (1969: 310). La escritura nos consignaría así de manera paradigmática a este ser sin ser, a este abismo en el que las categorías de la Totalidad pierden toda validez. En el ensayo "L'absence de Livre" que culmina el extenso camino planteado en *L'entretien infini*, Blanchot vuelve al problema de la Totalidad dialéctica, identificada ahora con la figura del Libro y su Ley unificadora, y a su inexorable dislocación y excedencia en y por la escritura literaria. ¿Qué es lo que llama a escribir?, se pregunta Blanchot. Y responde: "La atracción de la (pura) exterioridad" (1969: 625). Se escribe siempre al borde del Libro, en su afuera, en el espacio —murmullo o rumor— que resulta inasimilable por las categorías de lo Mismo. La ausencia de Libro no es por eso lo contrario de la presencia, así como la afirmación de la experiencia-límite no es lo contrario de la negación, sino la presencia *de* la ausencia, es decir algo que ya no puede decirse presente o que sólo puede decirse presente en la medida en que lo presentado está irremediablemente ausente. La literatura, en este sentido, sería para Blanchot lo que adviene cuando el Libro está ausente. Pero ese advenimiento se produce a la vez *en* el Libro. Nos encontramos entonces con el mismo procedimiento que caracterizaba a la relación (imposible) entre el día y la *otra* noche: sólo el día puede probar la pasión por la *otra* noche. Asimismo, sólo el Libro puede acceder a su propio afuera, a su propia exterioridad. Todo el problema, que en cierta forma ya advertíamos en Lévinas, Derrida y Marion respecto a lo Otro y lo Mismo o a Dios y el Ser, consiste en mantener una cierta relación (sin relación) entre el Libro y el afuera y a la vez identificar a ese afuera con una alteridad absoluta.

> La ausencia de libro: el deterioro anterior del libro, su juego de disidencia por relación al espacio donde se inscribe [*l'espace où il s'inscrit*]; el morir previo del libro. Escribir, la relación con lo *otro* de todo libro [*à l'autre de tout livre*], con lo que en el libro sería des-cripción, exigencia escrituaria fuera de discurso, fuera de lenguaje. Escribir al borde del libro, fuera del libro [*en dehors du livre*] (1969: 626).

Atendamos a lo que está en juego en este pasaje. La ausencia de Libro se inscribe (*s'inscrit*) en el espacio del Libro. Se escribe fuera del Libro, pero ese afuera, que además es —por lo menos para Blanchot— lo *otro* de todo Libro, es decir lo Otro absoluto, se insinúa en el —puesto que atrae, obsesiona, asedia al— Libro. Se *escribe* fuera del Libro pero esa escritura se *inscribe* en el Libro. Blanchot es plenamente consciente de la paradoja inherente a esta "extraña relación" (1969: 75) que, en tanto instaura una separación infinita entre lo Mismo (el Libro) y lo Otro (la ausencia de Libro), separación que garantiza además la condición absoluta de lo Otro al conservar su irreductibilidad, puede ser llamada también "relación absoluta [*rapport absolu*]" (1969: 73). En el

    METANFETAFÍSICA. Ensayo de sobredosis ontológica

ensayo titulado "Tenir la parole", que no es sino una profunda reflexión sobre la relación entre el Yo y el Otro que había postulado Lévinas en *Totalité et Infini*, Blanchot explicita el doble aspecto que define a dicha relación: "Entre este «otro» y «yo», la distancia es infinita y sin embargo, al mismo tiempo, el otro es para mí la presencia misma, la presencia del infinito" (1969: 84-85). Además, Blanchot considera, siguiendo de nuevo a Lévinas, que esa "relación con el otro no pasa por el ser [*ne passe pas par l'être*]" (1969: 84). No sorprende, sin embargo, que Blanchot tienda a enfatizar la naturaleza lingüística de la relación entre el Yo y el Otro. Es cierto que ya Lévinas había señalado que el rostro en el que se expresa lo Infinito es lenguaje y palabra. Pero en el caso de Blanchot ese lenguaje tiende a especificarse aún más: al interior del lenguaje en general, al interior del Libro, la escritura literaria abriría a un afuera que sería para siempre extraño y ajeno a la Ley del Libro. Por eso Blanchot puede decir que escribir es "trazar un círculo al interior del cual vendría a inscribirse el afuera de todo círculo" (1969: 112). La escritura literaria adquiere en Blanchot un estatuto inusitado e inexistente en la obra lévinasiana, anunciando de algún modo la distinción entre *le dire* y *le dit* de *Autrement qu'être ou au-delà de l'essence*. En cierta forma, el lugar que ocupa la ética en la filosofía de Lévinas lo ocupa la literatura, y más en concreto la escritura literaria, en la filosofía de Blanchot, al menos hasta la época de *L'entretien infini*. De allí esas torsiones inusitadas y fascinantes que sufren categorías tales como las de "yo", "otro", "relación", "palabra", etc. en los textos de Blanchot. La palabra de Blanchot no es la palabra de Lévinas. En ambos autores, la palabra asegura la distancia infinita entre el Yo y el Otro y a la vez su posible encuentro. Pero en el caso de Blanchot, este encuentro asume rápidamente una suerte de desdoblamiento decisivo, correlativo a la doble valencia del lenguaje que el propio Lévinas recuperará en su libro de 1974: medio de comunicación, registro ideal de la palabra que se transmite en un horizonte mundano, es decir en un campo de posibilidades y por lo tanto de poder y dominio, y a la vez —pero este "a la vez" marca una fractura que es justamente el núcleo incandescente de lo que está en juego— la disgregación de todo sentido, el afuera de todo horizonte, la impersonalidad de la *otra* noche. Para Blanchot, la palabra (y en especial la palabra literaria) es "absolutamente otra y en sí misma sin otro, siendo lo otro de toda palabra. Es que ella no es dialéctica" (1969: 90-91). La palabra literaria no es una palabra más o la palabra en general, sino lo *l'autre de toute parole*, algo así como la sombra o el espectro de la palabra. ¿Pero qué es esta sombra, este espectro que no deja de asediar al lenguaje y al mundo, que no deja de fascinar y de atraer al Libro y a la Idea? No es otra cosa que lo *neutro*, noción que Lévinas detestaba porque para él remitía forzosamente a la ontología heideggeriana y al horror del *il y a*. Por eso la relación con lo Otro absoluto es para Blanchot, cosa que no podría ser nunca para Lévinas, "una relación neutra o la neutralidad misma de la relación" (1969: 84). Esta relación neutra implica entonces un doble movimiento: la no comunidad de sus términos y al mismo tiempo su comunicación. Es lo que ya veíamos en los autores previos y que Blanchot formula de la manera más clara a través de una pregunta: "¿Cómo afirmar la no-comunidad de los términos en el movimiento mismo y en nombre de su comunicación?" (1969: 90). Es decir, si hay comunicación, si hay relación, ¿cómo es posible afirmar que no existe comunidad entre los términos? ¿Cómo es posible una comunicación sin comunidad o, a la inversa, una comunidad sin comunicación? Toda la teoría literaria de Blanchot se juega aquí. Porque Blanchot no dice que tal cosa sea posible, dice que es de hecho imposible, pero que justamente esa imposibilidad es lo propio de la experiencia literaria. La palabra literaria escapa a toda comunicación, a todo horizonte de sentido; en cierta forma, no pertenece al mundo, sino al afuera, a la *otra* noche. Pero el punto clave, como el mismo Blanchot se encarga de señalar, es que esa palabra, irreductible al campo de la presencia y de la comunicación, debe insinuarse o dejar sus huellas de algún modo en el lenguaje mundano y comunicativo aunque más no sea para desactivarlo e interrumpirlo: "Es necesario [*Il faut*] sin embargo que ella [la palabra del otro cuyo paradigma, en Blanchot, es la palabra literaria] entre en el juego de la comunicación" (1969: 91). El *il faut* es decisivo: existe una necesidad que obliga al afuera a introducirse –como desgarro, fascinación, asedio, etc.– en el adentro, a la *otra* noche a obsesionar al día, al Otro a interrumpir al Yo o a lo Mismo, a lo Neutro a desobrar al Ser. En efecto, Blanchot explica en qué consiste este movimiento y esta necesidad:

> Ella [la palabra del otro] entra allí [en el juego de la comunicación], pero como palabra fuera de juego [*hors jeu*], cuyo juego puede ciertamente aprehenderse, pero arriesgando olvidar lo que viene de ella, olvidando lo que, en el acuerdo del discurso, hace que ella se retenga en su desacuerdo. Palabra sin concordancia (1969: 91).

La palabra *debe* entrar –se trata de una exigencia– en el juego de la comunicación. *Elle y entre*: la palabra entra allí. No puede no hacerlo. La palabra

        METANFETAFÍSICA. Ensayo de sobredosis ontológica

debe entrar en el juego del sentido como la *otra* noche *debe* entrar en el día o lo Otro *debe* entrar en lo Mismo. *Il faut.* Esta obligación es requerida para que pueda darse una interrupción en el seno del Todo. Esto es: para que el Todo deje de ser Todo, para que su presunta interioridad hermética se abra o se abisme en un afuera irreductible, es preciso que ese afuera de algún modo interrumpa el funcionamiento del adentro. Pero el precio a pagar por esa interrupción es la presuposición inevitable de alguna forma de relación entre el afuera y el adentro. Por eso Blanchot se ve obligado a reconocer que esa "interrupción (que ni incluye ni excluye) sería sin embargo relación" (1969: 97). ¿Qué relación? Pues "la relación del hombre con el hombre" (1969: 97). Por supuesto que se podría criticar el evidente antropocentrismo del pensamiento blanchotiano, pero ese tipo de críticas no conducen a ningún lado. Lo que nos interesa retener por ahora es que, si bien la relación con el otro no es una relación de dominación ya que el otro me destituye de mi propia identidad, de mi posibilidad de decir yo, si bien se trata de una relación imposible o absoluta, de una relación sin relación o de una relación del tercer género, como a veces la llama en *L'entretien infini*, sigue siendo pese a todo una relación. Blanchot es explícito: "yo tengo relación [*j'ai rapport*] con lo que está radicalmente fuera de mi alcance, y esta relación mide el acontecimiento mismo del Afuera" (1969: 98), o también, enfatizando aún más la paradoja: "la interrupción decisiva de relación habla precisamente en la palabra del Otro como relación infinita" (1969: 103). *J'ai rapport*: yo tengo relación. Este sintagma es inevitable, aún tratándose de una relación infinita. En efecto, una relación infinita sigue siendo una relación. Claro que esta relación infinita provoca una interrupción en el Yo que tiene esa relación. Tener esa relación sin relación significa que no soy ya un Yo, es decir que Yo no tengo esa relación, que esa relación no es tenida por mí en tanto Yo, en tanto sujeto. Más aún: la interrupción del Otro es una *interruption d'être*, una interrupción de Ser y en el Ser. Y si lo interrumpido es el Ser, el interruptor —término que no debe entenderse en el sentido activo de una potencia de obrar, sino en el sentido pasivo de una impotencia, de un *désœuvrement*— no puede ser sino lo neutro. En efecto, no sólo el otro, para Blanchot, "es un nombre esencialmente neutro" (1969: 102), sino que lo neutro en cuanto tal es el nombre de la experiencia que escapa al Ser y a la ontología: "Todo el misterio de lo neutro pasa quizás por el otro y nos reenvía a él, es decir pasa por esta experiencia de lenguaje donde la relación del tercer género, relación no unitaria, escapa a la cuestión del ser como a la del todo" (1969: 102). Misterio de lo neutro. Misterio que además pasa por el otro, y fundamentalmente por el Otro que Ser. Se impone, pues, una interrogación sobre lo neutro.

(4)

Comencemos con una cita que, al modo de la teología negativa, dice lo que lo neutro no es:

> Lo neutro es lo que no se distribuye en ningún género: lo no-general, lo no-genérico, como lo no-particular. Rechaza la pertenencia tanto a la categoría de objeto como de sujeto. Y esto no quiere solamente decir que es como indeterminado y como dudando entre los dos, esto quiere decir que supone una relación otra [*une relation autre*] que no remite a condiciones objetivas ni a disposiciones subjetivas (1969: 440).

Este pasaje, que hace recordar acaso a la conferencia de Derrida sobre la *différance*, establece que lo neutro no es ni un género ni una especie, ni universal ni particular, pero tampoco reductible a lo visible o a lo invisible, como aclara más adelante. En síntesis: lo neutro es completamente ajeno al lenguaje del Ser. Este es el punto que más nos interesa en función de la presente investigación. Blanchot llega a decir que lo neutro es algo así como la mancha ciega o el punto vacío de la historia de la filosofía, la cual puede ser entendida como el esfuerzo colosal "por aclimatar y domesticar lo neutro" (1969: 441). Incluso la filosofía de Heidegger, atenta a lo que ha sido olvidado por la historia de la metafísica, representa "una nueva retirada ante lo que el pensamiento parece no poder acoger más que sublimándolo" (1969: 441). En un ensayo dedicado a René Char, Blanchot identifica a lo neutro con lo desconocido (*l'innconu*) y sostiene que tanto la poesía como el pensamiento establecen una relación con ese desconocido. Se trata de una relación, por supuesto y repitiendo un gesto típicamente suyo, con "lo desconocido como [*comme*] desconocido" o "en tanto que [*en tant qu'il*] es desconocido" (1969: 442). Este *comme* o *en tant qui* indica lo propio de la relación neutra o absoluta: lo desconocido se manifiesta o exhibe sin perder en esa relación nada de su condición absoluta e irreductible. Blanchot continúa, consciente de la contradicción: "Lo desconocido, en esta relación, se descubriría entonces en aquello que lo mantiene cubierto. ¿Es una contradicción? En efecto" (1969: 442). Como dijimos anteriormente, la relación que está aquí en cuestión deja advenir lo Otro en lo Mismo pero como Otro, presentifica la ausencia en tanto ausencia. Se trata de una relación extraña a toda identidad y unidad. En *L'entretien infini*, lo neutro se vincula con la impersonalidad y el anonimato del *il* que caracteriza a la escritura literaria en un sentido general. En otro ensayo dedicado a Kafka, Blanchot sostiene que la voz narrativa —al menos tal como aparece en los relatos del escritor checo— es eminentemente neutra en la medida en que no dice nada y permanece en una exterioridad radical respecto al todo de la narración. Pero, de nuevo, para que la voz narrativa pueda hacer valer sus efectos de impersonalidad o, incluso, sus efectos de neutro es preciso que marque de algún modo el discurso escrito.

> El "él" narrativo, sea ausente o presente, sea que se afirme o que se sustraiga, que altere o no las convenciones de la escritura —la linealidad, la continuidad, la legibilidad— marca así la intrusión del otro [*marque ansi l'intrusion de l'autre*] —entendido en neutro— en su extrañeza irreductible, en su perversidad retorcida (1969: 564).

Todo nuestro problema con Blanchot radica en esta *intrusion de l'autre* que deja sus marcas o sus efectos en el discurso convencional. Se entiende por supuesto que esta intrusión no debe confundirse —al menos no necesariamente— con ningún tipo de transgresión de los parámetros sintácticos o gramaticales. Lo neutro no requiere de artificios ni de pirotecnia para asediar al lenguaje. Al contrario, muchas veces la sobriedad es más afín a lo neutro que las piruetas estilísticas. Como sea, lo cierto es que lo neutro se introduce en el lenguaje, deja sus marcas allí, hace valer —claro que no desde una posición soberana— sus efectos en el todo del relato. La cuestión es para nosotros crucial porque afectar al lenguaje, al lenguaje en su sentido convencional, es decir remisible al horizonte del mundo y de la presencia, es equivalente en Blanchot a afectar al Ser. Por eso no sorprende que lo neutro deje sus marcas en el lenguaje corriente y también —puesto que es lo mismo— en el Ser. En *Le pas au-delà*, un libro publicado en 1973 en cuyo título se juega tanto la proximidad como la distancia que existe entre el SMG y el pensamiento blanchotiano, se lee: "Lo neutro marca al ser, efecto de toda marca: el ser marcado en neutro no se advierte y olvida siempre, bajo el resplandor del ser, esa marca cuyo resplandor, incluso, no es más que un efecto" (1973: 106). Lo neutro marca al Ser, lo interrumpe, introduce sus efectos disgregadores en la trama de la presencia, lo asedia al modo de un fantasma o de un espectro, y precisamente por hacer todo eso *no es lo suficientemente neutro*. Confesemos algo: no se puede decir lo que acabamos de decir, sobre todo tratándose de Blanchot, sin sentir al instante una ligera incomodidad, como si se hubiera cometido un acto más o menos sutil, más o menos grosero de injusticia. Blanchot ha pensado hasta el fondo estos problemas, lo han literalmente asediado. De hecho, todo *L'entretien infini* puede ser leído perfectamente como una rigurosa y profunda reflexión acerca de lo Otro absoluto y de la relación (imposible) con ese Otro. Sin embargo, para el SMG la idea de una relación sin relación, como dijimos, es aún insuficiente. Lo mismo sucede con la idea de neutro. ¿Puede identificarse a lo neutro de Blanchot con X? No, lamentablemente no. Lo neutro no es lo suficientemente neutro como para ni siquiera marcar el Ser. Marcar es ya una forma de relación. El principio de irrelatividad es implacable en este punto: no admite matices, no escucha justificaciones, no atiende apelaciones. Donde dice *rapport sans rapport* el SMG lee *rapport*; donde dice *rapport absolu* el SMG lee *rapport*; donde dice *rapport infini* el SMG lee *rapport*; donde dice *relation autre* el SMG lee *relation*. El principio de irrelatividad es bruto y poco sutil. Pero no lo moviliza un afán policial, sino el deseo opuesto: la necesidad de romper todo nexo con X. ¿Pero al romper toda relación, no se priva a X de la posibilidad de desfundamentar al Ser, de dislocar a lo Mismo? No, todo lo contrario. La metanfetafísica extrema el movimiento de la metafísica, incluido el de los pensadores post-metafísicos. Y lo hace porque considera que, lejos de lo que podría pensarse, o al menos de lo que se ha pensado hasta ahora, la liberación de X del Ser es la condición indispensable para que el Ser se desubstancialice y se desfundamente. En suma, cuando decimos que *lo neutro de Blanchot no es lo suficientemente neutro* no lo hacemos por amor a las objeciones o por algún tipo de regodeo grotesco y desagradable. Lo hacemos porque creemos realmente que es insuficiente a la hora de pensar un Otro absoluto *que no se relativice.* Subrayamos "que no se relativice" porque este sintagma no solo quiere decir que lo Otro no puede ser reducido a lo Mismo, cosa que Blanchot y los demás autores examinados hasta aquí sostienen también, sino que, de acuerdo a la fórmula de implicancia, no puede entrar en *ninguna* relación, ni siquiera en una relación que garantice su irreductibilidad y su alteridad absoluta, ni siquiera aclarando que "lo neutro cambia la relación en no-relación [...] y lo neutro en lo que no puede ser lo neutro mismo, ni aquello que neutraliza" (1973: 102). En el caso de Blanchot, esta suerte de tensión entre una relación y una ausencia de relación se puede percibir de forma ejemplar en el título del libro que hemos

   METANFETAFÍSICA. Ensayo de sobredosis ontológica

mencionado hace un momento: *Le pas au-delà*. Blanchot juega con el doble sentido del término francés *pas*: 1) sustantivo masculino que significa "paso", y 2) adverbio de negación que se utiliza en general con *ne* (*ne... pas*). Cristina de Peretti opta por traducir *El paso (no) más allá*, "a fin de mantener en castellano –explica en una nota al pie de la edición española de Paidós– la ambigüedad de la expresión francesa" (1994: 29). Esta ambigüedad no es un simple juego de palabras o una ocurrencia más o menos ingeniosa; es, por el contrario, todo lo que está en juego. El más allá (*au-delà*) aludido en el título es el más allá del Ser y de la esencia, como se lee por otro lado en el título de la obra que Lévinas publicará un año después y que ya hemos comentado en el Libro Δ: *Autrement qu'être ou au-delà de l'essence*. Lo que está en juego en el título de Blanchot, entonces, es la posibilidad o la imposibilidad de mantener una relación con el más allá del Ser. *Le pas au-delà*: es preciso leer este título en simultáneo con el *rapport sans rapport* de *L'entretien infini*. Si se lee *pas* –término que además hace eco a *Faux pas*, el primer libro importante de Blanchot publicado en 1943– como *paso*, entonces se enfatiza el primer término del *rapport sans rapport* y se acepta que es posible dar un paso (al) más allá; si se lee *pas* como negación, como *no*, entonces se enfatiza el *sans rapport* del *rapport sans rapport* y se veda toda posibilidad de acceder al más allá. Blanchot mantiene la tensión y no la resuelve; es más: individúa en esa tensión, en esa ambigüedad, el rasgo específico de lo neutro y de la experiencia-límite. La fórmula de implicancia, por el contrario, no admite ambigüedad (también es necia y desconsiderada, como el principio de irrelatividad): lee *pas* como negación, siempre e irremediablemente. El SMG, aconsejado por la fórmula de implicancia y por el principio de irrelatividad, le quita los paréntesis a la traducción de De Peretti: *El paso no más allá*. Le sustrae toda ambigüedad porque *no hay relación*; o, si admite la posibilidad de una relación, entonces considera al más allá como necesariamente relativo. Una de dos: o se sostiene que no hay paso al más allá y entonces se asegura la condición absoluta de ese más allá, o se considera que hay paso al más allá y entonces se admite que ese más allá no es absoluto sino relativo. Toda la aventura de Blanchot, y en cierta forma de todos los pensadores examinados hasta aquí, consiste en mantener ambas cosas al mismo tiempo. ¿Pero por qué Blanchot se esfuerza en mantener esta ambigüedad? Porque considera que, si lo neutro no mantuviese algún tipo de relación con el Ser o el lenguaje, entonces habría clausura y totalidad y por lo tanto no tendría ningún sentido hablar de neutro, ya que el Ser o el lenguaje no podrían sufrir ninguna interrupción ni asedio. Blanchot pareciera razonar de la siguiente manera: es preciso que lo neutro sea un Otro absoluto, una alteridad radical (*Tout Autre*, como llega a escribir, con mayúsculas), puesto que sólo un Otro absoluto es capaz de impedir la clausura del Ser; pero además es preciso que ese Otro absoluto, lo neutro, mantenga algún tipo de relación con el Ser a fin de que pueda abrirlo e interrumpirlo, es decir abismarlo en su afuera. El SMG persigue el mismo fin: romper al Ser, impedir su clausura, desubstancialisarlo y desfundamentarlo. Pero difiere en el modo de conseguir esa desfundamentación. Coincide con Blanchot –y, más allá, con Lévinas– en que sólo un Otro *absoluto* puede impedir que el Ser se cierre y se totalice, pero no admite que para impedirlo tenga que *relacionarse* con el Ser. De allí la pregunta que ya formulábamos en la introducción: ¿cómo una ausencia de relación entre el Ser y X puede impedir que el Ser se totalice? Pues bien, puede impedirlo porque el Límite que existe entre el Ser y X rompe al Ser y lo fragmenta especular y espectralmente. El Ser llega a su Límite, pero no lo transgrede. Por eso para el SMG no hay paso al más allá. Blanchot objetaría que entonces el Ser se cierra, puesto que X no puede afectarlo e interrumpirlo. El Ser, como en Parménides, quedaría así aprisionado dentro de sus propias cadenas. Es una objeción posible, pero no es eso lo que sucede. El Límite, como vimos en el Libro previo dedicado a Marion, es un Espejo, pero un Espejo roto y distorsionador que le devuelve al Ser una imagen desproporcionada, fragmentada y disparatada (véase Libro N). El Ser se rompe al reflejarse en el Límite. En verdad no hay un reflejar-se, puesto que lo que regresa –la imagen, el *eidolon* o el espectro– es siempre un otro respecto al Ser. El Ser se determina a partir de una alienación fundamental. Nótese la proximidad y a la vez la diferencia con Blanchot: lo neutro funciona para él también de un modo espectral o fantasmático. Es más, la literatura en cuanto tal es para Blanchot esencialmente espectral. Considérese el siguiente pasaje:

> Neutro sería el acto literario que no es ni de afirmación ni de negación y (en un primer tiempo) libera el sentido como fantasma, asedio, simulacro de sentido, como si lo propio de la literatura fuera ser espectral [*d'être spectrale*], no asediada en sí misma, sino porque ella llevaría este previo de todo sentido que sería su asedio [*sa hantise*] (1969: 448).

Lo neutro asedia al lenguaje y al sentido, al sentido del lenguaje, lo perturba puesto que lo marca, y lo marca espectralmente. El problema es que se trata de una intrusión *directa* de lo neutro: lo neutro, incluso desposeyéndose siempre de sí mismo por razones de principio, incluso obligándose a sí mismo a no ser lo que es y obligando también a lo que neutraliza a diferir de sí, incluso así, lo neutro *marca* al Ser. Por el contrario, en el caso del SMG, X no hace nada en el Ser, no lo marca ni lo asedia, mucho menos de forma directa. Pero entonces, de nuevo, ¿cómo es que el Ser no se clausura y se totaliza? El Ser no se clausura ni se totaliza porque, al devolverle una imagen desvirtuada y delirante de sí mismo –o de sí otro–, el Límite provoca que el Ser imagine o proyecte fantasmáticamente a X, es decir que conjeture la amenaza de X. La mera existencia del Límite genera en el Ser la proyección fóbico-imaginaria de X. Como si el Ser "pensara" o, mejor aún, "ficcionara": si hay un Límite debe haber un más allá del Límite, y si hay un más allá del Límite es porque ese más allá (X) no coincide con lo que hay más acá (el Ser); por lo tanto, ese más allá debe ser lo Otro, lo irreductible al más acá, es decir lo Otro que Ser. Esta proyección fóbica rompe al Ser por completo, lo espanta y genera el impulso originario hacia su manifestación. El Ser aparece y se determina, pero esa aparición y esa determinación son un efecto del horror ante X, ante la proyección imaginaria de X, y ante los miles de reflejos distorsionados que le devuelve el Límite especular. Blanchot ha confundido la experiencia-límite con una experiencia *del* Límite. La experiencia-límite supone para él la experiencia (imposible) de la *otra* noche o del afuera o de lo neutro –lo cual no significa que estos términos sean equivalentes, por supuesto, pero sí que remiten a un mismo espacio irreductible al sentido y al Ser–. Por el contrario, la experiencia del Límite no supone una experiencia de la *otra* noche, sino de la noche *del* Ser, lo que Blanchot llamaba *primera* noche en *L'espace littéraire*. Pero como él consideraba que la primera noche era funcional al día, y paralelamente que la experiencia literaria era irreductible al día, concluía que la noche a la que nos expone la literatura no es la *primera* sino la *otra* noche, la siempre *otra*. Existía, además, una razón de principio: a fin de que el Ser no se cierre sobre sí y se totalice era preciso postular una alteridad irreductible. Coincidimos con esta necesidad, pero diferimos en el modo de postular esa alteridad. El riesgo al que se enfrenta el SMG es que, al clausurar –por el principio de irrelatividad– toda relación con lo Otro, el Ser devenga una Totalidad homogénea. De tal manera que la clausura de la relación entre el Ser y X conduciría así a la clausura del Ser. El punto es que la experiencia del Límite, y no de X o de lo Otro, provoca que el Ser se dé *como si* X existiera. Para el Ser, hay lo Otro, hay X. El Límite hace que X exista, y que exista como Amenaza, como Peligro para el Ser. Claro que esta "existencia" es sólo imaginaria o fantasmática, es una proyección fóbico-espectral del Ser. Podría objetarse, de nuevo, que, en tanto X es una proyección imaginaria *del* Ser, el Ser se cierra sobre sí. Pero esto significaría desconocer los efectos del Límite espejado y la alienación originaria que introduce en el tejido del Ser. El aparecer del Ser, su darse, no es sino un efecto espectral e imaginario del horror a X que el Ser experimenta al enfrentarse y reflejarse en el Límite. Lo que hay que tener en claro, ya desde ahora, es que la proyección fóbica es absolutamente *real*: el Ser se horroriza *de hecho*, y se horroriza porque para él no cabe ninguna duda de que X acecha efectivamente detrás del Límite, del Otro lado del Espejo. X puede ser o no-ser, no hay modo de corroborarlo porque el Límite es infranqueable. Pero lo que importa es que para el Ser X es efectivamente, y es en tanto *Urkausalitätsform* (Aby Warburg), en tanto *forma causal originaria* del horror que lo conmina a aparecer y manifestarse. La proyección fóbica de X funciona, al interior de la ontología, *como si* X fuera un Otro absoluto. Y este *como si* basta para quebrar al Ser, basta para fracturarlo y desfasarlo. Por otro lado, este *como si*, eminentemente imaginario, se sustenta en la posibilidad, no contradictoria en cuanto tal, de que X (lo Otro absoluto, y absoluto en tanto carente de toda relación con el Ser) sea efectivamente más allá del Límite. Desde luego que no hay modo de saberlo, pero esta ignorancia, este no-saber (*agnoia*) basta para descomponer por completo al Ser y para ocasionar su mostración delirante. En cierta forma, es la *agnoia*, la imposibilidad de atravesar el Límite y de saber lo que hay más allá, lo que horroriza al Ser y lo disgrega. La posibilidad (imaginaria) de que X sea, cuya verificación *realiter* es imposible, marca al Ser y produce sus efectos en el horizonte del mundo. Por el contrario, para Blanchot lo que marca al Ser es *directamente* lo neutro, lo que asedia al lenguaje es *directamente* la *otra* noche o el afuera. Pero ni lo neutro ni la otra noche ni el afuera son entendidos como proyecciones imaginarias del Ser, sino como dominios o dimensiones diversas del Ser que, justamente en tanto diversas, pueden afectarlo y neutralizarlo. Es como si se diera una relación inmediata —claro que absoluta, imposible e infinita— entre lo neutro y lo neutralizado, entre la *otra* noche y el día, entre el afuera y el adentro, etc. Blanchot introduce varias aclaraciones y precauciones para evitar la objeción que estamos planteando, es cierto. Dice por ejemplo que en el momento en que lo neutro se marca también se desmarca; dice también que se sustrae sustrayendo y sustrayendo incluso el acto de sustraer; dice, en suma, que "lo neutro no está en ninguna parte, funcionando en el lenguaje en todo lugar como juego de la marca, si lo que marca desmarca y, al final, neutraliza incluso esa línea de demarcación que no podría ser cuestión, franqueándola, de franquear" (1973: 106). ¿Cuál es el problema aquí? El problema es que lo neutro funciona *en* el lenguaje, como la *otra* noche funciona *en* el día, como la ausencia de Libro funciona *en* el Libro, etc. De tal manera que lo Otro, entendido en neutro, no es tan Otro como para ni siquiera funcionar *en* lo Mismo. Para el SMG, en cambio, X no marca al Ser ni lo asedia ni lo interrumpe. Pero la mera posibilidad de su existencia, incomprobable por razones de principio, basta para marcar al Ser, para asediarlo y para interrumpirlo.

(5)

En cierta forma y como ya indicamos, Blanchot reproduce la misma aporía –y para nosotros la misma insuficiencia– que Lévinas: postula un Otro *absoluto* y al mismo tiempo una *relación* con ese Otro. No obstante, es preciso decir que Blanchot no es Lévinas y que su aventura en cierta forma es más extrema aún que la de su amigo judío. Es como si Blanchot diera un paso, ahora sí, más allá de Lévinas al introducir lo Otro en el juego perverso de lo neutro, como si lo neutro se dedicara a volver a lo Otro más otro de lo que era, incluso si era lo Otro infinito. En *Le pas au-delà* hay algunos párrafos que parecieran responderle directamente a Lévinas: "Quizás lo neutro no hace más que recoger esa perversidad de lo otro tornándola aún más perversa [*encore plus perverse*] con la sombra que la cubre sin disiparla, sin lograr una verdadera negación" (1973: 104). Esta perversidad de lo neutro provocaría así una incesante afirmación que captaría "lo otro de lo otro, lo no-conocido de lo otro, su rechazo de dejarse pensar como lo otro de lo uno, y su rechazo de ser solo lo otro o, también lo «otro de»" (1973: 105). Ahora bien, esto otro de lo otro, esta sombra perversa que lo neutro arroja sobre lo otro, es lo que Blanchot entiende por escritura literaria. Se comprende por qué lo Otro blanchotiano, neutro e impersonal, no puede coincidir, más allá de su íntima proximidad, con lo Otro de Lévinas. El Otro de Lévinas no es perverso –no podría serlo nunca– como lo neutro de Blanchot. Aquel se esfuerza por evadirse de esta perversión a la que identifica con el *il y a*; este, por mantenerse fiel a ella. Por eso uno desemboca en la ética y el otro en la literatura o, para ser más precisos, en una ética de lo neutro o del desastre que encuentra su espacio esencial en la literatura.

(6)

Désastre: uno de los cuatro vientos (los otros tres son el Afuera, lo Neutro y el Retorno) de la ausencia de espíritu que sopla desde ninguna parte. Algo así como los cuatro jinetes del Apocalipsis blanchotiano. El desastre es la ruptura con el astro, con el orden sideral, cósmico, es decir con lo Uno o la Totalidad. Cada vez que adviene –sin advenir, aclara Blanchot– el desastre, lo Uno fracasa o, por lo pronto, está en vías de fracasar. Todo se juega en esa posibilidad –ciertamente imposible– de desvirtuar lo Uno, de interrumpir lo Mismo: "¿Qué sucedería si se pudiese hacer fracasar a lo Uno? ¿Cómo hacer fracasar a lo Uno? Quizás hablando, por una cierta palabra. Es sin duda el combate del desastre [*le combat du désastre*]" (1980: 212). Blanchot sigue fiel a esa inspiración literaria que, ya desde sus primeros textos, había signado de algún modo la totalidad de su aventura filosófica. El fracaso de lo Uno, el desastre del Ser, puede advenir, sin hacerse jamás del todo presente, en una palabra; más aún, en una *cierta* palabra: la palabra literaria, sin duda. ¿En qué consiste el combate del desastre? Ni más ni menos que en esa tensión entre el astro y la catástrofe, entre lo Uno y una cierta palabra, entre el Ser y lo neutro. Pero la misma idea de "combate" supone ya una relación entre los términos; y no sólo una relación, sino una relación *necesaria*, una necesidad inexorable, como si la *otra* noche necesitara del día, como si el afuera del sentido necesitara del mundo o como si lo neutro necesitara del Ser. Decir "como si" es impreciso: Blanchot afirma explícitamente que se trata de una necesidad. En un pasaje que recupera la cuestión del Libro y de la ausencia de Libro que había ya desarrollado en *L'entretien infini*, explica:

> ¿Por qué todavía un libro, allí donde el temblor de la ruptura –una de las formas del desastre– lo devasta? Es que el orden del libro es necesario [*est nécessaire*] a lo que le falta, a la ausencia que se sustrae a él: así como lo "propio" de "la apropiación", el acontecimiento donde copertenecen el hombre y el ser, se abisma en lo impropio de la escritura que escapa a la ley, a la huella y al resultado de un sentido garantizado. Pero lo impropio no es solamente la negación de lo "propio", más bien se desvía relacionándose con él [*en s'y rapportant*]: lo atrae a lo abisal [*il l'attire dans l'abyssal*], lo mantiene desabusándolo. Propio resuena

     METANFETAFÍSICA. Ensayo de sobredosis ontológica

todavía en lo impropio: como la ausencia de libro, el afuera-de-libro hace escuchar a lo que supera [*fait entendre ce qu'il dépasse*]. De allí el llamado a lo fragmentario y el recurso al desastre, siempre y cuando recordemos que el desastre no es sólo lo desastroso (1980: 155).

El orden del Libro *est nécessaire* a lo que le falta, a la ausencia de Libro que lo horada. Esta necesidad crea una *dependencia* de lo Otro (la ausencia de Libro, lo neutro, el desastre) respecto a lo Mismo (el Libro, el Ser, el astro), en el sentido de que sin el Libro no habría ausencia o, por lo pronto, no habría experiencia de la ausencia de Libro, no habría modo de experimentar la imposibilidad del Libro, la imposibilidad en tanto imposibilidad. Por lo pronto, instaura una relación entre la ausencia de Libro y el Libro, como entre lo impropio y lo propio. Justamente por eso, por esa relación, la ausencia de Libro puede *devastar* al Libro y lo impropio puede *atraer* a lo propio al abismo neutro de la escritura. Claro que Blanchot toma las debidas precauciones para que no se interprete a la experiencia del desastre como una experiencia más. Así, habla de la "experiencia inexperimentada [*l'expérience inexpérimentée*] del desastre" (1980: 125); dice que la experiencia del desastre es una "experiencia no experimentable [*expérience inéprouvée*]" (1980: 184); llega incluso a afirmar que, en la medida en que "destituye toda experiencia [y] le retira su autoridad" (1980: 85), "sentimos que no podría haber [*il ne saurait y avoir*] experiencia del desastre" (1980: 85). Sin embargo, la mera escritura discontinua de Blanchot *es ya* esa experiencia imposible e inexperimentada. Incluso en un texto fragmentario y maduro como es *L'écriture du desastre*, en el que la pasividad más radical vela –y no vigila– sobre el sentido ausente, volvemos a encontrarnos con la misma paradoja de un *rapport sans rapport*, declinada ahora como una experiencia sin experiencia o, según se consignaba ya en *L'entretien infini*, como una experiencia de la no-experiencia. Ya dijimos que Blanchot es más que consciente de la imposibilidad de esta experiencia y de esta relación, de la relación que supone dicha experiencia. ¿Qué hace entonces frente a esta imposibilidad? La lleva al extremo y la convierte en el rasgo propio de la escritura literaria. Si la relación con lo Otro absoluto es imposible, entonces se tratará de experimentar esa imposibilidad en cuanto tal, de experimentar "la imposibilidad que se hace relación" (1969: 67). Lo cual supondrá considerar a esa imposibilidad como absoluta, como lo Otro, y como lo Otro absoluto. *L'écriture du désastre* no hace más que extremar este movimiento que ya se insinuaba en *L'entretien infini* a fin de poner en funcionamiento –en *désœuvrement*, para ser más precisos– la neutralidad del desastre. Sin embargo, a pesar de romper los astros, de conmocionar –desde su pasividad absoluta y sigilosa– el orden sideral, o justamente por eso, por romperlo y conmocionarlo, *el desastre no es lo suficientemente desastroso*. Sigue necesitando, como la ausencia de Libro respecto al Libro, del astro y del orden. El *rapport sans rapport*, en suma, es demasiado relativo para el SMG; la experiencia inexperimentable es demasiado experimentable; la ausencia de sentido, demasiado sensata. ¿Pero de qué nos sirve Blanchot, entonces? Nos sirve y mucho. Sin ir más lejos porque es el pensador que ha llevado al extremo –al extremo de lo posible, según la fórmula que encuentra Bataille para decir la sobredosis– los medios de los que disponía el pensamiento hasta ese momento. Con Blanchot, la filosofía –que ha sido (casi) siempre un pensamiento funcional al Ser– alcanza su Límite. Su paso en falso consistió en confundir el Límite del pensamiento con lo que está más allá del Límite y por lo tanto en plantear una relación –necesaria aunque por cierto imposible, absoluta e infinita– entre ese más allá y el más acá. De lo que se trata, por el contrario, es de utilizar el pensamiento blanchotiano en lo que tiene de más extremo, pero no ya para pensar la relación entre lo Otro absoluto y el Ser, relación excluida por el principio de irrelatividad, sino entre el Ser y *su* otro o, lo que viene a ser lo mismo, entre lo Otro y *su* Ser. Más acá del Límite es perfectamente posible hablar de un Otro, sólo que no será un Otro *que* Ser, sino un Otro *del* Ser. Pero eso no significa renunciar a un Otro absoluto que no se relativice. Al contrario, retrotraer el pensamiento de Blanchot (la *otra* noche, el afuera, lo neutro, el desastre, etc.) al interior del Límite es la condición necesaria para liberar a lo Otro absoluto (X) del Ser. No se pierde por eso la prerrogativa de postular un Otro absoluto que no se relativice, sino que se crean las condiciones para que esa postulación sea posible. X sobrevive al interior del Límite *sub specie imaginationis*, esto es: funciona como Otro absoluto para el Ser en tanto proyección imaginaria, independientemente de si ~~es~~ o no-~~es~~ más allá del Límite. Lejos de lo que podría pensarse, el Límite asegura la irreductibilidad de X; la asegura manteniendo su condición de inefabilidad, impensabilidad y alteridad. ¿Por qué hablamos de X, entonces? Porque el Ser la imagina, pero la X que imagina no es –al menos no necesariamente– la X del otro lado del Límite. Sin embargo, la mera existencia del Límite deja abierta la posibilidad de X. Esa posibilidad basta para que el Ser no se cierre ni se clausure. Podría darse el caso, dado que nada lo prohíbe

     METANFETAFÍSICA. Ensayo de sobredosis ontológica

en principio, de que la X imaginada por el Ser coincidiera con la X más allá del Límite, siempre y cuando esa X fuera. Pero como el Límite, según dicta el principio de irrelatividad, es infranqueable, no hay modo de saberlo.

Textos citados

Blanchot, Maurice (1955). *L'espace littéraire*. París: Gallimard.

Blanchot, Maurice (1969). *L'entretien infini*. París: Gallimard.

Blanchot, Maurice (1973). *Le pas au-delà*. París: Gallimard.

Blanchot, Maurice (1980). *L'écriture du desastre*. París: Gallimard.

Blanchot, Maurice (1994). *El paso (no) más allá*. Trad. Cristina de Peretti. Barcelona: Paidós.

Foucault, Michel (1994). *Dits et écrits. Tome I (1954-1969)*. Paris: Gallimard.

Zarader, Marlène (2001). *L'être et le neutre. À partir de Maurice Blanchot*. Paris: Éditions Verdier.

Textos consultados

Allen, William S. (2019). *Blanchot and the Outside of Literature*. New York: Bloomsbury Publishing.

Bailey Gill, Carolyn (ed.) (1996). *Maurice Blanchot: The Demand of Writing*. New York – London: Routledge.

Bident, Christophe (1998). *Maurice Blanchot. Partenaire Invisible. Essai Biographique*. Paris: Champ Vallon.

Bident, Christophe (dir.) (2009). *Blanchot dans son siècle: Colloque de Cerisy*. Lyon: Éditions Parangon/Vs.

Billi, Noelia (comp.) (2020). *Blanchot. Fragmentos para una filosofía*. Buenos Aires: Prometeo.

Billi, Noelia (ed.) (2012). "Maurice Blanchot. Materias de lo fragmentario". Número especial de *Instantes y Azares. Escrituras nietzscheanas*, año XII, nro. 11.

Derrida, Jacques (1998). *Demeure. Maurice Blanchot*. Paris: Galilée.

Haase, Ullrich y Large, William (2001). *Maurice Blanchot*. New York – London: Routledge.

Harlingue, Olivier (2009). *Sans condition. Blanchot, la littérature, la philosophie*. Paris: Harmattan.

Hill, Leslie (1997). *Blanchot. Extreme Contemporary*. New York – London: Routledge.

Iyer, Lars (2005). *Blanchot's Vigilance. Literature, Phenomenology and the Ethical*. New York: Palgrave Macmillan.

Miraux, Jean-Philippe (2005). *Blanchot: quiétude et inquiétude de la littérature*. Paris: Armand Colin.

Pascal, Massie (2007). "The Secret and the Neuter: On Heidegger and Blanchot". *Research in Phenomenology*, 37, pp. 32–55.

Wilhem, Daniel (1974). *Maurice Blanchot: la voix narrative.* Paris: Union Générale d'Editions.

Libro Θ (Theta)
Fabián Ludueña Romandini

(1)

La Argentina en particular y Latinoamérica en general han asistido en los últimos años a un verdadero torbellino filosófico que requerirá mucho tiempo aún para ser asimilado, pero cuyos efectos afortunadamente ya se hacen sentir, aquí y allí, en una nueva generación de pensadores. El torbellino concierne a una extraña disciplina llamada espectrología, a su vez parte fundamental de una disyuntología para-metafísica más general, pergeñada por un *principium individuationis* al que hemos acordado en llamar, por razones fortuitas pero contando con su anuencia, Fabián Ludueña Romandini. No es para nada casual que la primera sección de este libro culmine con su pensamiento: el menos temeroso a la sobredosis, el más intrépido y desmesurado, sin dejar por eso de ser riguroso y paciente. Todo un estilo: la sobriedad de lo inmoderado (*sobria ebrietas*).

Desde luego que resulta imposible, como ya sucedía en el caso de los filósofos considerados en los capítulos anteriores, dar cuenta aquí de la vasta obra de Ludueña Romandini. Nuestra pretensión, por eso, es mucho más acotada. Tomaremos como eje de indagación el libro *Principios de espectrología*, el segundo volumen del políptico que lleva por título general *La comunidad de los espectros*, porque consideramos que en cierto sentido es el que desarrolla con mayor sistematicidad la categoría de espectralidad. No obstante, cuando el hilo argumental lo requiera, haremos referencia a otros textos, ya sea que pertenezcan a la saga de la espectralidad, ya sea que la complementen desde fuera. Los dos interrogantes centrales que guían nuestro examen son en verdad muy sencillos y conviene tenerlos presentes desde ahora: 1) ¿es el Espectro –o incluso, lo que no es lo mismo, el *Outside*– un nombre posible para X, es decir para lo Otro absoluto?; y 2) ¿es la Disyunción equiparable al Límite-Espejo?

(2)

Principios de espectrología dará vueltas sobre nuestras cabezas durante mucho tiempo. Ábrase en cualquier página, léase cualquier párrafo: os faltará el aliento. Por lo pronto, es lo que sucede ya desde el inicio. El texto comienza con un fragmento de Numenio de Apamea, quien habría considerado imposible que el Ser, so pena de revelarse inherentemente incognoscible y desordenado —incognoscible *por* lo desordenado—, fuese infinito (*apeiros*). Fabián insinúa que todo su libro puede ser considerado un "extenso florilegio de glosas a esta sentencia de Numenio" (2016: 15) destinado a mostrar las "considerables divergencias" que existen entre el programa espectrológico y dicha sentencia. No sorprende, por eso mismo, que el capítulo III dedicado a la categoría de *Outside* se apoye en una brillante y renovada lectura del célebre fragmento de Anaximandro, el más antiguo de toda la filosofía de Occidente, en cuyo centro se encuentra precisamente la noción de *apeiron*. Volveremos a este problema más adelante, pero nos interesa señalarlo desde ahora porque, en cierto sentido, buena parte de la distancia que existe entre la espectrología y la metanfetafísica se juega en el modo de entender el problema de lo finito y lo infinito.

(3)

Comencemos por la pregunta clave: ¿qué es un espectro?

> El espectro es el horizonte que marca una disyunción en el Ser y adviene como una subsistencia para-metafísica. No pertenece al orden óntico-ontológico sino que encuentra su lugar en el vacío mismo que se abre en la sutura imposible del orden del mundo con el orden de las causas lógicas (2016: 275).

El espectro, tal como lo entiende Fabián, es irreductible al dominio del Ser/ente. No es un ser ni una cosa, pero tampoco es un *ens rationis* o un mero producto imaginario que solicite la intencionalidad de una conciencia humana para existir. El espectro posee una realidad objetiva cuyo modo de subsistencia es independiente de *Homo* e incluso del Ser mismo. Y esta independencia e irreductibilidad es lo que convierte a la espectrología en una ciencia para-metafísica y para-ontológica. Es preciso mantener esta condición singularísima del espectro sin confundirla con las diversas figuraciones que puede asumir a lo largo de la historia. En este sentido, toda la primera parte del libro puede comprenderse como una tipología de lo espectral: *eidolon, psyche, phantasma, daimon, simulacrum, efficie, imago*, etc. Estos términos representan las diferentes maneras que *Homo* ha encontrado, por lo pronto en la Antigüedad grecolatina, de nombrar a las figuraciones espectrales. Relación íntima, entonces, del espectro con los difuntos, con los ancestros, pero también con los fantasmas y los demonios, las imágenes y los dioses. Tal es así que la política humana resulta incomprensible si no se la inscribe en el marco más general de una espectropolítica que funciona como su condición de posibilidad. Sin embargo, no hay que olvidar que el espectro, en sí mismo, es a-figurativo y por lo tanto irreductible a sus diversas modalidades de manifestación. Los términos recién mencionados son algo así como las múltiples máscaras del espectro, las diversas figuras que puede adoptar en su comercio con *Homo* cada vez que ingresa al dominio del Ser. Sería preciso distinguir quizás el *espectro* del *Espectro*. Las minúsculas designan el espectro considerado desde el punto de vista de sus figuraciones históricas (*eidolon, psyche, simulacrum*, etc.); las mayúsculas designan el espectro en sí mismo, independientemente de cualquier manifestación óntico-ontológica. Es como si la espectralidad que nos presenta Fabián admitiese ser considerada por lo menos desde dos perspectivas: *sub specie entis* (el espectro) y *sub specie extra-entis* (el Espectro). Por tal motivo, el Espectro es esencialmente polimórfico y susceptible de asumir, sin que esa asunción se confunda con una identificación, las más variadas posiciones ontológicas: "El espectro es la entidad para quien todas las formas del universo se tornan posibles" (2016: 78). El potencial pluri-forme del Espectro, en sí mismo a-forme, se desprende directamente de su condición extra-ontológica. Si el Espectro no es en sí mismo material, pero puede insistir en los cuerpos, si no es tampoco inteligible, pero puede hendir y determinar al pensamiento, es precisamente porque "se sitúa por fuera del Ser" (2016: 270). Comenzamos a entrever la proximidad que existe entre la espectrología y la metanfetafísica. Al igual que X, el Espectro designa un "Otro fuera-del-Ser" (2016: 255) que se define por una "extraterritorialidad ontológica" (2016: 166). La alteridad e irreductibilidad del Espectro respecto al Ser es uno de los principios medulares de la espectrología post-metafísica. De hecho, su topografía específica debe concebirse, desde un punto de vista disyuntológico-espectral, como una "exterioridad absoluta" (2016: 140). Esta exterioridad implica, como consecuencia inevitable, que el Espectro sea irreductible a toda forma de vida o potencia vital. Por tal razón, no debe entenderse al Espectro como una mera vida póstuma o superviviente, sino como un modo de subsistencia que se sitúa "más acá y más allá de toda vida –e independientemente de ésta–" (2012: 69). Más que un *Nachleben*, advertía ya Fabián en un texto relativamente temprano como *Más allá del principio antrópico. Hacia una filosofía del Outside*, el Espectro es "un *Nach* sin un *Leben*" (2012: 51). Pero además, no debe olvidarse que el espectro "marca una disyunción en el Ser", es decir impide que el Ser pueda constituirse como un "Uno completamente homogéneo" (2016: 151). En lugar de funcionar como un principio de unidad y de unificación, el Espectro funciona como un *disruptor*: introduce cortes en la piel ontológica, intervalos pluri-dimensionales, dehiscencias aleatorias que hacen estallar al Ser en mil añicos. La espectrología, en este sentido, es la ontología hecha añicos; es incluso la vía regia hacia lo que resta por fuera de los añicos: el *Outside*. Resulta importante subrayar por eso que el Espectro, en tanto principio disyuntivo, en tanto disruptor, es todo lo contrario de lo Uno del neoplatonismo. De allí también la afinidad entre el espectro y el *daimon* pero también su profunda diferencia: el *daimon*, al menos en la tradición platónica y neoplatónica, funciona como un intermediario que, en cuanto tal, hace posible la cohesión entre los diversos órdenes de un *continuum* jerárquico; el Espectro, en cambio, si bien puede llegar a establecer alianzas entre regiones ontológicas (o incluso para-ontológicas) diversas, lo hace siempre sobre la base de una disyunción fundamental. En este sentido, el Espectro es como un *daimon* fuera de sí, un *daimon* que se habría vuelto loco y que, en vez de asegurar la estructura armónica de lo Uno, habría comenzado a resquebrajar el cosmos y hendir lo Real. Es preciso advertir, sin embargo, que en *Arcana Imperii. Tratado metafísico-político*, o sea dos años después de *Principios de espectrología*, la naturaleza del *daimon* tiende –por así decir– a espectralizarse. Como el Espectro, ahora el *daimon* es también capaz de hendir al Ser con una disyunción que conduce al *Outside*: "El acoso del *daimon* marca, justamente, la presencia del *Outside*, el desligarse disyuntivo del Ser" (2018: 54). Se trata por supuesto de un *daimon* diverso al de las metafísicas neoplatónicas: una suerte de anti-*daimon*. No sorprende por lo tanto que el más-allá-del-Ser del neoplatonismo sea por completo diferente del fuera-del-Ser de la espectralidad. Si aquel servía para unificar y cohesionar lo Real; este sirve para disgregarlo; si aquel garantizaba la *harmonia mundi* y la estructura jerárquica de los entes; este rompe toda *harmonia* y toda jerarquía. Extraño teatro de la espectralidad: sobre un escenario fracturado se desarrolla un drama que incluye una pluralidad de dimensiones, no todas ellas materiales, no todas ellas inmateriales, no todas ellas ontológicas. Delirante y dislocada danza: una música atonal, incluso más desconcertante que el dodecafonismo de Schönberg, más próxima acaso a las últimas composiciones de Adrian Leverkühn y a los ritmos endemoniados de Stravinsky que a la *Eroica* de Beethoven o incluso al *Parsifal* de Wagner, resuena por las hendiduras de un "Mundo disyunto" (2016: 259) y lo hace bailar hasta desmultiplicarlo. La música de las esferas es ahora una *in-harmonia mundi*; la sinfonía universal, un clave *mal* temperado. No sorprende por eso que Fabián mencione el célebre pasaje de *República* 509b donde Platón postula al Bien como *epekeina tes ousias* para mostrar el efecto disyuntor del Espectro. No sólo se sitúa fuera-del-Ser, como lo Uno o el Bien del neoplatonismo, sino que, desde ese afuera, fragmenta incluso la Unidad *hyper*-ontológica que los términos Uno o Bien pretendían nombrar. El Espectro, pues, no sólo es la imposibilidad de la homogeneidad del Ser, sino también la imposibilidad de lo Uno y del Bien, es decir de la hiperesencialidad árquica. El vector disyuntivo afecta tanto a la *ousia* como al *epekeina tes ousias*.

> El espectro está más allá del Ser pero no en el sentido de Platón en *República* 509b y sus posteriores exégesis neoplatónicas. El espectro no es ni sensible ni inteligible. Al contrario, se configura como aquello que impide la constitución misma del Uno más allá del ser como principio primero de lo existente senso-eidético. El horizonte de espectralidad no actúa como principio sino como disruptor del Ser sin posicionarse como su causa última. Indiferente al Ser, sólo puede captarse, no obstante, según un modo que impide la cohesión de lo existente bajo la forma del Todo (2016: 276-277).

La espectrología está muy cerca de la metanfetafísica: plantea un Afuera radical que impide la totalización y la cohesión del Ser y además distingue a ese Afuera de lo Uno o el Bien del neoplatonismo. Como el SMG, admite el primer paso de la metafísica, la postulación de un Otro que Ser, e incluso evita el segundo paso, la identificación de ese Otro con el Fundamento de lo Real. Sin embargo, conviene tener presente que este segundo paso implica en la tradición metafísica siempre un doble movimiento: por un lado, una identificación de la Alteridad radical con algún tipo de Fundamento (*arche, aitia, telos,* etc.); por otro lado, una relativización de esa Alteridad que pasa simplemente por la postulación de algún tipo de relación entre lo Otro y el Ser. Tal vez se podría hablar, parafraseando la distinción que propone el espectrólogo argentino respecto al principio antrópico (2012: 12), de un *principio de relativización fuerte* y un *principio de relativización débil*. Ambos formarían algo así como las dos caras del segundo paso de la metafísica. El *principio de relativización fuerte* consistiría en identificar a lo Otro que Ser con alguna forma de Fundamento. El *principio de relativización débil*, en cambio, consistiría en postular algún tipo de relación entre lo Otro y el Ser. Aquel sería propio de las metafísicas neoplatónicas; este, de buena parte de la filosofía del siglo XX, incluido el postestructuralismo y la post-metafísica. El SMG no acepta ninguna de las dos modalidades del principio de relativización, ni el fuerte ni el débil. En efecto, para la metanfetafísica cualquier relación entre lo Otro y el Ser, según establece la fórmula de implicancia, supone ya una relativización de lo Otro. Es claro que la espectrología combate toda pretensión fundacional. Como indicamos, el fuera-del-Ser propio del Espectro, lejos de posibilitar algún tipo de Fundamento, lo impide. ¿Pero es tan claro que el Espectro no se relaciona con el Ser y por eso mismo no se relativiza? La topología espectral, sin duda exterior a cualquier dimensión ontológica, ¿designa realmente, como parece suponer Fabián en *Principios de espectrología*, una "exterioridad absoluta" o, como ya señalaba algunos años antes en su estudio genial sobre Lovecraft, una *"outsideness* radical" (2013: 94)?

(4)

El filósofo argentino se esfuerza por mostrar la irreductibilidad absoluta del horizonte espectral respecto del Ser. Tal es así que señala explícitamente que el Espectro es indiferente al Ser y en consecuencia indiferente también a las categorías y los límites de la metafísica. Es más: el Afuera espectral no es un exterior *relativo a* un interior, sino un dominio independiente del Ser y de cualquier teoría de lo Uno. En este punto, la espectrología y el Espectro, la ciencia y su objeto, parecieran operar de la misma manera: así como el Espectro no es relativo al Ser, la espectrología "no es una forma de externalidad respecto del Adentro de la metafísica [...] sino, al contrario, un dominio subsistente que persiste independientemente de la metafísica y las henologías autosuperadoras" (2016: 137). Por otro lado, Fabián es muy cuidadoso de no caer en las trampas de la presencia que podrían conducirlo a identificar al Espectro con alguna forma de principio dinámico. Así como el Espectro es amorfo y afigurativo, es también adinámico e irreductible a la dupla acto/potencia, así como a las diversas polaridades metafísicas. Su accionar se produce en la dehiscencia del Ser, es decir en una "región anontológica que posee la agencia acausal de intersectar al Ser sin compartir con éste ningún conjunto de propiedades predicativas" (2016: 271). Pero todas estas precauciones y aclaraciones, ¿son suficientes, desde una perspectiva metanfetafísica, para no relativizar a lo Otro y respetar así la fórmula de implicancia y el principio de irrelatividad?

Antes de responder esta pregunta, conviene aclarar que la espectrología, en tanto no considera al espectro en términos de irrealidad ni en el horizonte de una teoría del aparecer o de una fenomenología de la vivencia, difiere en varios puntos de la hantología de Derrida. En este sentido, la ciencia espectral, que en la filosofía de Fabián asume rápidamente una condición post-hantológica, tiene por objetivo "pensar la particular forma de *in-sistencia* del espectro como parte del mundo" (2016: 218). El problema consiste precisamente en esa insistencia. ¿Qué quiere decir que el espectro *in-sista* en el horizonte del mundo? Fabián se formula la misma pregunta y además la complejiza: "¿cómo puede existir un espectro *en* el mundo sin confundirse con su estructura de apariencias sin substancia?" (2016: 288). En lo que a nosotros concierne, nos basta la primera parte del interrogante para poner de manifiesto el problema: ¿cómo puede existir (o, mejor aún, *insistir*) un espectro *en* el mundo? La respuesta a este interrogante, equivalente a "cómo puede existir o insistir un espectro en el dominio del Ser", presupone como su misma condición de posibilidad que el espectro mantenga algún tipo de relación (de insistencia o inherencia, precisamente) con el mundo y el Ser. Pero procedamos con cautela.

Considérese al espectro en algunas de sus figuraciones históricas. Sea el espectro del difunto: "es el espectro quien tiene la capacidad de agencia, influyendo sobre los vivos" (2016: 64). De hecho, el espectro es presentado por Fabián como un "puente que permite que el espacio de la ultra-tumba pueda entrar en el mundo humano" (2016: 65). El alma del difunto, así, funciona como un "operador de pasajes entre esferas ontológicamente diferenciadas" (2016: 66-67). En este sentido, todo *Principios de espectrología*, aunque podría decirse lo mismo del proyecto *La comunidad de los espectros* en general, tiene como uno de sus objetivos prioritarios —aunque no el único, desde luego– mostrar "la profunda *relación que une* el mundo espectral y el humano" (2016: 138; las cursivas son nuestras) o, dicho de otro modo, mostrar que "las comunidades humanas no han hecho más que *relacionarse* con los espectros" (2016: 41; las cursivas son nuestras). Sea también el espectro *qua phantasma*. A partir de un testimonio de Plinio el Joven sobre una casa en la que se aparecía un *eidolon*, una imagen fantasmática, Fabián muestra que "el espectro no sólo crea una atmósfera sino que tiene una capacidad de agencia por «influencia» no directa, una suerte de causalidad no-actante" (2016: 134). O considérese incluso el espectro en su relación con el *nous*, con el pensamiento. No hay que creer, explica el filósofo, que el espectro designa un objeto que se le presenta al pensamiento y se ubica ante él, como si fuese una suerte de *ens rationis* o de *noema* hacia el cual se intencionase la conciencia, sino que más bien el espectro "se inscribe como el *operador anontológico* que *dehisciende* al pensamiento de sí mismo y, en la estructura del acoso, presenta la emergencia de lo Otro como principio actuante" (2016: 165-166). O examínese también la relación fundamental entre el espectro y el lenguaje. ¿Qué nos dice la espectrología al respecto? Nos dice que "todo lenguaje está, por así decirlo, constitutivamente infiltrado por la dimensión espectral que permite que lo Otro hable en el lenguaje" (2016: 243-244). ¿Y acaso no nos dice lo mismo acerca de la función constitutiva del espectro en relación a la subjetividad? ¿No asegura que el dominio espectral "determina el carácter del sujeto" (2016: 240) y que, debido a su precedencia respecto a toda forma de individuación subjetiva, "es su verdadera condición de posibilidad" (2016: 259)? Por otro lado, ¿no es acaso el sueño el espacio paradigmático de los espectros, el lugar-sin-lugar en el que *Homo* se abre a los Otros que lo constituyen y que reverberan en su "interioridad" psíquica?, ¿no es "una de las vías regias de acceso al mundo espectral" (2016: 223) o, al igual que el cuerpo, una "vía regia hacia el *Outside*" (2016: 278)? En suma, ¿no es el sueño, como ya había anunciado Fabián en ese laboratorio titulado *H.P. Lovecraft. La disyunción en el ser* que contiene *in nuce* varias de las tesis que reaparecerán, pulidas y perfectamente calibradas, en *Principios de espectrología*, "la *terra incognita* donde todas las fuerzas del cosmos actúan unas sobre otras" (2013: 61)?

A la luz de estos diversos pasajes podemos ya formarnos una idea lo suficientemente precisa de la espectrología como para afirmar de forma cabal que el Espectro, siendo irreductible por completo al orden del Ser, se relaciona no obstante con éste bajo el modo del acoso y del asedio. Fabián

   METANFETAFÍSICA. Ensayo de sobredosis ontológica

lo enuncia sin rodeos, puesto que no representa un problema para él sino justamente lo que hay que pensar, cuando define al campo espectral "como un conjunto más allá del Ser pero que *se relaciona con éste* bajo la forma del acoso disyuntivo" (2016: 285; las cursivas son nuestras). Relación acausal, relación exterior a cualquier determinación metafísica, relación irreductible a cualquier parámetro ontológico; es más, relación que impide la totalización del Ser, que lo resquebraja y fractura, relación dehiscente, disyuntiva, diversa incluso de la síntesis disyuntiva de cuño deleuziano, pero relación al fin. De hecho, en *Filosofía Primera. Tratado de ucronía post-metafísica*, el volumen que cierra la saga de *La comunidad de los espectros*, se explica sin margen de error que "disyunción no significa incomunicación sino imposibilidad de armonía o de convergencia en lo Uno" (2021: 36). Los textos de Fabián se caracterizan por una proliferación de términos tendientes a describir esta comunicación o relación entre lo Otro y el Ser, entre el Espectro y *Homo*: influencia, impregnación, permeabilidad, acoso, asedio, determinación, inherencia, intersección, entrelazamiento, comercio, contacto, insistencia, irrupción, emergencia, acecho, disrupción, performatividad acausal, experimentación, parasitación, interrupción, configuración, efectuación, atravesamiento, anclaje, inducción, etc. En este punto, los senderos de la espectrología y de la metanfetafísica se bifurcan. La metanfetafísica, si bien comparte muchas tesis medulares con la espectrología, difiere en otras no menos decisivas. Sin ir más lejos, en lo que concierne a la posibilidad o imposibilidad de acceder al Afuera o, a la inversa, de que el Afuera acceda al Ser. Mientras que para la espectrología "es posible acceder al *Outside*" (2016 152), para la metanfetafísica, obediente siempre al principio de irrelatividad, tal acceso es imposible. En este sentido, el *Outside* no es un sinónimo posible de X. La diferencia es que aquel admite un acceso, mientras que X no. Antes de continuar, sin embargo, conviene hacer una aclaración.

(5)

Como hemos indicado en la introducción, no se trata de señalar deficiencias o insuficiencias en las filosofías de los autores considerados. Cada sistema de pensamiento responde a problemas específicos y encuentra las soluciones que considera idóneas para dar cuenta de esos problemas. No hay ninguna deficiencia o insuficiencia allí. Pero eso no quiere decir que los modos de responder a los interrogantes que un autor se formula sirvan también para responder a los interrogantes formulados por otro autor y para dar cuenta de otros problemas. Cada problema encuentra su propia resolución. La empresa espectrológica de Fabián no es idéntica a la empresa metanfetafísica, a pesar de sus profundas afinidades. Ambas, para decirlo con A. N. Whitehead, son *adventures of ideas*, pero se trata de aventuras diferentes. Fabián nos invita a pensar un Ser disyunto, hendido y acosado por lo espectral; nos invita a reflexionar sobre las múltiples agencias —muchas de ellas a-causales y a-dinámicas, como el Espectro— que han determinado los destinos de *Homo*; nos ayuda a cobrar conciencia del desafío que representa para el pensamiento contemporáneo la posibilidad de la extinción de *Homo* e incluso de toda forma de vida en un cosmos infinito y pluri-dimensional. Él asume ese desafío y, al hacerlo, nos desafía también a nosotros a ir más allá, nos desafía acompañándonos hasta el punto en el que *to on* deviene *dia-on*, en el que el Ser se excede a sí mismo y deviene Ultra-Ser. ¿Y no es este exceso un modo de decir la sobredosis? ¿No encontramos acaso, en la *Summa Cosmologiae*, el volumen IV de *La comunidad de los espectros*, una de las formulaciones más claras de la sobredosis: "La disyunción señala, precisamente, el Ser desbordándose a sí mismo en el Ultra-Ser" (2020: 47)? Sin duda. La espectrología es afecta a la sobredosis desde su mismo inicio. Es más, el clamor espectrológico de Fabián es lo que nos interpela y nos llama a pensar cuando el *logos* de la metafísica calla; es el lenguaje después de haber cumplido su destino locucionario; el pensamiento después del pensamiento; lo que se enuncia, más allá de toda lógica y de todo sentido, cuando lo mejor sería callar porque del *Outside* convendría no hablar. Por el contrario, la disyuntología reclama la posibilidad de dar cuenta filosófica y discursivamente del Ultra-Ser, lo cual implica situarse por fuera de los principios de la lógica tradicional o formal. El *logos* para-ontológico de la post-metafísica espectral comienza allí mismo donde el lenguaje metafísico retrocede. La inefabilidad decretada por la metafísica a la hora de dar cuenta de un Afuera o un Otro que Ser es la ocasión que encuentra la disyuntología espectral para un nuevo lenguaje que, asumiendo la ilogicidad y el sinsentido del *Outside*, permita decir lo que se presumía indecible. Cuando el *logos* metafísico enmudece, comienza el *logos* post-locucionario, y este comienzo no puede más que conducir a la filosofía a devenir ultra-filosofía. ¿Qué es la ultra-filosofía? Es la disciplina que, a diferencia de la metafísica que estudia al Ser, estudia al Ultra-Ser o a lo allende al Ser. Cuando el

     METANFETAFÍSICA. Ensayo de sobredosis ontológica

espectrólogo afirma que "no hay un solo espacio más allá del Ser sino varias regiones posibles" (2016: 165), es la ultra-filosofía la que habla. Fabián ha ido hasta el fin de ese viaje ultra-filosófico. Y es más que evidente que no existen deficiencias en un pensamiento que va hasta el fin, más allá del fin, *après la finitude*. La espectrología plantea sus problemas y los resuelve, y si deja abiertas ciertas cuestiones es sólo porque así lo exige la propia ciencia de lo espectral. Quien se interese en esos mismos problemas encontrará en *La comunidad de los espectros* elementos preciosos para pensar. No le falta nada a esos volúmenes, ni una coma. Es claro que, al interior de ese proyecto espectrológico, no tendría ningún sentido plantear un *Outside* o –lo que no es exactamente lo mismo– un horizonte de espectralidad que no mantuviese algún tipo de relación con el Ser y con *Homo*. Incluso es probable que la espectrología considerase a la fórmula de implicancia y al principio de irrelatividad del SMG inconducentes e inapropiados. ¿No representa acaso una recuperación de la lógica formal más ingenua, más metafísica, la cual exigiría que allí donde hay relación –del tipo que sea– no pueda hablarse de alteridad absoluta o de Afuera radical? Es evidente que para Fabián sería improcedente aplicar una lógica metafísica a un pensamiento post-metafísico. Y tendría razón. Sin embargo, debemos decir que nuestra intención de respetar la lógica formal contenida en la fórmula de implicancia y el principio de irrelatividad, y respetarla con la mayor ingenuidad y la mayor docilidad, tiene por único fin el extremismo más radical: el coma ontológico provocado por la sobredosis. Se trata de un movimiento análogo al que implementa Descartes en las dos primeras meditaciones metafísicas: adopta la máscara del escéptico, finge no encontrar la certeza que busca, lleva toda la meditación hasta el punto de quiebre, hasta que la hipérbole –Descartes era también un adicto– del genio maligno pareciera condenar su empresa al fracaso, y en ese momento, cuando pareciera que no le queda más remedio que bajar los brazos, cuando el *suspense* es prácticamente insoportable, todo se da vuelta: es la intuición de su existencia, el polo opuesto al escepticismo, el salto abrupto a otro nivel de reflexión, la transfiguración del pensamiento, la evidencia apuñalando el corazón de la duda. En síntesis, el mantenimiento de la lógica formal inherente al principio de irrelatividad y a la fórmula de implicancia obedece a razones estratégicas. Lo único que lo justifica es la posibilidad de eversión ontológica que promete. Y esa promesa no es más que la de un Otro absoluto *que no se relativice*. Descartes dice: "me esforzaré e intentaré de nuevo la misma vía que emprendí ayer, apartando todo lo que admite la más mínima duda, como si hubiera descubierto que es completamente falso" (*AT* VII: 24). Nosotros decimos: "nos esforzaremos e intentaremos de nuevo la misma vía que emprendimos en los capítulos previos, apartando todo lo que admite la más mínima sospecha de relación entre el Ser y X, como si hubiéramos descubierto que cualquier forma de relación implica una completa relativización de X". Pero al igual que Descartes, el objetivo de esta desconfianza desmesurada es conquistar una desmesura aún mayor: la postulación de una Alteridad absoluta o de un Afuera radical: X. Como si hubiese que vestirse de monaguillo para lograr la apostasía; como si hubiera que ser poderoso –la idea es de Pasolini– para practicar la anarquía; como si sólo la hiperventilación del Ser, en suma, pudiera asfixiarlo. A fin de cuentas, el principio de irrelatividad y la fórmula de implicancia son el traje de policía que suele usar la metanfetafísica cuando se dispone a robar un banco. La mentanfetafísica establece una dosis-límite muy precisa. Pero lo hace porque está obsesionada con la sobre-dosis, y sabe que sólo es posible la sobredosis si hay un Límite fijado. La espectrología de Fabián también reconoce el Límite fijado por la metafísica y por el lenguaje y, puesto que su gusto por la sobredosis es también pronunciado, lo reconoce para transgredirlo. No obstante, la sobredosis espectrológica no es la sobredosis metanfetafísica. Esto es así porque, mientras que para la espectrología la sobredosis consiste en atravesar el Límite y postular una relación con el Espectro y el *Outside*, para la metanfetafísica la sobredosis consiste en los efectos que genera en el Ser la imposibilidad de atravesar el Límite. Se trata, por cierto, de un Límite metafísico o, mejor aún, del Límite *de* la metafísica. Por eso el edificio espectrológico se alza allí donde la metafísica cierra la boca: "El espectro se asienta en el punto exacto en el que la metafísica calla y, por ello mismo, se encuentra en las puertas de una *terra incognita* para las ambiciones de las ontologías de lo Uno y de lo Múltiple" (2016: 112). La osadía de Fabián, su gesto incomparable, consiste en haber levantado una suerte de urbe gótica, más próxima sin embargo a las megalópolis paleógenas de Lovecraft que a la Paris o a la Bologna del Medio Evo, sobre esta *terra incognita*. Gran parte de la intrepidez de la espectrología consiste en decirnos que, allí donde la metafísica renuncia a la palabra y al pensamiento, es posible filosofar aún. Y no sólo que es posible, sino que es necesario. La *pars construens* de la obra disyuntológica de Fabián, todos esos párrafos que en general suelen anunciarse con adversativas ("al contrario...",

    METANFETAFÍSICA. Ensayo de sobredosis ontológica

"en cambio...", "sin embargo...", etc.) porque indican una toma de distancia respecto de la filosofía que se está examinando y a la vez la aurora de una posición propia, o también ese uso proliferante y absolutamente único de ciertos prefijos (*post-*, *para-*, *ultra-*, etc.) que dislocan, como el Espectro al Ser, las categorías a las que anteceden, es su respuesta a este desafío y a esta necesidad. De allí que la espectrología no sea para Fabián una mera deconstrucción de la metafísica, sino que solicite "un *saber positivo* sobre el espectro que pueda disputar verdaderamente a la teología política el conocimiento del mundo espectral" (2016: 209). Todo el políptico conocido como *La comunidad de los espectros* es el desarrollo minucioso y sistemático de este *saber positivo*. Tal vez el valor de un filósofo se mida en función de la exigencia a la que se ve conminado a responder, a la que no puede desoír. Fabián se ha medido con una exigencia enorme: construir un saber positivo de esa *terra incognita* que es la espectralidad. Casi podemos adivinar el entusiasmo y el vértigo, la euforia y el temblor que debe haber sentido cuando vislumbró por vez primera, quizás mientras escribía *Antropotecnia*, quizás antes, la magnitud de lo que tenía por delante y de lo que se jugaba allí. Sin embargo (y nótese que utilizamos la adversativa en un sentido eminentemente ludueñano), lo que debemos preguntarnos ahora es si el aparato conceptual propuesto por la espectrología resulta adecuado para responder a los problemas planteados por la metanfetafísica. Lo primero que hay que decir es que la posibilidad de un saber positivo sobre lo Otro radical, absolutamente genuino y legítimo en el marco de la disyuntología espectral, resulta problemático para la metanfetafísica. ¿Por qué? Porque supone que es posible abordar a lo Otro, hablar de lo Otro, de X, *directamente*. Esto no significa que el SMG renuncie a una filosofía de X. Si fuese así no tendría sentido este libro. El punto está en el modo de *fundamentar* ese saber. La metanfetafísica asegura que X es impensable en sí misma, y que en tanto impensable ni siquiera puede decirse que X admite algo así como un "sí misma". La post-metafísica de Fabián, en cambio, afirma precisamente lo opuesto: "Lo impensable que no puede ser dicho es el punto de partida del decir disyuntológico" (2020: 43). ¿Qué significa esto? ¿Qué significa que lo impensable pueda ser pensado y que lo indecible pueda ser dicho? Significa, en primer lugar, que la espectrología reclama otro lenguaje (al que el filósofo, como vimos, califica de post-locucionario); y, en segundo lugar, que el *Outside* —que podemos identificar, por comodidad y por el momento, con la X del SMG– puede ser dicho y pensado por este lenguaje ultra-filosófico:

El *Outside* coincide, precisamente, con el territorio del sinsentido de la metafísica occidental. Para abordar esta cartografía en el ámbito de la filosofía se requiere, por tanto, de la ilogicidad propia de la post-metafísica. En el mismo gesto, la filosofía deviene así ultra-filosofía pues se propone decir lo que la lógica deja escapar y lo que el lenguaje no puede más que contener como el vehículo de su propia desagregación (2020: 108).

Es posible abordar al *Outside*, entonces. Por supuesto que tal abordaje requiere desprenderse de la lógica y del sentido propios de la metafísica. Lo cual no significa que la ultra-filosofía tenga que desembocar forzosamente en la incoherencia y el misticismo. Nada más lejos de la espectrología. La ciencia de lo espectral es absolutamente racional y rigurosa, sólo que de un rigor otro y de una racionalidad otra. Pero el punto que nos interesa señalar en esta instancia es que, desde un paradigma post-metafísico y para-ontológico ajeno a la tradición de la onto-teología, es posible para Fabián acceder al *Outside*, es posible para la (ultra)filosofía abordarlo y pensarlo. Nosotros no discutimos que tal cosa sea posible, lo que discutimos es que ese *Outside* designe entonces un Afuera *radical* o un Otro *absoluto*. Si la *terra incognita* de la espectralidad puede ser conocida, si puede ser pensada filosóficamente –o, mejor aún, ultra-filosóficamente–, eso quiere decir que para la disyunto-logía post-metafísica no es *incognita*, sino *cognita*. De hecho, ¿qué otra cosa es la espectrología sino el esfuerzo especulativo por volver *cognita* la *terra* que, a lo largo de la historia de la metafísica, ha permanecido irremediablemente *incognita*? Por el contrario, la metanfetafísica considera que cualquier forma de conocimiento supone algún tipo de relación y por lo tanto una relativización de los términos implicados. Este axioma, establecido por la fórmula de implicancia, se extiende incluso a la post-metafísica. Acceder al *Outside* a través de un logos post-locucionario, fuera de la lógica y del sentido, es de igual modo relativizarlo. Y hay que recordar que la aventura del SMG consiste en postular un Otro fuera del Ser *que no se relativice*. Pero entonces, si la metanfetafísica renuncia a la posibilidad de un saber positivo de X, ¿cómo puede decir incluso X, cómo puede hablar de un Otro *absoluto*? Para responder este interrogante es preciso recordar la condición imaginaria del Ser. X es una proyección fóbico-fantasmática del Ser, razón por la cual la única manera de hablar de X es *sub specie imaginationis* y por lo tanto de forma *indirecta*, puesto que la X imaginada no es (necesariamente) la X más allá del Límite –en caso de que haya X más allá del Límite, cosa factible pero imposible de verificar–. La espectrología, por el contrario, se sustenta en la pretensión de construir un saber *positivo* del *Outside*. Más allá de las múltiples maneras de entender el término *positivo*, complejidad hermenéutica en la que no vamos a entrar ahora, lo cierto es que definitivamente no significa *imaginario*. Incluso no sería desatinado decir que ambos términos se oponen. Sin ir más lejos, Fabián muestra la excomunión que sufrió el Espectro en la Modernidad al ser recluido en el dominio ilusorio de la imaginación:

> ...el espectro es desplazado fuera del orden del ser para ser recluido en una esfera, la imaginación, donde las imágenes incapaces de representar para el pensamiento un existente objetivo externo no cobran fuerza ontológica sino que son la manifestación efímera de una ilusión (2016: 35-36).

¿No podría decirse lo mismo de la metanfetafísica? ¿Acaso no recluye a X en la esfera de la imaginación al concebirla como una proyección fóbico-fantasmática del Ser? Al postular esta concepción fantasmática de X, ¿no estaría suturando (imaginariamente) la hendidura que X pretendía justamente asegurar? En suma, al identificar a X, cuya postulación apuntaba a impedir la clausura y la totalización del Ser, con una proyección imaginaria, ¿no se estaría obturando la posibilidad misma de la desfundamentación ontológica?, ¿y no se privaría a X, concibiéndola como un mero objeto imaginario, de su condición absoluta? Estas objeciones que la espectrología –o cualquier lector atento– podría dirigirle con pleno derecho a la metanfetafísica son muy importantes. La primera cuestión a tener en cuenta es que la imaginación, tal como la concibe el SMG, y tal como la concibe en oposición a la Modernidad filosófica, no pertenece al orden del sujeto sino del Ser, no es antropológica o psicológica sino ontológica. En este sentido, la maniobra de la metanfetafísica no es equivalente a la de la filosofía moderna. Si esta, como muestra Fabián, desplaza al espectro fuera de la ontología y lo recluye en la imaginación humana, aquella desplaza a la imaginación fuera de *Homo* y la recluye en la ontología. Pero al hacer tal cosa, ya no se trata de una reclusión, sino de una apertura. Por lo pronto, de una salida de *Homo* (genitivo objetivo), de una liberación de la imaginación –y consecuentemente del Espectro– de sus cadenas antrópicas. Pero podría volver a objetarse que, si bien la metanfetafísica libera a la imaginación de *Homo*, es sólo para recluirla en el Ser, en el horizonte de la ontología y que por lo tanto su objetivo último, liberar a X de la ontología o plantear un Otro absoluto, seguiría sin cumplirse. Más aún cuando el Espectro, tal como lo entiende Fabián, no pertenece al horizonte de la fenomenología sino que es irreductible a toda aparición y a toda presencia. El problema es arduo y resulta preciso avanzar con cuidado. Hemos mostrado que la imaginación pertenece a la ontología: no es *Homo* quien imagina a X, sino el Ser. Este primer paso, menor en apariencia, nos permite sin embargo mostrar que la imaginación requiere ser abordada desde una perspectiva an-antrópica. Pero si nos quedásemos con esto, la objeción seguiría siendo válida: nos habríamos limitado a desplazar el problema de *Homo* al Ser, como si le hubiésemos sustraído la potestad de X a *Homo* sólo para otorgársela al Ser, como si lo ganado a la antropología lo perdiéramos en la ontología. Hay que tener presente, como ya hemos indicado en los capítulos anteriores y como mostraremos con más detalle en el Libro Λ, que para el SMG la ontología es por necesidad fenomenológica y por lo tanto imaginaria, como lo prueba el hecho de que *phainesthai*, el aparecer del Ser, el Ser como aparecer, proviene de la misma raíz que *phantasia, phainomenon* y *phaino*. Pero aquí es preciso explicar que la fenomenología se ve constantemente acosada por lo que no aparece, por lo que no se presenta, por ejemplo el Espectro. En efecto, el Espectro no pertenece al orden de la fenomenología tradicional entendida como horizonte del aparecer, y no pertenece por razones de principio: no se rige por la lógica de la apariencia, más allá de que pueda aparecer eventualmente. Según indicamos, el Espectro (con mayúscula) designa una subsistencia adinámica y afigurativa irreductible a sus diversas figuraciones históricas. Pero si esto es así, si la ontología coincide para el SMG con la fenomenología, y si el Espectro es irreductible a la fenomenología, entonces el Espectro es un Otro que Ser. Por supuesto, es lo que dice la espectrología, pero también lo que dice la metanfetafísica. El Espectro, sin duda, es una exterioridad respecto al Ser, pero no una "exterioridad absoluta" o una "*outsideness* radical", como sugiere Fabián. En la medida en que puede establecer una relación con el Ser, una relación singularísima (influencia, acoso, inherencia, intersección, insistencia, etc.), el Espectro pierde su condición de alteridad absoluta. Para la metanfetafísica el dominio espectral es ciertamente un Otro que Ser, pero un Otro *relativo*. La espectralidad pertenece al interior del Límite. Lo cual nos lleva a una segunda cuestión, no menos importante. La proyección fóbico-imaginaria de X no encuentra su causa en el Ser mismo, sino en el Límite o, más bien, en el horror que experimenta el Ser al chocarse con el Límite. No se trata por eso de un impulso intra-ontológico, sino de un reflejo fóbico ocasionado por el Límite. La expresión "reflejo fóbico" (que remite por supuesto al *phobischen Reflex* de Aby Warburg) es absolutamente certera. Se trata en efecto de un reflejo, puesto que lo propio del Límite es reflejar al Ser, pero reflejarlo para disgregarlo, no para constituirlo en totalidad. Este punto es fundamental: en rigor de verdad, el Límite no refleja al Ser, no le devuelve una imagen (*eikon*) de sí mismo, una apariencia en la que le fuese posible reconocerse. Al contrario, el Límite, que no es sino un Espejo roto y distorsionador, le devuelve imágenes-otras (*eidola*), deformes y delirantes. Por eso la imaginación, como veremos con mayor detalle en el Libro Λ, se caracteriza por una anfibología fundamental: es simbólica y diabólica, conjuntiva y disyuntiva. El Ser se rompe, como se rompe un espejo. Y las esquirlas de cristal no son sino los modos de aparición del propio Ser, la multiplicidad disgregada del aparecer onto-feno-menológico. Pero además de estos fragmentos espejados, y justamente porque el Espejo está roto, el Ser experimenta también los vacíos que acechan entre los fragmentos, las zonas de opacidad que se insinúan entre los trozos reflexivos a través de las hendiduras que los separan. Estas zonas dan lugar a las inapariencias del Ser, a sus efectos de impresencia: *sus* múltiples Otros, uno de los cuales es precisamente, para el SMG, el horizonte espectral. Se comprenderá entonces por qué la espectrología puede reclamar un saber *positivo* del Espectro mientras que la metanfetafísica puede reclamar sólo un saber *imaginario*. Mejor aún: la metanfetafísica admite un saber positivo del Espectro pero sólo a condición de que lo espectral no designe un Otro absoluto. Si por el contrario se afirma, como hace Fabián, que la espectrología es un saber *positivo* del Espectro (es decir no imaginario) y que además el Espectro es un Otro *absoluto* fuera del Ser, entonces la metanfetafísica abandona a la espectrología. Y la abandona porque sólo acepta dos posibilidades: o bien se concibe al Espectro como un Otro relativo y entonces se admite la posibilidad de un saber positivo; o bien se concibe al Espectro como un Otro absoluto y entonces se admite únicamente la posibilidad de un saber imaginario o fóbico-fantasmático. Lo que el SMG no acepta es lo que sí acepta la espectrología, a saber: la postulación del Espectro como un Otro *absoluto* y a la vez la postulación de un saber *positivo* de ese Otro absoluto. No vale la pena repetir que, al interior del horizonte espectrológico, tal postulación posee toda su legitimidad y su potencia inigualable. Por eso la espectrología puede explicar el asedio del Espectro en el mundo de *Homo* como una intrusión de lo Otro absoluto en el horizonte del Ser. Es decir: lo espectral acosa *directamente* al Ser, llega *desde* el Afuera mismo, aunque sea bajo el modo de la disyunción y del resquebrajamiento. Por tal motivo, Fabián puede hablar sin problema de "la hendidura que la espectralidad produce en el Ser" (2016: 285) o puede decir –también sin inconveniente– que el Espectro, no perteneciendo al Ser, "lo acosa y determina desde el *Outside*" (2016: 268) o que "irrumpe en él [en el pensamiento] desde el *Outside*" (2016: 276), afirmaciones que serían ilegitimas en el horizonte del SMG. En efecto, para la metanfetafísica nada llega –ni puede llegar– de X, a riesgo de perder su condición absoluta. Lo que disgrega y fractura al Ser no es X, sino el Límite. Pero el Límite no es un Otro absoluto, sino un Otro relativo al Ser, al cual refleja. La Alteridad absoluta, para el SMG, se encuentra –o podría encontrarse– más allá del Límite, pero nada puede saberse porque el Límite, según postula el principio de irrelatividad, es infranqueable. El hecho crucial es que es esa misma imposibilidad de traspasar el Límite lo que horroriza al Ser y lleva la sobredosis a su punto extremo. Lo que el Ser no soporta, lo que termina por enloquecerlo y sumirlo en estado de coma, no es la irrupción de lo Otro (llámese Espectro o *Outside*) en su propio horizonte ontológico, sino lo que no irrumpe, lo que no llega, lo que no acosa. *El horror supremo es la ausencia de relación.* Peor que cualquier engendro, más abominable aún que Yog-Sothoth, más perturbador incluso que el *Monstrum* que acosaba a Aby Warburg, es la imposibilidad de atravesar el Límite y saber lo que hay –si es que hay "algo", si es que el "hay" tiene sentido aún– más allá. Borges dijo alguna vez que si el laberinto, análogo para él al universo, ocultase en su centro al Minotauro podríamos considerarnos afortunados porque al menos habría *algo*, aterrador sin duda, pero algo al fin. Mucho peor, conjeturaba Borges, sería que no hubiese nada en el centro del laberinto. Discrepamos con Borges. Lo peor, lo realmente espantoso, sería no ser capaces de acceder al centro del laberinto para saber si hay algo o si está vacío. Esa imposibilidad, por lo pronto, es el Trauma del Ser, el Trauma que lo obliga a manifestarse y aparecer, pero también a enfrentarse a zonas de inapariencia y de impresentación. Lo que llamamos devenir del Ser es sólo estrés post-traumático.

(6)

Hace un momento dijimos: "llámese Espectro o *Outside*", como si los dos términos fueran sinónimos. Más allá de que en el contexto del enunciado no resultaba problemático, lo cierto es que se trata de una imprecisión que es

    METANFETAFÍSICA. Ensayo de sobredosis ontológica

necesario subsanar. El Espectro no es el *Outside*, aunque provenga de él. En los apartados previos nos hemos familiarizado con la noción de Espectro y de espectralidad, pero no así con la noción, absolutamente central y sin duda también escurridiza, de *Outside*. Ha llegado, pues, el momento de preguntar: ¿qué es el *Outside*?

> El *Outside* es un horizonte metafísico que no es un Afuera localizado sino la forma ultra-topológica que hace indistinguible al Adentro del Afuera. Un espectro no proviene ni de dentro ni de fuera. Se experimenta en el cuerpo pero borra sus límites y, al mismo tiempo, lo configura en su efectuarse (2016: 276).

Este pasaje es importante porque nos brinda algunas precisiones acerca de este enigmático concepto. El *Outside* es un horizonte metafísico –en realidad se trata de un horizonte para-metafísico– que no debe ser pensado en un sentido espacial, como si fuese el Afuera de un Adentro. (Aclaración, por cierto, que se aplica también al caso de X). Estas categorías, Adentro/Afuera, pertenecen a la metafísica y por lo tanto resultan inadecuadas para pensar al *Outside*. Desde el punto de vista del *Outside*, el Adentro es el Afuera y el Afuera es el Adentro o, mejor todavía, no hay ni Adentro ni Afuera. Desde el punto de vista del Ser, sin embargo, el *Outside* es un Afuera. El pasaje recién citado además nos dice que el *Outside* es el *topos* del cual *proviene* el Espectro. Relación esencial, entonces, entre la espectralidad y el *Outside*. No sorprende, por eso, que el filósofo argentino inscriba la ciencia de lo espectral en el horizonte para-metafísico del *Outside*: "En la espectrología, al contrario, la apuesta consiste en resituar al dilema espectral en un espacio dejado vacante por la metafísica: el *Outside*" (2016: 185). En efecto, en todos los volúmenes que componen *La comunidad de los espectros* puede encontrarse la idea de que el Espectro asedia o irrumpe o insiste o inhiere "desde el *Outside*" (2016: 276). El *Outside*, entonces, es un horizonte, un *topos* que se encuentra más allá de todo existir y de todo parámetro lógico-metafísico y consecuentemente por fuera de todo ciclo temporal intra-cósmico. Fabián lo define también como "un horizonte de intensidad que, en todo lugar, constituye el espesor de lo que pertenece al Afuera del Ser" (2016: 191). Por razones evidentes, el *Outside* no es lo Uno del neoplatonismo, sino un horizonte en sí mismo multidimensional y disgregado o, también, "un conjunto ilimitado de mundos otros" (2016: 56). Como ya hemos indicado, estos mundos otros no pertenecen a la ontología, mucho menos a la metafísica. Los múltiples mundos del *Outside* son extra-ontológicos.

Hay otra noción que a veces Fabián suele utilizar como sinónimo de *Outside*: vacío. A diferencia del No-Ser, que mantiene una relación dialéctica y por tanto una complicidad con el Ser, el vacío es un Afuera de la ontología. La hendidura o la disyunción del Ser abre al vacío del Afuera radical. En el texto sobre Lovecraft, el espectrólogo argentino habla precisamente de "un vacío que señala en dirección al infinito absoluto" (2013: 85). La misma idea retoma tres años después en *Principios de espectrología*:

> ...la disyunción abre el espacio a un vacío que no es simplemente oquedad absoluta sino que constituye la vía que permanentemente experimentamos en el lenguaje, en el sueño, en el acoso de los deseos de otro que piensa en nosotros [...] y que impiden que lo real pueda cerrarse sobre sí mismo (2016: 141-142).

En este pasaje puede advertirse la relación esencial que existe para la espectrología entre la disyunción y el *Outside* o vacío. La disyunción tiene por finalidad abrir el Ser al *Outside*, es decir impedir que el Ser se clausure y se cierre sobre sí. Pero en el mismo pasaje se puede advertir también los límites que el SMG encuentra en la espectrología. Según hemos explicado, para la metanfetafísica es imposible afirmar que "algo" (llámese Espectro o *phantasma* o *eidolon* o lo que sea) provenga de X; es imposible asimismo que podamos experimentar a X en el lenguaje o en el sueño o en el pensamiento. Esto se debe a que, según establece el principio de irrelatividad, no hay relación entre el Ser y X. Por el contrario, podría decirse que uno de los objetivos prioritarios de la espectrología es crear las condiciones filosóficas que permitan un "acceso al *Outside*" (2016: 130). Lo cual no significa que la experiencia del *Outside* sea sólo una meta a alcanzar, una suerte de ideal regulador pero imposible de conseguir en los hechos, como si se tratase de una Idea en sentido kantiano. Al contrario, la espectrología postula que la relación entre el Ser y el *Outside* se da de hecho, efectivamente. Por eso Fabián puede asegurar que "el soñar conlleva una radical salida fuera de todo ámbito de lo interior para ingresar al Afuera cósmico cuya vía regia es el dominio onírico" (2016: 124) y, de manera incluso más directa, que "el *topos* del pensar es el *Outside*" (2016: 56). No sólo es posible pensar al *Outside*, sino que el *Outside* constituye el espacio propio del pensamiento. El *Outside* es ya, desde siempre, el lugar en el que se piensa, en el que pensamos o, mejor aún, en el que lo Otro piensa en nosotros. De allí la íntima relación entre el pensamiento y la locura, al menos si esta última es la que hace posible, como se lee en *La ascensión de Atlas. Glosas sobre Aby Warburg*, "la experiencia efectiva de un *Outside*" (2017:

     METANFETAFÍSICA. Ensayo de sobredosis ontológica

17). Si puede decirse que Lovecraft y Warburg son los dos grandes precursores de la espectrología es porque ambos han abierto una vía posible, sobre todo a través del sueño y la locura, hacia el Afuera. No resulta extraño, en este sentido, que todo el Atlas *Mnemosyne* de Warburg sea interpretado por Fabián como "una cartografía del *Outside* según un registro imaginal" (2017: 40). ¿Y acaso no leemos en *Arcana Imperii* que incluso en nuestro esqueleto, en nuestros huesos se esconde "la archi-huella de nuestra *relación originaria* con el *Outside*" (2018: 35; las cursivas son nuestras)?

La conclusión provisoria que podemos sacar entonces es que el *Outside* no es el Espectro sino el horizonte para-ontológico y para-metafísico del cual proviene el Espectro. Sin embargo, a pesar de su exterioridad radical, para el SMG el *Outside* sigue siendo relativo al Ser, por la sencilla e ingenua razón de que sigue presuponiendo una relación con él: tanto del Ser hacia el *Outside* cuanto del *Outside* hacia el Ser (por ejemplo en el sueño, que es el paradigma del acoso espectral). En *Arcana Imperii*, Fabián llega a sugerir que no debe excluirse la posibilidad de que incluso las máquinas y la *Artificial Intelligence* encuentren "su propio camino hacia el *Outside*" (2018: 33). Por el contrario, el SMG establece que no hay relación entre el Ser y X. Ergo: X no es el *Outside*. El horror que experimenta el Ser no es por eso un *horror vacui*, ni siquiera un horror ante "un vacío absoluto de toda forma de vida" (2013: 94), sino un horror a X (entendiendo a X como proyección imaginaria, claro está). Pero X no es un vacío, o si lo es no hay modo de saberlo. En tanto el más allá del Límite es inaccesible, no puede afirmarse que X sea un vacío o una plenitud, una nada infinita o un *pleroma*. Lo interesante es que esa inaccesibilidad es justamente lo que horroriza y enloquece al Ser, lo que hace que X, para el Ser, sea, y sea lo más real. Por eso mismo, para el SMG lo espectral no es lo Otro absoluto, irreductible al Ser, sino una de las alteridades que fracturan al propio Ser e interrumpen su darse fenoménico, una de las lagunas de inapariencia y de impresencia generadas en el Ser por efecto de las hendiduras que se abren entre los fragmentos espejados del Límite. Esas zonas que escapan a la manifestación y al aparecer del Ser, pero que favorecen así y todo el desequilibrio que desencadena su darse delirante, constituyen los múltiples Otros *relativos* al Ser, uno de los cuales es precisamente el horizonte espectral. Desde este punto de vista, podría decirse que el *Outside* es el Horizonte último de lo inaparente y de lo impresente que reúne, sin totalizar ni homogeneizar, las múltiples dimensiones que no coinciden con los fragmentos espejados que dan lugar a la manifestación del Ser.

En el apartado 2 hemos sugerido, casi de pasada, que buena parte de las discrepancias entre la espectrología y la metanfetafísica concernían al modo de entender a lo finito y lo infinito. La referencia a Numenio de Apamea con la que se abre *Principios de espectrología*, decíamos en ese momento, preparaba de algún modo el terreno en el que iba a desplegarse, *per viam negationis*, la disyuntología post-metafísica. En este sentido, todo el proyecto espectrológico de Fabián puede ser entendido como un desarrollo riguroso y especulativo de las "importantes divergencias" que lo separan de la posición de Numenio. A diferencia del pensador de Apamea que defendía una concepción finita del Ser, la espectrología presupone un Ser disyunto e infinito. Es de algún modo el gran descubrimiento de *H.P. Lovecraft. La disyunción en el ser*: "Lovecraft concebía un universo en infinitud absoluta. En este sentido, quizá la filosofía debería tomar la palabra en el debate acerca de si existe un universo infinito absoluto o, por el contrario, este se halla reducido a la escala del universo observable" (2013: 67). Fabián toma la palabra y se pronuncia, claro está, en favor de un universo infinito, incluso trans-finito. Por eso en su estudio sobre Lovecraft puede ya aparecer, un poco borrosa aún y como a la distancia, la figura de Anaximandro, que resultará crucial en *Principios de espectrología*. ¿Por qué Anaximandro sería importante para la espectrología? En primer lugar, porque la noción de lo infinito o lo ilimitado *–to apeiron–* representa para Fabián, en la medida en que gobierna todas las cosas, "el primer nombre que la soberanía ha adquirido en la filosofía occidental en su doble aspecto legal y económico-gubernativo" (2016: 48). Pero además de la noción de *apeiron*, resulta fundamental también el concepto de *adikia*, injusticia, que consiste en que las cosas lleguen a ser, se formen y se determinen a partir de lo infinito. Tal injusticia requiere una violencia compensadora que restituya el equilibrio y expíe la culpa de las cosas por haber nacido. El castigo y la expiación están a cargo de *chronos*, el tiempo, el juez. Todo el fragmento, por ese motivo, "hace referencia a conceptos eminentemente jurídicos" (2016: 53), dice Fabián retomando una sugerencia de Jaegger. Pero antes de continuar, leamos la traducción que propone el filósofo argentino, sólo a título de recordar el fragmento (prescindimos de los términos griegos):

El principio de los seres es lo indeterminado desde lo cual hay generación para las cosas que son y hacia ello se produce la corrupción, según la culpa; en efecto, ellas pagan la pena y reparan la injusticia recíprocamente, según la sentencia (judicial) del tiempo (2016: 53).

No nos detendremos aquí en las posibilidades que Fabián encuentra en esta sentencia, por ejemplo el destino de la metafísica occidental como un campo trascendental de iteración, es decir como un modo de pensar el devenir del Ser bajo la forma de la repetición, ya sea en términos de mismidad, ya sea en términos de afirmación diferencial. Frente a esta tradición plenamente consolidada, Fabián propone pensar la "extinción absoluta", problemática que volverá a abordar en *Arcana Imperii* (2018: 189-191) y que ya había anunciado en *Más allá del principio antrópico* al postular un "espacio a-biótico" o un "mundo pre(post)-humano y pre(post)-vital" (2012: 68) e incluso en un texto temprano como *Antropotecnia* (2010: 217-225), es decir un quiebre sin retorno del Ser que neutralice el principio de iteración y permita abrir el espacio para-metafísico del *Outside*. (La respuesta espectrológica a *Différence y répétition* se titula –o debería titularse– *Diastasis y disyunción*). Más allá del evidente interés que revisten estos tópicos, preferimos concentrarnos en una cuestión quizás más general. De algún modo, Anaximandro se opone a Numenio. Si este defendía una concepción limitada y determinada del Ser, aquel defiende una concepción infinita e indeterminada –que no niega, claro está, la existencia de cosas determinadas (*ta onta*), pero sí las remite a un principio soberano ilimitado e infinito (*to apeiron*)–. No es difícil advertir que la espectrología, postulando también un Ser infinito e incluso una infinidad o pluralidad de mundos, toma partido por Anaximandro, aunque no sin dejar de marcar sus debidas distancias, desde luego. Según se deduce de la sentencia de Anaximandro, una injusticia (*adikia*) ha sido cometida y debe ser castigada. Quien ha cometido la injusticia es culpable y por ende debe pagar su pena. La injusticia, dicen los intérpretes de Anaximandro y Fabián no lo discute, ha sido cometida por las cosas al venir a la existencia y determinarse. Es decir: las cosas (*ta onta*) son las culpables por haberse determinado. Y el modo de expiar su culpa y pagar por la injusticia (*adikia*) cometida es desintegrándose en lo indeterminado (*to apeiron*) según el orden del tiempo (*chronos*), que oficia de juez, en un ciclo de nacimiento y destrucción que no tiene comienzo ni fin. Ahora bien, aunque puede resultar curioso, y en cierto sentido sorprendente, el SMG toma partido por Numenio y, más allá, por Parménides. Claro que toma un partido momentáneo y estratégico cuya única justificación radica en la posibilidad de romper al Ser y disgregarlo. A diferencia de Anaximandro, para el SMG el problema no concierne a las cosas que son y se determinan (*ta onta*), sino a la noción de *apeiron*, lo indeterminado, lo que no posee Límite. De existir una injusticia y una culpa, habría que asignársela a la indeterminación del Ser y no, como hace Anaximandro, a las cosas que nacen de lo indeterminado. Mientras que el milesio identifica al castigo con la indeterminación de lo determinado, es decir con el retorno de *ta onta* a *to apeiron*, el SMG lo identifica con la determinación de lo indeterminado, es decir con la delimitación de *to apeiron*. Ahora bien, si Anaximandro es importante para la espectrología, ¿por qué Parménides –como antecesor directo de la posición de Numenio– lo sería para la metanfetafísica? Porque, al fijar el Límite del Ser, crea las condiciones para la sobredosis y para la postulación de un Afuera absoluto, irreductible a la ontología. No vale la pena aclarar que la metanfetafísica no recupera la noción de Límite por amor a la determinación y a la finitud en sí mismas, sino para volver esa determinación en contra del propio Ser y dejarlo en estado de coma. Creado el Límite, la sobredosis se vuelve posible. El SMG se vale del Límite como arma para des-armar al Ser. El Límite fija la cantidad exacta de miligramos que la dosis no debería exceder, so pena de convertirse en sobredosis. La metanfetafísica la excede, pero lo hace *imaginariamente*, pues sólo así puede garantizar la condición absoluta de X, sólo así puede elevar la dosis a un nivel inasimilable por el metabolismo del Ser. Una vez que el Ser colapsa, la metanfetafísica abandona a Numenio y a Parménides como Wittgenstein a su escalera. Por otro lado, recuperar la noción de Límite, y consecuentemente la condición de-terminada del Ser, no significa de ninguna manera reducirlo a la escala de un universo observable, tanto si se entiende al observador en términos humanos cuanto si se lo entiende en términos divinos. No hay Ojo perceptor: ni *oculus hominis* ni *oculus Dei*. Por eso el aparecer del Ser, su darse, no depende de ninguna conciencia ni de ningún sujeto. El Ser aparece porque imagina, e imagina por horror. Pero esa manifestación imaginaria no se da a ningún Ojo: aparecer sin testigo, luminosidad sin sol ni visión, *phainesthai* sin *phaino*, *phainomenon* sin *phaos*. Aparecer en cuya aparición aparece –*a posteriori*– todo ojo: ojo sin sujeto, sin conciencia, sin nadie que vea: *oculus neminis*, quizás, y ya sería decir demasiado. Esa aparición posee también sus puntos ciegos, inaccesibles y absolutamente inaparentes. No reflejan al Ser, no se muestran según un régimen fenomenológico. Exceden la fenomenología como una dimensión irreductible. No se trata de una cuarta dimensión (inaparente) que, complementando las dimensiones estática, genética y generativa, permanecería dentro de los límites de la fenomenología, según la valiosísima propuesta de Hernán Inverso (2018), sino de un *otro* respecto a la fenomenología. Por el contrario, Hernán sostiene:

> El tema principal de la fenomenología de lo inaparente está constituido, entonces, por aquello que no se muestra o se sustrae al horizonte, pero sin embargo se da. Requiere por tanto de una disposición subjetiva peculiar. Presenta rasgos de excedencia, pero es a la vez fundamento de todo mostrarse (Inverso 2018: 193).

Sin embargo, dado que para el SMG el aparecer del Ser no requiere de ninguna disposición subjetiva puesto que en el Acontecimiento onto-fenomenogénico no hay sujeto ni conciencia ni nadie que realice ninguna experiencia, salvo el Caos que evidentemente no es un sujeto y mucho menos una conciencia, no se trataría tanto de una fenomenología de lo inaparente, cuanto de una inapariencia de la fenomenología: una extra-fenomenología. Las zonas de inapariencia y de impresencia que corresponden a las hendiduras que se insinúan entre los trozos del Espejo roto que es el Límite remiten ya a un régimen espectral, irreductible a todo horizonte ontológico. Desde su opacidad e inapariencia, desde su condición impresente, el entorno espectral insiste e incide, a pesar de todo, en el Ser. Y la vía por la cual puede advenir ese acecho insistente es la imaginación diabólica (véase Libro Λ, apartados 5 y 6).

Ya hemos señalado la remoción que sufre el espectro en la Modernidad al ser consignado a la imaginación. En cierto sentido, podría decirse lo mismo del *Outside*, pero incluso con mayor énfasis. El *Outside* ha sido sistemáticamente excluido de la tradición metafísica. Ahora bien, quisiéramos sugerir a modo de hipótesis –y la sugerencia sonará sin duda *fuera de época*– que esa exclusión está vinculada a la noción de infinito (*apeiron*) y no, como podría creerse de entrada, a la noción de finitud –noción que en la actualidad, es decir *après la finitude*, tiene mala prensa y pareciera haber perdido el glamour del que gozara en el siglo pasado–. Tenemos la impresión de que ha sido precisamente la condición *ilimitada* del Ser la que ha imposibilitado el pensamiento de un Otro que Ser o de un Afuera absoluto. De algún modo, y a riesgo de simplificar un asunto que es muy complejo, la metafísica ha considerado que, al carecer de límites, *to apeiron* no tiene Afuera. Y esto no implica que haya entendido los términos en un sentido espacial. De todas formas, y más allá de una posible interpretación espacial del problema, lo cierto es que la noción de ilimitación trajo aparejada la imposibilidad de pensar en un Otro que Ser. No es por eso casual que los neoplatónicos, herederos lejanos de Parménides, hayan sido los más interesados en plantear un más allá del Ser, un *epekeina tes ousias*, irreductible a la inteligibilidad de la ontología. Claro que ese más allá (lo Uno, el Bien, etc.) fue siempre pensado en términos de Fundamento de lo Real. Pero el punto que estamos intentando señalar es que han sido las filosofías adherentes a una concepción *limitada* del Ser las que han sentido la necesidad –de un modo insuficiente, por cierto, puesto que funcional a la metafísica o a la onto-teología– de pensar un dominio irreductible a lo que es, un Otro más allá del Ser. Consideramos que esto no es para nada casual. En efecto, que las filosofías que han identificado al Ser con lo Inteligible, y que en la medida en que lo indeterminado no puede ser inteligible han concluido en la condición determinada del Ser, hayan sido las más dispuestas a plantear un Otro que Ser, un Otro irreductible a toda determinación ontológica, es un asunto que merece una amplia reflexión de nuestra parte. Por esta razón, la metanfetafísica recupera la inspiración parmenídea y neoplatónica en lo concerniente a la condición *limitada* del Ser, pero sólo con el objetivo de desfundamentarlo por completo. Paradójicamente, la manera de impedir que el Ser se cierre es cerrándolo, es decir admitiendo la existencia del Límite. ¿Por qué? Porque si hay un Límite, entonces es posible postular a X. Y no sólo postular a X, sino postular también la condición *absoluta* de X, su absoluta alteridad e irreductibilidad. Si, por el contrario, se parte de un cosmos infinito, X se vuelve imposible porque la ilimitación convierte a todo Afuera en una forma más o menos pacífica de lejanía. La alteridad más radical, en un cosmos infinito, está siempre a la vuelta de la esquina. Incluso en la teoría de los conjuntos de Cantor y en la noción de trans-finitud se debe introducir un Límite si es que se quiere postular un Afuera del infinito. Para que haya Afuera de lo infinito, este infinito debe ser finito, del mismo modo que un conjunto infinito posee, así y todo, una circunferencia. En este sentido, conviene recordar que el mismísimo Georg Cantor ya introducía una "distinción fundamental [*fundamentale Distinktion*]" (1932: 405) entre los infinitos actuales o potenciales y lo que llamaba Infinito absoluto o, más sencillamente, *Absolutum*. A diferencia de los infinitos actuales o potenciales, que eran determinables matemáticamente, lo *Absolutum* "trasciende el poder humano de comprensión [*übersteigt die menschliche Fassungskraft*], y sobre todo se sustrae a toda determinación matemática [*entzieht sich mathematischer Determination*]" (1932: 405), razón por la cual "lo que se denomina Transfinito [*Transfinitum*] y lo Absoluto [*Absoluten*] se oponen drásticamente [*strengstens entgegen*]" (1932:

     METANFETAFÍSICA. Ensayo de sobredosis ontológica

378). En efecto, el mayor valor del Límite, en lo que al SMG concierne, es la posibilidad de X. Pero para que esa posibilidad sea en sí misma posible, es preciso que el Límite sea infranqueable. Lo único que garantiza la naturaleza absoluta de X es la imposibilidad de atravesar el Límite. Se puede ya advertir, por lo tanto, que el Límite de la metanfetafísica no es la Disyunción de la espectrología. Ambas, sin duda, separan al Ser del Ultra-Ser o del *Outside*. La *Summa Cosmologiae* establece con toda precisión los dominios que están en juego: "La pluralidad de los mundos se pueden clasificar en, al menos, dos clases: los mundos fácticos (propios del ámbito del Ser) y los factuales (propios del ámbito del *Outside*)" (2020: 41). La Disyunción distingue los mundos ontológicos de los mundos extra-ontológicos, es decir el horizonte del Ser del horizonte del *Outside*. En los términos de la metanfetafísica diríamos que distingue al Ser de X. Si bien es cierto que tanto el Límite como la Disyunción coinciden en la cualidad de los dominios que distribuyen y distinguen (dominio ontológico y dominio extra-ontológico), difieren sin embargo en un punto fundamental: la Disyunción permite la comunicación o la relación entre los dominios mientras que el Límite bloquea toda relación o intercambio. Sea el siguiente pasaje de los *Principios de espectrología*: "la discontinuidad que debe ser investigada con más ahínco es la que existe entre lo Real existente (en sus variantes sensible y supra-sensible) y el campo espectral presentado como un conjunto más allá del Ser pero que *se relaciona con éste* bajo la forma del acoso disyuntivo" (2016: 285; las cursivas son nuestras). La disyunción, en este caso, introduce una discontinuidad o una hendidura entre lo Real (que pertenece al Ser) y lo espectral (que pertenece al *Outside*), pero esa discontinuidad permite a su vez la relación entre los términos bajo la forma del acoso. La misma idea encontramos en relación a los mundos ficcionales de Meinong y a su capacidad para generar efectos performáticos en el Ser. De allí que Fabián pueda asegurar que no es preciso pertenecer al Ser para incidir en el Ser. Esta incidencia es llamada *factualidad*:

> Los mundos ficcionales de Meinong no son, por tanto, menos performáticos en cuanto a su capacidad de operar sobre nuestro cosmos. Sin embargo, no se necesita ser parte del Ser para tener relación con el Ser. En atención a sus rasgos específicos, utilizaremos en el caso de los mundos de Meinong la denominación de *factualidad* (determinan nuestra realidad efectiva sin ser parte de ella; se imbrican con el Ser sin pertenecer a su campo) (2020: 94-95).

Se comprenderá que es precisamente esta imbricación y esta determinación lo que prohíbe el Límite, siempre y cuando se postule que esa dimensión allende al Ser es un Otro absoluto. Como dijimos, el SMG no tiene ningún inconveniente en plantear un dominio –o múltiples dominios– allende al Ser y a la vez admitir su incidencia en el registro óntico-ontológico. Lo que no acepta es que esos dominios fuera del Ser designen un Afuera *absoluto*. Es allí que el principio de irrelatividad pone en acción su poder inclemente y aplica la Ley que impide toda relación. Pero ese impedimento –y este es el hecho crucial, casi gracioso por lo insólito– es lo que posibilita que pueda hablarse de X, es decir de una Alteridad absoluta. Por esta razón, la Disyunción de la espectrología no es equiparable al Límite de la metanfetafísica. Este separa al Ser de lo Otro absoluto (X) e impide toda relación entre los términos, mientras que aquella separa al Ser de lo/s Otro/s relativo/s (el *Outside*) y por lo tanto hace posible alguna forma de relación, por ejemplo el acoso o la insistencia espectral. Esto significa que la Disyunción, al igual que el *Outside* y el Espectro, se sitúa *más acá* del Límite; X, por el contrario, se sitúa *más allá*.

(8)

Los estudiosos futuros de la obra de Fabián, quizás conocidos en esa época como "ludueñanos", estarán en condiciones de distinguir, dentro de la totalidad de los textos que entonces tendrán a disposición, un cierto momento que iría del 2013, año en el que se publica el ensayo sobre Lovecraft, hasta el 2017, año en el que aparece el libro sobre Warburg. Algo ha sucedido en esos años, llegarán a presentir esos especialistas venideros: un tiempo de prodigiosa creación. Tal vez haya alguno, probablemente un estudioso apasionado pero además dotado de una peculiar sensibilidad, que creerá percibir una neblina alrededor de esos textos, como si una bruma sutil los envolviera y custodiara. Sabrá, entonces, que *La comunidad de los espectros* tiene la capacidad extrañísima de generar su propia espectralidad, su propio *arcanum*. Sabrá también que abrir cualquiera de esos libros es abrir una vía hacia el *Outside*. Invaluable legado: Fabián no sólo ha escrito libros *sobre* el Espectro y el *Outside*; ha hecho algo más radical aún: ha escrito libros que *son ya* el Espectro y el *Outside*, o por lo pronto la vía que conduce a ellos. Abrir los libros que conforman *La comunidad de los espectros*, pero también los otros estudios que orbitan a su alrededor, es ya, en ese mismo momento, formar parte de esa comunidad, es ya acceder al *Outside*. Que este *Outside* sea abso-

    METANFETAFÍSICA. Ensayo de sobredosis ontológica

luto o relativo es poca cosa frente a la invitación que nos cursa Fabián. Claro que no es poca cosa para la aventura de este libro, para la metanfetafísica, pero sí lo es a la hora de aceptar o no la invitación. ¿Y cómo no aceptar semejante regalo? ¿Cómo no aceptar la ofrenda de una escritura que nos sitúa de entrada y sin previo aviso en el *Outside*, de un pensamiento que, apenas comenzamos a seguirlo, estamos ya en otro lado, en el Otro lado, allí donde se produce precisamente el pensamiento? En lo que a nosotros concierne, no hemos podido más que aceptar esa invitación y sumergirnos en los diversos umbrales que Fabián nos ha regalado y que solemos llamar todavía, por una cierta costumbre que quizás esté destinada a desaparecer en un futuro más o menos cercano, libros. Y si bien la metanfetafísica abandona a la espectrología en determinado momento, es sólo para reencontrarla luego, más allá, en otro lugar, para reencontrar aquel secreto que, en cierta forma, habían compartido desde el inicio. ¿No es redundante aclarar, a esta altura, que sin la espectrologia la metanfetafísica no hubiese sido posible?

Textos citados

Cantor, Georg (1932). *Gesammelte Abhandlungen. Mathematischen und philosophischen Inhalts*. Berlin: Julius Springer.

Descartes, René (1904). *Œuvres, tome VII: Meditationes de prima philosophia*. Publiées par Charles Adam et Paul Tannery. Paris: Cerf.

Inverso, Hernán (2018). *Fenomenología de lo inaparente*. Buenos Aires: Prometeo.

Ludueña Romandini, Fabián (2010). *La comunidad de los espectros I. Antropotecnia*. Buenos Aires: Miño y Dávila editores.

Ludueña Romandini, Fabián (2012). *Más allá del principio antrópico. Hacia una filosofía del Outside*. Buenos Aires: Prometeo.

Ludueña Romandini, Fabián (2013). *H.P. Lovecraft. La disyunción en el ser*. Buenos Aires: Hecho Atómico ediciones.

Ludueña Romandini, Fabián (2016). *Principios de espectrología. La comunidad de los espectros II*. Buenos Aires: Miño y Dávila editores.

Ludueña Romandini, Fabián (2017). *La ascensión de Atlas. Glosas sobre Aby Warburg*. Buenos Aires: Miño y Dávila editores.

Ludueña Romandini, Fabián (2018). *Arcana Imperii. Tratado metafísico-político. La comunidad de los espectros III*. Buenos Aires: Miño y Dávila editores.

Ludueña Romandini, Fabián (2020). *Summa Cosmologiae. Breve tratado (político) de inmortalidad. La comunidad de los espectros IV*. Buenos Aires: Miño y Dávila editores.

Ludueña Romandini, Fabián (2021). *Filosofía Primera. Tratado de ucronía post-metafísica. La comunidad de los espectros V.* Buenos Aires: Miño y Dávila editores.

Textos consultados

Ludueña Romandini, Fabián (2009). "Eternidad, espectralidad, ontología: hacia una estética trans-objetual". En: A. Badiou, *Pequeño manual de inestética.* Buenos Aires: Prometeo, pp. 9-39.

Recapitulación

(1)

¿En qué punto estamos y qué hemos conseguido hasta ahora? En los capítulos previos hemos repasado algunas de las principales filosofías que han intentado pensar, desde diferentes perspectivas y con objetivos también diferentes, un dominio exterior e irreductible a la ontología. En líneas generales, es posible advertir dos grandes maneras filosóficas de dar cuenta de un Otro que Ser: la que caracteriza a la filosofía antigua, especialmente platónica y neoplatónica (incluyendo aquí, por supuesto, tanto a Platón como a Plotino y al Pseudo-Dionisio) y la que caracteriza a la filosofía contemporánea (de Lévinas a Ludueña Romandini). La conclusión a la que hemos podido arribar, habiendo cumplido el recorrido de esta primera sección, es que en ambos casos, el antiguo y el contemporáneo, si bien por motivos diferentes e incluso contrarios, se termina produciendo siempre una *relativización* de lo Otro. En el caso de los autores antiguos, esta relativización consiste en un doble movimiento: 1) una identificación de lo Otro que Ser (el Bien, lo Uno, Dios, etc.) con el *Fundamento* del Ser y de la realidad en general; 2) una *dependencia* del Ser y de la realidad en general respecto de lo Otro. En el caso de los autores contemporáneos, en cambio, la relativización es mucho más sutil, en buena medida porque es una cuestión de la que son plenamente conscientes. Pero aún así, ninguno de ellos puede evitar alguna forma de relativización de lo Otro, ya sea estableciendo también una dependencia (independiente) del Ser respecto a lo Otro (Lévinas, Marion), ya sea por motivos políticos (Derrida) o literarios (Blanchot), ya sea, en suma, por afán de disgregar al Ser y dislocar toda forma de antropismo (Ludueña Romandini).

A fin de que el lector pueda formarse una visión de conjunto del problema que estamos señalando o, más bien, del problema que no hemos dejado de señalar a lo largo de todo el recorrido de esta primera parte, nos parece oportuno transcribir a continuación un pasaje ilustrativo de cada autor abordado. En cada uno de ellos, y por diferentes razones, está en juego un Otro fuera del Ser y al mismo tiempo su inevitable relativización.

a) Y así dirás que a las cosas cognoscibles les viene del Bien no sólo el ser conocidas, sino también de él les llega el existir y la esencia [*to einai te kai ten ousian*], aunque el Bien no sea esencia [*ouk ousias ontos tou agathou*], sino algo que se eleva más allá de la esencia en cuanto a dignidad y a potencia [*epekeina tes ousias presbeia kai dynamei hyperechontos*] (Platón, *República* 509b).

b) La vida era, pues, una potencia universal; la visión derivada de allá, potencia de todas las cosas, y la Inteligencia originada aparece como la totalidad de las cosas mismas. El Bien, en cambio, está asentado sobre éstas [*de epikathetai autois*], no para fundamentarse en ellas [*ouk hina hidrythei*], sino para fundamentar la Forma de las primeras Formas estando él mismo sin forma [*all' hina hidrysei eidos eidon ton proton aneideon auto*] (Plotino, *Enéadas* VI.7.17.31-36).

c) Por cuanto Dios es supraesencialmente Ser, y da el ser a los seres [*doreitai de to einai tois ousi*] y produce todas las esencias [*paragei tas holas ousias*], se dice que ese Uno que es se multiplica al crear Él muchos seres, sin que Él sufra menoscabo, y que permanece Uno en esa multiplicación, y unido en tal irradiación [*henomenou kata ten proodon*], y completo en la distinción, por estar de forma eminente por encima de todos los seres, y por su interés de unificar todo, y por la efusión que en nada le mengua de las no aminoradas participaciones de Él (Pseudo-Dionisio, *DN* II.11).

d) La relación entre Yo y el Otro no tiene la estructura que la lógica formal encuentra en todas las relaciones. Los términos permanecen absolutos [*demeurent absolus*] a pesar de la relación donde se encuentran. La relación con el Otro es la única donde tal conmoción de la lógica formal puede sobrevenir (Lévinas 1990: 197).

e) Pero hay una mediación que no suprime el pasaje al otro [*ne barre pas le passage à l'autre*], o al otro radical [*au tout autre*], al contrario. La relación con el otro radical como tal es una relación. Es una relación, evidentemente, sin relación con ninguna relación, es la relación con alguien que, en razón de su alteridad y de su trascendencia, vuelve la relación imposible [*rend la relation impossible*]: es *la* paradoja; es una relación sin relación [*c'est un rapport sans rapport*] se diría, a la manera de Blanchot. Para entrar en la relación con el otro, es necesario que sea posible la interrupción: es necesario que la relación sea una relación de interrupción [*un rapport d'interruption*]. Y la interrupción, aquí, no interrumpe la relación con el otro, ella abre la relación al otro [*elle ouvre le rapport à l'autre*] (Derrida 1986: 76).

f)   La participación no franquea entonces jamás la distancia pretendiendo abolirla, sino que la recorre como el único campo para la unión [*l'unique champ pour l'union*]. La participación se acrecienta al participar de lo imparticipable como tal, y acrecienta su imparticipabilidad tanto más cuanto ella participa allí más íntimamente. La paradoja fundamental de la participación remite aquí a la distancia (Marion 1977: 201-202).

g)   ¿Por qué todavía un libro, allí donde el temblor de la ruptura –una de las formas del desastre– lo devasta? Es que el orden del libro es necesario [*est nécessaire*] a lo que le falta, a la ausencia que se sustrae a él: así como lo "propio" de "la apropiación", el acontecimiento donde copertenecen el hombre y el ser, se abisma en lo impropio de la escritura que escapa a la ley, a la huella y al resultado de un sentido garantizado. Pero lo impropio no es solamente la negación de lo "propio", más bien se desvía relacionándose con él [*en s'y rapportant*]: lo atrae a lo abisal [*il l'attire dans l'abyssal*], lo mantiene desabusándolo. Propio resuena todavía en lo impropio: como la ausencia de libro, el afuera-de-libro hace escuchar a lo que supera [*fait entendre ce qu'il dépasse*]. De allí el llamado a lo fragmentario y el recurso al desastre, siempre y cuando recordemos que el desastre no es sólo lo desastroso (Blanchot 1980: 155).

h)   Por lo tanto, la discontinuidad que debe ser investigada con más ahínco es la que existe entre lo Real existente (en sus variantes sensible y supra-sensible) y el campo espectral presentado como un conjunto más allá del Ser pero que se relaciona con éste bajo la forma del acoso disyuntivo (Ludueña Romandini 2016: 285).

(2)

Los pasajes *a*, *b* y *c* constituyen un grupo claramente definido, propio de la tradición metafísica (en especial platónica y neoplatónica, tanto en su vertiente pagana como cristiana), cuya principal característica consiste en la condición *fundacional* que asume lo Otro que Ser. Ya por el hecho de funcionar como Fundamento del Ser, lo Otro (el Bien, lo Uno, Dios, etc.) se relativiza puesto que fundar supone una *relación* entre lo fundante y lo fundado y a la vez una *dependencia* de lo fundado respecto de lo fundante. Los pasajes *d*, *e*, *f*, *g* y *h*, en cambio, constituyen un segundo grupo, propio de la filosofía contemporánea, y presentan ya una mayor sutileza y una conciencia mucho más aguda del problema señalado. Todos estos autores, en efecto, se han esforzado por pensar una relación (ética, religiosa, literaria, espectral, etc.) con lo Otro más allá del Ser sin que eso suponga una relativización de los términos implicados. Sin embargo, desde el preciso momento en el que no renuncian a postular alguna forma de relación, sucumben al problema de la relativización. Este sucumbir, claro está, es válido sólo para el SMG, que aplica la fórmula de implicancia, burda y poco sensible a los matices, *relación ⇒ relativización*. Pero la aventura de este libro, como indicamos en varias oportunidades, consiste en postular un Otro fuera del Ser *que no se relativice*. Y la única forma de lograr tal cosa, como dijimos también, es prohibiendo (por el principio de irrelatividad) no sólo cualquier identificación de lo Otro con algún tipo de Fundamento, cosa que los filósofos contemporáneos se cuidan muy bien de hacer, sino cualquier forma de relación. Para el SMG, *no hay relación* entre el Ser y X.

De lo que se trata ahora, y a ello estará dedicada la segunda parte, es de explicar positivamente de qué manera resulta posible postular un Otro *absoluto*, un Afuera irreductible al Ser *que no se relativice*. Pero no sólo eso, sino también explicar cómo eso Otro, siendo absoluto y no guardando por lo tanto *ninguna relación* con el Ser, puede así y todo determinar (de modo indirecto, por cierto) su modo de darse y de aparecer, pero también su modo de no darse y de no aparecer. El "de modo indirecto" que custodian los paréntesis significa que, en rigor de verdad, lo Otro no determina nada, puesto que si lo hiciera dejaría de ser absoluto. Pero entonces ¿cómo es posible que el devenir y la dinamización del Ser, su aparecer y su inaparecer, su presentarse y su impresentarse, no sea más que una respuesta fóbica a lo Otro? Para responder esta pregunta es ya preciso internarse en la segunda parte de la investigación, no sin antes pasar por la *Intermissio* que establece, sobre bases conceptuales y especulativas precisas, la condición de posibilidad de todo el SMG, esto es: la postulación del Límite.

(3)

La *pars construens* de esta investigación que se inicia en la *Intermissio* y se continua en los Libros subsiguientes tiene por función desarrollar los principales aspectos del Sistema de Metanfetafísica General. Este desarrollo implica por necesidad una reutilización de algunos términos ya presentados en la primera parte y al mismo tiempo la introducción de otros términos no mencionados hasta el momento. En líneas generales, la primera parte, animada por un

   METANFETAFÍSICA. Ensayo de sobredosis ontológica

espíritu genealógico, se ha movido en el espacio abierto por dos "términos": el Ser, por un lado, y lo Otro que Ser (o X), por el otro. Sin embargo, ya en el Libro I que sigue a la *Intermissio* se puede advertir la insuficiencia del término "Ser" a la hora de dar cuenta de lo que hay al interior del Límite. Del mismo modo, el Ser –al igual que la Nada– no es un dato originario, sino el efecto de una instancia previa: el Caos, el *sustrato* del fenómeno. Este es un claro ejemplo de cómo los conceptos que habíamos abordado en la primera parte se reinscriben en un nuevo marco conceptual, propio ya del SMG. En efecto, si bien en algunos de los Libros previos (de A a Θ) hemos aludido a nociones tales como Límite, Otro, Ser, X, etc., lo cierto es que dichas nociones no han sido explicadas en su especificidad ni tampoco situadas en un horizonte más general capaz de conferirles un sentido eminentemente metanfetafísico. La próxima sección, entonces, se propone desarrollar el marco general de la metanfetafísica y a la vez explicar cómo cada uno de estos conceptos desempeña una función esencial en ese marco. Por tal motivo, el desarrollo del Sistema de Metanfetafísica General requiere una operación doble: por un lado, explicar cada concepto en su singularidad y, por otro, explicar las relaciones que dichos conceptos mantienen (o no) entre sí. Sería deseable que las preguntas que han quedado abiertas en la primera parte encuentren una respuesta apropiada en la segunda o, por lo menos, una dirección posible hacia dicha respuesta.

(4)

Antes de pasar a la *Intermissio* conviene hacer dos aclaraciones preliminares:

1) La metodología que emplearemos con más frecuencia a lo largo de la segunda parte de esta investigación es la analogía. Por tal motivo, el lector se encontrará en varias oportunidades con referencias a otras teorías, muchas de ellas dispares y disímiles entre sí, pero que resultan útiles para el SMG en la medida en que permiten comprender de modo analógico aspectos centrales de nuestra propia especulación. De tal manera que la estructura "A es a B lo que C es a D" constituye algo así como el leitmotiv que articula metodológicamente la exposición de los Libros venideros. Conviene aclarar también que la metanfetafísica lleva hasta el extremo este procedimiento analógico y desoye, en consecuencia, los reparos que varios pensadores han

expresado respecto a la validez de la analogía. Sólo por mencionar un ejemplo concreto: en *Das Unbehagen in der Kultur*, Freud desconfía de la legitimidad que pueda tener la transferencia de conceptos de una esfera a otra diferente, en su caso de la esfera psicoanalítica centrada en el individuo a la esfera de la comunidad o de la cultura:

> Yo no sabría decir si semejante ensayo de trasferir el psicoanálisis a la comunidad de cultura es insensato [*unsinnig*] o está condenado a la esterilidad. Pero habría que ser muy precavido [*vorsichtig*], no olvidar que a pesar de todo se trata de meras analogías [*nur um Analogien*], y que no sólo en el caso de los seres humanos, sino también en el de los conceptos [*Begriffen*], es peligroso arrancarlos de la esfera en que han nacido y se han desarrollado (*GS* 14: 504-505).

Cabe aclarar que en la segunda parte de nuestra investigación no tendremos en cuenta los reparos expresados por Freud en este texto. El SMG no es precavido, no le teme a la insensatez ni a los peligros de la analogía; al contrario, los extrema.

2) "*Speculum* del otro Ser. Ontología fenomenológica de la imaginación" forma un todo heterogéneo pero orgánico, lo cual significa que los seis Libros que lo componen, al igual que los diversos conceptos que se esbozan en ellos, constituyen una red semántica que vuelve imposible la comprensión de cada concepto por separado. Puede darse el caso de que el lector se encuentre sin previo aviso con un nuevo concepto o término sin que su sentido sea debidamente explicado en ese mismo momento. Esto puede obedecer a dos razones: o bien a que ese concepto ya ha sido presentado en la primera parte, o bien a que va a ser explicado con mayor profundidad más adelante. En suma, sólo una lectura integral de la segunda parte puede garantizar al lector una comprensión cabal de la teoría especulativa aquí propuesta.

Dicho esto, pasemos a la *Intermissio*.

Textos citados

Freud, Sigmund (1955). *Das Unbehagen in der Kultur*. En: *Gesammelte Werke, Band 14: Werke aus den Jahren 1925-1931*. London: Imago Publishing Co.

Intermissio
Límite

Pero si el límite era infranqueable era porque existía –porque debía existir– un secreto que cerraba el paso.

Ricardo Piglia, "La película"

(1)

El Límite ha formado parte del pensamiento filosófico, bajo el manto elíptico del presentimiento y de la sugestión inconsciente, prácticamente desde el inicio de su historia. La cuestión, ardua y difícil de pensar, se ha planteado en torno al término griego *peiras* (límite o borde). El término aparece en el léxico filosófico, en su versión privativa o negativa, con el *apeiron* (lo ilimitado, lo infinito) de Anaximandro. Pero es en unos enigmáticos hexámetros del *Peri physeos* de Parménides que la concepción continuista y homogénea del Ser alcanza, tal vez a pesar de su autor, su punto de mayor complejidad y tensión. Se trata del notable fragmento 8, el cual nos ha llegado a través de Simplicio, en el que se explica la vía del conocimiento verdadero y en el que se deducen, a partir de la premisa "el ser es y el no-ser no es [*esti gar einai, meden d' ouk estin*]" (B 6.1-2), los rasgos distintivos del Ser: ingénito, imperecedero, inmóvil, continuo, uno, homogéneo, etc. El punto problemático, que no ha dejado de causar estupor en los especialistas, es que Parménides introduce en tres oportunidades la idea de que el Ser es limitado, es decir que posee un borde o frontera exterior. Citamos un largo pasaje que nos parece decisivo:

> [el Ser] no es divisible [*oude diaireton*], ya que es un todo homogéneo [*homoion*],
> ni mayor en algún lado, lo que impediría su cohesión [*min synechesthai*];
> ni algo menor, sino que todo está lleno de ente [*eontos*]; por ello
> es un todo continuo [*syneches*], pues el ente se reúne con el ente [*eon gar eonti pelazei*].
> Pero inmóvil en los límites de grandes cadenas [*megalon en peirasi desmon*]
> existe sin comienzo ni fin, puesto que la génesis y la destrucción
> se pierden a lo lejos, apartadas por la fe verdadera.

Lo mismo permanece en lo mismo, y descansa en sí mismo,
y así permanece firme en su posición; pues la poderosa Necesidad [*Ananke*]
lo mantiene en las ligaduras del límite [*peiratos en desmoisin echeí*],
que lo rodea en su torno [*to min amphis eergeí*].
A causa de lo cual al ente no le es licito ser inacabado [*ouk ateleuteton*],
pues no carece de nada: si (careciera de algo) el ente, carecería de todo.
En efecto, fuera del ente - en el cual tiene consistencia lo dicho -
no hallarás el ente. Pues no hay ni habrá nada
ajeno aparte de lo que es; ya que el Hado lo ha forzado
a ser íntegro e inmóvil; por eso son todo nombres
que los mortales han impuesto, convencidos de que eran verdaderos:
generarse y perecer, ser y no (ser),
cambiar de lugar y mudar de color brillante.
Pero puesto que hay un límite último [*peiras pymaton*], es completo [*tetelesmenon*]
en toda dirección, semejante a la masa de una esfera bien redonda [*eykyklou sphaires*],
equidistante del centro en todas direcciones; pues es forzoso
que no exista algo mayor ni algo menor aquí o allí.
No hay, en efecto, no-ser que le impida alcanzar
la homogeneidad, ni ente que de algún modo
sea aquí o allí mayor o menor, ya que es por completo incólume
igual por todos lados dentro de sus límites [*homos en peirasi kyreí*]
(B 8.22-49; trad. [ligeramente modificada] de C. Eggers Lan y V. E. Juliá).

El Ser parmenídeo es *adiairetos* (indivisible), *homoios* (homogéneo), *akinetos* (inmóvil), *anarchos* (sin principio), *ateleutetos* (sin fin), *tetelesmenos* (completo), *syneches* (continuo). Pero al mismo tiempo es limitado (*peiratos*) y semejante a una esfera (*sphaires enalinkion*). Varios estudiosos han detectado la tensión (e incluso para algunos la contradicción) entre los predicados o los rasgos distintivos del Ser y su condición limitada o esférica. En efecto, ¿cómo entender este *peiras pymaton*, este límite último que circunscribe el dominio ontológico sin afirmar la existencia del no-Ser? En un célebre artículo, G. E. L. Owen abordaba la misma pregunta (aunque, claro está, para mostrar su poca pertinencia y para ofrecer, a la vez, una posible solución):

¿Cómo puede el razonamiento en B 8.44-48 corroborar la tesis de la continuidad ininterrumpida, cuando se asegura ahora que el Ser es contenido igualmente dentro de ciertos límites, *peirata*? ¿O cuando se dice que el Ser posee un *peiras pymaton* y es *tetelesmenon pantothen*, y semejante a la masa de una esfera bien redonda? (1960: 96-97).

En un sentido similar, Alexander Mourelatos, comentando cierta interpretación materialista de estos versos –errónea, en su opinión–, ha dicho: "Si por «indivisible» él [Parménides] entendiera «homogéneo», entonces habría sostenido que *eon* es esférico en su totalidad, lo cual no tiene sentido [*is nonsensical*]" (2008: 124). Sin embargo, en el mismo año de la publicación original de *The Route of Parmenides*, el texto de Mourelatos, Giovanni Reale formulaba una objeción que pretendía tomarse más en serio la aparente contradicción: "la afirmación de la finitud del Ser en Parménides es arbitraria y, por tanto, es un presupuesto, e incluso un presupuesto que Parménides no logra conciliar con su tesis de fondo" (1970: 72). Otros autores como Michael C. Stokes, al igual que Owen o Mourelatos, intentan salvar la "presunta" contradicción pero sin dejar de indicar, por eso, el dilema al que se enfrentan:

> El Ser se asemeja a un cuerpo esférico y redondo. Se han sugerido varias hipótesis para explicar esta comparación. Algunos la interpretan en un sentido literal como la forma o el aspecto del Ser. Pero cómo Parménides podría haber sostenido la tesis de que el Ser era una esfera limitada sin preguntarse lo que hay más allá no es para mí nada claro (1971: 140).

Otros especialistas, como W. K. C. Guthrie, han argumentado que la dificultad se debe en parte a que leemos el poema de Parménides de forma anacrónica:

> La dificultad experimentada por un intérprete moderno radica en que se enfrenta sólo a dos alternativas: o bien algo es para siempre indefinidamente, o bien donde termina debe haber algo más, o al menos espacio vacío más allá del límite; mientras que para Parménides sólo existe lo que es y nada más, ni siquiera el espacio vacío, puesto que no es (1969: 46).

De todas formas, más allá de las precauciones hermenéuticas señaladas por estos respetables estudiosos, lo cierto es que la posible o imposible compatibilidad entre la condición limitada del Ser y sus otros rasgos distintivos no ha dejado de atormentar a los pensadores desde la Antigüedad hasta nuestros días. Uno de los primeros filósofos en darse cuenta del problema fue sin duda Meliso de Samos (s. V a.C.), discípulo de Parménides. Según cuenta Simplicio en sus *Aristotelis physicorum libros quattuor priores commentaria*, Meliso postuló la condición infinita e ilimitada del Ser. El razonamiento que lo habría llevado a distanciarse de su maestro es el siguiente:

> Puesto que no nació, es ahora, fue siempre y será y ni tiene principio ni fin, sino que es infinito [*all' apeiron estin*]. Pues, si hubiera nacido, tendría principio (ya

que habría empezado a nacer alguna vez); pero, ya que ni comenzó ni acabó, fue siempre y siempre será y no tiene principio ni fin; pues es imposible que exista para siempre lo que no existe todo en su totalidad (Fr. 2 DK; Simplicio, *Física*, 29.22 y 109).

O también:

Sino que como existe siempre, de la misma manera también es necesario que sea infinito en magnitud [*to megethos apeiron*] (Fr. 3 DK; *ibid.*, 109, 31).

Y por último:

Si no fuera uno [*me en eie*], estaría limitado por alguna otra cosa [*peranei pros allo*] (Fr. 5 DK; *ibid.* 110, 5).

Como se ve, la supuesta contradicción no obedece sólo a una cuestión de anacronismo y a una imprudencia de los intérpretes modernos, sino a un problema intrínseco al pensamiento parmenídeo y, más allá, metafísico en cuanto tal. En este sentido, Gómez Lobo ha remarcado que la perplejidad de los lectores modernos ante la condición limitada del Ser parmenídeo se remonta a la propia Antigüedad griega: "Nosotros, acostumbrados a una noción euclidiana del espacio, vemos inmediatamente un contrasentido en la representación de una entidad que llena todo el espacio y que a la vez posee límites. *También algunos griegos vieron esto*" (1985: 144; las cursivas son nuestras). Meliso, sin duda, fue uno de esos griegos. En efecto, a pesar del juicio reprobatorio de Aristóteles, Meliso concluye con perfecto rigor que el Ser, si es uno, homogéneo, ingénito, imperecedero y completo debe ser también por necesidad infinito e ilimitado (*apeiron*). Meliso rompe las cadenas de *Ananke*, hace estallar el Ser y lo difunde por todos los rincones de lo infinito. Nada lo limita, porque si así fuese el no-Ser sería. En cierta forma, Meliso respeta los versos 36-37 del fragmento 8 recién citado: "Pues nada existe ni existirá ajeno [*allo*] aparte de lo que es [*parek tou eontos*]". Es importante señalar que la preposición *parek*, cuando rige genitivo, como es el caso en estos versos que rige a *tou eontos*, significa "fuera de, excluido de, al lado de". Lo que está diciendo Parménides es que no hay nada, no puede haber nada —para ser más exacto, no hay ni puede haber un Otro (*allos*)— *fuera* del Ser. Y no puede haberlo por razones de principio: lo único que podría haber fuera del Ser es el no-Ser, pero como el no-Ser no es, no hay nada fuera del Ser. Eggers Lan y Juliá traducen *parek* por "aparte", lo cual es justo, pero debe tenerse presente que lo que está en juego es un Afuera del Ser y, más en concreto, la *imposibili-*

dad lógica-ontológica, siempre según Parménides, de tal Afuera. Meliso, como dijimos, respeta este axioma, pero concluye sin embargo que si sólo hay y puede haber Ser entonces el Ser es *apeiratos*, ilimitado. Sin embargo, el *peiras pymaton* de Parménides, el borde último del Ser, el Límite que circunscribe lo existente y lo mantiene en un estado de homogeneidad, continuidad y cohesión, oculta una intuición que, por exceder la cautela filológica y filosófica, requiere ser abordada desde una perspectiva metanfetafísica. El *peiras pymaton* es una realidad ontológica o, más bien, es una realidad que se ubica *en el borde* de la ontología. Lo que Parménides ha intuido, quizás sin demasiada conciencia, o al menos sin sentir que el problema exigía renunciar a la formulación que encontramos en el poema, es que el Ser no era infinito ni indeterminado, según afirmaba Anaximandro. Lo que estaba en juego era tan delicado para Parménides que las aporías de defender la condición limitada del Ser no le parecieron tan graves como afirmar su infinitud y su ilimitación. Por supuesto que los espíritus cautos dirán siempre que la comparación del Ser con una esfera rodeada por límites inquebrantables es sólo un recurso retórico o poético para predicar la naturaleza homogénea, cohesiva y continua del Ser. En efecto, el Ser no puede contener fisuras ni hiatos, no puede albergar diferencias ni desequilibrios: "Para Parménides –explica F. M. Cornford en un texto ya clásico– no puede haber vacío, ni fuera del Ser Uno ni como intersticios dentro de él; porque el vacío es nada, y la nada no puede existir" (1939: 42). El Ser es un pleno, un Todo igual a sí mismo. No obstante, este tipo de explicaciones, pertinentes y sensatas, nunca borrarán esos versos aterradores: "la poderosa Necesidad lo mantiene dentro de las cadenas del límite", "hay un límite último", "es por completo incólume igual por todos lados dentro de sus límites".

Parménides, que además de filósofo fue también poeta, nos dice que el Ser posee un Límite, e incluso un Límite último: *peiras pymaton*. Es su gran intuición, más remarcable aún, en nuestra opinión, que la famosa premisa "el Ser es y el no-Ser no es". Pero se trata de una intuición que no pudo desarrollar por razones propias a su momento histórico y a las categorías aurorales del léxico filosófico. Lo que ha visto Meliso con absoluta perspicacia es que el discurso de Parménides, una vez sometido a una lógica rigurosa, exige la infinitud o la ilimitación del Ser. Y lo exige por las mismas razones aducidas por su maestro: si el Ser tiene un límite, sólo puede limitar con el no-Ser, pero como el no-Ser no es, el Ser es ilimitado. Pero ¿en qué consiste entonces la importancia y la profundidad de la intuición parmenídea? ¿Cuál es el secreto que oculta, si es que no se la quiere interpretar como una mera contradicción o un descuido? Nuestra respuesta es que este *peiras pymaton* es la primera formulación filosófica del Límite entre el dominio ontológico (el Ser/ente) y el dominio extra-ontológico absoluto (X). Parménides no llega a pensarlo en toda su radicalidad porque no dispone del concepto de X (que no es un concepto, sino un signo, una suerte de *endeixis* imaginaria para lo que está más allá de todo concepto). Todo aquello que no es Ser, para él, es no-Ser, es decir Nada, y como la Nada no es, sólo es el Ser. En el extremo opuesto habría que ubicar el tratado de Gorgias de Leontinos sobre el no-Ser. A diferencia de Parménides, y de algún modo en el polo opuesto a su concepción ontológica, Gorgias sostiene que "nada existe [*ouk einai phesin ouden*], y que si algo existe, este algo nos sería desconocido [*de gnoston*], y que si algo existe y puede ser conocido no se lo podría comunicar a los demás [*ou deloton allois*]" (Sexto Empírico, *Adv. math.*, VII, 65-87). Se conjetura que el título del tratado de Gorgias es una paráfrasis irónica del tratado de Meliso. Al *Peri physeos e peri tou ontos* (Tratado sobre la naturaleza o sobre el Ser) de Meliso, Gorgias le opone su *Peri tou me ontos e peri physeo* (Tratado sobre el no-Ser o sobre la naturaleza). Estos dos Tratados van a constituir los dos polos de la metafísica occidental que, como veremos más adelante (Libro K), es siempre Ser-Nada. Si Meliso, en la línea de Parménides, rechaza el no-Ser y afirma el Ser, Gorgias rechaza el Ser y afirma el no-Ser. Ambos movimientos, sin embargo, son perfectamente compatibles y complementarios. Por eso el dominio ontológico de la filosofía occidental es inevitablemente, a pesar de Parménides y Meliso —pero también a pesar de Gorgias—, Ser-Nada. Sin embargo, como dijimos, ni Meliso ni Gorgias logran penetrar en el enigma del *peiras pymaton*, del Límite último que rodea al Ser. Y no pueden hacerlo porque sólo reconocen el Ser y el no-Ser: o bien se afirma, como Meliso y Parménides, que el Ser es y el no-Ser no es; o bien se afirma, como Gorgias, que el no-Ser es y el Ser no es. ¿Qué es lo que falta, entonces, para resolver el rompecabezas? Falta un elemento que sea irreductible tanto al Ser como al no-Ser, y ese elemento es precisamente X. Creemos que W. K. C. Guthrie ha entrevisto esta posibilidad al explicar que la pregunta por lo que hay más allá del *peiras pymaton* para Parménides no tendría sentido porque pertenecería a un universo filosófico y categorial diverso al parmenídeo. Pero si nosotros tuviésemos que responder a esa pregunta, continúa Guthrie, tendríamos que decir que más allá del Límite último no hay ni algo ni nada. Citamos el pasaje:

La pregunta: "si todo lo que existe es finito y esférico, ¿qué hay más allá?" es una que Parménides no habría sentido la necesidad de responder. (Fue planteada por primera vez por Meliso). Si, de un modo anacrónico, nosotros la respondiéramos por él, deberíamos decir que no hay ni algo [*neither something*] (porque todo lo existente está contenido dentro de los límites) ni nada [*nor nothing*] (porque la nada no existe y no puede ni siquiera ser imaginada) (1969: 46).

Se ve entonces que la única manera de pensar el más allá del *peiras pymaton* es postulando una Exterioridad radical o un Afuera absoluto, es decir un Otro irreductible tanto al Ser como a la Nada. Reconstruyamos rápidamente las tres posiciones consideradas:

1) Parménides afirma que el Ser es y el no-Ser no es y que, en consecuencia, el Ser posee un límite último (*peiras pymaton*).
2) Meliso afirma que el Ser es y el no-Ser no es y que, en consecuencia, el Ser es ilimitado (*apeiron*).
3) Gorgias afirma que el Ser no es y que el no-Ser es.

Lo que quisiéramos señalar es que en cierto sentido todos tienen razón. Parménides tiene razón porque el Ser posee un Límite último; Meliso porque si lo que hay más allá del Límite es el no-Ser entonces el Ser tiene que ser ilimitado; Gorgias porque muestra que el Ser es equivalente al no-Ser y que, como lo atestigua la compleja tradición metafísica, ningún término es pensable sin el otro. Si más allá del Límite, como supone Meliso, fuese el no-Ser, la naturaleza del Ser sería ilimitada, ya que el no-Ser no es. Pero el punto es que más allá del Ser no es el no-Ser o la Nada, sino X, y es justamente esto lo que vuelve verdadera la intuición de Parménides. Por otro lado, Gorgias muestra la paradoja inherente al Ser y a la Nada, es decir la ambigüedad intrínseca a la ontología tal como es concebida por la metafísica occidental, cuya culminación especulativa es sin duda la filosofía hegeliana: aseverar que el Ser es o que el no-Ser no es resulta perfectamente equivalente a aseverar que el Ser no es o que el no-Ser es.

(2)

Estamos totalmente de acuerdo con Hegel cuando sostiene que "la verdadera filosofía comienza, en rigor, con Parménides", pero no porque se trate de "un hombre que se libera de todas las opiniones y representaciones, que les niega todo valor de verdad y afirma que sólo la necesidad, el ser, es lo verdadero" (*W* 18: 290), sino porque es el primer pensador que formula con profundidad poética, es decir con ambigüedad y hermetismo, la necesidad del Límite. Con Parménides, y en ese sentido él da inicio a la filosofía propiamente dicha, la ontología se vuelve inescindible de un Trauma originario. Aún no hay conciencia de esto, por supuesto, pero el *peiras pymaton*, que es el modo que encuentra Parménides de enunciar el Límite, marca un punto de inflexión y de no retorno en la historia del pensamiento: la ontología se ha herido. Acaso el espanto padecido por Parménides ante la no-relación del Límite le imposibilitó pensar que lo que acechaba más allá, X, no coincidía ni con el Ser ni con el no-Ser.

(3)

No sólo le debemos a Simplicio los valiosísimos testimonios de Meliso acerca de la naturaleza ilimitada del Ser y su polémica con Parménides, sino también un fragmento extraordinario de Arquitas de Tarento en el que, con cierto humor, podemos corroborar la incomodidad que ya ocasionaba la noción de *peiras pymaton* a los pensadores del siglo IV a.C.

> Si me sitúo en el extremo, es decir, en el cielo de las estrellas fijas, ¿podría extender mi brazo o mi bastón hacia afuera o no? Decir que no lo puedo extender es absurdo, y si lo extiendo, entonces lo que está afuera es, o bien cuerpo, o bien espacio (Simplicio, *Física*, 467.26-29).

¿Qué es la metanfetafísica? Es el bastón (imaginario) de Arquitas penetrando, como la aguja en las venas de un yonqui, en el más allá. Platón, como vimos, es el primero en volverse adicto, pero también el primero en rehabilitarse. A él le seguirá la larga fila de los neoplatónicos que, como Plotino, elevarán la dosis a niveles nunca antes entrevistos, ni siquiera por el mismo Platón. Toda la historia de la metanfetafísica está condensada en ese ligero movimiento del brazo o del bastón –del brazo que sujeta al bastón– de Arquitas para llegar más lejos. No fue suficiente situarse en el extremo del Ser; hubo que extender el brazo, como se lo extiende para buscar la vena; hubo que arrojarse imaginariamente más allá de las estrellas fijas, hasta que el Ser perdiera la conciencia, hasta la sobredosis… El bastón de Arquitas, el émbolo de Platón.

(4)

Como una suerte de Kant *ante litteram*, Parménides está obsesionado con el Límite y con la Ley, con el Límite que *es* la Ley, con la Ley del Límite y con el Límite de la Ley. El Ser se encuentra en una situación similar a la del campesino de Kafka: *Vor dem Gesetz*. El Límite es infranqueable. Tal es así que Parménides recurre a toda una cohorte de figuras mitológicas para reforzar la idea –¡el imperativo!– de limitación ontológica: *Ananke*, la Necesidad; *Moira*, el Destino; *Dike*, la Justicia; *Themis*, la Legalidad. Las diosas evocadas son metálicas, severas e inclementes. La gran ironía es que esta inflexibilidad, enfatizada por el recurso a la mitología, crea la condición de posibilidad para la transgresión efectuada por Platón y el neoplatonismo. Hecha la Ley, hecha la trampa. El rigor de Parménides es directamente proporcional al exceso de Platón, quien recoge el bastón de Arquitas y, denominándolo *he tou agathou idea*, lo extiende efectivamente más allá del cielo de las estrellas fijas y, al extremo, más allá del Ser. El bastón de Arquitas se dice, en el léxico platónico, *epekeina tes ousias*.

(5)

Aristóteles fue uno de los primeros en señalar el aspecto anfibológico del Límite, a la vez lo primero y lo último, el inicio y el término, y su función demarcadora. El Límite establece una distinción entre un adentro y un afuera (*eso* y *exo*, dice Aristóteles).

> Límite [*peras*] se llama lo último [*eschaton*] de cada cosa, y lo primero fuera de lo cual no es posible tomar nada de ella [*ou exo meden esti labein protou*], y lo primero dentro de lo cual está todo lo de ella [*ou eso panta protou*], y lo que sea especie de magnitud o de lo que tiene magnitud, y el fin [*to telos*] de cada cosa (y es tal aquello a lo que se dirige el movimiento y la acción [*he kinesis kai he praxis*], y no aquello desde lo que comienza; pero algunas veces, ambas cosas [*hote de ampho*], aquello desde lo que comienza y aquello a lo que se dirige y la causa final), y la substancia de cada cosa y la esencia de cada cosa; pues esta es término del conocimiento; y, si lo es del conocimiento, también de la cosa. Por consiguiente, está claro que, de cuantos modos se dice el principio, de tantos se dice también el término, y todavía de más; pues el principio es un término [*he men gar arche peras tí*], pero no todo término es principio [*to de peras ou pan arche*] (*Metafísica*, V, 1022a 4-14).

Es evidente que Aristóteles está pensando la noción de *peras* (versión prosaica de *peiras*) en relación a las cosas en general (*ta panta*) y no en el sentido metafísico –o, mejor aún, metanfetafísico– que nos interesa indagar aquí, es decir como Límite del Ser. Pero la función demarcadora de *peras* se aplica igualmente, claro que con ciertos reparos, al *peiras pymaton* parmenídeo. En este sentido, el Límite (las mayúsculas aluden a su condición metafísica, a que se trata del Límite *del Ser*) distingue un adentro (una esontología) y un afuera absoluto (una exontología). El *peiras pymaton* es lo último (*eschaton*) del Ser, la frontera *fuera* (*exo*) de la cual no es posible hablar ya de Ser. Este Afuera, por razones obvias, resulta rechazado por Parménides. No hay lugar para ninguna exontología en su *Peri physeos*, puesto que para él lo Otro del Ser sólo puede ser el No-Ser y el No-Ser no es. Pero además Aristóteles explica que el límite no sólo es lo último, sino también lo primero (*protos*); y esto significa, aplicado al *peiras pymaton*, al Límite metafísico, que constituye también el punto de partida del Ser, la frontera *dentro* (*eso*) de la cual está todo el Ser contenido. El Límite es *arche* y *telos* del Ser. Pero ¿qué significa esto?, ¿qué implica la existencia del Límite? En primer lugar, la inminencia de un exo-Ser, es decir de un más allá, aunque ese más allá, de acuerdo al *principio de irrelatividad*, resulte inaccesible. En segundo lugar, pero en relación con el primer punto, implica *efectos* al interior del Ser, es decir una *determinación* (dinamizadora, para el SMG) del eso-Ser. Lo que resulta preciso explicar ahora son estos efectos esontológicos. La instauración del Límite, la construcción del Muro perimetral que, análogamente al trazado del *pomerium* en el acto fundacional de las ciudades romanas, funda al Ser, la ciudad del Ser, lo que podríamos llamar la *civitas entis*, genera un doble efecto *intra muros*: la sugestión de un Afuera, de un más allá del Límite, de un Otro *extra muros*; y a la vez el horror o el espanto (el *Phobos* Primordial) ante ese Afuera al que sin embargo nunca accede. Ahora bien, hay un punto que debe ser subrayado a fin de no generar malentendidos: en el caso del *peiras pymaton*, es decir del Límite del Ser, no es posible afirmar que el Límite distingue un *eschaton* y un *protos*, como si más acá nos encontráramos en la zona última de la esontología y más allá en la zona primera de la exontología. Para poder afirmar tal cosa sería preciso que nos ubicáramos por encima o más allá del Límite, pero tal cosa está vedada por el *principio de irrelatividad*. De tal manera que tanto *eschaton* como *protos*, en el caso singularísimo del *peiras pymaton*, se aplican únicamente a la esontología. Lo último y lo primero coinciden porque

 METANFETAFÍSICA. Ensayo de sobredosis ontológica

el Límite pliega al Ser sobre sí mismo, pero al plegarlo, y al plegarlo reflexiva o especularmente, lo hace divergir de sí y fragmentarse en n-añicos. Por tal motivo, el Límite es un Espejo roto.

(6)

El Pseudo-Aristóteles identifica en el *De Mundo* a *Ananke* con la divinidad que rige y ordena el cosmos, es decir con la causa que "mantiene a todas las cosas unidas [*ton holon synektikes aitias kephalaiodos eipein*]" (6.397b) y por lo tanto "garantiza su armonía y su preservación [*ton holon harmonian te kai soterian*]" (6.400a). En este sentido, *Ananke* es la personificación de la Necesidad del Límite y de su inviolabilidad absoluta a fin de que el mundo pueda existir de manera armoniosa y determinada. No sorprende que, tal como sucedía en el poema de Parménides, *Ananke* esté acompañada por una cohorte de figuras implacables y despiadadas:

> La Necesidad [*ten ananken*] no se le designa con otro nombre excepto el de Dios, como si fuera una causa invencible [*hoionei aniketon aitian onta*]; de igual modo Dios es el Destino [*heimarmenen*], puesto que lo liga todo y avanza sin impedimentos; la Fatalidad [*pepromene*] por el hecho de que todas las cosas han sido limitadas y nada de lo que existe es infinito [*meden en tois ousin apeiron einai*]; Parca [*moira*], que viene de aquello que se reparte; Némesis [*nemesis*], del hecho de que cada individuo recibe su porción; Adrastea [*adrasteia*], que es una causa conforme a la naturaleza y a la cual no se puede escapar [*de anapodraston*]; Aesa [*aisa*], puesto que existe siempre (*De Mundo*, 7.401b).

El platonismo y el neoplatonismo respetarán al pie de la letra la Ley de la Necesidad: el Ser es limitado y determinado. Si así no fuera, sería incomprensible e ininteligible. De allí la doble valencia de *Ananke*, semejante en cierta forma a la ambigüedad de lo sagrado en las culturas antiguas: aterradora y fascinante. La Necesidad del Límite es requerida para que el Cosmos no sea un Caos, es decir para que el Caos pueda determinarse y transmutarse en Cosmos. Si, como asegura Hesíodo, en el principio de todas las cosas fue el Caos (que el neoplatonismo entenderá sobre todo en términos de *apeiron*), *sólo* lo fue en el principio, puesto que rápidamente *Ananke* lo sujeta con sus cadenas (*peiras pymaton*) y lo de-limita. La de-limitación de lo i-limitado inocula en el Caos la proyección fóbico-fantasmática (la sospecha martirizante, el delirio paranoico) de X, de "algo" que acecha más allá del Límite. Para comprender esta *phobische Reaktion* (Aby Warburg), será preciso examinar con más detalle en qué consiste el *Phobos* que el Caos experimenta en el Acontecimiento onto-fenomeno-génico. Es hora, entonces, de ingresar en la segunda parte de esta investigación.

Textos citados

Aristóteles (1924). *Aristotle's Metaphysics.* Ed. W. D. Ross. Oxford: Clarendon Press. Edición española: (1998), *Metafísica.* Ed. trilingüe por Valentín García Yebra. Madrid: Gredos.

Cornford, Francis MacDonald (1939). *Plato and Parmenides. Parmenides'* Way of Truth and *Plato's* Parmenides *translated with an Introduction and a running Commentary.* London: Kegan Paul.

Diels, Hermann y Kranz, Walther (1985). *Die Fragmente der Vorsokratiker.* Berlin: Weidmann.

Gómez Lobo, Alfonso (1985). *Parménides. Texto griego, traducción y comentarios.* Buenos Aires: Charcas.

Guthrie, William Keith Chambers (1969). *A History of Greek Philosophy: Volume 2, The Presocratic Tradition from Parmenides to Democritus.* Cambridge: Cambridge University Press.

Hegel, Georg Wilhelm Friedrich (1971). *Vorlesungen über die Geschichte der Philosophie I.* En: *Werke 18.* Frankfurt am Main: Suhrkamp.

Mourelatos, Alexander (2008). *The Route of Parmenides.* Las Vegas: Parmenides Publishing.

Owen, Gwilym Ellis Lane (1960). "Eleatic Questions". *The Classical Quarterly*, New Series, Vol. 10, No. 1, pp. 84-102.

Parménides, *Peri physeos.* En: (1981). *Los filósofos presocráticos I.* Introducción, traducción y notas por Conrado Eggers Lan y Victoria E. Juliá. Madrid: Gredos.

Reale, Giovanni (1970). *Melisso: testimonianze e frammenti.* Firenze: La Nuova Italia.

Stokes, Michael C. (1971). *One and Many in Presocratic Philosophy.* Washington D.C.: Center for Hellenic Studies.

PARTE II

Speculum del otro Ser.

Ontología fenomenológica de la imaginación

*El carácter mitológico de estas especulaciones no debe ser sub-
estimado. La naturaleza dramática y la significación psicológica
de las verdades que son transmitidas solicitan este medio, en
el cual la personificación es la forma legítima de expresión.*

HANS JONAS, *The Gnostic Religion*

*La conciencia mítica es un modo de ser en el mundo que
incluye personas imaginales. Nos las da la imaginación y son
sus datos. Donde reina la imaginación, la personificación acontece. [...] Para la conciencia mítica, las personas de la imaginación son reales.*

JAMES HILLMAN, *Re-Visioning Psychology*

*Nuestro juego epistemológico se llama la objetivación: lo que
no ha sido objetivado permanece irreal o abstracto. La forma
del Otro es la cosa. El chamanismo amerindio se guía por el
ideal inverso: conocer es "personificar", tomar el punto de vista
de lo que es preciso conocer.*

E. VIVEIROS DE CASTRO, *Métaphysiques cannibales*

(1)

Aby Warburg ha sostenido –y en cierta forma vivenciado– que en el origen de la civilización humana se encontraría el *Phobos*, el Horror. Una de las referencias indudables de Warburg sobre esta cuestión, aunque es verdad que se trata de una idea que forma parte del clima de época, es el italiano Tito Vignoli. En *Mito e scienza* (1879), Vignoli explicaba el origen del mito y del pensamiento lógico a partir de una facultad de vivificación y personificación común a los animales y al hombre: "La poderosa autoconciencia que actúa tanto en el hombre como en el animal es proyectada en los objetos o fenómenos percibidos, transformándolos de tal manera en sujetos vivientes y deliberativos" (1879: 59). En efecto, Vignoli consideraba la evolución de la cultura como una progresiva superación de un miedo primitivo. La reacción de los animales a los estímulos externos, según esta teoría, correspondería a una disposición instintiva a considerar los objetos circundantes como potenciales amenazas provistas de un cierto poder. Sólo el hombre, sostenía Vignoli desde una perspectiva antropocéntrica, habría aprendido a dominar este temor primigenio, primero a través del mito y luego a través del pensamiento racional. El mismo Warburg estaba convencido de que "el reflejo fóbico de proyección de una causa" (citado en Gombrich, 1992: 208) podía explicar efectivamente el origen de la memoria histórica.

Warburg ha empleado la remarcable expresión *Urkausalitätsform*, "forma causal originaria", para referirse a la Causa, que a su vez identifica con el término *Monstrum*, que habría provocado ese *Phobos* antropogénico. Resulta evidente que *Monstrum* es otra forma de llamar al Afuera. Pero mientras que en Warburg el *Monstrum* es un Afuera *de lo humano*, en nuestro caso es un Afuera *del Ser.* Por eso la expresión *Urkausalitätsform* asume en nuestro planteo un nivel ontológico o metafísico –metanfetafísico, en sentido estricto–. No sólo el *Phobos* explicaría el origen de lo humano, sino el *modo de darse* del Ser en cuanto tal, su Aparecer originario.

La pregunta, ahora, es la siguiente: ¿Horror a qué? A X, por supuesto. Pero ¿cómo X, siendo un Afuera absoluto, es decir no manteniendo *ninguna relación* con el Ser, ha podido generar Horror? ¿No es el Horror, acaso, una relación? La respuesta es no. El Horror es un proceso que tiene lugar al interior del dominio ontológico, es decir al interior del Ser. En rigor de verdad, X no genera nada, puesto que es inaccesible y no se da, no interviene en el dominio ontológico o, por lo pronto, no hay manera de saber si interviene o no. Lo que genera Horror, entonces, no es X, sino el Límite, cuya función específica consiste en despertar en el Caos, que es el Ser antes de su manifestación fenomenológica (véase Libro K, apartado 10), el Gran Fantasma –la proyección, dice Warburg– de un más allá, de un Afuera del Muro. *In extremis*, lo que genera Horror es precisamente la *ausencia de relación* que el Límite garantiza. La cuestión decisiva está en la experiencia del *peiras pymaton*: el Caos se rompe la cabeza contra el Muro que lo circunscribe. Pero este "romperse la cabeza" es también la posibilidad de que no se clausure sobre sí: al romperse se abre. El Caos sangra por la herida que le provoca el frentazo contra el Límite. Y ese sangrado, que inevitablemente lo horroriza puesto que le recuerda que no puede ir más allá pero al mismo tiempo le despierta la sospecha y la obsesión por ese más allá, determina el *modo* de su aparecer y a la vez de su inaparecer. No es necesario entonces que el Caos atraviese el Límite, lo cual además está completamente vedado por *Ananke*, que es la personificación mitológica del principio de irrelatividad; le basta enfrentarse al *peiras pymaton*, al Muro último, es más, al lado *interno* del Muro, para que esa experiencia desencadene en él el Fantasma imaginario –*die phobische Reaktion*– de un más allá del Muro, la conjetura afiebrada de lo espantosa y absolutamente Otro. Este despertarse del Caos es el origen de su aparecer en tanto Ser (y Nada, como veremos en el Libro K), de su darse primigenio, la apertura que permite su desocultamiento. En este punto, convendría recordar un pensamiento que Kafka anota en su *Diario* el 21 de octubre de 1921 y que refleja a la perfección la experiencia del Caos en el momento de su de-terminación y de-limitación: "Todo es fantasía, mi familia, la oficina, mis amigos, la calle, todo fantasía, más lejana o más próxima, la mujer es la más próxima, lo único que es verdad es que te rompes la cabeza contra el muro de una celda

          METANFETAFÍSICA. Ensayo de sobredosis ontológica

sin ventanas y sin puerta" (citado en Stach 2016: 2036). La ontología, por el *Phobos* Primordial que le ocasiona el choque con el Límite y la inminencia imaginaria de X, es desde siempre una fenomenología. La herida en la frente del Caos es la ocasión para que el mundo se ilumine y encuentre la oportunidad de su manifestación y consecuentemente de su organización. Pero el Fantasma de X (genitivo objetivo, pues el "sujeto" de la proyección fantasmática es el Caos) produce, a raíz del impacto del Caos, zonas de inapariencia y de impresencia al interior del Límite espejado. Estas dimensiones de opacidad, irreductibles al impulso surgente o turgente del Ser, irreductibles también a toda luz y a todo desocultamiento e incluso al juego del ocultamiento y el desocultamiento, son las diversas parcelas de lo Alien, es decir de lo Otro respecto al Ser que, por situarse de este lado del Límite, mantiene algún tipo de relación con el Ser (de acoso, de insistencia, de interrupción, etc.).

El Límite provoca la Gran Fractura, la Disyunción Originaria, la Dehiscencia Primigenia, la Imposible Cicatriz, la Herida No-Cauteriza(da/ble), la Hemofilia Primordial. Su función consiste en separar al Caos (o, luego del Acontecimiento o la Singularidad, al Ser y la Nada) de X, al más acá del más allá. La escisión es absoluta e infranqueable. Una vez que nos ubicamos al interior del Límite nos damos cuenta de que el término "Ser", por sí mismo, resulta insuficiente para nombrar la heterogeneidad *intra muros*. Además del Ser, hay lo Alien, las múltiples dimensiones otras respecto al Ser, genuinamente extraontológicas, pero que sin embargo influyen en el Ser de diversas maneras. Lo Alien, efecto de X o, con mayor precisión, de la proyección fóbica de X (de nuevo, genitivo objetivo), rompe al Ser e impide que se suelde sobre sí. Gracias a lo Alien, el sangrado ontológico es indetenible. Pero la influencia o asedio de lo Alien tiene otra consecuencia en el Ser, otro desdoblamiento, esta vez interno a la ontología: el Ser deja una zona vacante de sí (*tehiru*) a fin de que advenga la Nada. Lo Alien hace que el Ser se ahueque. Ese hueco es la Nada, pero la Nada ya es una maniobra ontológica, es una estrategia para dominar a lo Alien, que no coincide ni con el Ser ni con X. Lo Alien es lo Otro *intra muros*; X, lo Otro *extra muros*. Aquel es un Otro *relativo*; esta, un Otro *absoluto*.

(2)

Un monstruo aterrador, como el fantasma del comunismo respecto a Europa, sobrevuela la Grecia antigua. Se presenta a veces bajo una máscara –*es* una máscara–, otras veces anuncia su llegada con un grito horripilante. Su horror es tal que hace huir incluso al valiente y astuto Odiseo. El escudo de Agamenón exhibe sus ojos espantosos. De su cabeza surgen serpientes en lugar de cabellos. Su mirada petrifica a quienes osan contemplarla. Se trata, claro está, de la Gorgona. De ella ha dicho Silvia Schwarzböck, con justa razón, que "es un monstruo-sinécdoque: la parte que asusta de ella, la cara, basta para hacerla inmirable" (2017: 48). Mirar su rostro, como el del Dios que habla con Moisés en el Monte Sinaí, conduce a la muerte. La Gorgona es la figura mitológica que representa el Límite y el *Phobos* Primordial. Escribe Jean-Pierre Vernant en un estudio excepcional: "Gorgona es una Potencia del Terror. [...] Es el espanto en estado puro, el Terror como dimensión de lo sobrenatural. En efecto, este miedo no es segundo ni motivado, como el que provocaría la conciencia de un peligro. Él es primero" (2007: 1493). El miedo que encarna la Gorgona no es segundo ni motivado, sino primero, primitivo. El aullido de la Gorgona representa el Clamor Originario que determinó el nacimiento del Ser del seno del Caos, el *modo* de su aparición, su *modalidad* fenomenológica.

Se conoce el mito de Perseo: para matar a la Gorgona debe mirarla a través de su escudo y evitar así sucumbir a su mirada lítica. Enfatizando la imposibilidad de contemplar directamente a la Gorgona sin morir al instante, el mito expresa la imposibilidad de acceder a X. Vernant ha señalado que la Gorgona designa, en el imaginario de la Grecia antigua, una "extrema alteridad", una "experiencia de lo absolutamente otro" y una "diferencia radical" (véase 2007: 1486). La Gorgona, por supuesto, no es análoga a X, que ni siquiera podría ser reflejada en un escudo, sino una de las figuras míticas a través de las cuales los seres humanos han podido representarse –y eventualmente tramitar– el *Phobos* Primordial. Por eso se requiere siempre la mediación de un elemento que instaure una cierta distancia; en este caso y no por casualidad, se trata de un espejo. El escudo-espejo designa el Límite en cuanto tal, la Superficie fronteriza que separa el Ser de X, la ontología de la extra-ontología. Por eso la Gorgona es una figura del Límite en general y del Límite entre los vivos y los muertos en particular. De nuevo Vernant: "Desde el fondo del Hades donde ella se agita, la cabeza de Gorgona vigilia y custodia las fronteras del dominio de Perséfone. Su máscara expresa y mantiene la alteridad radical del mundo de los muertos al que ningún viviente puede aproximarse" (2007: 1498). No sorprende que la figura de Gorgona posea una relación estrecha con el Hades y con la Muerte. En efecto, la Muerte designa la manera que tienen los vivientes de representarse el *peiras pymaton*, el Límite metafísico más allá del cual es imposible proseguir. La alteridad radical que encarna la Gorgona, por eso mismo, "arranca al hombre a su vida para proyectarlo hacia lo bajo, en la confusión y el horror del caos" (Vernant 2007: 1487). El mito de la Gorgona expresa en términos ficcionales algo muy real: el *Phobos* Primordial que dio origen a la manifestación del Ser. Vernant dice que el Terror que los antiguos han cifrado en esa máscara espeluznante es *primero* o *primitivo*. Esto debe interpretarse en un sentido genuinamente metanfetafísico: el efecto más inmediato y anfibológico —sagrado, diríamos, puesto que a la vez aterrador y fascinante— del Límite es el *Phobos* Primordial. Primordial porque fenomeno-génico o fenomenogónico. La fenomenología, es decir la manifestación del Ser, presupone una fóbica trascendental, una fobología. El darse del Ser es una reacción fóbica ante el Límite. Lo que llamamos ontología fenomenológica no es sino la proyección imaginaria —el Gran Fantasma— de un más allá abso-lutamente Otro. Esa proyección imprime la dinámica propia del Ser, provoca el advenimiento de su manifestación, modula su darse.

La relación de la Gorgona con la Máscara no es para nada fortuita, sino que alude a la imposibilidad de acceder al otro lado del Límite. A diferencia del Otro lévinasiano que encuentra su lugar de exposición en el Rostro, la Gorgona es sólo una Máscara infranqueable y absolutamente letal. Quitar la máscara es morir. No hay relación; hay Muerte, que es el modo humano de represen-tarse la no-relación. El Espanto de la Gorgona es además doble: la mirada, lo visible, y el grito, lo invisible. En efecto, no sólo se identifica a la Medusa con la mirada petrificadora, sino con un alarido monstruoso y desarticulado. Ha sido incluso sugerido que el término *Gorgo* remite al sánscrito *garǧ*, el cual "es definido como un gorjeo [*gurgling*], un sonido gutural, a veces humano, a veces animal, quizás cercano al *grrr* de un gruñido bestial" (Feldman 1965: 487). Otros autores han indicado que ese sonido gutural, extraño a la pala-bra articulada, no es otro que el grito de ultratumba que hacen oír las almas (*eidola, phasmata* o *psychai*) de los difuntos. Vernant demuestra, además, que "existen varias afinidades entre la flauta [el *aulos* o la *syrigx* del dios Pan] y la máscara del terror" (2007: 1504). La flauta que toca la Gorgona representa míticamente el sonido estridente y perturbador que provoca el choque del Caos con el Límite. En general, el sonido orgiástico y extático de la flauta, al igual que el ritmo frenético de los tambores, se relaciona con las bacantes de Dionisio. Sin embargo, como muestra Eurípides en una de sus tragedias, además de las fiestas dionisíacas existían también las "bacantes de Hades"

(*Heracles*, 1119). En este caso, los cuerpos danzantes seguían el ritmo de una flauta tocada por la Gorgona. Al igual que Lamia, Empousa o Mormo, la Gorgona pertenece a un grupo de monstruos próximos al dominio de la muerte pero que suelen deambular en medio de los vivos. Vernant dice de ellos:

> Especies de *revenants*, de fantasmas, de dobles, *eidola, phasmata* [...]. Cuando un hombre es poseído por *Lussa* e imita a la Gorgona por sus gestos, su rostro y sus gritos, deviene él mismo una suerte de danzador de los muertos, un bacante de Hades [*danseur des morts, un bacchant d'Hades*]. El terror que lo agita, que lo hace danzar siguiendo la horrible melodía de la flauta, se remonta directamente al mundo infernal: es la potencia de un muerto-vivo, de un demonio vengador que lo persigue por expiación o por venganza, un *alastor*, una mancha criminal, *miasma*, que pesa sobre él o que ha heredado de su raza (2007: 1508).

La máscara de la Gorgona persigue a Perseo, al decapitador Perseo, como un fantasma o un *revenant*: "aún derrotada, convertida en fantasma, ella sigue siendo, en la mente de Perseo, un terror inolvidable" (Schwarzböck 2017: 48). Este terror inolvidable es el que según Warburg ha dado origen a la civilización humana y el que, según la perspectiva de este libro —que da un paso más allá de Warburg y se desplaza de la antropología a la ontología—, ha dado origen al aparecer del Ser o, también, al modo de su darse. La ontología fenomenológica no es más que el reflejo (fóbico) del *Monstrum* en el espejo de Perseo. Pero desde el momento en que la Gorgona puede reflejarse en el espejo, no es equivalente, al igual que la muerte, a X. Es sólo uno de los modos humanos —e incluso extra-humanos— de representar lo irrepresentable: el otro lado del Límite.

(3)

Que X no se confunde con la Nada es más que evidente por la *Stimmung* que le corresponde esencialmente: el horror (*Phobos*). Así como la angustia fue para el existencialismo la *Stimmung* en la que el *Dasein* o, en términos de Sartre, la *réalité humaine*, accedía a la experiencia de la Nada, asimismo el horror es para el SMG la *Stimmung* a través de la cual, no ya los seres humanos, sino el Ser en general accede a la proyección fantasmática de X. Heidegger se había esmerado en distinguir con sumo cuidado el miedo [*Furcht*] de la angustia [*Angst*] (véase *GA* 9: 111-112). Mientras que aquel siempre remitía a un "algo" determinado que lo ocasionaba, esta remitía a nada o, mejor aún, a la Nada en cuanto tal.

METANFETAFÍSICA. Ensayo de sobredosis ontológica

La angustia es radicalmente distinta del miedo. Tenemos miedo siempre de tal o cual ente determinado [*bestimmten Seienden*] que nos amenaza en un determinado respecto. El miedo de algo es siempre miedo a algo determinado [*um etwas Bestimmtes*]. Como el miedo se caracteriza por esta determinación del *de* y del *a*, resulta que el temeroso y el medroso queda sujeto a la circunstancia que lo amedrenta. Al esforzarse por escapar de ello –de ese algo determinado– pierde la seguridad para todo lo demás, es decir "pierde la cabeza [*kopflos*]" (*GA* 9: 111).

A diferencia del miedo que remite siempre a un ente determinado y que por lo tanto pertenece para Heidegger a una esfera óntica, la angustia nos vuelve patente la Nada y por ende el Ser de los entes, de tal manera que pertenece a una esfera ontológica. Aunque por motivos diversos a los de Heidegger, para el SMG el término alemán *Furcht* tampoco describe con precisión la *Stimmung* que ocasionó el darse del Ser. X, entendida como proyección imaginaria, no provoca simplemente miedo (*Furcht*), que es siempre miedo a un ente determinado, sino horror, *Phobos*, que no se dirige a un ente o a un objeto concreto, sino a lo que está más allá de todo ente y de todo objeto. En lugar de *Furcht*, habría que hablar de *Schrecken* o de *Entsetzen*. Lo que hay que tener presente es que *Schrecken* o *Entsetzen*, términos que pueden traducirse por horror o espanto, difieren *por naturaleza* de *Furcht*. *Schrecken* o *Entsetzen* no designan una *Furcht* más fuerte; designan *otra Stimmung*, cualitativamente diversa de *Furcht*, lo mismo que de *Angst*. Según Heidegger, *Furcht* sería una *Stimmung* óntica y *Angst* una *Stimmung* ontológica. El SMG admite esta clasificación heideggeriana, pero le añade algo, una nueva *Stimmung*: *Schrecken* o *Entsetzen*. ¿Y qué es lo que genera *Schrecken* o *Entsetzen*? Es X o, con más precisión, el Límite, la de-terminación que sufre el Caos y que lo hace proyectar a X. Pero el Límite no es ningún objeto ni tampoco un ente. Ni siquiera es un ser, puesto que es la frontera del Ser. No es ni óntico ni ontológico y por eso resulta irreductible tanto a *Furcht* como a *Angst*. Sin embargo, Heidegger capta, a pesar de todo, algo esencial respecto a la limitación del Ser cuando refiere a la *Logik* de Hegel y dice que el Ser y la Nada se presuponen recíprocamente, pero no como cree Hegel por su indeterminación, sino por la finitud del Ser:

El Ser y la Nada van juntos [*gehören zusammen*]; pero no porque ambos coincidan en su inmediatez e indeterminación –como sucede cuando se los considera desde el concepto hegeliano del pensar–, sino que el Ser es por esencia finito [*das Sein selbst im Wesen endlich ist*], y solamente se patentiza en la trascendencia de la existencia que sobrenada en la Nada (*GA* 9: 120).

El Ser es por esencia finito. El SMG acepta este enunciado sin objeciones. Es su anacronismo irrenunciable, su temporalidad *out of joint*. Cuando la filosofía parece decir *après la finitude*, el SMG vuelve a decir —es su fatalidad— *avec la finitude* o incluso *finitude*, a secas. ¿Pero qué significa esto? ¿Qué quiere decir que el Ser, como vimos en la *Intermissio* dedicada a Parménides, sea finito? No sólo quiere decir, como supone Heidegger y el existencialismo en general, que el ser humano es mortal, sino que la ontología en cuanto tal, esto es: no ya el ser *humano* sino el Ser *tout court* posee un Límite y que, en consecuencia, nada impide que se pueda postular (dado que el mismo Ser ya lo proyecta fóbico-fantasmáticamente) un más allá del Límite. De lo cual se deduce la sustancial diferencia que existe entre la *Angst* de la analítica existencial y el *Schrecken* o *Entsetzen* de la metanfetafísica. *Angst* revela la trascendencia característica de la existencia del *Dasein*; *Schrecken* o *Entsetzen*, por el contrario, la trascendencia (fantasmática, es decir imaginaria) del Ser en cuanto tal. Por eso el Ser, para el SMG, no se caracteriza, como el *Dasein* de Heidegger, por existir sosteniéndose en la Nada y por encontrar en ese sostén la ocasión de exiliarse —por así decir— del ente, sino por darse como reacción fóbica a X y sostenerse sobre ese horror originario que lo saca de sí y lo disgrega. No es el ser humano el que, al intentar escapar del miedo que le provoca un ente determinado, pierde la cabeza (*kopflos*), como dice Heidegger, sino el Ser en cuanto tal, y no ya por intentar huir de un ente determinado al que juzga amenazante, sino por la conmoción fóbica que le ocasiona la imposibilidad de acceder (y por ende de asimilar o tramitar) a eso Otro que sospecha o pre-siente más allá del Límite. La trascendencia de la que habla Heidegger, en cambio, concierne a la posibilidad de sustraerse al dominio del ente y de acceder a un dominio ontológico. Esa posibilidad se llama existencia:

> *Da-sein* (ex-sistir) significa: estar sosteniéndose dentro de la Nada. Sosteniéndose dentro de la Nada, la existencia está siempre allende al ente en total [*das Seiende im Ganzen hinaus*]. A este estar allende el ente es a lo que nosotros llamamos trascendencia [*die Transzendenz*] (GA 9: 115).

El SMG reformula: el *Phobos* Primordial (*Schrecken* o *Entsetzen*) no se sostiene *das Seiende im Ganzen hinaus*, sino *das Sein im Ganzen hinaus*. A diferencia de la angustia que, sosteniéndose dentro de la Nada, permite que el *Dasein* exista fuera del ente (*Seiende*), el *Phobos* Primordial, sosteniéndose como reacción al impacto del Caos contra el Límite, permite que el Ser (el *Sein*, y no el *Da-sein* humano) exista fuera de sí, salga de sí a través de una proyección fantasmática. *Angst* hace posible una sobredosis óntica; *Phobos*, una sobredosis ontológica. Aquella saca al *Da-sein* del ente; esta, al *Sein* de sí mismo. Una abre el ente al Ser, a lo abierto de su aparición; el otro abre el Ser a lo Otro de sí y a raíz de esa apertura lo hace aparecer. Lo abierto por *Angst* es el Ser; lo abierto por *Phobos*, X o, mejor, la posibilidad imaginaria de X. En suma: *Phobos* abre lo abierto por *Angst*, fractura la *Lichtung*, horroriza tanto al Ser como a la Nada.

Debe destacarse el hecho de que, a diferencia de la *Angst*, el *Phobos* no supone una relación con el ente ni una revelación de su Ser. Como vimos, Heidegger es muy claro al señalar que la *Angst* no tiene por objeto ningún ente determinado, como sucede con la *Furcht*, sino que nos revela al ente en su totalidad, al ente en cuanto tal:

> La esencia de esta Nada, originariamente anonadante, es: que lleva, al existir, por vez primera, ante el ente en cuanto tal [*vor das Seiende als ein solches*]. Solamente a base de la originaria revelabilidad de la Nada [*der ursprünglichen Offenbarkeit des Nichts*] puede la existencia del hombre llegar al ente y entrar en él [*auf Seiendes zugehen und eingehen*] (*GA* 9: 114-115).

Pero si esto es así, si la Nada hace posible que haya revelación del ente, es decir que el *Dasein* pueda llegar al ente en cuanto tal y entrar en él, entonces la Nada es correlativa al Ser mismo y por ende perteneciente a una dimensión ontológica y no óntica. La Nada, como el Ser, es condición de la revelabilidad del ente. Es lo que dice el mismo Heidegger: "La Nada no nos proporciona el contra-concepto del ente, sino que pertenece originariamente a la esencia del Ser mismo [*gehört ursprünglich zum Wesen selbst*]. En el Ser del ente [*Sein des Seienden*] acontece el anonadar de la Nada" (*GA* 9: 115). Ser y Nada, como en Hegel aunque por motivos diferentes, incluso contrarios, se presuponen recíprocamente. En la medida en que el anonadar (*das Nichten*) de la Nada hace posible la revelación del ente en cuanto tal a una existencia humana, revela por eso mismo el Ser del ente (*das Sein des Seienden*). Ahora bien, interesa destacar que el *Phobos* difiere radicalmente tanto de la *Furcht* como de la *Angst*. Esta diferencia radical concierne al hecho de que el *Phobos* no tiene por objeto un ente (como la *Furcht*), pero tampoco la Nada y a partir de ella el ente en cuanto tal, el Ser del ente (como la *Angst*), sino un más-allá-del-ente que es correlativamente también un más-allá-del-Ser, más allá con el cual, y este es el punto clave, *no tiene relación*. La especificidad del *Phobos* (o de *Schrecken* o *Entsetzen*, si uno quisiera decirlo en alemán) es que su causa originaria, su *Urkausalitätsform*, no es algo con lo cual se pueda tener una relación –y por eso no es un objeto ni un ente ni un ser– sino precisamente esa misma *ausencia de relación*. Claro que en el caso de Heidegger no hay relación con ningún ente determinado, pero sí hay relación con el ente en cuanto tal, con *das Sein des Seienden*. Por eso la angustia permite que el existente humano llegue al ente y penetre en él (*auf Seiendes zugehen und eingehen*), es decir que le sea revelado el Ser del ente. En el caso del *Phobos*, por el contrario, no hay llegada a ningún lado ni entrada en nada, ni en el ente ni en el Ser, sino experiencia de esa imposibilidad misma. Lo que genera *Phobos*, lo que horroriza al Caos, es la imposibilidad de franquear el Límite, de ir más allá de los reflejos especulares que comienza a devolverle el Espejo y de las zonas opacas que conforman las múltiples dimensiones de lo Alien. Y es esta imposibilidad de a-prehender a X lo que provoca que el Caos se muestre, se revele. El punto es que aquí la revelación del Caos, su aparición y su donación, no surge como una aprehensión de su propia esencia a través del anonadamiento de la Nada, sino de una incapacidad de aprehender lo Otro absoluto *extra muros*. Si para el SMG puede haber revelación, no es porque la *Angst* nos enfrenta a "la imposibilidad esencial de ser determinado [*die wesenhafte Unmöglichkeit der Bestimmbarkeit*]" (Heidegger *GA* 9: 111) o porque nos muestra que "todas las cosas como nosotros mismos se sumergen en una indiferenciación [*in eine Gleichgültigkeit*]" (*GA* 9: 111), sino porque, dado que el Caos no puede acceder a X y que además esa imposibilidad lo horroriza, se muestra y aparece, se revela, como un modo de tramitar esa imposibilidad. Pero la condición de la revelación del Caos no está en el Ser del Caos, sino en lo Otro del Caos. En efecto, lo que Heidegger describe cuando habla de una imposibilidad esencial de ser determinado o de una indiferenciación es justamente el Caos, que se define por una indeterminación radical. Si la *Stimmung* propia de la metanfetafísica no es la *Angst* sino el *Phobos* es porque el *Phobos* no revela la indeterminación y la indiferenciación del Caos, sino la imposibilidad de aprehender lo Otro del Caos, X, el Afuera absoluto que, en cuanto tal, no puede decirse ya determinado o indeterminado. El "objeto" del *Phobos*, entonces, no es ni un ente ni el Ser, ni algo determinado ni algo indeterminado, pero tampoco la Nada o el Caos, sino una falta de objeto, una ausencia de relación y la proyección fantasmática que esa falta y esa ausencia desencadenan. Y la consecuencia de esa proyección o, con mayor precisión, del horror que tal proyección provoca y que remite en última instancia a la ausencia de relación es la manifestación del Ser, su aparecer originario.

(4)

Georges Bataille ha sido uno de los pensadores contemporáneos que más se ha interesado en el problema de la prohibición y de su eventual transgresión. La función de las prohibiciones, explica Bataille desde una perspectiva antropológica y antropocéntrica, es eliminar la violencia que amenaza el orden requerido para la permanencia de las sociedades humanas. Una de las novedades de su pensamiento es haber abordado el problema de la transgresión a partir de la dialéctica hegeliana: la transgresión no supone una negación del límite, sino una superación que al mismo tiempo lo conserva y lo presupone: "Inútil insistir –aclara Bataille en una nota al pie de *L'érotisme*– en el carácter hegeliano de esta operación, que responde al momento de la dialéctica expresado por el verbo alemán intraducible *aufheben* (superar manteniendo)" (1987: 39). Esto significa que no hay transgresión sin prohibición. La transgresión no suprime el límite, pero sí lo excede. Ahora bien, el SMG, que por supuesto considera la noción de Límite desde una perspectiva ontológica y no antropológica, toma distancia de Bataille al menos por dos motivos: 1) porque para el filósofo francés es posible la trasgresión de las prohibiciones y en consecuencia el franqueamiento de los límites; 2) porque lo que genera horror para Bataille es precisamente la posibilidad de transgredir los límites. Por supuesto que las tesis defendidas por Bataille tienen –o pueden tener– su valor en un registro antropológico; pero nuestro interés en este momento es considerar si sus reflexiones resultan de ayuda para el SMG. Ya desde ahora, como advertimos, podemos señalar que los dos puntos mencionados difieren de la teoría metanfetafísica. Respecto a 1, Bataille sostiene no sólo que "no hay prohibición que no pueda ser transgredida" (1987: 66), sino que "la prohibición existe para ser violada" (1987: 67). A diferencia del SMG que postula la imposibilidad de franquear el Límite y de acceder a lo que está más allá, es decir a X, Bataille asegura que la transgresión "abre un acceso al más allá de los límites [*ouvre un accès à l'au-delà des limites*] ordinariamente observados, pero reserva estos límites" (1987: 70). De allí que, si bien la transgresión no niega los límites sino que los conserva, su objetivo último, al menos en el caso del erotismo, que es una de las formas de transgresión más examinadas por Bataille, consiste en la unión con el objeto de deseo y en la consecuente supresión de los límites que separaban al sujeto del objeto: "El sentido último del erotismo es la fusión, la supresión del límite [*la fusion, la suppression de la limite*]. En su primer movimiento, el erotismo no es menos significado por la posición de un *objeto de deseo* [*objet du désir*]" (1987: 131). Se comprenderá que el fenómeno del erotismo y la dialéctica entre prohibición y transgresión no resultan adecuadas para pensar la relación del Caos con el Límite, entre otras cosas porque el Límite no admite la posibilidad de ser suprimido. En este sentido, todo el pensamiento de Bataille se opone al principio de irrelatividad. Mientras que Bataille sostiene que el sentido del límite es la transgresión, el SMG sostiene que el sentido del Límite del Ser (del *peiras pymaton*) es inversamente la imposibilidad absoluta de ser transgredido, salvo de forma imaginaria. No sorprende, desde esta perspectiva, que la metanfetafísica tampoco coincida con Bataille acerca de la causa del *Phobos*. Mientras que para el SMG la causa fóbica es precisamente la *imposibilidad* de acceder al más allá del Límite y la inmediata proyección fantasmática de X, para Bataille es exactamente lo contrario: la *posibilidad* de transgredir el límite y de acceder al más allá. Por eso el horror, en el caso de Bataille, más que indicar un distanciamiento respecto de lo que el límite prohíbe, indica en realidad la fascinación por su transgresión y por su exceso. Es cierto que la proyección fóbico-fantasmática despierta en el Caos el deseo de asimilar o dominar a X, pero también es cierto que no hay manera de que ese deseo de dominio pueda ser cumplido y de que el Caos finalmente pueda fusionarse con X, ya que el Límite es infranqueable. Por el contrario, Bataille sostiene:

> Siempre un límite es dado al cual el ser respeta. El ser identifica este límite con lo que él es. El pensamiento de que este límite pueda dejar de ser le provoca horror. Pero nosotros no nos engañamos tomando en serio el límite y el respeto que el ser le tiene. El límite no es dado más que para ser excedido [*être excédée*]. El miedo (el horror) no indica la decisión verdadera. Él incita, al contrario, inversamente, a franquear los límites [*à franchir les limites*].
>
> Sabemos que si experimentamos horror es porque se trata de responder a la voluntad inscrita en nosotros de exceder los límites. Queremos excederlos y el horror experimentado significa el exceso [*l'horreur éprouvée signifié l'excès*] al cual debemos llegar, al cual, si no hubiese existido el horror previo, no habríamos podido llegar (1987: 143).

Al contrario, el SMG sí se toma en serio el Límite y el respeto que el Ser le muestra. Pero se lo toma en serio porque, a diferencia de Bataille que encuentra la causa del *Phobos* en la posibilidad de que el límite deje de ser, encuentra esa causa, la *Urkausalitätsform*, en la imposibilidad de franquear el Límite. El efecto más destacable del *Phobos* no es tanto impulsar al Caos a

          METANFETAFÍSICA. Ensayo de sobredosis ontológica

que atraviese el Límite, lo cual resulta imposible para la teoría metanfetafísica (salvo imaginariamente) por razones de principio, sino impulsarlo a que se muestre y se manifieste. La imposibilidad de que el Caos se fusione con X es el desencadenante del devenir onto-fenomeno-génico. Gracias a que no existe fusión del Caos con X ni acceso a lo que está más allá del Límite, posibilidad que sí existe para Bataille en el caso del erotismo en particular y de la transgresión en general, hay Ser y realidad.

(5)

Se sabe que para Freud el inconsciente no conoce la muerte ni ningún tipo de negación. Tal es así que, según advierte en un pasaje muy citado de un célebre ensayo, el inconsciente funciona como si fuera inmortal, por lo cual el temor a la muerte es algo secundario, es decir no originado en los estratos más profundos de la psiquis:

> ...nuestro inconsciente no cree en la muerte propia, se conduce como si fuera inmortal. Lo que llamamos nuestro "inconsciente" (los estratos más profundos de nuestra alma, compuestos por mociones pulsionales) no conoce absolutamente nada negativo [*Negativ*], ninguna negación [*Verneinung*] —los opuestos coinciden en su interior—, y por consiguiente tampoco conoce la muerte propia [*kennt darum auch nicht den eigenen Tod*], a la que sólo podemos darle un contenido negativo. Entonces, nada pulsional en nosotros solicita a la creencia en la muerte. [...] La angustia de muerte, que nos domina más a menudo de lo que pensamos, es en cambio algo secundario [*etwas Sekundäres*], y la mayoría de las veces proviene de una conciencia de culpa (*GS* 10: 350-351).

¿Qué quiere decir Freud cuando afirma que el temor a la muerte es algo secundario (*etwas Sekundäres*)? Quiere decir, como ya sugerimos, que no surge de las mociones pulsionales que constituyen al inconsciente. El temor a la muerte sólo puede formarse en el plano de la conciencia. Ni siquiera en el niño existe un temor primigenio a la muerte, al menos no en el sentido abstracto que tiene la muerte para un adulto. Ya en *Die Traumdeutung* Freud lo explicaba con su habitual claridad:

> El niño nada sabe de los horrores de la putrefacción de la carne, del muerto que se hiela en la tumba fría, del espanto de la noche infinita [*vom Schrecken des endlosen Nichts*], que tanto desasosiego provocan en las representaciones del adulto, como lo muestran todos los mitos del más allá. El temor a la muerte le es ajeno [*Die Furcht vor dem Tode ist ihm fremd*] (*GS* 2/3: 260).

Pero si esto es así, ¿cómo se forma el miedo a la muerte (*die Furcht vor dem Tode*) que, según tantos antropólogos y etnólogos, está en el origen de la cultura humana en general y por lo tanto hundido en las profundidades del inconsciente colectivo? La respuesta que puede encontrarse en Freud es por demás interesante: el temor a la muerte no surge del inconsciente en cuanto tal, puesto que desconoce toda forma de negación (incluida la de sí mismo), sino de la conciencia, y es esta la que introyecta el miedo a la muerte en los estratos inconscientes. En efecto, sólo la conciencia puede experimentar el horror de la nada infinita, la corrupción de los órganos, la pudrición de los tejidos, la soledad de la tumba, etc. El niño, y mucho menos el inconsciente, no conoce nada de todo esto. Pero la conciencia de algún modo introduce retrospectivamente la idea de muerte y el terror que le es inherente en el plano inconsciente. Esto significa que el temor a la muerte puede ser considerado del orden de lo inconsciente siempre y cuando se haga la salvedad de que ha sido desplazado allí por la conciencia en una suerte de movimiento de *après coup*. Jerry S. Piven, en un interesante libro titulado *Death and Delusion: A Freudian Analysis of Mortal Terror*, además de discutir la idea freudiana de que el inconsciente no conoce el miedo a la muerte, explica que es la conciencia la que no puede soportar el temor que genera la idea de muerte y por lo tanto la desplaza al inconsciente:

> No es que el inconsciente no pueda conocer la muerte, sino que la conciencia no puede aceptar el miedo y el desamparo de la muerte y entonces la relega al inconsciente [*relegates it to the unconscious*], donde debe ser transformada vía el proceso primario en una realidad más aceptable y apacible (2004: 31).

Piven sostiene que la idea de muerte resulta transformada por el proceso primario, es decir inconsciente, a fin de que pueda ser aceptada o asimilada por la conciencia. Esta transformación, además, concierne de manera fundamental a la fantasía y a la ficción: "la ficción que suprime la realidad permanente de la muerte es el requisito para vivir sin terror" (2004: 26). Esta ficción es del orden de lo imaginario, como resulta evidente en el caso de las fantasías oníricas. Según Piven, el contenido manifiesto del sueño funciona como una fantasía que disfraza aquellos contenidos inaceptables para la conciencia:

> Incluso si el inconsciente no puede proveer ningún contenido que corresponda a una comprensión de la muerte, claramente el miedo a morir es un problema que el inconsciente debe transformar en una fantasía [*rework into a fantasy*] (el sueño manifiesto) que disfrace su verdadero contenido al ego observador (2004: 30).

El punto que nos interesa destacar, además de la función decisiva de la fantasía como modo de suturar los contenidos traumáticos, es el mecanismo de *après coup* que caracteriza a la conciencia en relación a la inconciencia. Piven dice que en *Die Traumdeutung* se encuentra la idea de que la conciencia crea ciertas zonas de inconciencia: "La conciencia, o reflexión, induce la ansiedad que crea la inconciencia [*the anxiety which creates unconsciousness*] de lo que uno desea no ver, es decir, lo reprimido, una zona de conocimiento oculto" (2004: 23), o también, de un modo más lacónico: "La conciencia *crea* la inconciencia" (2004: 23; las cursivas son de Piven).

Ahora bien, ¿por qué hablar de Freud aquí y del temor a la muerte? ¿Acaso el *Phobos* a X es equivalente al miedo a la muerte? ¿Es X un modo de referirse a la muerte? La respuesta es no, como ya había notado Lévinas en un texto relativamente temprano al advertir que "el horror no es de ninguna manera una angustia de muerte" (2004: 99). Del mismo modo, X no es la muerte, puesto que no se puede decir nada de X, ni siquiera que sea la muerte. Pero la analogía con la muerte es así y todo fundamental puesto que la muerte es la manera a través de la cual los seres humanos se han representado (de modo insuficiente, claro está, como toda representación) a X. La muerte es lo que no puede ser experimentado, puesto que experimentarla significa no ser capaz ya de tener experiencia. En este sentido, la muerte es, para el ser humano o incluso para lo viviente en general, lo Otro por antonomasia. Sin embargo, es un hecho que toda forma de vida ingresa más tarde o más temprano en la alteridad de la muerte. Se trata de ese "inapreciable momento de tiempo –como dice Joseph Conrad– en el que atravesamos el umbral de lo invisible [*we step over the threshold of the invisible*]" (1916: 118-119). Thomas S. Eliot, en un poema inconmensurable, ha dicho lo esencial sobre este asunto:

Those who have crossed
With direct eyes, to death's other Kingdom
Remember us-if at all-not as lost
Violent souls, but only
As the hollow men The stuffed men.
[...] This is the dead land
This is cactus land
Here the stone images
Are raised, here they receive
The supplication of a dead man's hand
Under the twinkle of a fading star.

[...] This is the way the world ends

Not with a bang but a whimper (Eliot 1963: 79-82)[8].

No solo es posible cruzar al reino de la muerte, sino que es necesario; es la fatalidad, el pavoroso drama. Morimos. Sin embargo, no es posible cruzar el Límite que separa al Ser de X. Morir no es acceder a X. X se mantiene más allá de toda vida y de toda muerte, de toda positividad y de toda negatividad, de todo Ser y de toda Nada. El principio de irrelatividad es inflexible tanto para los vivos cuanto para los muertos. La muerte, por eso mismo, es sólo la forma humana de representarse a X. Dos insuficiencias la caracterizan: la insuficiencia intrínseca a cualquier representación, y la insuficiencia intrínseca al antropomorfismo. (Se objetará que también el SMG, en la medida en que personifica al Caos, al Ser, a la Nada, a lo Alien, etc., cae en el más flagrante antropomorfismo. Sin embargo, como ya hemos advertido en otro lugar (véase Prósperi 2021: 16, nota 1), la personificación no es equivalente al antropomorfismo). Más allá de que la muerte no es X, la comparación del *Phobos* Primordial con el temor a la muerte nos permite explicar con mayor claridad el Acontecimiento onto-fenomeno-génico que, *in illo tempore*, hizo que el Caos se mostrase y comenzara a devenir. La analogía con la idea de muerte en relación a la teoría freudiana del inconsciente, además, resulta sumamente provechosa para comprender el mecanismo retrospectivo que está en juego en la determinación del Caos (véase Libro K, apartado 9).

El *Phobos* sólo puede surgir con el Límite. El Caos en cuanto tal, como el inconsciente freudiano, no conoce ningún *Phobos* ni tampoco ninguna forma de negación o negatividad. El Caos es velocidad infinita y evanescencia, indeterminación y dilución de toda forma y de toda relación entre las formas (véase Libro K, apartado 10). Pero el advenimiento del Límite lo cambia todo: el Caos se de-termina, se de-fine, se de-limita. La primera reacción es el *Phobos*, el Horror primitivo y auroral. ¿Por qué el *Phobos*? Porque el Caos, al chocar con el Límite, no puede evitar suponer un más allá, un otro lado de ese Muro contra el cual se ha partido la frente. El Caos se sugestiona, sospecha... No puede atravesar el Límite: eso lo enloquece por completo. "Algo acecha del otro lado, algo aguarda agazapado más allá"– se dice, paranoico. Y ese

---

8   "Aquellos que han cruzado / con los ojos fijos, al otro Reino de la muerte / recuérdennos —si es que nos recuerdan— no como / perdidas almas violentas, sino sólo / como los hombres huecos / los hombres rellenados. / [...] Esta es la tierra muerta / esta es tierra de cactus / aquí se elevan las imágenes / de piedra, aquí reciben / la súplica de la mano de un muerto / bajo el titilar de una estrella que se apaga. / [...] Así es como acaba el mundo / No con un estallido sino con un quejido".

     METANFETAFÍSICA. Ensayo de sobredosis ontológica

decírselo ya presupone la proyección de X. Y esa proyección desata la mostración originaria, el devenir Ser y Nada. Pero se comprende que este devenir Ser y Nada del Caos es lo que lo convierte en repositorio retrospectivo de la Nada. Esto significa que si bien el Caos, como el inconsciente según Freud, es por completo indiferente a la Nada y a la negación, custodia así y todo una zona susceptible de recibir la Nada como consuelo. Pevin es claro al respecto:

> Esto anticipa la última formulación freudiana del inconsciente no sólo en términos de Ello, sino también en términos de ciertos aspectos del ego que son desconocidos e inaccesibles a la conciencia. El Ello no conoce negativos, pero las partes inconscientes del ego se vuelven un repositorio [*unconscious parts of the ego become a repository*] para las ideas que son demasiado dolorosas para que la conciencia las tolere (2004: 24).

El Caos es equivalente al Ello, pero teniendo en cuenta que el Ello alberga también aspectos que provienen del Yo y que han sido reprimidos por causas angustiantes o porque resultan directamente inasimilables. Estas zonas no originarias del Ello pero así y todo pertenecientes a su dominio inconsciente son análogas a las zonas de Nada que el Caos custodia en su interior. El punto es que estas zonas son efectos retrospectivos generados por el *Phobos* a X.

Aunque no es del todo exacto, podría decirse que el Límite, como Cronos a Urano, castra al Caos. La de-terminación lo horroriza, lo enfrenta a un *Phobos* que desconocía hasta ese momento. El efecto de ese *Phobos* es el aparecer del Caos, es decir el advenimiento del Ser y de la Nada. Pero para que tal aparición sea posible es necesario que el Caos deje entrar en su núcleo hasta allí indiferenciado un rayo de negatividad, un jirón de Nada. La proyección fóbico-fantasmática de X tiene como efecto la partición del Caos en dos dominios: el Ser y la Nada (véase Libro K). Con la Nada ingresa la negatividad en el Caos, y ese ingreso indica ya que el Caos se ha *transducido* (véase Simondon 2013: 33) en Ser y Nada, es decir que ha podido aparecer, que ha podido devenir. La manifestación del Caos es una reacción fóbica a X, pero esa reacción a su vez no es más que un efecto de *après coup* generado por el Límite. El Caos no conoce negación ni *Phobos*, pero se vuelve un repositorio de las partes que el Ser no es capaz de asimilar luego de la de-terminación efectuada por el Límite. Esas partes inconscientes, en el caso del Caos, son los huecos de Nada que se forman en su interior luego del Acontecimiento onto-fenomeno-génico.

(6)

En un polémico pero interesantísimo ensayo, Otto Rank sostuvo que la idea de la muerte (en el niño en particular y en el ser humano en general) se vinculaba directamente con lo que llamó el *trauma primordial*: "El niño acepta la idea consciente de la muerte identificándola inconscientemente con el trauma primordial [*das Urtrauma*]" (1924: 26). ¿Pero cuál es este *Urtrauma* del que habla Rank, este Trauma primordial? Es ni más ni menos que el Trauma del nacimiento (*das Trauma der Geburt*). Todos los temores y las ansiedades experimentadas por los seres humanos en particular y por los vivientes en general encontrarían en el Trauma del nacimiento su causa última. Así, la ansiedad infantil (*die infantile Angst*), desde la perspectiva de Rank –perspectiva que habría de causar un gran revuelo en el círculo freudiano hasta culminar en la excomunión del discípulo hereje–, no sería más que "una tramitación parcial [*einer partiellen Erledigung*] de la ansiedad del nacimiento [*der Geburtsangst*]" (1924: 20), razón por la cual dicho temor primigenio "constituiría la base [*zugrunde*] de todos los demás temores" (1924: 20). Se comprenderá que este *Urtrauma* designa para el SMG el choque del Caos con el Límite que ocasionó el nacimiento del mundo, su aparecer y su donación. La *Geburtangst* es el *Phobos* Primordial generado por la instauración del Límite y por la fenomenogonía a la que da lugar. El Caos *da a luz* el Cosmos. Da a luz: comienza a reflejarse en el Espejo y a mostrarse. ¿Por qué el Caos da a luz, pare, al Ser y a su hermana melliza, la Nada? Porque la separación establecida por el Límite lo horroriza. Proyecta a X, se vuelve loco, no soporta la carga fóbica de esa proyección. Entonces se muestra; por desborde, porque se descompensa, por el castañeteo de dientes que le causa X, la mera posibilidad de X, porque debe hacer algo para descargar semejante *anxietas*, por todo esto y por mucho más el Caos se muestra. Y mostrarse no es más que el intento –infructuoso– de suturar el *Urtrauma*, la determinación horrorosa del Límite, de coser la herida y olvidar el Shock que dio origen al Ser y al mundo. Sobre el hueco sin fondo del *Urtrauma*, el Caos deviene Ser y Nada, deviene *symbolos*:

> ...el mundo real mismo, creado por el hombre, es una cadena de formaciones simbólicas renovadas sin cesar [*eine Kette ununterbrochen erneuerter Symbolbildungen*], las cuales representan no sólo un substituto de la realidad primordial perdida [*einen Ersatz für die verlorene Urrealität*] a la que copian con la mayor fide-

   METANFETAFÍSICA. Ensayo de sobredosis ontológica

lidad posible, sino que a la vez nos deben recordar lo menos posible el trauma primordial del cual derivan (1924: 96).

Como es habitual en el SMG, el registro antropológico es desplazado a un registro ontológico, por lo cual las formaciones simbólicas son las formas de manifestación del Ser, las maneras que el Caos ha encontrado de aparecer y darse a la Luz de la revelación. La noción de *symbolos*, que siempre supone un movimiento de conjunción o reunión, como veremos más adelante (Libro Λ, apartados 4 y 5), es el efecto del *Phobos* Primordial o, en los términos antrópicos de Rank, de la *Geburtangst*. Pero el *symbolos* siempre conserva en su interior la fractura que lo ha originado, el *Urtrauma* que le ha permitido manifestarse como movimiento de sutura. Dicho de otro modo: en el núcleo del *symbolos* acecha el *diabolos*. Y así como toda la cultura humana, del arte a la religión, de la política a la ciencia, de la técnica más rudimentaria al pensamiento más sofisticado, no es para Rank más que un intento por dominar el Trauma del nacimiento, asimismo toda la geografía de lo que es, sus relieves y sus infinitos matices, desde las partículas subatómicas a las galaxias más alejadas del planeta Tierra, el complejo tejido de relaciones que estructuran el aparecer de lo existente —en sus diversos modos (véase Souriau 2009)—, las múltiples regiones de lo que se manifiesta, incluido aquello que, sin manifestarse, colabora con la manifestación, es también un intento del Caos por dominar el *Urtrauma* que fue la determinación del Límite y por tramitar, del modo que sea y lo antes posible, el *Phobos* Primordial a X. Se comprenderá que, a diferencia de Rank, el SMG identifica al *Urtrauma* con la causa del nacimiento y no con el nacimiento en cuanto tal. El *Urtrauma*, para la metanfetafísica, es lo que provoca el nacimiento del mundo, es decir la aparición del Caos, hasta allí inaparente, y por ende el nacimiento de la apariencia que coincide con el nacimiento del Ser. Se trata de olvidar el *Urtrauma* de la proyección fóbico-imaginaria de X provocada por el Límite. ¿Y qué otra cosa es el Ser sino una Gigantesca Memoria, como bien supo Hegel en la estela platónica? La Memoria ontológica es el registro de la aparición del Ser, la trama témporo-espacial del *phainesthai* que coincide con el *einai* (véase Libro Λ, apartado 1). Pero para que pueda haber Memoria, para que el Caos pueda mostrarse y registrar el devenir de esa mostración, es preciso que esa Memoria se asiente sobre "algo" que debe ser necesariamente —aunque nunca por completo— olvidado: *das Urtrauma*. En este sentido, la represión del Trauma primordial es la condición de posibilidad de la Memoria:

La represión primaria del trauma del nacimiento [*die Urverdrängung des Geburts-traumas*] puede ser considerada como la causa de la memoria en general [*als Ursache des Gedächtnisses überhaupt*] –es decir, de la capacidad parcial de recordar. Así el hecho de que algunos recuerdos sueltos permanezcan accesibles como si hubiesen sido especialmente escogidos muestra por un lado que han sido atraídos por la represión primaria, y por otro lado que pueden ser reproducidos más tarde como un substituto de lo realmente reprimido [*als Ersatz des eigentlich Verdrängten*], el trauma primordial (1924: 11-12).

La represión primaria del *Urtrauma* es la condición de posibilidad –la *Ursache*, dice Rank– de la Memoria en general. Si podemos recordar es sólo porque necesitamos cubrir el horror del Trauma del nacimiento. De manera análoga, si puede haber manifestación, si el Caos puede aparecer, es porque ese darse luminoso (que incluye sin embargo franjas de oscuridad y de niebla) no es más que el intento desesperado del Caos por olvidar la *Ursache*, según la expresión de Rank, o la *Urkausalitätsform*, según la expresión de Warburg, que es la de-terminación efectuada por el Límite y la correspondiente proyección fantasmática de X. Borges dice en un poema que volveremos a citar en el Libro M:

Sólo una cosa no hay. Es el olvido.
Dios, que salva el metal, salva la escoria
Y cifra en su profética memoria
Las lunas que serán y las que han sido.
[…]
Y todo es una parte del diverso
Cristal de esa memoria, el universo (1974: 927).

Sin embargo, a diferencia de lo que dice aquí Borges, si Dios es una Gran Memoria que contiene –o es, *tout court*– el universo, es porque *hay* Olvido. Dios tuvo que haberse horrorizado y haber proyectado fantasmáticamente a X y luego haber olvidado el *Phobos* de esa proyección ocasionada por el Límite para poder comenzar a recordar. Si Dios es la Gran Memoria de la creación, es porque primero tuvo que olvidar el *Phobos* que lo conminó a manifestarse y por ende a recordar. Crear, para Dios, es hacer posible el recuerdo, es decir comenzar a olvidar. Sólo el Olvido del *Urtrauma* hace posible la Memoria ontológica.

El *telos* del Ser consiste en recuperar la libertad ilimitada del Caos prefenoménico, retornar a su flotamiento amniótico, a su letargo intrauterino. No es casual que Rank se refiera al período intrauterino como un estado de "libertad ilimitada [*unbeschrankten Freiheilen*]" (1924: 20). El adjetivo *unbes-*

   METANFETAFÍSICA. Ensayo de sobredosis ontológica

chränkt significa literalmente i-limitado, sin límite ni término. El Caos, en efecto, es *unbeschränkt*, pero lo es en tanto aún no ha sufrido la limitación del *peiras pymaton*. El Caos, en su condición pre-natal, es decir pre-determinado o in-determinado, no conoce por eso negación ni muerte: es velocidad infinita y evanescencia absoluta. Todo lo que es, todo lo que se muestra, todo lo que existe y se manifiesta, lo que se refleja y en esa reflexión se descubre, no expresa más que una única tendencia: "la tendencia a retornar a la situación intrauterina [*der Rückkehrtendenz in die intrauterine Situation*]" (1924: 75). La situación intrauterina es el Caos antes del nacimiento del mundo, antes del *Urtrauma*, antes del *Phobos* primordial, antes de la proyección fantasmática de X, antes del Espejo. Pero el Ser, es decir el Caos ya determinado, ya fenomenizado, ya abocado a su mostración post-traumática, conserva pese a todo la posibilidad de retornar alternativamente –no podría subsistir si así no fuese– a la Situación intrauterina: el Ser duerme.

> La condición del sueño [*des Schlafes*], que tiene lugar automáticamente cada noche, nos fuerza a la idea de que ni siquiera el individuo normal supera por completo el trauma del nacimiento, puesto que pasa la mitad de su vida en un estado similar al estado intrauterino [*dem intrauterinen fast gleichkommenden Zustand*] (1924: 72).

La ontología tiene sus días y sus noches, su vigilia y su descanso, su luz y su oscuridad. Este movimiento zigzagueante de la onto-fenomenología obedece a que el Caos, en el Acontecimiento de la de-terminación, se parte la cabeza contra el Límite y una de sus mitades da lugar al Ser y la otra a la Nada. Pero además de dormir, el Ser sueña, y su sueño es en verdad todo lo que se manifiesta. Como en Freud, hay sueños de deseo y sueños de angustia o ansiedad, pero ambos colaboran –afirma el SMG inspirándose sobre todo en Rank– en la aparición de lo Real, ya sea porque recuerdan el *Phobos* (del nacimiento, para Rank; que dio lugar al nacimiento, para el SMG), ya sea porque crean la fantasía de un retorno a la vida intrauterina a fin de conjurar ese *Phobos*.

> Los sueños de deseo y de ansiedad [*Wunsch- und Angst- traum*], considerados por Freud como las dos clases principales, son perfectamente compatibles con el concepto de retorno a la situación primordial [*der Zurückführung auf die Ursituation*] o con su interrupción angustiante a través del trauma del nacimiento [*ihrer peinlichen Unterbrechung durch das Geburtstrauma*] (1924: 74).

La manifestación del Ser no es más que un intento por regresar a la *Ursituation* pre-natal y por suprimir el *Urtrauma*. No sorprende que Rank identifique a la terapia psicoanalítica con este mismo proceso que comienza con el periodo de embarazo y desemboca en la re-separación del objeto sustituto a fin de que el paciente sea capaz de asimilar y sobreponerse a su Trauma primordial. Como hemos indicado en la introducción a este libro, toda la historia de la metafísica no es más que una larga rehabilitación del Ser, una ardua pero tenaz terapia ontológica. De más está decir que la sobredosis ahora se ha revelado como el *Urtrauma* del Ser que, a la vez que le inocula a X y al *Phobos* que se deriva de esa proyección fantasmática, lo impulsa a que se muestre y aparezca. La sobredosis le rompe la cabeza al Caos, pero esa ruptura lo abre (fantasmáticamente) a lo Otro absoluto a lo cual nunca accede. Sin esta fractura primordial, sin esta sobredosis o *Ur-überdosis*, no habría Ser ni Nada; sería la velocidad infinita y la evanescencia radical, la inapariencia y la impresencia más absolutas; sería, en definitiva, la in-diferencia i-limitada e in-determinada del Caos pre-natal, semejante al fluido amniótico que describe Henry Miller, como un Hesíodo bohemio del siglo XX, al inicio de *Tropic of Capricorn*:

> Una vez que has entregado el espíritu, lo demás sigue con absoluta certeza, incluso en medio del caos [*in the midst of chaos*]. Desde el comienzo no hubo otra cosa que el caos: era un fluido que me envolvía, que aspiraba por las branquias. En el substrato [*the substrata*], donde brillaba la luna, inmutable y opaca, todo era suave y fecundo; por encima, había disputa y discordia. En todo veía enseguida el extremo opuesto, la contradicción, y entre lo real y lo irreal la ironía, la paradoja (1961: 9).

El substrato es el Caos propiamente dicho, la velocidad infinita y la evanescencia de todas las cosas, el Fluido in-determinado; arriba, en cambio, es el Caos ya determinado, ya delimitado, es el Ser y la Nada y su incesante discordia. Abajo es el fluido amniótico de la situación intrauterina; arriba, el aparecer polémico (en el sentido heraclíteo del término) como respuesta al *Phobos* provocado por el *Urtrauma*. Abajo, en suma, el paraíso pre-natal; arriba, la manifestación del mundo, la eclosión de su aparecer post-natal. En el Caos se aspira el fluido amniótico, y se lo aspira a través de branquias puesto que al no haber aún ni aparición ni manifestación alguna, mucho menos hay diferenciación entre los reinos: todo flota en una ingravidez aletargada e inaparente. Pero el nacimiento transforma la aspiración del fluido en respiración propiamente dicha: se expulsa el líquido, ingresa el aire. Lo que se muestra no es más que un eco irrefrenable del grito primal del Caos, su llanto primigenio, el primer lamento por la violencia del Trauma. El mundo ha nacido, y ahora lo bello convive con lo atroz.

Textos citados

Bataille, Georges (1987). *L'érotisme*. En: *Œuvres complètes*, Tome X. Paris: Gallimard.

Borges, Jorge Luis (1974). *El otro, el mismo*. En: *Obras completas*. Buenos Aires: Emecé.

Conrad, Joseph (1916). *Heart of Darkness*. New York: Doubleday, Page & Company.

Eliot, Thomas S. (1963). *Collected Poems 1909-1962*. New York: Harcourt, Brace & World, Inc.

Feldman, Thalia (1965). "Gorgo and the Origins of Fear". *Arion*, vol. 4, no. 3, pp. 484-494.

Freud, Sigmund (1942). *Die Traumdeutung. Über den Traum*. En: *Gesammelte Werke, Band 2/3*. London: Imago Publishing Co.

Freud, Sigmund (1949). *Zeitgemäßes über Krieg und Tod*. En: *Gesammelte Werke, Band 10: Werke aus den Jahren 1913-1917*. London: Imago Publishing Co.

Gombrich, Ernst H. (1992). *Aby Warburg. Una biografía intelectual*. Trad. Bernardo Moreno Carrillo. Madrid: Alianza.

Heidegger, Martin (1976). *Was ist Metaphysik?*. En: *Gesamtausgabe 9*. Frankfurt am Main: Vittorio Klostermann.

Lévinas, Emmanuel (2004). *De l'existence à l'existant*. Paris: Vrin.

Miller, Henry (1961). *Tropic of Capricorn*. New York: Grove Weindenfeld Press.

Piven, Jerry S. (2004). *Death and Delusion: A Freudian Analysis of Mortal Terror*. Connecticut: Information Age Publishing Inc.

Prósperi, Germán Osvaldo (2021). *Psychomachia I. De Christo et Antichristo*. Buenos Aires: Miño y Dávila Editores.

Rank, Otto (1924). *Das Trauma der Geburt und seine Bedeutung für die Psychoanalyse*. Leipzig: Internationaler Psychoanalytischer Verlag.

Schwarzböck, Silvia (2017). "Las medusas. Estética y terror". *Instantes y Azares. Escrituras nietzscheanas*, 19-20, pp. 47-60.

Simondon, Gilbert (2013). *L'individuation à la lumière des notions de forme et d'information*. Grenoble: Éditions Jérôme Millon.

Souriau, Étienne (2009). *Les différents modes d'existance*. Paris: P.U.F.

Stach, Reiner (2016). *Kafka II. Los años de las decisiones (capítulos 26-35) y Los años del conocimiento*. Trad. Carlos Fortea. Barcelona: Acantilado.

Vernant, Jean-Pierre (2007). *La Mort dans les yeux*. En: *Œuvres. Religions, Rationalités, politique. Tome II*. Paris: Éditions du Seuil.

Vignoli, Tito (1879). *Mito e scienza: saggio*. Milano: Fratelli Dumolard.

(1)

El choque del Caos con el Límite, su impacto fenomenogenético, lo parte literalmente en dos. El golpe desata una reacción en cadena: primero el Trauma originario, la herida del Caos; segundo la proyección de un más allá del Límite (X, cuyo acceso está vedado); tercero el *Phobos* ante la X proyectada. Que se trate de una proyección no quiere decir que no exista realmente. Quiere decir simplemente que, al resultar imposible el franqueamiento del Límite tanto en un sentido como en otro, no hay manera de afirmar que hay X o que no la hay. No obstante, la mera realidad del Límite deja suponer que hay un más allá, al menos si es verdad que todo Límite distingue siempre dos dominios. Pero cualquier cualificación del más allá, de la X *extra muros*, es una conjetura imaginaria, un Fantasma.

Trauma, Proyección y Horror no son momentos sucesivos, sino algo así como las tres personas de la Trinidad originaria.

Horror del Trauma de la Proyección del Horror... Trauma de la Proyección del Horror del Trauma... Proyección del Horror del Trauma de la Proyección... Trauma del Horror de la Proyección del Trauma... Horror de la Proyección del Trauma del Horror... Proyección del Trauma del Horror de la Proyección...

En sus diversas combinaciones, las Tres Personas del Acontecimiento fenomenogénico provocan, como primera consecuencia *intra muros*, la partición del Caos en dos instancias: el Ser y la Nada. El movimiento inmediato del Caos para dominar a lo Alien, es decir a las zonas de opacidad que asedian entre los fragmentos del Espejo (véase Libro N), consiste en nihilizarse, en ahuecarse: el Caos deja advenir la Nada, como el Dios de la cábala luriana en el *tzimtzum*, a fin de que sea sometida por el Ser. Los límites del Ser y la Nada son los límites de la metafísica. Los límites del Ser/Nada y el Espejo/Alien son los límites de la post-metafísica. Más allá es el Límite del Ser/Nada-Espejo/Alien y X: la metanfetafísica.

(2)

Los dos pilares de la metafísica occidental, entonces, son el Ser y la Nada. Como ha enseñado Hegel en los primeros apartados de la *Wissenschaft der Logik*, enseñanza que se remonta a la Antigüedad y que el existencialismo aprenderá al pie de la letra, la Nada y el Ser (*pace* Parménides) se presuponen mutuamente. Por esta razón, para Hegel la Idea no es algo estático o inerte sino devenir y manifestación dinámica, es decir pasaje del Ser a la Nada y de la Nada al Ser, es decir mostración: fenomenología. El mismo acontecimiento relata la teología dogmática: la Nada es fundamental para la creación divina. Dios, por cierto, crea *ex nihilo*. En este sentido, la Nada ha sido siempre completamente funcional al proyecto metafísico de Occidente. Si ha podido imperar un Ser soberano, es porque la Nada, la Reina que se sienta junto al Rey, se ha encargado sumisamente de custodiar sus privilegios. Dios, el Ser, para crear, ha debido usar (o abusar) de la Nada. Por eso la metafísica es constitutivamente patriarcal.

(3)

La apuesta de Lévinas, como vimos en el Libro Δ, consiste en postular un dominio exterior a la dialéctica entre el Ser y la Nada, una Exterioridad radical: es lo Otro o lo Infinito. No obstante, para distinguirlo del Otro lévinasiano, aún demasiado humano y relativo, hemos preferido llamar a este Afuera absoluto X. En efecto, como hemos mostrado con anterioridad, para el SMG el Otro de Lévinas, lo Infinito, no es un Otro absoluto, sino relativo. Y en el léxico de la metanfetafísica, el Otro relativo se dice Alien. Por lo que hemos dicho en el apartado previo, se comprenderá que lo Alien es indudablemente exterior al Ser y a la Nada, y por ende exterior al devenir. No obstante, sin este Afuera relativo (perteneciente al Límite espejado o, mejor aún, a las manchas no espejadas del lado interno del Límite) no habría devenir, es decir no podría darse el pasaje del Ser a la Nada y de la Nada al Ser, es decir: el Ser no podría aparecer ni mostrarse.

La necesidad de postular a X es insoslayable. Sólo porque el Caos se enfrenta al Límite y se traumatiza, es decir se abre imaginaria o proyectiva o fantasmáticamente al más allá, y ahora hemos visto que ese Trauma posee la forma del *Phobos* Primordial, la ontología no se clausura sobre sí. La proyección imaginaria —el Gran Fantasma— es la línea de fuga del Ser. La metafísica siempre sostuvo que la Nada era lo que permitía que el Ser no se clausurase sobre sí. Pero desde el momento en que la Nada se dialectiza y deviene cómplice del Ser, la ontología se clausura. La Nada es una falsa exterioridad o una mera máscara de lo Mismo. La única manera de que la ontología no se clausure es postulando un elemento o un dominio radicalmente Otro e inasimilable, como bien ha visto Lévinas aunque de modo insuficiente. Hemos llamado X a esta Exterioridad absoluta, más absoluta y exterior que lo Infinito lévinasiano, puesto que ni siquiera se da ni deja sus huellas en lo Mismo.

(4)

Atendiendo a que el Ser y la Nada son cómplices dialécticos, cuya impregnación mutua provoca el darse y el devenir de lo Real, su génesis fenomenológica, tanto en su vertiente aparente como inaparente, utilizaremos la fórmula S«-»N (es decir Ser«-»Nada) para designar la concepción subyacente a la ontología fenomenológica circunscripta por el Límite. El signo «-» indica el pasaje de un término al otro y su contaminación recíproca. Resulta evidente que la fórmula completa es: S«-»N = Devenir/Aparecer. Por el contrario, el signo X designa el Afuera absoluto, lo Otro radical. Se comprenderá entonces que X no puede guardar ninguna relación con S«-»N. Sin embargo, como dijimos, es gracias a X que S«-»N deviene efectivamente y se muestra. El problema que nos planteábamos en el Libro I era el siguiente: si X no guarda ninguna relación con el Caos, ¿cómo es posible que lo inste a devenir y a aparecer, que provoque su darse y lo abra a su manifestación?

(5)

Aristóteles se enfrentó a un problema similar, aunque no idéntico, cuando explicó la relación entre el motor inmóvil y el resto del cosmos. El Dios aristotélico, Acto puro y Forma pura, es pensamiento que se piensa a sí mismo y se basta a sí mismo. Sin embargo, a pesar de que no piensa en el cosmos ni se ocupa de él, funciona como objeto de amor y de deseo: "Lo deseable y lo inteligible [*to orekton kai to noeton*] mueven sin ser movidos [*kinei ou kinomena*], y lo primero deseable es idéntico a lo primero inteligible" (*Metafísica*, XII, 1072a); y un poco más adelante: "El ser inmóvil mueve como objeto del amor [*kinei de hos eromenon*], y lo que él mueve imprime el movimiento a todo lo demás" (XII, 1072b). El cosmos se mueve intentando asemejarse a la perfección divina. En tanto Dios es la "inteligencia que se piensa a sí misma [*auton ara noeî*]" (XII, 1074b) y su "pensamiento es pensamiento del pensamiento [*noesis noeseos noesis*]" (XII, 1074b), es decir que en su propio ser coincide, como la esencia y la existencia en el Dios cristiano de los teólogos medievales, el sujeto y el objeto de pensamiento, el motor inmóvil goza también y necesariamente de una felicidad perfecta. Y la dinámica del cosmos no consiste más que en perseguir esta felicidad absoluta de la que goza el primer motor. Como se ve, la relación no va de Dios al mundo sino del mundo a Dios. No obstante, en la medida en que el motor inmóvil pertenece al Ser, al igual que el resto del cosmos aunque en un nivel mucho más perfecto, la teoría aristotélica no resulta útil para dar cuenta del problema que nos interesa. En nuestro caso, X no guarda *ningún tipo de relación* con el Caos. Pero, entonces, se vuelve a presentar la misma pregunta: ¿cómo X puede generar efectos en el Caos?, ¿cómo puede hacerlo aparecer y devenir? Lo que es necesario buscar es algún tipo de influencia que genere efectos sin mantener una relación. Esa influencia, como hemos visto en el Libro I, se llama *Phobos*. Y la primera reacción fóbica es la partición del Caos en un lote positivo, representado por el Ser propiamente dicho (*on*), y un lote negativo, representado por la Nada o el No-Ser (*me on*). Ambos dominios, como indicamos, se presuponen recíprocamente y son por lo tanto relativos. El Devenir, la dinámica propia de toda manifestación, la dialéctica del velamiento y del develamiento, del ocultamiento y del desocultamiento, la Noche y el Día del mundo, es el resultado de la *Cópula Primigenia* entre el Ser y la Nada. Antes de S«-»N, antes del devenir y del aparecer, antes de la Cópula Primigenia, no era ni el Ser ni la Nada: era el Pre-Ser y la Pre-Nada, es decir el Caos. En efecto, ¿qué ha sucedido para que el Pre-Ser y la Pre-Nada se conviertan en S«-»N y para que consecuentemente la ontología fenomenológica haya sido posible? La respuesta es ya a esta altura redundante: lo que ha sucedido es el *Phobos* Primordial provocado por la de-terminación del Límite y la consecuente Cópula Primigenia. ¿Qué es la Cópula Primigenia? Es el *coito* entre el Ser y la Nada, el intercambio fluido entre el *on* tumefacto y el *me on* hueco; el juego entre el pene y el orificio, lo lleno y lo vacío. El *Phobos* Primordial da origen al Deseo entre el Ser y la Nada o, más bien, al Deseo (de dominio) sobre la Nada. Por esta razón, el Deseo estará siempre ligado, para la metafísica occidental, de Platón a Lacan pasando por Hegel, a la negatividad. El *Phobos* a X provocado por el Límite es lo que dará lugar a que el Caos empiece a desear, es decir a que se desdoble en dos líneas vectoriales de manifestación, una positiva o activa (el Ser, que funcionará como Amo), y otra negativa o pasiva (la Nada, que funcionará como Esclavo). No se trata de homosexualidad o de heterosexualidad, sino, como bien han sabido los griegos y los romanos, de pasividad y actividad: "Ni los griegos ni los romanos distinguieron nunca homosexualidad y heterosexualidad. Oponían el falo (el *fascinus*) a todos los orificios (los *spintrias*)" (Quignard 2005: 14). Si el logocentrismo, la metafísica de Occidente, ha podido ser pensado en términos de falocentrismo es porque el vector activo del Caos se ha identificado con el *fascinus*, el Falo, mientras que el vector pasivo, la Nada, se ha identificado con los *spintrias*, los orificios que, en tanto huecos o vacíos, pueden ser llenados o penetrados por la realidad enhiesta del Ser. El sadomasoquismo es un asunto metafísico. La Cópula Primigenia sella el Contrato celebrado por dos partenaires para dar inicio al Devenir y a la Manifestación –al Devenir de la Manifestación y a la Manifestación del Devenir– del Mundo. *L'origine du monde*, el título del famoso cuadro de Gustave Courbet, es perfectamente coherente con la imagen pintada en el lienzo. La ontología fenomenológica, en este sentido, se resuelve en un *ars amandi*.

(6)

Al igual que la literatura argentina para David Viñas, aunque en un sentido contrario, la onto-fenomenología comienza también con una violación. No se trata ya de una "penetración" del afuera (lo Alien, en nuestro caso) en el adentro (el Caos o, una vez determinado, el Ser), sino de una violación efectuada por el Ser como defensa ante lo Alien. La Nada resulta así violada por el Ser, de tal manera que la violencia va desde el adentro hacia el adentro, puesto que la Nada es el hueco que el propio Caos ha abierto en su interior a fin de tramitar su horror a lo Alien y, más allá, a X. Por el contrario, Viñas sostiene que la violación en la que se sostiene la literatura argentina se ejerce desde afuera hacia adentro:

La literatura argentina emerge alrededor de una metáfora mayor: la violación. Ese brusco desgarramiento le otorga una identidad diferenciadora respecto del continuo de la literatura de ese momento y, en particular, del romanticismo de escuela. *El matadero* y *Amalia*, en lo fundamental, no son así sino comentarios de una violencia que se ejerce desde afuera hacia adentro, de la "carne" sobre el "espíritu". De la "masa" contra las matizadas pero explícitas proyecciones heroicas del Poeta (1974: 13).

La comparación de la Cópula Primordial y del Acontecimiento onto-feno-meno-génico con esta tesis genial de Viñas acerca de la literatura argentina, y en especial acerca de esos dos textos notables de Echeverría y de Mármol, comparación que *prima facie* puede parecer abrupta y fuera de contexto, resulta sin embargo provechosa porque nos permite explicar mejor el Coito ontogénico. La "carne", la "masa" o, como dice Viñas un poco después, "el ancho y denso predominio de la bárbara materia" (1974: 13), es análogo a lo Alien, al Afuera relativo que, si bien irreductible al Ser, lo acosa y perturba. Viñas entiende a esta penetración de lo Otro en lo Mismo como una viola-ción. No obstante, el SMG no entiende el asedio de lo Alien en esos térmi-nos, sino la reacción del Caos: la violación es una respuesta del Ser ante la amenaza de lo Otro. ¿Qué quiere decir esto? Quiere decir que el encontronazo con el Límite parte en dos al Caos, pero esa partición no es inocente. El Caos se parte como modo de defensa ante lo Otro. La única manera que encuen-tra para asimilar o tramitar el asedio de lo Otro, la alteridad de lo Otro, es generando en su propio interior una zona hueca (*tehiru*), una región de Nada. La amenaza de lo Alien se transforma en agresividad al interior del Caos. El horror ante lo Otro inasimilable que es lo Alien y, más allá, X se vuelve violen-cia y deseo de dominio. Pero como el Caos no puede dominar a lo Otro que permanece siempre en un Afuera irreductible (ya sea en un Afuera relativo, como lo Alien, ya sea en un Afuera absoluto, como X), se parte en dos a fin de hacer circular en su propio interior la violencia que no logra dirigir hacia afuera. La estrategia consiste en convertir a la Nada, su lote negativo y pasivo, en el "objeto" de la violencia, y al Ser, su lote positivo y activo, en el "sujeto" de la violencia. Por eso la violación, en este caso, es intra-caótica, casi inces-tuosa incluso: el Ser, la franja tumefacta del Caos, viola a —es decir descarga su espanto y su agresividad, su horror y su frustración en— la Nada, la franja hueca del Caos. Las cosas, entonces, puedan aparecer y por ende ser; el Ser y la Nada han encontrado en esa violencia originaria, en esa violación que constituye el combustible de lo que se ha llamado "historia de la metafísica occidental", es decir del falo-logo-centrismo, la oportunidad de su manifestación exorbitante. El Mundo ha nacido de esa violación, y todas las cosas conservan irremediablemente la huella de ese ultraje constitutivo. Si puede decirse que la tradición metafísica es eminentemente patriarcal es porque ha tendido siempre a identificar a la Nada, al lote pasivo y negativo del Caos, con la figura de la mujer. Recuérdense las palabras de Simone de Beauvoir en *Le deuxième sexe*: "La mujer aparece como lo negativo, ya que toda determinación le es imputada como una limitación sin reciprocidad" (1968: 14).

(7)

Hegel nos dice que el pasaje del Ser a la Nada y de la Nada al Ser constituye el Devenir.

> El puro ser y la pura nada es lo mismo [*ist also dasselbe*]. Lo que es la verdad no es ni el ser ni la nada, sino el hecho de que el ser, no es que pase, sino que ha pasado a nada, y la nada a ser. Pero, justamente en la misma medida, la verdad no es su indiferenciación [*Ununterschiedenheit*], sino el que ellos sean absolutamente diferentes; pero justamente con igual inmediatez desaparece cada uno dentro de su contrario. Su verdad es pues este movimiento del inmediato desaparecer del uno en el otro [*des unmittelbaren Verschwindens des einen in dem anderen*]: el devenir [*das Werden*]; un movimiento en donde ambos son diferentes, pero mediante una diferencia disuelta con igual inmediatez (Hegel W 5: 83).

Pero, además, así como el Devenir es el producto de la mutua impregnación del Ser y la Nada, asimismo lo que Hegel llama *Dasein*, es decir el Ser determinado, el Ser que ha incorporado en su interior la negación, la negatividad de la Nada, es el producto del Devenir. El punto interesante es que lo que provoca la determinación del Ser es precisamente esa negación que el *Dasein* conserva sublimada en su interior. En unas curiosas conferencias sobre la *Logik* hegeliana, Jean Wahl dice: "Hemos dejado atrás el devenir, pero también hemos dejado atrás el ser, y en esta especie de marcha anticipada que es la lógica de Hegel, nos hallamos ante ese ser determinado" (1973: 12). La Nada va a fundar la negación —los heideggerianos estarán más que felices con esta idea— para que el Ser se determine. Y para que esta determinación pueda efectuarse es preciso que el Ser y la Nada considerados en su simple indeterminación abandonen su inmediatez y se mediaticen, se conviertan en momentos de un proceso: "el ser y la nada constituyen el devenir, y ahora veremos que el ser y la nada al *reaparecer* constituyen el producto del devenir, pero ellos *ya no son* el ser y la nada cuya inmediación ha desaparecido para devenir mediación" (Wahl 1973: 17; las cursivas son nuestras). ¿En qué consiste esta reaparición o transformación del Ser y la Nada? Consiste en la dinamización del Caos y en su apertura originaria. Es el momento en el que el Pre-Ser y la Pre-Nada se de-terminan, esto es: se ordenan a partir del Límite, se de-limitan, se de-finen, esto es: la realidad se muestra, se concretiza: *aparece*. El Caos, ahora, coincide con el Aparecer: ha devenido S«-»N. El título de las conferencias de Wahl no hace más que confirmar esta mutua imbricación entre ontología (o lógica *tout court*) y fenomenología: *La logique de Hegel comme phénoménologie*. ¿Qué significa este *comme*? Significa que la *Logik* va a explicar el modo en el que el Ser se determina o se define o se delimita —y esto hay que entenderlo en sentido literal: alcanza su Término, su Fin, su Límite— y encuentra entonces la ocasión de su aparecer. Tal es así que Wahl no sólo explica el título de sus conferencias como una aproximación fenomenológica a la *Logik* de Hegel, sino que especifica incluso que se trata de la fenomenología en su sentido husserliano.

> No quiero decir la lógica de Hegel como fenomenología, sino en el fondo la lógica de Hegel como fenomenología husserliana, es decir, que será necesario descubrir en la lógica de Hegel lo que haya de elemento de contemplación, de alguna manera, las cosas mismas, como dice Husserl, y como sostiene Hegel en algunos pasajes, o en otras palabras los fenómenos, o lo que es igual las cosas tales como se nos aparecen (1973: 7).

No vale la pena aclarar que en nuestro caso las cosas no se aparecen a nadie, a ninguna conciencia ni sujeto, mucho menos humano. Las cosas *se* aparecen, y punto, se aparecen al aparecer. La cuestión crucial, que explica además el motivo último por el cual hemos citado estos pasajes de los cursos de Jean Wahl, es que este aparecer de las cosas, este *devenir-determinado* del Ser y la Nada o, mejor dicho, del Pre-Ser y la Pre-Nada (porque ¿qué otra cosa es el Caos sino el Ser y la Nada en su absoluta indeterminación, previa (por eso Pre-Ser y Pre-Nada) al Devenir y por consiguiente al *Dasein*, es decir al Ser determinado?) va a suponer, no sólo el predominio del Ser sobre la Nada, sino también pero consecuentemente con este predominio, el olvido de la condición *limitada* de la realidad. Como la Nada es débil, pasa desapercibida, dice Hegel, o Wahl interpretando a Hegel, razón por la cual se concibe a la realidad como algo positivo. Citemos a Wahl porque el pasaje bien lo vale:

En consecuencia, las cosas están dentro del *Dasein*, son en el *Dasein* la realidad y la negación, no digamos *ya* el ser y la nada; es la realidad y la negación. Mas en la realidad *que aparece*, es otra manera de decir que *es el ser el que predomina*; la nada no existe menos, pero está oculta. Y si está oculta es que la determinación implica la negación. Mas como ella es débil, la realidad se presenta como algo positivo, de la que se excluye la carencia, la negación, el carácter de estar *encerrado en límites* (1973: 20-21).

Aventuremos una interpretación libre de este denso pasaje. Interpretación libre significa: ignorancia deliberada del sistema hegeliano e incluso de la lectura propuesta por Wahl. El Ser y la Nada, en su pura indeterminación, coinciden. Es lo que hemos llamado el Pre-Ser y la Pre-Nada, es decir el Caos. Dicho de otro modo: el Pre-Ser es el Ser *qua* indeterminado y la Pre-Nada es la Nada *qua* indeterminada. En el pasaje que citamos de la *Wissenschaft der Logik* al inicio de este apartado, Hegel afirma explícitamente que, si nos atenemos a ese nivel de absoluta simplicidad y pureza, Ser y Nada son efectivamente lo mismo (*dasselbe*). Y esta mismidad o coincidencia es lo que el SMG entiende precisamente por Caos. Por eso Hegel dice que en este nivel de indeterminación radical cada uno de los términos desaparece rápidamente en su contrario. Se trata de una velocidad infinita de disolución e inconsistencia. Ahora bien, el Ser y la Nada van a dar lugar al Devenir, y el Devenir al *Dasein*, es decir al Ser determinado. Como se ve, hablamos de Ser determinado y no de Ser-Nada determinado, puesto que existe, continúa Wahl, un predominio (patriarcal, agregaríamos nosotros) del Ser sobre la Nada. Como sea, el punto es que se pasa del Ser y la Nada en su absoluta indeterminación (el Caos) al Ser determinado o *Dasein*. Y esta determinación, que nosotros identificamos con el pasaje del Pre-Ser al Ser y de la Pre-Nada a la Nada o, más simplemente, como el tránsito del Caos al Orden (del *chaos* al *kosmos*), supone además que los términos "ser" y "nada" sean reemplazados por los términos "realidad" y "negación". Por eso Wahl indica que, luego del acontecimiento de la determinación, no se debe decir *ya* ser y nada, sino realidad y negación. Ese *ya* apunta al momento previo a la determinación, es decir al momento en el que el Ser y la Nada —el Pre-Ser y la Pre-Nada, en rigor de verdad— coexistían indiferenciadamente: el Caos. La determinación, por otro lado, va a dar lugar a la Realidad. Pero no a cualquier Realidad, sino, advierte Wahl, a la Realidad *que aparece*. ¿Por qué? Porque el Acontecimiento de la determinación, que la metanfetafísica general identifica en términos histórico-filosóficos con el poema de Parménides, es decir con el establecimiento del Límite, de la de-

Terminación o de-Limitación *del* Caos (genitivo objetivo), va a crear las condiciones para que el Pre-Ser y la Pre-Nada se muestren, se den, aparezcan, es decir: devengan S«-»N. El pasaje de la indeterminación a la determinación es correlativamente la conversión del Caos en Fenómeno. Al determinarse, el Caos conquista su modalidad fenomenológica. Sin embargo, añade Wahl, en general no se advierte la condición de-terminada o de-limitada de la Realidad. El fragmento citado, además, es muy vehemente en relación a lo que implica esta delimitación: implica que la Realidad está *encerrada en límites*. Pero ese encierro es bienvenido. Si así no fuese, el Caos no podría mostrarse, no habría fenomenología; *in extremis*, no habría Realidad. Sería la Velocidad infinita y la disolución absoluta. Pero más importante aún: no existiría la posibilidad de la sobredosis.

(8)

El Pre-Ser, en su sentido bíblico, es el Dios "previo" —término impropio, sin duda— a la creación y al tiempo. Son célebres las páginas de las *Confessiones* en las que Agustín de Hipona explica que no había un "antes" de la creación porque el acto creador incluye, entre otras cosas, la creación del tiempo: "Si antes del cielo y de la tierra no había ningún tiempo, ¿por qué preguntarse qué hacías entonces? Porque no había «entonces», cuando no había tiempo [*Non enim erat tunc, ubi non erat tempus*]" (XI, 13, 15). Por lo tanto, antes de la creación propiamente dicha, concluye Agustín, "Tú eras, y el resto era la nada [*Tu eras et aliud nihil*], de donde has hecho el cielo y la tierra" (*Confessiones* XII, 7, 7). *Deus* y *Nihil* antes de la creación son el Caos, es decir el Pre-Ser y la Pre-Nada antes de la Cópula Primigenia, antes de que *to on* se aparee con *to me on* o, también, antes de que el Caos se choque con el Límite y se raje la frente. Esta Fractura, este espacio abierto —la vulva de Courbet— en la cabeza del Caos, es la condición de posibilidad del Ser y de la Nada. Allí, en esa cavidad abierta por el golpe, desierta de toda positividad, el Ser imaginará —esto es, proyectará— lo que presiente que acecha en las zonas no espejadas del Espejo (lo Alien) y, más allá, lo que acecha detrás del Límite (X). El reflejo fóbico del Caos consistirá en que imagine su polo positivo e inmediatamente su polo negativo, opuesto, ya que la amenaza radical sólo puede provenir de lo contrario a lo que es. Y lo contrario a lo que es, "conjetura" fantasmáticamente el Ser, es decir el Caos ya determinado ontológicamente, es la Nada o el No-

Ser. De allí que –por más paradojal que suene– el Caos *haga ser* a la Nada en su propio interior, en la rajadura de su frente. Esa bipolaridad fundamental le otorga al Caos las dos piernas (la del Ser y la de la Nada) para que camine y se muestre. Esto sucede, en el Génesis bíblico, con el *fiat lux* proferido por el Pre-Ser, es decir por Dios.

> Entonces dijo Dios: Sea la luz. Y hubo luz. Y vio Dios que la luz era buena; y separó Dios la luz de las tinieblas. Y llamó Dios a la luz día, y a las tinieblas llamó noche. Y fue la tarde y fue la mañana: un día (Génesis 1:3-5).

¿Qué es esta Luz? Es la apertura originaria del Caos, el Acontecimiento o la Singularidad en la que el Caos se manifiesta, el momento en el que Caos y Fenómeno coinciden. Recuérdese: de *phaos*, luz, proviene el término *phaino-menon*, fenómeno, así como el término *phantasia*, imaginación. Aristóteles es más que vehemente al respecto: "Pero como la vista es el principal de nuestros sentidos, la imaginación [*phantasia*] ha recibido su nombre de la imagen que la luz nos revela, puesto que no es posible ver sin luz" (*De anima*, 429a5). Se comprenderá entonces por qué la ontología debe ser *necesariamente* fenomenológica, y a la vez por qué esa ontología fenomenológica debe ser *necesariamente* imaginaria. La imaginación designa la potencia de manifesta-ción del Caos, que incluye tanto al Ser cuanto a la Nada, es decir a la inapa-riencia y a todas sus latencias. *Fiat lux*: el Caos se ordena, se da, encuentra la ocasión de su aparecer originario. Y para darse, para poder exponerse, como se expone una fotografía o un negativo, es preciso que se divida en luz y oscu-ridad, *lux et tenebrae*, *phaos kai skotos*, es decir en dos lotes: uno positivo, el falo ontológico, y uno negativo, el orificio meontológico: el Ser y la Nada. *Fiat lux*, entonces, indica el momento en el que el Caos se vuelve manifiesto, se revela. Es el instante en el que Dios mismo *ve* (*et vidit Deus, kai eiden ho Theos*), ve la luz y separa la claridad de la oscuridad, es decir ordena el Caos, lo vuelve fenómeno, lo muestra, lo da al goce de la exhibición. Antes de esta apertura, sólo era Dios y la Nada o, con más precisión, el Pre-Ser y la Pre-Nada. Es lo que corrobora Agustín, por otro lado, cuando asegura que antes de hacer el cielo y la tierra, "Dios no hacía nada [*non faciebat aliquid*]" (XI, 12, 14).

Una de las interpretaciones más extremas de la *creatio ex nihilo*, influen-ciada entre otras fuentes por el pensamiento de Agustín, es sin duda la de Escoto Eriúgena. En el *Periphyseon*, Eriúgena llega a decir que Dios es la Nada de la cual fueron hechas todas las cosas. Por supuesto que no se trata de la Nada *per privationem*, es decir como ausencia de Ser, sino como supraesencialidad, como bondad divina. Gustavo A. Piemonte, en una exégesis brillante de algunos pasajes del *Periphyseon*, lo ha explicado a la perfección:

> La alternativa claramente señalada por San Agustín para la procedencia de las cosas creadas: de la nada, y no de la naturaleza divina, queda desdibujada en una doctrina donde *a Deo de nihilo* significa en definitiva *a Deo de Deo*. El paso de la nada al ser no se verifica, digamos así, por debajo de Dios, merced a la intervención de su causalidad *ad extra*; pero tampoco implica la formación de entes fuera de Dios con la sustancia divina concebida a modo de materia indeterminada; es *dentro del mismo Dios* donde ocurre el descenso de la superesencialidad a la multitud de las esencias. La única verdadera «nada» es la bondad divina que trasciende todas las cosas, la única verdadera creación es la *aeterna conditio rerum in Verbo Dei* (1968: 56-57).

A la luz de esta interpretación propuesta por Piemonte, se comprende por qué varios especialistas han enfatizado la influencia del neoplatonismo y de la teología apofática en Eriúgena. En efecto, el filósofo escocés lleva hasta el extremo la identidad del Ser y de la Nada. De lo cual se sigue que, si el Ser es indistinguible de la Nada, más que hablar de Cópula Primordial sería preciso hablar de Masturbación. Si, como demuestra Piemonte, "*a Deo de nihilo* significa en definitiva *a Deo de Deo*", entonces la *creatio*, desde la perspectiva de Eriúgena, es un Onanismo.

(9)

La apuesta de este libro es en cierta forma mítica o ficcional, razón por la cual no nos interrogamos aquí por el origen del Pre-Ser y la Pre-Nada, de la misma manera que el Génesis bíblico no se interroga por el origen de Dios, al que juzga eterno, o que Platón no se interroga acerca del origen de las Formas puras, a las que también juzga eternas. Hesíodo comienza su genealogía divina en la *Teogonía* con el Caos, del cual tampoco se pregunta el origen:

> Antes que todas las cosas fue Caos [*protista Chaos*]; y después Gea la de amplio seno, asiento siempre sólido de todos los Inmortales que habitan las cumbres del nevado Olimpo y el Tártaro sombrío enclavado en las profundidades de la tierra espaciosa... (vv. 116-119).

De la misma manera, la metanfetafísica comienza con el Caos, es decir con el Pre-Ser y la Pre-Nada, sin interrogarse acerca de su origen, al que juzga también eterno. Y así como no se pregunta acerca del origen del Caos, tam-

          METANFETAFÍSICA. Ensayo de sobredosis ontológica

poco se pregunta por el "momento" preciso en que se produjo la de-terminación del Límite que provocó el *Phobos* Primordial y la Cópula Primigenia. Lo único que sí vale la pena aclarar es que no fue un momento ya que, como dice Agustín, no existía el tiempo.

Volvamos a la *Teogonía* de Hesíodo y al fatal verso 116 recién citado, "antes que todas las cosas fue Caos", a fin de precisar otro aspecto de la *metamphetaphysica generalis* que proponemos aquí: ¿es compatible la idea de Caos con lo que hemos llamado antes Pre-Ser y Pre-Nada? La respuesta es afirmativa. El Pre-Ser y la Pre-Nada son el Caos, puesto que, en rigor de verdad, aún no se han diferenciado ni entrelazado. Pero ¿por qué identificar entonces al Caos con el Pre-Ser y la Pre-Nada, siendo que antes de la Cópula Primigenia tanto uno como el otro existían en un estado de in-diferenciación y de in-determinación? La respuesta es muy simple: para volver explícito que el resultado del *Phobos* Primordial generado por el Límite con X va a dar lugar a la constitución de la polaridad metafísica S«-»N: el Caos se va a transducir en dos modalidades ontológicas: el Ser y la Nada. ¿De qué manera? ¿En qué consiste esta transducción originaria? El Caos hace la experiencia del Límite, es decir se rompe la cabeza. El Límite o el Trauma genera como respuesta fóbica que el Caos intente asimilar ese Afuera absoluto que ha proyectado imaginariamente y cuya amenaza inminente pre-siente del otro lado del Muro. Pero hay que recordar, además, que la de-terminación del Límite se efectúa a partir de una reflexión especular. El choque del Caos con el Espejo, que es el lado interior del Límite, rompe tanto al Caos cuanto al Espejo, razón por la cual comienzan a insinuarse entre los fragmentos especulares las zonas de opacidad y de impresencia que el SMG llama Alien y que, a diferencia de X, asedia e interrumpe directamente al Caos. El único modo que posee el Caos de "digerir" la proyección fóbica de X que sospecha del otro lado del Límite y, más acá, de asumir la Exterioridad relativa de lo Alien, de aquello que no vuelve como reflejo, es a través de la Nada. Es lo que nos relata el Génesis bíblico al cual ya hemos hecho referencia. Al principio, era Dios y la Nada. Isaac Luria, un cabalista interesantísimo del siglo XVI, irá más lejos aún y postulará que Dios mismo, a fin de crear, tiene que retirarse o exiliarse de sí, proceso que Luria designa con el término *tzimtzum*, es decir tiene que produ-cir la Nada —o dejarla ser— en su mismo interior para que pueda advenir la creación. ¿Por qué? Porque el Ser (Dios) —desde la perspectiva del SMG y no de Luria, claro está— sólo puede asimilar el Horror que le ocasiona la proyección imaginaria del Afuera absoluto traduciendo a ese Afuera como Nada. Para responder de algún modo a X o, dicho con mayor precisión, al Límite con X y al *Phobos* que le genera ese Límite infranqueable, el Caos "inventa" la Nada, se exilia de sí y la "produce". La "producción" de la Nada tiene como objetivo último dominar –ilusoriamente, desde luego– a X o, por lo pronto, a lo Alien. La Nada es la estrategia implementada por el Caos para poder sobrellevar el Trauma del Límite. La respuesta fóbica del Caos, entonces, consiste en *hacer ser* la Nada para auto-convencerse de que es capaz de dominar el Afuera relativo que es lo Alien y, más allá, el Afuera absoluto (que él mismo ha proyectado, por supuesto, pero que nada impide que sea efectivamente) que es X. Sin embargo, como dijimos, la Nada es un falso Afuera o una mera máscara de lo Mismo. Como sea, el Ser y la Nada, tal como han sido pensados por la metafísica occidental, surgen como efectos del *Phobos* Primordial generado por el Límite que separa al Caos de X. En suma, el Caos se va a diferenciar en –y al mismo tiempo va a establecer una complicidad entre– dos instancias: el Ser y la Nada, *on* y *me on*. La estrategia, como dijimos, consiste en distribuirse para dominar –infructuosamente, claro– a esa X que él mismo ha proyectado al enfrentarse al Límite. En el origen de la metafísica rige el lema antiguo: *diairei kai basileue* o, en la versión latina de Julio César, *divide et impera*, es decir divide para dominar. El Caos se parte en dos: el Ser, su lote positivo, y la Nada, su lote negativo. La onto-teología no hace más que construir una asimetría jerárquica a partir de esta fragmentación bipolar. De ahí en más, el Ser estará destinado a imperar y dominar soberanamente a la Nada o, en el mejor de los casos (Hegel, por ejemplo), a convertirla en un elemento esencial de su propia realidad metafísica. Como sea, las formulaciones Pre-Ser y Pre-Nada tienen entonces un sentido retrospectivo, nombran un movimiento de *après coup*: ambas constituyen el Caos, pero sólo en tanto se transducirá en Ser y Nada, es decir en tanto advendrá la Cópula Primigenia que hará posible el Devenir y el Aparecer consecuente de lo que es, tanto de sus zonas transparentes como opacas, visibles como invisibles, luminosas como oscuras.

El Ser y la Nada constituyen la matriz y la condición de posibilidad de las dos grandes vertientes de la metafísica occidental, el idealismo y el materialismo. En el primer caso, el idealista, la estrategia consiste en identificar al Espíritu con el Ser y a la Materia con la Nada; en el segundo caso, el materialista, la estrategia consiste, por el contrario, en identificar a la Materia con el

   METANFETAFÍSICA. Ensayo de sobredosis ontológica

Ser y al Espíritu con la Nada. En ambos casos, sin embargo, la matriz bipolar permanece intacta y mantiene su absoluta validez. Los dos lotes del Caos, en este sentido, animan de forma más o menos velada la totalidad de la tradición metafísica, desde la ontología a la antropología, desde la epistemología a la cosmología. Toda la metafísica, desde esta perspectiva, en sus diferentes declinaciones (inteligible/sensible, invisible/visible, alma/cuerpo, etc.), es producto del vínculo sadomasoquista entre el Ser y la Nada.

El Pre-Ser y la Pre-Nada, por su parte, son efectos retrospectivos generados por el Ser y la Nada respectivamente. De tal manera que el Ser y la Nada, como Kafka para Borges, *crean a sus precursores*, en este caso al Pre-Ser y a la Pre-Nada. El esbozo de Ser y de Nada que son el Pre-Ser y la Pre-Nada en el seno del Caos no es pensable en sí mismo más que como movimiento de *après coup*. Pierre Bayard ha llamado a este movimiento, desde una perspectiva crítico-literaria, *influence rétrospective* y lo ha definido como el "efecto que un texto produce sobre un texto anterior" (2009: 154). Todo gran escritor, continúa Bayard, escribe rodeado de fantasmas, pero no sólo de fantasmas del pasado (*revenants*) sino de lo que propone llamar *survenants*, término que designa algo así como fantasmas del futuro:

> Si la escritura se hace en compañía de ciertos fantasmas, convendría entonces añadir, a los *revenants* que son los escritores pasados que nos influencian, otra categoría de fantasmas, que propongo llamas *survenants*, los cuales son convocados por la escritura y vienen a proporcionar al escritor –por este surgimiento que a la vez él espera y produce– las imágenes inconscientes beneficiosas de los modelos a imitar (2009: 62).

El Pre-Ser y la Pre-Nada son *revenants* respecto al Ser y la Nada, pero estos son *survenants* respecto a aquellos. ¿Por qué? Porque, así como para Bayard un *survenant* no es más que un "escritor del futuro con el cual un escritor mantiene un diálogo" (2009: 154), el Ser y la Nada son las determinaciones del futuro con las cuales el Pre-Ser y la Pre-Nada mantienen una relación transductiva. ¿Qué son el Ser y la Nada? Son el Pre-Ser y la Pre-Nada *survenants*. ¿Qué son el Pre-Ser y la Pre-Nada? Son el Ser y la Nada *revenants*. El Pre-Ser y la Pre-Nada son lo que Bayard llama *traces du futur*, es decir "marcas dejadas en un texto por un texto posterior" (2009: 154). El punto interesante es que el Pre-Ser y la Pre-Nada, es decir el Caos, sólo puede ser pensado como efecto de *après coup*. En este sentido, Slavoj Žižek ha hecho referencia al libro de Bayard y ha identificado el mecanismo específico de la *influence rétrospec-*

tive tanto con la dialéctica hegeliana cuanto con el orden simbólico en el sentido lacaniano. Sería este mecanismo de *après coup*, además, el que permitiría explicar, según Žižek, la antropogénesis del *homo sapiens*.

> Encontramos aquí de nuevo la paradoja más característica del orden simbólico, a saber: su retroactividad [*its retroactivity*]. El orden simbólico no es una causa que interviene desde afuera, desvirtuando violentamente al animal humano y provocando así su devenir-humano; es un efecto, pero un efecto paradójico [*a paradoxical effect*] que establece retroactivamente su presupuesto, su propia causa [*retroactively posits its presupposition, its own cause*] (2012: 562).

Las nociones de Ser y de Nada funcionan para el SMG como efectos paradójicos que establecen retrospectivamente su presuposición y su causa. Se trata de una temporalidad muy singular que conjuga el futuro anterior con lo que podríamos llamar un pasado posterior, un futuro previo y un pasado porvenir. En el nudo paradójico de estas temporalidades, el Caos es el Ser y la Nada, así como el Ser y la Nada son el Caos. El Caos es el Ser y la Nada *qua* indeterminados; el Ser y la Nada son el Caos *qua* determinado. *Qua* indica la transducción, la onto-fenomeno-génesis, la puerta abierta por el *Phobos* Primordial. El Pre-Ser y la Pre-Nada son el Ser y la Nada *antes* de la Cópula Primigenia, del mismo modo que el Ser y la Nada son el Pre-Ser y la Pre-Nada *después* de la Cópula Primigenia. *Qua*, por ende, es otro modo de nombrar la Cópula Primigenia, el nudo bi-temporal y bi-yectivo en el que el pasado existe en el futuro y el futuro en el pasado. La Cópula Primigenia es la franja de futuro que sobreviene (*survenant*) en el pasado y la franja de pasado que retorna (*revenant*) en el futuro. En suma, la Cópula Primigenia es el instante en el que *sur-* y *re-* vienen, *se vienen*, según la expresión española para referirse al clímax sexual. Es el Gran Orgasmo, el Coito onto-fenomeno-génico, el (Pre)Ser y la (Pre)Nada *sur-re-venants*. En ese nudo temporal en el que *sur-* y *re-* se vuelven indistintos, la premonición, como le sucede al protagonista de *Memorias de un semidiós* al cual la crítica identificó con la figura de un post-hombre, coincide sin resto con el recuerdo: "Su vida avanza por un tiempo replegado. El post-hombre tiene premoniciones de un tiempo que ya pasó. Sus premoniciones son, en realidad, recuerdos" (Libertella 2006: 99).

(10)

Antes que todas las cosas fue Caos. Pero ¿qué es el Caos? En *Qu'est-ce que la philosophie?*, Gilles Deleuze y Félix Guattari responden que el Caos se caracteriza fundamentalmente por dos rasgos: velocidad infinita y evanescencia de toda forma. Más que oponerse al orden, el Caos se opone a la consistencia. Todo se disuelve en el Caos, todo se diluye apenas formarse. El Caos, "abismo indiferenciado u océano de la desemejanza" (1991: 195), según la bella expresión que Deleuze y Guattari toman de Platón y el platonismo, es la imposibilidad de establecer relaciones entre determinaciones diversas. Antes de poder relacionarse con B, A se ha disuelto en el océano de lo indiferenciado, en el abismo de las variaciones infinitas. En el Caos, cualquier movimiento de estabilización se hunde en la inconsistencia apenas esbozarse.

> Se define al caos menos por su desorden que por la velocidad infinita [*la vitesse infinie*] con la cual se disipa toda forma que se esboza allí. Es un vacío que no es una nada, sino un virtual [*un virtuel*], el cual contiene todas las partículas posibles y extrae todas las formas posibles que surgen para desaparecer al instante, sin consistencia ni referencia, sin consecuencia. Es una velocidad infinita de nacimiento y de desintegración (1991: 111-112).

Disipación infinita de toda forma, vacío sin negatividad, virtual sin consistencia, evanescencia en cuyo núcleo nada podría formarse ni mantenerse. La filosofía, el arte y la ciencia trazan planos en el Caos a fin de darle consistencia. Un concepto, por ejemplo, no es más que "un caos vuelto consistente, devenido Pensamiento, caosmos mental" (1991: 193). ¿Qué hacen el filósofo, el artista, el científico? Cada uno con sus propios medios (el concepto, el percepto y la función respectivamente), dan consistencia al Caos. ¿Por qué? Porque no resulta posible "soportar estos movimientos infinitos ni dominar estas velocidades infinitas que nos romperían" (1991: 50). En este punto, el filósofo, el artista y el científico se encuentran en la misma situación que el Ser del SMG. El Ser necesita determinarse o delimitarse a fin de poder aparecer y permanecer en esa aparición, a fin de mantenerse apareciendo. Deleuze y Guattari sostienen que el Caos se caracteriza más por la velocidad infinita que por la ausencia de determinaciones. Sin embargo, ambas cosas van de la mano: la velocidad infinita hace que ninguna relación sea posible entre dos elementos ya que, antes de que la relación se establezca, ambos elementos habrán desaparecido sin haber llegado a determinarse.

> Lo que caracteriza al caos, en efecto, es menos la ausencia de determinaciones que la velocidad infinita a la cual ellas se esbozan y desaparecen [*elles s'ébauchent et s'évanouissent*]: no es un movimiento de una a la otra, sino al contrario la imposibilidad de una relación entre dos determinaciones, puesto que una no apa-

rece sin que la otra haya ya desaparecido, y que una aparece como evanescente cuando la otra desaparece como esbozo. El caos no es un estado inerte o estacionario, no es una mezcla azarosa. El caos caotiza, y deshace en lo infinito toda consistencia [*défait dans l'infini toute consistance*] (1991: 44-45).

El Caos deshace en lo infinito toda consistencia. De lo cual se sigue que para que un conjunto heterogéneo de elementos se vuelva consistente es preciso o bien detener la velocidad, o bien establecer un límite que los determine. La necesidad de un Límite es inevitable si se quiere establecer un sistema de relaciones entre un número dado de elementos. Pero a la vez es necesario para que esos elementos puedan aparecer como tales y determinarse. Trazar un plano, en efecto, es de-limitar, de-terminar, establecer un perímetro. No habría elementos a los cuales darles consistencia si el Límite no determinara al Caos. Por eso en el Caos la aparición coincide con la desaparición. El índice infinito de variabilidad hace que no se pueda estipular si un elemento aparece o desaparece: "Son variabilidades infinitas en las que aparición y desaparición coinciden. Son velocidades infinitas que se confunden con la inmovilidad de la nada incolora y silenciosa que ellas recorren, sin naturaleza ni pensamiento" (1991: 189). La velocidad infinita, si no adquiere algún tipo de consistencia, se confunde con la nada. Y se sabe que la nada o la negatividad es el horror para Deleuze y Guattari. Sin embargo, en el caso del SMG, a diferencia de lo que se postula en *Qu'est-ce que la philosophie?*, el Caos guarda ya en su indiferenciación y en su desemejanza evanescente las dos mitades que darán lugar al Ser y a la Nada. En el Caos, nada aparece aún, porque la velocidad diluye toda forma, toda determinación, y la diluye infinitamente. Por eso es preciso que el Caos se limite, se defina; es preciso que el in-finito sea rodeado por las grandes cadenas del Límite, como dice Parménides. El Límite "rodea" al Caos, le da consistencia, lo ralentiza, y todo esto porque lo refleja. Pero la operación del Límite es doble: le devuelve algo al Caos, y de esa devolución el Caos adquiere su consistencia, en ese reflejo encuentra la ocasión para manifestarse; pero eso que le devuelve (el reflejo) es un delirio, una multiplicación espejada de imágenes-otras. El Límite ralentiza al Caos y lo determina: algo puede aparecer entonces, pero eso que aparece, en virtud de la rotura del Espejo que le permite aparecer al reflejarlo, no encuentra jamás su lugar de proveniencia. En el mostrarse de S«-»N todo está en otro lugar, nada se pertenece a sí mismo, todas las cosas están fuera de sí, como decía Isaac Luria cuando hablaba de la rotura de los recipientes (véase

   METANFETAFÍSICA. Ensayo de sobredosis ontológica

Libro N, apartado 7). Es decir: el Caos ha podido de-terminarse, las cosas han podido aparecer; pero esa aparición es literalmente de-lirante, des-fasada, sin-copada. ¿Por qué? Porque el Espejo, que es el lado *interno* del Límite, está roto, y entre los fragmentos que reflejan la luz reverberante acecha –como acecha un espectro o un fantasma– lo Alien, las múltiples dimensiones que no se muestran, los múltiples Otros (porque no pertenecen al Caos, sino al Límite) que no le devuelven nada al Ser. Lo Alien es lo Opaco. Allí, en esas hendiduras que no reflejan ni refractan, la mirada del Caos se detiene, la luz se apaga, los ecos se callan. Nada viene de esas manchas veladas. Y como nada viene, como nada regresa, el Caos interpreta esa Nada como reflejo. Si nada vuelve, pareciera conjeturar el Caos, es porque vuelve la Nada. Esto es: recibe la Nada como reflejo. El Caos se engaña a sí mismo, por supuesto. Lo Alien es ajeno tanto al Ser como a la Nada. Lo Alien no es la Nada, sino lo Otro relativo a S«-»N. Pero el Caos, horrorizado por lo que no puede asimilar, reacciona produciendo en su interior un lote de Nada, que es su modo de *tramitar* (en el sentido psicoanalítico del término) el trauma ocasionado por lo Alien. No debe confundirse a este trauma con el *Urtrauma* (ocasionado por X o, mejor, por la proyección fóbica de X). De todas formas, lo que importa por el momento es que, gracias al Límite, el Caos se determina y se manifiesta, pero esa manifestación conserva siempre la huella de su propia deficiencia. Algo parece escapar al desocultamiento, algo parece resistirse al aparecer: lo Alien. Pero eso Alien, "especula" el Caos, si es que es, debería aparecer puesto que el Ser, como veremos en el próximo capítulo, coincide con el Aparecer. No aparece, sin embargo. Entonces el Caos "concluye": no es, es una nada, es la Nada. El Límite-Espejo provoca una partición decisiva en el Caos: el Ser, destinado a aparecer, es decir a ser, y la Nada, destinada a no aparecer, es decir a no-ser. El Ser es el lote del Caos que resulta reflejado –y dislocado en ese reflejarse– por los trozos de Espejo; la Nada es el lote del Caos que no resulta reflejado –ni dislocado en ese no reflejarse– por las zonas de opacidad (lo Alien). En suma: la proveniencia del Ser es el Espejo y la de la Nada es lo Alien. Pero ni el Espejo es el Ser ni lo Alien es la Nada, de la misma manera que "Perón [no] era Perón ni Eva era Eva" para Borges (1974: 789). El Ser y la Nada, como Perón y Eva, son simulacros. Lo cual no significa que no existan, sino que sus respectivas existencias o no-existencias son reflejos fóbicos del Caos, es decir: son los modos que encontró el Caos de tramitar el trauma de la de-limitación y de-terminación. Pero recuérdese: el trauma de lo Alien es un eco del Trauma de X.

Lo más cerca que estuvo la onto-teo-logía de pensar a lo Alien y, más allá, a X es cuando se enfrentó al problema del Mal. Su límite, como puede observarse en el pensamiento de Agustín de Hipona, es que identificó al Mal con la Nada y a la mala voluntad con un tipo de causalidad deficiente. Fue un gran paso, pero un paso insuficiente. La desgracia de los ángeles caídos, explica el obispo, es una consecuencia de no haber elegido adherirse al Ser supremo, sino separarse de Él, es decir haber elegido "una mayor disminución en su ser" (*De civitate Dei*, XII, 6). Si la naturaleza creada se aparta de Dios, continúa Agustín, "no es que quede reducida a la nada, sino que queda disminuida, originándose de aquí su desgracia" (XII, 6). La noción interesantísima de *causa deficiente* que propone Agustín va a aludir entonces a esa disminución ontológica cuya causa eficiente es inexistente. Las reflexiones de Agustín son notables:

> ¿Cuál es la causa eficiente de esta mala voluntad? No la encontramos. ¿Qué es lo que vuelve mala la voluntad, siendo ella la que hace mala una obra? La mala voluntad es la causante del acto malo; pero no hay nada que sea causante de la mala voluntad (XII, 6).

El asunto es tan difícil que el mismo Agustín llega al punto de la resignación: "Si queremos saber cuál fue la causa de la mala voluntad en uno de ellos, tras una profunda reflexión, no encontramos respuesta" (XII, 6). El problema al que se enfrenta Agustín es el de explicar el origen del Mal sin adjudicárselo a Dios. En tanto la causa de la mala voluntad no puede encontrarse en el Creador, sólo puede encontrarse en la Nada: "la mala voluntad no ha surgido de la naturaleza en cuanto tal, sino del hecho de que la naturaleza ha sido hecha de la nada" (XII, 6). Por eso el Mal es entendido como privación de Bien, lo cual, en el caso de Agustín, es equivalente a privación de Ser. El punto que quisiéramos señalar es que en tanto la mala voluntad tiene su origen en la Nada, no tiene origen, ya que la Nada no puede oficiar de causa eficiente. De todas formas, si bien la Nada no puede funcionar como causa eficiente, sí puede hacerlo como causa deficiente:

> Que nadie se empeñe en buscar una causa eficiente de la mala voluntad. No es eficiente la causa, sino deficiente, puesto que la mala voluntad no es una eficiencia, sino una deficiencia. Así es: apartarse de lo que es en grado supremo para volverse a lo que es en menor grado; he ahí el comienzo de la mala voluntad. Querer encontrar las causas de estas defecciones, dado que no son eficien-

tes, sino deficientes, es como si alguien quisiera ver las tinieblas u oír el silencio (*De civitate Dei*, XII, 7).

Cada vez que el hombre obra mal, cada vez que actúa con mala voluntad tiene lugar una suerte de substracción ontológica, una disminución en el Ser. La causa deficiente opera como una bomba de vacío o como un agujero negro. No produce nada positivo, sino que su producción –o anti-producción– consiste en absorber la positividad del Ser. De allí el nexo que siempre ha vinculado al problema del Mal, no sólo en Agustín sino también en gran parte del neoplatonismo y en muchas de las teodiceas más emblemáticas del Occidente, con el problema de la Nada o del No-Ser. De lo cual podemos extraer la siguiente tesis: no es tanto que el Mal no tenga razón suficiente o causa eficiente, sino que aquello que no tiene razón suficiente o causa eficiente es malo o vinculado con el Mal. Malo será aquello que obedezca a un principio de razón insuficiente, a un principio de sinrazón suficiente o a una causa ineficiente. A la luz de lo dicho, no resulta sorprendente que cada vez que la onto-teología se ha acercado a las periferias de X y, más acá, de lo Alien haya sido en relación con el problema del Mal. El punto determinante, como dijimos, es el siguiente: no es sólo que el Mal sea una disminución de Ser, sino que la disminución de Ser, cuyo riesgo último no es la Nada sino el Límite (particularmente lo Alien) y la proyección de lo que acecha más allá, es decir X, es el Mal. El orden de los factores, aquí, altera el producto. ¿Por qué X fue identificada, de modo indirecto y sin cabal conciencia, con el Mal? Porque la causa del *Phobos* Primordial, la *Urkausalitätsform* proyectada por la potencia imaginaria del Caos o, mejor aún, por la potencia imaginaria que *es* el Ser *tout court*, es el Mal en sí. Lo más lejos que llegó la onto-teología, entonces, es a identificar al Mal con la Nada. Lo que no logró hacer, por razones intrínsecas a su propia estructura conceptual, es descubrir a X, a cuya inminencia amenazante la enfrentaba sin embargo el Límite, sin permitirle ningún acceso. En efecto, la onto-teología, como vimos en el caso de Agustín, considera sólo dos términos: Dios, que es el Ser o el Pre-Ser, y la Nada o la Pre-Nada, a partir de la cual crea su obra. En función de lo que hemos desarrollado hasta aquí, todo pareciera indicar que Dios no crea el mundo por Amor, sino por Horror. No por Horror a la Nada, a la cual puede usar y por ende asimilar fácilmente, sino por Horror a lo Inasimilable y a lo absolutamente Otro; en una palabra, por Horror a X, a la cual proyecta cuando se enfrenta al Límite. Para el SMG, el Amor no es la Causa eficiente de lo existente, según afirman algunas corrientes de la teología cristiana, ni tampoco es su Objeto o su Causa final, según afirma la metafísica aristotélica. En efecto, el motor inmóvil es la Causa final de todo lo existente, es decir el objeto de Amor que imprime su movimiento y su dinámica en el Todo. Sin embargo, *Phobos* difiere por naturaleza de *Eros*. Mientras que este supone un objeto al que se desea –*eromenos*, en los términos de Aristóteles–, aquel supone un no-objeto o un más-allá-del-objeto al cual no accede, de allí que no pueda funcionar jamás como causa final. Dicho de otro modo: mientras que *Eros* implica una relación, *Phobos* implica una no-relación. La erótica surge del vínculo con un objeto deseado; la fóbica, de un no-vínculo. El Horror es el efecto específico de esta ausencia de relación. A diferencia de la *Teogonía* de Hesíodo, aquí *Eros* es hijo de *Phobos*.

Textos citados

Agustín de Hipona (1974). *Confessionum libri XIII*. Madrid: Biblioteca de los Autores Cristianos.

Agustín de Hipona (2007). *De civitate Dei*. Madrid: Biblioteca de los Autores Cristianos.

Aristóteles (1924). *Aristotle's Metaphysics*. Ed. W. D. Ross. Oxford: Clarendon Press. Edición española: (1998), *Metafísica*. Ed. trilingüe por Valentín García Yebra. Madrid: Gredos.

Aristóteles (1978). *Acerca del alma*. Trad. Tomás Calvo Martínez. Madrid: Gredos.

Bayard, Pierre (2009). *Le plagiat par anticipation*. Paris: Les Éditions de Minuit.

Beauvoir, Simone de (1968). *Le deuxième sexe*, Tome 1. Paris: Gallimard.

Borges, Jorge Luis (1974). *El otro, el mismo*. En: *Obras completas*. Buenos Aires: Emecé.

Deleuze, Gilles y Guattari, Félix (1991). *Qu'est-ce que la philosophie?* Paris: Les Éditions de Minuit.

Hegel, G. W. F. (1986). *Wissenschaft der Logik I. Erster Teil. Die objektive Logik. Erstes Buch*. En: *Werke 5*. Frankfurt am Main: Suhrkamp.

Hesíodo (1914). *Theogony*. London: William Heinemann Ltd.

Libertella, Héctor (2006). *La arquitectura del fantasma. Una autobiografía*. Buenos Aires: Santiago Arcos Editor.

Piemonte, Gustavo A. (1968). "Notas sobre la *creatio de nihilo* en Juan Escoto Eriúgena (primera parte)". *Sapientia*, XXIII, n° 87, pp. 37-58.

Quignard, Pascal (2005). *El sexo y el espanto*. Trad. Silvio Mattoni. Buenos Aires: El cuenco de plata.

Viñas, David (1974). *Literatura argentina y realidad política. De Sarmiento a Cortázar*. Buenos Aires: Ediciones Siglo Veinte.

Wahl, Jean (1973). *La lógica de Hegel como fenomenología*. Trad. Alfredo Llanos. Buenos Aires: La Pléyade.

Žižek, Slavoj (2012). *Less Than Nothing. Hegel and the Shadow of Dialectical Materialism*. New York: Verso.

Libro Λ (Lambda)
Imaginación

(1)

El ente en su totalidad se dice, en el lenguaje de la cultura griega antigua, *physis*. Esta es la tesis que avanza Heidegger en *Einführung in die Metaphysik*, la cual concierne para él a los orígenes de la filosofía y al comienzo del preguntar verdadero. ¿Qué se juega en este término: *physis*? ¿Qué dice esta palabra?

> Expresa lo que se abre por sí solo (por ejemplo el abrirse de una rosa), lo que despliega y se inaugura abriéndose; lo que se manifiesta en su aparición [*Entfaltung in die Erscheinung*] mediante tal despliegue y que así se sostiene y permanece en sí mismo; en breves palabras, lo que impera en tanto inaugurado y permanente (*GA* 40: 16).

Physis nombra la fuerza que brota de lo oculto y se manifiesta, la fuerza imperante en cuyo surgimiento se entrelazan el ser y el devenir. La *physis* trae las cosas a la presencia, las saca de su repliegue en lo velado, las despliega (como se despliegan los pétalos de una rosa) y, al desplegarlas, las muestra, las manifiesta. Si Heidegger puede decir que "en el fondo, ser significa presencia [*Anwesenheit*] para los griegos" (*GA* 40: 65), es porque la *physis* impele a las cosas a que se presenten, las trae a lo abierto de su verdad (*aletheia*). Se comprenderá entonces que, si Ser se dice *physis*, y si *physis* dice la fuerza que hace aparecer a las cosas, que las hace surgir de lo oculto y las manifiesta, entonces Ser es equivalente a aparecer. Por eso Heidegger puede referirse a la *physis* como "la originaria emergencia y el erguirse de la fuerza imperante, el *phainesthai*, entendido como el aparecer [*als Erscheinen*] en el sentido más grande de la epifanía de un mundo" (*GA* 40: 67). Lo propio de la *physis*, del Ser, es mostrarse, aparecer (*phainesthai*). Dicho de modo lacónico: Ser es aparecer. Al revelar las cosas, al desocultarlas y mantenerlas erguidas en su des-ocultamiento, la *physis*/Ser no difiere del aparecer; el *phyein* es indisociable del *phainesthai*. Heidegger lo dice con claridad meridiana: "El imperar que se manifiesta y permanece es en sí mismo también el brillo del aparecer [*das scheinende Erscheinen*]. Las raíces verbales *phy-* y *pha-* nombran lo mismo [*nennen dasselbe*]. *Phyein*, el brotar que se apoya en sí mismo, es *phainesthai*, es decir brillar, mostrarse, aparecer" (*GA* 40: 108). Este pasaje de Heidegger es muy importante. Encontramos aquí la corroboración de una de las tesis defendidas por el SMG, a saber: la equivalencia entre Ser y aparecer, entre ontología y fenomenología. Que el verbo *einai* (ser) sea equivalente a *phyein* (crecer, nacer, brotar) y que este a su vez sea equivalente a *phainesthai* (apa-recer, brillar, mostrar), es decir que "ser" signifique "aparecer" es una tesis fundamental para el SMG. Heidegger insiste en esta equivalencia y a la vez en el rol esencial de la Luz (*phaos*) a la hora de traer las cosas a la presencia y hacerlas aparecer:

> El estar en sí mismo para los griegos no significa otra cosa que el estar-aquí, el estar-a-la-luz [*Im-Licht-stehen*]. Ser significa aparecer [*Sein heißt Erscheinen*]. Y esto no quiere decir algo que se añada posteriormente, algo con lo que el ser pueda encontrarse por casualidad. El ser es esencialmente *en tanto* que aparece [*Sein west als Erscheinen*] (*GA* 40: 108).

Heidegger tiene razón: Ser equivale a aparecer. En efecto, antes del apa-recer no había Ser, sino Caos. Cuando el Caos se determina, esto es: cuando el Caos hace la experiencia del Límite –experiencia que consiste entre otras cosas (pero fundamentalmente) en recibir el reflejo resplandeciente del Espejo–, cuando le son devueltos (o simplemente llegados, como si nunca se hubiesen ido) millones de resplandores, la parte del Caos que "cree" haber sido reflejada encuentra la ocasión de su aparecer. Y el inicio del aparecer coincide, de acuerdo a la equivalencia entre *Sein* y *Erscheinen*, con el inicio del Ser. En efecto, como dice Heidegger, el Ser es esencialmente *en tanto* que aparece. *En tanto*: no habría Ser si no hubiera aparición. Un Ser sin aparecer sería un Ser sin ser. Pero no hay que creer por eso que el Ser, *en tanto* que aparece, se agota en su manifestación efectiva. El aparecer supone siempre algo que se retira de la presencia, algo que no accede a la mostración. Y este "algo" que no se desoculta, que se aleja de la *Lichtung*, es para los griegos, continúa Heidegger, el no-Ser:

...no-ser significa: retirarse de la aparición, de la presencia [*aus der Erscheinung, aus der Anwesenheit abtreten*]. La esencia de la aparición comprende el aparecer y el desaparecer [*das Auf- und Abtreten*], el ir y venir [*das Hin- und Her-*] en el sentido auténticamente demostrativo. De este modo el ser está disperso en la multiplicidad del ente (*GA* 40: 110).

La des-aparición forma parte de la esencia de la aparición. Por eso Heidegger puede hablar de una "retirada en lo cubierto" o de un "ir y venir" entre el aparecer y el desaparecer. Pero si esto es así, ese no-Ser, esa Nada, esa retirada de la presencia, es parte fundamental del Ser, de la fuerza que hace aparecer a las cosas y las mantiene en lo de-velado. Profunda complicidad entonces entre el Ser y la Nada, entre el aparecer y el desaparecer, entre la presencia y la ausencia. La ontología fenomenológica del SMG engloba ambos movimientos. Sólo su mutua compenetración hace posible que el Ser devenga, que la fuerza imperante que surge, la *physis*, sea una fuerza dinámica y no meramente inmóvil.

> ...el devenir, entendido como "brotar", pertenece a la *physis*. Si entendemos el devenir, en sentido griego, como el-llegar-al-estado-de-presencia y como el ausentarse de él, el ser como lo presente que surge y aparece y el no-ser como lo ausente, entonces la recíproca relación entre el surgimiento y el encubrimiento es el aparecer, o sea, el ser mismo. Así como el devenir es la apariencia del ser [*das Werden der Schein des Seins*], también la apariencia [*der Schein*], entendida como el aparecer [*als Erscheinen*], es un devenir del ser [*ein Werden des Seins*] (*GA* 40: 122-123).

Ser, devenir y aparecer/des-aparecer constituyen así una tríada indisociable. El aparecer/des-aparecer es el devenir del Ser, y el ser del devenir consiste en aparecer/des-aparecer, cuyo ser hace que el Ser devenga, que el Ser sea devenir, y que lo sea en tanto que aparece/des-aparece, es decir en tanto que es, y que es en tanto devenir. No habría desocultamiento si el Ser no se ocultara. Las cosas no podrían acceder a la presencia si no provinieran de un lugar ajeno a lo presente, un lugar ausente, una ausencia de lugar. Es más: Heidegger llega a decir que el ocultamiento no sólo es un estado propio del Ser, sino el origen del cual surge y se da:

> Puesto que el ser significa el aparecer surgiente [*aufgehendes Erscheinen*], es decir, el surgir desde el estado de encubrimiento, le es esencialmente propio el estar encubierto y el originarse en él [*die Herkunft aus ihr*]. Tal origen reside en la esencia del ser, o sea, de lo que aparece como tal [*des Erscheinenden als solchen*]. En su origen, el ser permanece replegado [*das Sein zurückgeneigt*], bien de

manera muy velada y silenciosa, bien por medio de un disimulo y ocultamiento muy superficiales (*GA* 40: 122).

Antes del Ser, dice el SMG siguiendo a Hesíodo, fue el Caos. Podemos ahora precisar un poco más qué es el Caos: es la condición replegada del Ser, su silencioso encubrimiento, la indeterminación previa al aparecer, previa a la fuerza imperante de la *physis*. El Caos es pre-físico, pre-ontológico y pre-fenomenológico. Nada aparece en el Caos, por eso no hay Ser aún. En Heidegger se trata de un juego, una suerte de dialéctica entre el ocultamiento y el desocultamiento, un "ir y venir". Ningún estado es pensable sin el otro: no hay aparición sin posibilidad de desaparición y viceversa. Para el SMG, sin embargo, el encubrimiento posee una naturaleza trascendental y preeminente: primero fue el ocultamiento (y no el re-ocultamiento, porque nunca se había desocultado antes). El Caos fue primero y el Caos es lo no-revelado, lo que no se muestra porque no se ilumina: es *Nix*, la Noche pre-fotogénica (porque jamás encontró la oportunidad de su brillo). Este ocultamiento primigenio del Caos, al igual que lo Alien, es irreductible a la esencia de la aparición y al juego entre el aparecer y el desaparecer o entre el ocultamiento y el desocultamiento que caracteriza a dicha esencia. En este sentido, *Nix*, la Noche pre-fotogénica es como la *otra* noche de Blanchot: ajena e irreductible a la dialéctica del día y la noche. El Caos, entonces, no se revela, por definición. Pero algo sucede en cierto punto-momento, la Singularidad, el Acontecimiento: el Caos se ilumina, no por un Dios que dice *fiat lux*, sino porque el Límite comienza a reflejarlo. De nuevo es Heidegger quien capta lo esencial sobre este punto, aunque sin identificar –claro está– al Límite con un Espejo, mucho menos fragmentado. Luego de explicar la relación fundamental que existe entre la concepción griega del ser y la lengua griega (es decir, en términos más generales, entre ontología y lenguaje) y de reconocer que esa concepción ontológica, aunque banalizada y lejana, "sigue siendo la que aún hoy en día predomina en Occidente" (*GA* 40: 64), Heidegger señala que aquello que los gramáticos latinos llamaron *casus* y *declinatio* (correspondientes a las palabras griegas *ptosis* y *enklisis*), significaba originariamente un caerse y un inclinarse que se aplicaba tanto a los nombres (substantivos) como a los verbos. Sólo más tarde los términos *ptosis/casus* se restringieron a las modificaciones del nombre y *enklisis/declinatio* a las modificaciones del verbo. El punto que nos interesa señalar es que tanto *ptosis/casus* como *enklisis/declinatio* suponen un estar-erguido o estar-derecho al cual inclinan o desvían o

     METANFETAFÍSICA. Ensayo de sobredosis ontológica

modifican. Y este estar-erguido, este permanecer-de-pie que los griegos identificaban con el término *physis*, es decir con el surgir que yergue, con aquello que, al desplegarse, permanece en sí mismo, asegura Heidegger, tiene necesidad de un Límite (la importancia del pasaje para la metanfetafísica justifica su extensión):

> Los nombres *ptosis* y *enklisis* significan caer, inclinarse y tumbarse. Esto implica un des-viarse del estar erguido y derecho. Y este estar-ahí erguido, el ponerse de pie y sostenerse en posición erguida es lo que los griegos entendieron como ser [*verstehen die Griechen als Sein*]. Lo que de esta manera llega al estado erguido y se hace estable en sí mismo, eso se somete por sí mismo y libremente a la necesidad de su límite [*in die Notwendigkeit seiner Grenze*], *peras*. Este límite no es algo que se añade al ente desde fuera. Ni mucho menos es una carencia en el sentido de una limitación perjudicial. Este sostenerse que se refrena desde su límite, este detenerse a sí mismo, en el que se sostiene lo estable, es el ser del ente [*das Sein des Seienden*], y es más: sólo así el ente se convierte en tal, a diferencia del no-ser. El volverse estable significa por tanto: conquistar sus propios límites, delimitarse [*sich Grenze erringen, er-grenzen*]. Por eso, uno de los rasgos básicos del ente es *to telos*, que no significa meta ni finalidad sino término [*Ende*]. "Término" no tiene aquí de ningún modo un significado negativo, como si con él se expresara algo que no continúa, fracasa o cesa. El término es terminación en el sentido de cumplimiento. Límite y término son aquello con lo que el ente comienza a ser [*Grenze und Ende sind jenes, womit das Seiende zu sein beginnt*] (GA 40: 64).

La diferencia ontológica es una diferencia interior al lenguaje y viceversa: la diferencia lingüística es una diferencia interior a la ontología. Pero la cuestión decisiva es que ese estar-erguido, justamente para poder mantenerse como tal, es decir erguido, tiene necesidad de un Límite. Y es precisamente ese Límite, que no hay que confundir con algún tipo de privación o carencia, lo que le permite sostenerse y estabilizarse. Sólo porque el Ser se de-termina, se de-limita, puede mantenerse erguido, es decir puede surgir y permanecer en lo abierto de su surgimiento. Pero, además, esta fuerza imperante que hace brotar las cosas y las mantiene erguidas es lo que los griegos, según vimos hace un momento, llamaban *physis*, término que no coincide con lo que después se llamó "naturaleza". *Physis*, como tuvimos oportunidad de constatar, quiere decir Ser para los helenos. Pero además Ser quiere decir aparecer, mostrarse. La *physis* es la fuerza que hace surgir, es decir aparecer a las cosas y que las manifiesta manteniéndolas erguidas. De lo cual se sigue que el Límite, condición de posibilidad del Ser/ente, es lo que permite que el Caos, o sea el Pre-Ser y la Pre-Nada, aparezca, que el Caos se manifieste y se dé, que comience propiamente a ser. Heidegger dice: Límite y término son aquello con lo que el ente comienza a ser. En efecto, sólo porque el Caos se de-limita, se de-termina, puede aparecer y por lo tanto ser, puesto que Ser y Aparecer coinciden: *Sein heißt Erscheinen*. En suma, el Límite es lo que hace posible que el Ser pueda surgir de la Noche pre-fotogénica, del ocultamiento primordial, de la evanescencia absoluta del Caos. Pero el Límite, hemos dicho, es para la metanfetafísica un Espejo. El Ser puede aparecer porque se refleja en el lado interior del Límite espejado. La cuestión decisiva es que el Espejo está roto y los reflejos distorsionan. El Ser se determina, pero ese determinarse, lejos de mantenerlo erguido, lo descompone y lo marea. El Espejo hace que todo sea diferente a lo que parecería ser o, mejor aún, que todo parezca ser y nada sea fuera del parecer. Volver a sí, para el Ser que se refleja, es volver a otro. El "re" de la re-flexión es ya un desvío inconmensurable. Aparecer, para el Ser, es desfasarse y fragmentarse. ¿Por qué? Porque el Límite da algo por añadidura, algo que no estaba implícito en los reflejos, no algo concreto sino una mera posibilidad (imaginaria y/o fóbico-fantasmática); no da algo como se da una cosa, sino la posibilidad de ese algo. El Límite, que es infranqueable, da al Caos –y da precisamente por ser infranqueable– la posibilidad de "algo" –extrañísimo *aliquid*– más allá del Límite: X. Lejos de lo que podría pensarse, el Caos no es horroroso. Así como el inconsciente freudiano no conoce miedo a la muerte ni negatividad, así tampoco el Caos, antes de la de-terminación efectuada por el Límite, conoce el horror. Lo horroroso –para el Caos, es decir para lo único que hay antes del Acontecimiento o la Singularidad– es el más allá del Caos, X, lo que ni siquiera se puede calificar de caótico pero que sólo puede surgir una vez que el Límite ha circunscripto al Caos. El horror que provoca la posibilidad de X hace que el Caos se manifieste, que "cobre conciencia" del Límite en tanto Límite. El Límite en tanto Límite, la liminalidad del Límite, su esencia liminal, se expresa, considerada desde su lado interno, como Espejo y, más en detalle, como Espejo roto. El Caos se enfrenta al Límite cuando se refleja en él. Y al enfrentarse al Límite el Caos se parte la cabeza. La rotura de la cabeza del Caos coincide con la rotura del Espejo. La cuestión es que aparece; al partirse la frente, el Caos aparece. El Caos se ontologiza, y se ontologiza porque se determina, y al determinarse aparece, y aparece porque se refleja, y se refleja porque se determina, etc. Reflejos, brillo, manifestación: la delimitación del Caos coin-

     METANFETAFÍSICA. Ensayo de sobredosis ontológica

cide con la ontogénesis que a su vez coincide con la fenomenogénesis. Los reflejos muestran al Ser o, mejor, muestran aquel lote del Caos que accede a reflejarse, que no se retira a lo oculto, que elige ser, es decir aparecer. Es el momento –el Acontecimiento o la Singularidad– en el que *einai* coincide sin resto con *phainesthai*. El *phainesthai*, debido a la distorsión y a la fragmentación del Espejo, es la psicodelia del Ser, su darse lisérgico: la ontología bajo los efectos del L.S.D., el ente enloquecido por la mezcalina. La fenomenología es una alucinación generalizada que coincide con la realidad misma. Se crean las condiciones entonces para que *to on* pueda constituirse, y junto a *to on*, *to me on*. El Ser y la Nada, los dos lotes del Caos, el lote que accede a la mostración y el que se retira en lo encubierto, han encontrado la oportunidad de su juego, de su "ir y venir". Y esa oportunidad es un efecto fóbico de X, una reacción ante la mera posibilidad de X inoculada por el Límite. En tanto el Caos se parte la frente al determinarse (literalmente: se parte la frente *con* el *término* o *contra* el *término*), el proceso de aparición da lugar al juego entre el Ser y la Nada, es decir entre las dos partes que distribuyó el frentazo, la (bi)partición de la frente del Caos. Ambos lotes, dice Heidegger sin decirlo con estos términos ni proponer esta interpretación, forman parte de la esencia de la aparición, del *phainesthai*. Lo que resulta interesante para la metanfetafísica es que la palabra *phainesthai*, como ya fue sugerido (véase Libro K, apartado 8), pertenece a la misma familia que *phainomenon* y también que *phantasia* y *phantasma*. Todos estos términos remiten al verbo *phaino* (brillar, traer a la luz, iluminar), que remite a su vez a *phaos* (luz). Ya Aristóteles había notado la proximidad entre la imaginación y la luz (volvemos a citar el pasaje): "Pero como la vista es el principal de nuestros sentidos, la imaginación [*phantasia*] ha recibido su nombre de la imagen que la luz nos revela, puesto que no es posible ver sin luz" (*De anima*, 429a5). Como recuerda Heidegger, las raíces *phy-* (de *physis*) y *pha-* (de *phainesthai*, y ahora podemos añadir de *phantasia*, *phantasma* y *phaos*) dicen la misma cosa. Por otro lado, es esta misma familiaridad etimológica la que ha conducido a Jacques Derrida a deconstruir la pneumatología hegeliana mostrando la naturaleza esencialmente fantasmática de toda fenomenología: "¿y qué es una fenomenología sino una lógica del *phainesthai* y del *phantasma*, por consiguiente, del fantasma?" (1993: 139). En un sentido similar, Rodolphe Gasché ha concluido, en un libro dedicado a Georges Bataille, que "el recorrido por la *fenomenología* debe conducir a una *fantasmatología*" (2012: 25; el subrayado es de Gasché). Esta condición fantasmática de la fenomenología implicaría que la presencia está acosada permanentemente por la ausencia y que, en rigor de verdad, ni la presencia ni la ausencia son términos puros. En efecto, ¿qué otra cosa es el *phantasma* sino un resto de ausencia en la presencia y un resto de presencia en la ausencia, un resto que no puede decirse más ni presente ni ausente porque excede el juego mismo de sus indetenibles remisiones? Pero este diagnóstico debe ser precisado aún más y en cierta forma resituado en la arquitectura del SMG. El *phainesthai* da lugar a una doble constitución imaginaria del Ser: una modalidad conjuntiva y una modalidad disyuntiva. El aparecer del Ser, el Ser en tanto aparecer, el Ser luego y a partir de la determinación reflexiva del –o por el– Límite, se estructura por desmultiplicación y disgregación, lo cual obedece a la fragmentación del Espejo y a los *disjecta membra* que son sus reflejos. Pero a la vez, la respuesta a este desmembramiento es la suturización indiscriminada, el intento descomunal de hacer coincidir los fragmentos especulares. El aparecer originario del Ser, en su movimiento metafísico hacia la unidad, es dado por la imaginación simbólica. El símbolo, como explicaremos en breve, es la instancia conjuntiva por antonomasia. El anhelo del Ser sería conquistar el Símbolo último, el Símbolo de los símbolos, la Costura final, la Cicatriz definitiva, el Punto Omega. Pero en paralelo a esta imaginación simbólica, el Ser, en su eclosión fenomenogénica o fenomenogónica, no puede olvidar la rotura del Espejo del cual proviene, no puede descartar los intersticios que se abren entre los trozos resplandecientes, las zonas opacas entre los fragmentos. Obsesión del Ser, *pathos* del aparecer: no puede sustraerse a las fisuras que no reflejan, que no se dan. Pulsión ocular de muerte: el Ser no puede ignorar las hendiduras en las que, como la mirada del lector en la mancha negra de *El limonero real*, su mirada muere; muere porque no vuelve pero también porque no avanza, porque no regresa al más acá ni egresa al más allá. Estas zonas, a diferencia del encubrimiento o del ocultamiento del que habla Heidegger, no pertenecen a la esencia de la aparición y por lo tanto al Ser, no han surgido del Caos, no son equivalentes al ocultamiento pre-ontológico del cual se originará la eclosión fenomenogénica del Ser. Estas zonas son un Otro respecto al Caos y en consecuencia un Otro respecto al Ser, es decir respecto a la parte del Caos que admitirá reflejarse en el Espejo. Pero también son un Otro respecto a la Nada, es decir respecto a la parte del Caos que no admitirá reflejarse en el Espejo. Irreductible al Caos y a sus dos lotes, las zonas de opacidad del Límite constituyen las diversas

    METANFETAFÍSICA. Ensayo de sobredosis ontológica

dimensiones de lo Alien, de lo Otro que sin embargo, en tanto se relaciona con el Ser bajo la forma del asedio o de la inherencia, es un Otro *relativo*. Lo Alien es sinónimo de lo que Ludueña Romandini ha llamado *Outside*, cuya figura paradigmática es el Espectro. Por tal razón, la espectrología puede calificarse de post-deconstruccionista y de post-hantológica ya que concierne "a un *topos* in-sistente por fuera de toda fenomenología de la vivencia [y] por fuera de todo trascendentalismo entendido como las condiciones del aparecer" (2016: 209). La *imaginación simbólica* es la respuesta del Ser al acoso de lo Alien. A través de la operación conjuntiva del símbolo, el Ser pretende conjurar la disyunción que lo abre a su Otro. De lo cual se sigue que el Ser se ve interrumpido y asediado por ese Otro para-caótico, y la posibilidad de esa interrupción y de ese asedio está dada por la *imaginación diabólica*. Simbólica y diabólica: estos dos términos designan las operaciones que están en juego en el aparecer del Ser, en la ontología fenomenológica de la imaginación, y a la vez designan las dos formas de la imaginación. Pero antes de examinar ambas operaciones y de explicar su nominación, es preciso decir algo más acerca de la condición fenomenológica de la ontología.

(2)

El SMG postula una ontología fenomenológica de la imaginación. En cierta forma, una fenomenología de la imaginación es un pleonasmo. El *phainomenon* no es sino un *phantasma* vestido de etiqueta; el *phainesthai*, una *phantasia* con buenos modales. Ontología fenomenológica: el sintagma hace pensar sin duda –aunque no de modo unívoco– en el subtítulo de ese gran libro de Jean-Paul Sartre que es *L'être et le néant*. En efecto, la ontología que propone allí Sartre es una descripción fenomenológica de la relación entre el *être-pour-soi* y el *être-en-soi* del cual depende en última instancia. Sartre retiene los avances de la fenomenología, aunque no sin criticar ciertos aspectos, tanto de Husserl como de Heidegger. Pero más allá de estas críticas, lo cierto es que la reducción de lo existente a la serie de apariciones que lo manifiestan representa para Sartre, como se lee en el párrafo que da inicio a la obra, "un progreso considerable" (1943: 11). Sartre pretende respetar esta inspiración propiamente fenomenológica y desarrollarla hacia nuevas direcciones. No obstante, si bien la fenomenología prohíbe considerar un Ser por detrás de las apariencias, una suerte de real oculto o noúmeno detrás de lo que se manifiesta, si bien la esencia de la aparición es un aparecer que no reenvía a ningún ser, eso no quita que no se pueda preguntar –y según Sartre con plena legitimidad– por "el ser de ese aparecer [*l'être de ce paraître*]" (1943: 13). Para responder a esta cuestión, Sartre va a postular primeramente dos regiones de ser: el *être-en-soi* y el *être-pour-soi*. El *être-en-soi* es una plenitud maciza y opaca, una totalidad llena de sí. Ningún desfasaje en el *être-en-soi*, ninguna fractura, ninguna diferencia, ningún secreto: pura positividad. El *être-en-soi* es lo que es, sin resto. En él no existe ni siquiera el mínimo esbozo de dualidad, el menor vacío, la menor fisura por donde pudiera deslizarse alguna forma de alteridad.

> …hemos visto en efecto que [el *être-en-soi*] no implicaba ninguna negación. Es plena positividad. No conoce entonces la alteridad [*ne connaît donc pas l'altérité*]: no se pone jamás como otro más que como otro ser; no puede sostener ninguna relación con lo otro. Es él mismo indefinidamente y se agota en el ser [*il s'épuise à l'être*] (1943: 33).

Sartre capta perfectamente que el *être-en-soi* en cuanto tal, es decir considerado en sí mismo, conduce a una totalidad cercana al *eon* parmenídeo. De allí que sienta la necesidad imperiosa de ahuecar al Ser a fin de que no se cierre y se clausure en una plenitud catatónica. Sartre confiesa que, para evitar esta deriva paralítica de la ontología, se requiere "una descompresión de ser [*une décompression d'être*]" (1943: 32). Pero ¿cómo es posible tal descompresión?, ¿dónde encuentra Sartre la posibilidad de que el Ser no se cierre sobre su propia identidad? Pues bien, la encuentra en la conciencia, en el *être-pour-soi*, en esa "laguna de no-ser" que fractura la plenitud positiva del *être-en-soi*.

> El ser de la conciencia, en tanto que conciencia, es existir a distancia de sí como presencia a sí y esta distancia nula que el ser lleva en su ser es la Nada [*c'est le Néant*]. Así, para que exista un sí, es necesario que la unidad de este ser comporte su propia nada como aniquilación de lo idéntico [*néantisation de l'identique*] (1943: 114).

A través de la conciencia, es decir de la realidad humana, la Nada ingresa en el mundo. Esta fórmula antropocéntrica, que remite sin duda a Hegel, supone que el ser de la conciencia no coincide consigo mismo en una adecuación plena, tal como sucede con el *être-en-soi*. Dicho de otro modo: lo propio del ser consciente es la libertad. A diferencia del *être-en-soi* que se define por ser lo que es, el *être-pour-soi* se define por no ser lo que es y ser lo que no es. Sartre dice que la conciencia existe como presencia a sí. Esto no significa desde luego que la conciencia coincida consigo misma, sino todo lo contrario: significa que la conciencia está inevitablemente consignada a distanciarse de sí, a separarse de sí, a producir un corte o una fractura en la continuidad incolora del Ser.

> ...la presencia a sí supone que una fisura impalpable se ha deslizado en el ser [*une fissure impalpable s'est glissée dans l'être*]. Si es presente a sí, es que no es completamente sí. La presencia es una degradación inmediata de la coincidencia [*une dégradation immédiate de la coïncidence*], pues supone la separación. Pero si nos preguntamos ahora: ¿qué es lo que separa al sujeto de sí mismo?, nos vemos obligados a confesar que no es nada [*ce n'est rien*] (1943: 113).

Sartre encuentra en la actividad aniquiladora, nihilizante, de la conciencia la posibilidad de descomprimir al Ser. Si la ontología fenomenológica de *L'être et le néant* no desemboca en una variante más o menos anacrónica del Ser parmenídeo es porque la conciencia lo rompe y lo disgrega, y lo rompe al introducir la Nada en el mundo, al abrir un intervalo de negatividad, un intervalo que precisamente no es nada o, mejor aún, que es Nada. Sartre lo dice sin ambigüedades: "La característica de la conciencia es que ella es una descompresión de ser" (1943: 110). Sartre puede dormir tranquilo: el *être-pour-soi* ha permitido una distancia, una suerte de vacío, en el seno del *être-en-soi*. Hay algo ahora que, en el horizonte del mundo, no coincide consigo mismo; hay algo que no es lo que es; en suma, hay algo que en realidad es una nada y que descomprime, en tanto nada, la presión del *être-en-soi*. Pero, justamente por tratarse de una Nada, ¿puede Sartre dormir realmente tranquilo? El SMG afirma que no. ¿Por qué? Porque pese a que "la nada acosa al ser [*hante l'être*]" (1943: 59), "el ser es anterior a la nada y la funda [*le fonde*]" (1943: 50). La Nada, según un procedimiento característico en Sartre, presupone al Ser como su fundamento, como aquello que la hace posible. No se trata de la Nada *tout court*, sino de la nada *de* Ser. ¿Qué quiere decir esto? Quiere decir, entre otras cosas, que "es del ser que la nada obtiene concretamente su eficacia" (1943: 50). El problema con el planteo de Sartre es que la negatividad de la conciencia, la Nada que introduce el *être-pour-soi* en el seno del *être-en-soi* a fin de descomprimirlo, no es suficiente a causa de su inevitable relatividad. El *être-pour-soi* no es un Otro *absoluto*, es decir desvinculado e independiente del *être-en-soi*. Ni siquiera es un Otro que se ubicaría en el mismo nivel que el Ser. Sartre descarta esta posibilidad de manera explícita cuando advierte acerca de la necesidad de "rechazar poner ser y no-ser en el mismo plano [*mettre être et non-être sur le même plan*]", sobre todo porque debemos cuidarnos de no poner a la nada como un abismo original de donde el ser surgiría" (1943: 50). Por eso el no-ser que caracteriza a la conciencia, en vez de penetrar en el Todo del Ser y romperlo por completo, en vez de hendirlo en su misma profundidad maciza, se limita a ubicarse en su superficie, sólo en su epidermis:

> ...la nada que no es no podría tener más que una existencia prestada: es del ser que ella toma su ser [*il prend son être*]; su nada de ser no se encuentra más que en los límites del ser [*dans les limites de l'être*] y la desaparición total del ser no sería el advenimiento del reino del no-ser, sino al contrario la evaporación concomitante de la nada: no hay no-ser más que en la superficie del ser [*il n'y a de non-être qu'à la surface de l'être*] (1943: 51).

Se comprenderá que para el SMG la salida que encuentra Sartre para descomprimir al Ser no es válida ya que termina remitiendo la instancia descompresora, la conciencia, al horizonte del Ser, en el cual encuentra nada más ni nada menos que su fundamento y su posibilidad. Pero además de esta relativización, es cierto que la empresa sartreana estaba condenada al fracaso desde el vamos. En efecto, la descompresión del Ser no puede pasar por la negatividad de la conciencia –por la negatividad que *es* la conciencia–, puesto que sigue presuponiendo algún tipo de subjetividad, aunque más no sea la de una conciencia impersonal sin yo, según la tesis que avanza Sartre en ese gran texto que es *La Transcendance de l'Ego* (1936), cosa que el SMG rechaza. En efecto, para Sartre el aparecer del fenómeno supone una conciencia que oficie de instancia reveladora. Por supuesto que esa instancia reveladora no requiere establecer con el fenómeno una relación reflexiva o cognoscitiva para que haya revelación. Al contrario, Sartre se interesa en un *cogito* pre-reflexivo o afectivo que es previo a toda aprehensión conceptual. De todos modos, la diferencia con el SMG es abismal. El aparecer del Ser, para la teoría metanfetafísica, no requiere de ninguna conciencia, ni siquiera impersonal, ni siquiera a-yoica, ni siquiera pre-reflexiva. El Caos se manifiesta sin necesidad de ningún correlato ni de vivencia alguna. El *phainesthai* del Caos, el inicio de su *dynamis* imaginaria no solicita ninguna instancia reveladora. El Caos no se revela a nadie, se revela al revelar mismo. En este punto, el SMG está más próximo al "segundo" Heidegger que a Sartre, aunque más próximo no significa que sea equivalente. Sin ir más lejos, toda la metanfetafísica se estructura a partir de un Otro absoluto (X), un Afuera del Ser, cosa que Heidegger no admitiría, al menos en principio. De Sartre, por otro lado, el SMG

     METANFETAFÍSICA. Ensayo de sobredosis ontológica

se nutre en cuanto a la idea de una ontología fenomenológica. Y si además, a esta ontología fenomenológica se le suma el subtítulo del texto dedicado al problema de lo imaginario: *Psychologie phénoménologique de l'imagination*, se obtiene de algún modo el título de la segunda parte de esta investigación. La ontología fenomenológica de la imaginación que postula el SMG, como ya sugerimos en el apartado 4 de la introducción, es una suerte de mixtura entre el subtítulo de *L'être et le néant* y el subtítulo de *L'imaginaire*: *Essai d'ontologie phénoménologique* y *Psychologie phénoménologique de l'imagination* respectivamente. De estos dos subtítulos, el SMG llega a la fórmula mágica: *Ontologie phénoménologique de l'imagination*. Es importante notar que Sartre encuentra en la imaginación la condición aniquilante o nihilizante por excelencia que, en *L'être et le néant*, pasará a identificarse con la conciencia *tout court*. En efecto, ya en la época de *L'imaginaire* Sartre señalaba que lo propio de la actividad de la imaginación consistía en negar el mundo, en crear irrealidad y, por lo tanto, en ejercer la libertad de la negación: "para imaginar, la conciencia debe ser libre por relación a toda realidad particular y esta libertad debe poder definirse por un «ser-en-el-mundo» que es a la vez constitución y aniquilación del mundo [*néantisation du monde*]" (1940: 357). Pero es allí, justamente, que el SMG realiza la maniobra clave: reemplaza la psicología por la ontología. A diferencia de *L'imaginaire* que proponía una *psicología* fenomenológica de la imaginación, el SMG propone una *ontología*; y a diferencia de *L'être et le néant*, que proponía una ontología fenomenológica, el SMG aclara que se trata de una ontología fenomenológica *de la imaginación*. El SMG se nutre, más que del contenido de los libros de Sartre, de las ideas sugeridas en los subtítulos. Se trata de una gran influencia, sin duda. Pero ¿por qué una ontología y no una psicología? Ya lo hemos dicho: porque quien imagina no es la conciencia sino el Ser o, mejor todavía, el Caos. Por el contrario, para Sartre la imaginación concierne esencialmente a la conciencia, que a su vez presupone al Ser como su fundamento. Por eso *l'être et le néant* forman (*pace* Sartre) una dupla perfectamente funcional a los intereses de lo Mismo. Por el contrario, el SMG postula que tanto el Ser como la Nada son efectos intra-caóticos generados por la proyección imaginaria de X en el momento que hemos llamado el Acontecimiento o la Singularidad, es decir en el instante en el que el Caos choca con el Límite. Este choque, y el horror que genera en el Caos la posibilidad (imaginaria o fantasmática) de X, lo desdobla en el Ser y la Nada: el Ser como efecto de los reflejos del Espejo; la Nada como efecto de lo Alien. Este desdoblamiento corresponde, además, a las dos formas de imaginación que habíamos señalado en el apartado 1: la imaginación simbólica y la imaginación diabólica. Es hora, entonces, de considerar estas dos modalidades de la ontología fenomenológica de la imaginación.

(3)

Es curioso que a lo largo de la tradición filosófica, tal como sucede con la idea de un Otro que Ser, la imaginación tampoco ha sido pensada en toda su radicalidad. Gilbert Durand ha podido hablar, en este sentido, de "la desvalorización extrema que sufrió la imaginación, la «*phantasia*», en el pensamiento occidental y en el de la antigüedad clásica" (1964: 9). De la misma manera, Cornelius Castoriadis ha señalado la insuficiencia de las concepciones filosóficas tradicionales en relación a la imaginación. Esta insuficiencia radicaría en que nunca –o en muy pocos casos– se ha considerado a la imaginación en sí misma y sin hacerla depender de alguna otra instancia o facultad. Ha sido esta exclusión y esta subsunción la que no ha permitido pensar, durante siglos, una ontología de la imaginación y, al mismo tiempo, una filosofía acorde a esa ontología:

> Es así también que jamás se ha contemplado la representación, la imaginación ni lo imaginario por sí mismas, sino siempre en referencia a otra cosa –sensación, intelección, percepción, realidad–, sometidas a la normatividad incorporada a la ontología heredada, reducidas desde el punto de vista de lo verdadero y lo falso, instrumentalizadas en una función, como medio que se juzga según su contribución posible a la realización de ese fin que es la verdad o el acceso al ente verdadero, al ente realmente existente (*ontos on*) (1975: 234).

En este mismo sentido, Eva T. H. Brann ha indicado la importancia de la imaginación a lo largo de la historia de la filosofía y a la vez el tratamiento acotado e incompleto que se le ha prodigado: "La imaginación parece plantear un problema muy profundo sobre su propio reconocimiento. Es, por así decir, el misterio faltante [*missing mystery*] de la filosofía" (1991: 3).

La elaboración del SMG implica por necesidad internarse en este *missing mystery* puesto que allí se ocultan elementos fundamentales para pensar el darse mismo del Caos. Se comprenderá en consecuencia por qué hemos indicado que la teoría metanfetafísica no apunta a pensar una imaginación "humana", sino más bien una imaginación ontológica o, con más precisión, una ontología fenomenológica de la imaginación, en el sentido de que el darse del Caos no es sino la reacción *imaginaria* ante el Límite. Esto significa retomar algunos lineamientos actuales propuestos entre otros autores por John Sallis cuando sostiene: "Lo que se necesita es liberar la imaginación, liberarla del sujeto, y aventurar una redeterminación radical" (2012: 185). Esta redeterminación radical supone entonces una concepción ontológica –y no ya psicológica o subjetiva, es decir antrópica o antropocéntrica– de la imaginación que determine la modalidad del darse del Caos.

(4)

La imaginación ha desempeñado a lo largo de la historia de la filosofía una función paradójica y ambigua: por un lado, ha funcionado de modo conjuntivo, conectando o articulando lo corpóreo con lo incorpóreo o lo sensible con lo inteligible; por otro lado, ha funcionado de modo disyuntivo, desconectando o desarticulando esos mismos términos. Creemos que los análisis filosóficos realizados hasta el momento se han concentrado fundamentalmente en el aspecto conjuntivo de la imaginación, individuado en la noción de "símbolo" (el libro de Durand citado con anterioridad se titula, de hecho, *L'imagination symbolique*), pero no se ha indagado en su aspecto disyuntivo, fundamental para lo que intentamos pensar en la segunda parte de este libro, a saber: la ontología fenomenológica como reacción imaginaria al Límite que separa al Caos de X. De algún modo, la noción de "símbolo" ha ocupado un lugar pre-eminente en los análisis culturales, filosóficos, psicológicos, antropológicos y estéticos durante buena parte de los siglos XIX-XX y, en cierta forma, a lo largo de toda la historia de la cultura humana. En la medida en que la imaginación es la potencia que conecta el cuerpo con el alma o la sensibilidad con el intelecto –las intuiciones, dice Kant, con los conceptos– funciona de manera simbólica. Esto es así porque el símbolo, como explica el mismo Durand, es "un signo que remite a un significado inefable e invisible, y por eso debe encarnar concretamente esta adecuación que se le evade" (1964: 14), o también, porque es un signo "que evoca por medio de una relación natural, algo ausente o imposible de percibir" (1964: 13). Interesa destacar que para Durand el símbolo es una re-presentación imposible o, mejor aún, una re-representación *de* lo imposible. El símbolo es indisociable de una tras-cendencia a la que alude sin poder jamás aprehenderla en su plenitud. Pero es justamente esta imposibilidad de re-presentar lo irrepresentable lo que constituye la dinámica propia del símbolo y le confiere su potencia distintiva: manifestar un sentido oculto o secreto:

> Ya que la re-presentación simbólica nunca puede confirmarse mediante la presentación pura y simple de lo que significa, el símbolo, en última instancia, *sólo vale por sí mismo*. Al no poder representar la irrepresentable trascendencia, la imagen simbólica es *transfiguración* de una representación concreta con un sentido totalmente abstracto. El símbolo es, pues, una representación que hace aparecer un sentido secreto; es la epifanía de un misterio (1964: 15).

Ahora bien, para hacer aparecer un sentido secreto, para ser la epifanía de un misterio, es preciso que el símbolo aluda a una trascendencia irrepresentable. Y esta alusión es sin duda una forma de *relación* que supone una asimilación de la trascendencia, una suerte de traducción de lo Otro a lo Mismo. Y si hay misterio, es porque lo Otro no puede ser nunca completamente traducido. Por eso dice Durand que el símbolo encarna una adecuación que se le evade. Lo Otro, la trascendencia irrepresentable, deja un resto o una huella de impresentación en la representación simbólica. Esa huella es el punto de fuga de la representación pero también lo que vivifica al símbolo. El símbolo vive de su esfuerzo por adecuarse a lo Otro. Pero sólo puede vivir si ese esfuerzo es infructuoso. Si el símbolo lograse presentar la trascendencia en cuanto tal, no habría más símbolo, no habría más necesidad de mediación ni de traducción. En este sentido, lo propio del símbolo es establecer una relación, un nexo o lazo entre dos dominios separados y, en cierta forma, irreductibles: la inmanencia y la trascendencia, lo Mismo y lo Otro, lo sensible y lo inteligible, etc. Esta idea de unión o mediación entre dos órdenes diversos remite al sentido antiguo del término *symbolon* en la cultura griega. En *Die Aktualität des Schönen. Kunst als Spiel, Symbol und Fest*, Hans-Georg Gadamer lo explica con claridad:

> ¿Qué es el símbolo? En principio, es una palabra técnica de la lengua griega y significa "tablilla de recuerdo" [*Erinnerungsscherbe*]. El anfitrión le regalaba a su huésped la llamada *tessera hospitalis*; rompía una tablilla en dos, conservando una mitad para sí y regalándole la otra al huésped para que, si al cabo de treinta o cincuenta años vuelve a la casa un descendiente de ese huésped, puedan reconocerse mutuamente juntando los dos pedazos (2000: 41).

Sin embargo, antes de adoptar el sentido de "tablilla de recuerdo" que señala aquí Gadámer, el término *symbolon* arcaico poseía un sentido eminentemente topológico que remitía a su vez al verbo *symballo*. *Symbola*, por ejemplo, significaba el lugar donde se reunían dos corrientes de agua y corrían juntas. Así, se podía nombrar *Symbola* a una localidad situada en el punto de reunión de varios cursos de agua, según un uso atestiguado en Pausanias e incluso ya en Homero. El término poseía también un sentido vinculado a la navegación. *Symbola* era la parte central de la verga puesto que sus dos mitades, una vez reunidas (*symballo*), se superponían en lo alto del mástil y eran entonces religadas por correas. René Alleau, en un estudio sistemático y completo sobre esta noción, explica el rasgo preponderante que poseía el término en la Grecia arcaica y señala además su connotación jurídica:

> Se trata de evocar un movimiento que "junta [*rassemble*]", que "reúne [*réunit*]" elementos separados anteriormente uno del otro y de designar sus resultados. En consecuencia, si se trata del "acto de reunión [*l'acte de réunion*]" que junta a las partes contrayentes jurídicamente y por escrito, se nombra a su redactor, el notario profesional: *symbolai graphos*, literalmente, "quien escribe el símbolo jurídico" (1977: 33).

El verbo *symballo*, a su vez, posee un sentido transitivo (arrojar o lanzar juntos, poner conjuntamente, etc.) y un sentido intransitivo (encuentro, relación entre dos elementos, etc.). Alleau distingue por eso dos orientaciones distintas –pero indisociables– del mismo término: "una, primera y concreta, evocando un movimiento que junta y reúne [*mouvement qui assemble et réunit*], la otra, segunda y abstracta, evocando la consecuencia de este acto, es decir la relación mutua de las partes reunidas [*la liaison mutuelle des parties assemblées*]" (1977: 33). Se comprende por lo tanto que el sentido fundamental del término *symbolon*, en su aspecto dinámico, es el de ligar o reunir dos cosas separadas y, en su aspecto estático, el de reunión o conjunción.

Esta función de mediación entre dos elementos diferentes, según indicamos hace un momento, ha caracterizado a la imaginación a lo largo de la historia de la filosofía. En el siglo XX, autores como Carl Jung, Henry Corbin o James Hillman, además del mismo Durand, han enfatizado este aspecto esencialmente simbólico, es decir conjuntivo, de la imaginación. En una intervención ya famosa en el *Colloque du Symbolisme* organizado en Paris en 1964, Corbin proponía reemplazar el término corriente *imaginario* por *imaginal*, del latín *imaginalis*, para designar un orden de realidad intermediario (entre lo sensible y lo inteligible) característico de la teosofía islámica. El sintagma del que se valía Corbin en realidad era *mundus imaginalis*, mundo imaginal, el cual es todo lo contrario de lo irreal o ilusorio que pareciera denotar, en su uso corriente, el término *imaginario*. Los textos de la mística árabe y persa se refieren a este mundo con la hermosa expresión *Nâ-kojâ-Âbâd*, que significa "el país del no-dónde". Se trata de una región que incluye las ciudades místicas de Jâbalqâ, Jâbarsâ y Hûrqalyâ y que comienza en el lugar preciso en el que se abandona la IX Esfera, es decir la Esfera suprema que define toda orientación posible en nuestro mundo. En esa región, ubicada "entre la vigilia y el sueño" (Corbin 1983: 11), no hay dónde, porque la topografía es eminentemente imaginal. Para comprender el *mundus imaginalis* es preciso hacer referencia al esquema tripartito del universo que define a la concepción mística del Islam:

> Hay el mundo físico sensible, el cual engloba tanto nuestro mundo terrestre (gobernado por las almas humanas) cuanto el universo sideral (gobernado por las Almas de las Esferas); es el mundo sensible, el mundo del fenómeno (*molk*). Hay el mundo suprasensible del Alma o de los Ángeles-Alma, el *Malakût*, en el cual se encuentran las Ciudades místicas que venimos de nombrar [Corbin se refiere a Jâbalqâ, Jâbarsâ y Hûrqalyâ], y que comienza en la "superficie convexa de la IX Esfera". Hay el universo de las puras Inteligencias arcangélicas. A estos tres universos corresponden tres órganos de conocimiento: los sentidos, la imaginación, el intelecto, tríada a la cual corresponde la tríada de la antropología: cuerpo, alma, espíritu (1983: 15).

La expresión latina *mundus imaginalis*, de la cual se sirve Corbin para designar este reino intermedio entre lo sensible y lo inteligible, es el equivalente literal del árabe *'âlam almithâl* o *al-'âlam al mithâlî* y difiere por naturaleza del mundo imaginario en su acepción moderna o contemporánea. El órgano específico de este orden intermedio de realidad, por encima del mundo de los sentidos y por debajo del mundo inteligible, es la imaginación activa o imaginación verdadera (*imaginatio vera*). El *mundus imaginalis* está conformado por Imágenes-arquetipos o Imágenes-símbolos a las cuales se capta a través de la imaginación. En este sentido, la función esencial de la imaginación activa o verdadera, tal como la entiende Corbin en la línea de los teósofos árabes y persas, es la de mediar entre lo sensible y lo inteligible, es decir reunir o juntar —sin necesariamente confundir— estos dos órdenes a fin de que sea posible su relación. Dicho de otro modo: la imaginación activa o verdadera es una imaginación simbólica:

La Imaginación activa es el *espejo* por excelencia, el lugar epifánico de las Imágenes del mundo arquetípico; es por esto que la teoría del *mundus imaginalis* es solidaria de una teoría del conocimiento imaginativo y de la función imaginativa. Función verdaderamente central, mediadora, en razón de la posición intermedia, intersticial, del *mundus imaginalis*. Es una función que permite a todos los universos *simbolizar unos con los otros [symboliser les uns avec les autres]* (1983: 18-19; las cursivas son de Corbin).

La imaginación activa o imaginación simbólica es una facultad espiritual pura, independiente del organismo físico y por ende de los sentidos. En razón de esta independencia, la imaginación puede subsistir una vez que el cuerpo perece. Por otro lado, se trata de una facultad que proporciona un conocimiento verdadero, propio de su naturaleza simbólica, es decir intermediaria y mediadora entre dos niveles de realidad. Dice Corbin: "La imaginación se encuentra así sólidamente anclada entre otras dos funciones cognitivas: su propio mundo *simboliza con [symbolise avec]* los mundos a los cuales corresponden respectivamente las otras funciones (conocimiento sensible y conocimiento intelectivo)" (1983: 24).

Es interesante destacar que el mundo imaginal de los místicos islámicos, según explica Corbin, supone una historia y una geografía propias. "Es la historia del Malakūt, lo que nosotros llamaríamos historia imaginal, al igual que los países y los lugares de esta historia componen una geografía imaginal, la de la «Tierra celeste»" (1979: 13). Esta historia imaginal, diversa tanto de la historia de las ideas cuanto de la historia de las sensibilidades, no es por cierto mítica ni fabulosa; aunque tampoco es una historia en el sentido corriente del término. Se trata de una historia de acontecimientos reales, pero de una "realidad situada a otro nivel que el de los acontecimientos exteriores del mundo" (1979: 16). Para penetrar en la trama de esta historia, explica Corbin, "es preciso abandonar el tiempo homogéneo de la cronología y entrar en el tiempo cualitativo que es la historia del alma" (1979: 24). La temporalidad del *mundus imaginalis*, al cual Corbin considera un "mundo pluridimensional" (1979: 25), se asemeja a una progresión armónica que procede por saltos cualitativos. Al igual que el tiempo, la geografía propia del *mundus imaginalis* remite también a una topología heterogénea. No se trata de la mera extensión geométrica, de un "espacio homogéneo y cuantitativo, sino de la estructura típica de un espacio cualitativo" (1979: 43). Sólo la imaginación puede recorrer esta *geographia imaginalis*. Las regiones o los lugares imaginales no se organizan en función de coordenadas geométricas preestablecidas, sino en razón de su cualificación intrínseca. Por eso los esquemas propios de la topografía material positivista resultan estériles para dar cuenta de esta geografía cualitativa. No se trata ya, en rigor de verdad, de una geografía en su sentido habitual, sino más bien, para utilizar la expresión de Corbin, de una "psico-geografía" (1979: 49) o de una trans-espacialidad. Y así como no se trata de una topografía positivista, tampoco se trata de una historia cronológica. Ambas dimensiones, la temporal y la topológica, en su aspecto cualitativo e intensivo, constituyen la historia imaginal, también llamada por Corbin "hiero-historia" (1979: 55).

Ahora bien, el punto que nos interesa recuperar de todas estas interesantísimas elucubraciones de Corbin es la función eminentemente simbólica que caracteriza a la imaginación. No es causal que James Hillman, en una línea cercana a Jung y al propio Corbin, haya retomado una concepción similar de la imaginación y la haya identificado con la noción misma de *psyche*:

> ...por «alma» entiendo la posibilidad imaginativa [*the imaginative possibility*] en nuestras naturalezas, la capacidad de experimentar a través de la especulación reflexiva, del soñar, de la imagen y de la fantasía –ese modo que reconoce a todas las realidades primariamente simbólicas o metafóricas [*symbolic or metaphorical*] (1975: x).

De más está decir que el SMG desplaza la categoría de imaginación de un registro psicológico o antropológico a un registro ontológico. Quien imagina, como explicamos en el apartado 5 del Libro Θ y también en el apartado 2 del presente Libro, no es *Homo*, sino el Ser. La metanfetafísica no dice *Homo symbolicus*, sino *Ens symbolicus*. Por eso la función simbólica de la imaginación no concierne meramente a una facultad de la psicología humana, sino al modo en que el Ser se da y aparece. Es el Ser el que funciona simbólicamente. Y funcionar simbólicamente quiere decir aquí suturar –en realidad, *intentar* suturar– los fragmentos del Espejo. Suturar el Espejo, para el Ser, es suturarse. La rotura del Espejo excita el deseo de sutura. En efecto, ¿qué otra cosa es simbolizar sino suturar (*réunir, rassembler, relier*, según Alleau) dos órdenes diversos de realidad? Pero para que ese deseo (de sutura, de simbolización) pueda advenir, es preciso que el Espejo se haya roto; es preciso, pues, que el símbolo esté precedido por una fractura y una escisión, que en el rostro del *symbolos* se insinúe ya, amenazante y perversa, la máscara del *diabolos*. La metanfetafísica no sólo dice *Ens symbolicus* en lugar de *Homo symbolicus*; dice también *Ens diabolicus*.

La rotura del Espejo, entonces, despierta el deseo de simbolización. Y justamente por eso, el deseo presupone las hendiduras y los intersticios que se insinúan entre los trozos del cristal espejado. El Ser no puede olvidar estas hendiduras que no se dan, que le resultan inasimilables a su régimen de mostración. Ningún símbolo es capaz de suturar todos los jirones especulares. La operación simbólica se ve por eso acosada por la operación contraria: la disyunción, la laceración, la separación. No se trata entonces del *symbolos*, cuyo esfuerzo consiste precisamente en ligar o reunir, sino del *diabolos*: la fuerza dehiscente, separadora, disyuntiva. No es casual que Alleau, en *La science des symboles*, explique que el término *symbola* designaba el lugar (*ciborium* o *pyxide*) donde se conservaban las hostias consagradas y que cite además un fallo del Parlamento de Paris de 1354 en el cual se menciona a aquellos que "por un «impulso diabólico», *instinctu diabolico*, han perforado el «símbolo» [*perforé le symbole*] en el cual había sido ubicado el cuerpo de Cristo" (1977: 32). De hecho, Alleau recuerda también que *symbolum* se utilizaba para designar los artículos de la fe católica. En este sentido, "«violar el símbolo», *Symbolum violare*, es «pecar»" (1977: 32).

A la luz de estas disquisiciones etimológicas y filológicas, resulta posible postular, junto a la *imaginación simbólica* o, mejor aún, junto a la función *simbólica* de la imaginación que consiste en religar o reunir elementos que se encuentran separados, una *imaginación diabólica* o, también, una función *diabólica* de la imaginación que consiste en separar o desunir elementos que se encuentran unidos. Para comprender correctamente esta polaridad de fuerzas onto-fenomenológicas puede ser oportuno recurrir nuevamente a la filología y considerar las dos preposiciones de la lengua griega, *syn* y *dia*, que funcionan como prefijos de los términos *sym-bolos* y *dia-bolos* respectivamente, los cuales dan lugar a las dos formas de la imaginación y también, puesto que la imaginación concierne a la ontología, a las dos facetas del Ser. En efecto, *syn* y *dia* son las dos caras del Ser, su doble movimiento de sutura y de laceración, su costura y su herida. La cara simbólica del Ser tiende a la fusión; la cara diabólica, a la fisión. Desde esta perspectiva, el Ser en general, el Ser *en tanto* imaginación, se define por una f(u/i)sión esencial. La imaginación, como el Ser, es f(u/i)sional, a la vez simbólica y diabólica.

De las dos preposiciones, *dia* es sin duda la más enigmática. Françoise Dastur, en un texto dedicado a la noción de *différence*, ha examinado el verbo griego *diaphero*, del cual proviene el latino *differo*, el español *diferencia*, el alemán *Differenz*, etc., y ha explicado la particularidad de la preposición *dia* con mucha claridad:

> La preposición *dia* marca en griego la idea de separación, de división, de dispersión, y se la traduce entonces por "a través"; pero también la de prolongación, de duración, y se la traduce entonces por "a lo largo de", "durante"; y finalmente por extensión la idea de intermediario o de agente, y se la traduce entonces por "por medio de". Proviene de esta raíz indoeuropea que expresa la dualidad (*dis* en griego, *duo* en latín) (2004: 23-24).

Esta contraposición entre el *symbolos* y el *diabolos* es importante porque permite explicar de qué manera el Caos se da y aparece como reacción al Límite. Ahora bien, si la imaginación diabólica es la que permite experimentar el Límite que separa la ontología de la extra-ontología, la imaginación simbólica es la que permite explicar la reacción (fóbico-fenomenológica) a tal experiencia, es decir el modo en el que el Caos se da y acontece. Por eso la función del *symbolos* es siempre suturar la escisión que nos enfrentaría al Límite o, más bien, cauterizar la herida que se produjo el Caos al romperse la cabeza contra el Límite, mientras que la función del *diabolos* es lacerar el tejido de S«-»N y abrir la herida por la cual S«-»N se abisma en lo Alien. En este sentido, los prefijos *syn* y *dia* constituyen las dos modalidades de la ontología fenomenológica: la preposición *syn*, que indica conjunción, conexión –y, para el SMG, sutura–; y la proposición *dia*, que indica separación, disyunción –y, para el SMG, herida–. Si la imaginación simbólica explica la manifestación y la aparición del Ser, su darse originario y su eclosión, la imaginación diabólica explica más bien la apertura del Ser a sus zonas de inapariencia y de impresencia. La imaginación diabólica lleva al Ser a su propio límite, lo sumerge en las hendiduras que se insinúan entre los fragmentos espejados y que lo abren a un horizonte *Otro*. En efecto, si la ontología equivale a la fenomenología, entonces aquello que no aparece, que no se hace nunca presente, aquello que no se da porque pertenece a un dominio completamente ajeno al fenomenológico, incluso al de la fenomenología de lo inaparente que siempre mantiene una cierta forma de subjetividad (si bien en un grado mínimo) y permanece por eso dentro de los límites fijados por Husserl, aquello que no se da, decíamos, constituye un Otro que Ser. Pero ese Otro, en la medida en que acecha al Ser a través de la imaginación diabólica, en la medida en que lo interrumpe y asedia, no es un Otro absoluto sino *relativo*. Reservamos el término Alien para designar estas múltiples dimensiones que, si bien no pertenecen a la ontología, disgregan y desmultiplican al Ser. De tal manera que el término Alien designa un Otro *relativo* al Ser, mientras que X designa un Otro *absoluto*. Lo Alien se encuentra de este lado del Límite o, más bien, en la cara interior del Límite; X, del otro lado. ¿Qué es lo Alien? Es el Horizonte que abarca, sin totalizar ni reducir ni homogeneizar, las zonas irreflexivas del Límite, las manchas negras del Espejo que asoman entre las hendiduras de los fragmentos refulgentes. Lo cual no quiere decir que el Límite deje pasar la visión del Ser hacia el otro lado. Las zonas de opacidad, al igual que los fragmentos espejados, son infranqueables: estos, porque devuelven la mirada y permiten que el Ser se revele; aquellas, porque la detienen sin revelar nada. En ambos casos, la mirada del Ser no puede ir más allá del Límite. Los trozos reflexivos dan lugar a la ontología fenomenológica, a la aparición del Ser y al Ser como aparición, al *phainesthai = einai*. En cambio, las franjas de opacidad que se insinúan entre los fragmentos del Espejo (roto, volvemos a repetir) dan lugar a lo que no aparece y por lo tanto no pertenece al Ser, pero que así y todo lo acecha y destartala. ¿De qué modo? A través de la imaginación diabólica. A diferencia de la imaginación simbólica, que intenta suturar las hendiduras y transformar los fragmentos en una sola superficie reflexiva, la imaginación diabólica le recuerda al Ser las zonas de opacidad que acechan en las hendiduras, el hecho de que el Espejo está roto y que toda *reductio ad unum* es imposible. La imaginación diabólica pertenece al Ser, pero como su límite, como aquello que lo abre a lo Alien, como si este le dijera a aquel: *"condamno te ad vitam diaboli vitae"* (Nietzsche *KSA* 13: 647).. La imaginación diabólica es el umbral de la ontología: le recuerda al Ser que toda imagen está atravesada por una fractura constitutiva, que todo *eikon* es un *eidolon* suturado, un reflejo cauterizador, una cicatriz destinada, más tarde o más temprano, a reabrirse. La herida es la *arche* (inevitable) de la ontología; la cicatriz, su *telos* (imposible). La *arche*: el horror del choque con el Límite provoca en el Ser la proyección fantasmática de X cuyo efecto es la fragmentación –y no la disolución– del lado interno del propio Límite. En el inicio de la fenomenología está la herida del Espejo, su irremediable segmentación. El *telos*: el fin que persigue el Ser en su darse, el motivo por el cual se da, lo que activa su pulsión por aparecer y manifestarse, es la reparación del Espejo, la conjunción simbólica o el encastre de los fragmentos. ¿Para qué? Para acceder a un único reflejo que lo muestre en todos sus aspectos, sin distorsiones ni opacidades, sin desproporciones ni manchas. El Ser quisiera cicatrizar los trozos espejados para reflejarse como Uno, como Todo.

La teología occidental, en particular la que concierne a las así llamadas religiones del Libro, ha tendido a identificar a Dios con el Ser y/o con lo Uno y a la creación con lo múltiple. A la vez, ha identificado al Diablo con la figura del Ángel apóstata que se esfuerza por romper el lazo entre Dios y los hombres. En este sentido, la operación propia del Diablo, consecuente con el sentido del *dia-ballo*, es la de *separar* al Padre de sus criaturas. Lo que Dios ha unido, y que no debe ser desunido por el hombre, según amonesta Mateo en su Evangelio (19:6), puede ser desunido por el Diablo. El *diaballo*, así, es el horror de la *religio*. Se comprenderá entonces que la imaginación diabólica lleva al Ser a su Límite, lo abre a *su* Otro, concretamente a las zonas de opacidad que constituyen las diversas regiones de lo Alien. La imaginación diabólica es la fractura "por medio de la cual" (*dia*) lo Alien ingresa en el Ser a fin de disgregarlo y pulverizarlo. Por eso la operación específica del *dia-bolos* es la escisión o la dehiscencia y no, como la del *sym-bolos*, la costura o la sutura. En este sentido, Mónica B. Cragnolini ha explicado una de las acepciones antiguas del *symbolos* y a la vez la operación contraria del *diabolos* con gran lucidez:

> Si el *sym-bolos* era la unión de las dos partes de la moneda a partir de las cuales se re-conocían los portadores de las mismas (y desde allí podían tejer una historia), el *dia-bolos* ha de ser justamente el camino inverso: la separación después de la unión, la ruptura de la significación, la historia des-tejida, la falta de re-conocimiento, el des-conocimiento, la falta del sentido, la locura, la pérdida de la identidad (1996: 195).

Este pasaje es altamente destacable y oportuno. Sólo agregaríamos que para el SMG el *symbolos*, la operación conjuntiva, descansa sobre la disyunción del *diabolos* y, por tanto, a diferencia de lo que afirma Mónica, se trata más de una "unión después de la separación" que de una "separación después de la unión". En nuestro caso, la ruptura es condición de posibilidad (y de imposibilidad) de la manifestación del Ser. La contraposición entre el *symbolos* y el *diabolos* pone también de manifiesto el nexo que existe entre la imaginación y el lenguaje. Esto es así porque, como ha notado Giorgio Agamben en *Stanze. La parola e il fantasma nella cultura occidentale*, este doble movimiento, a la vez de conjunción y de disyunción, caracteriza a la noción de signo lingüístico en cuanto tal:

     METANFETAFÍSICA. Ensayo de sobredosis ontológica

En cuanto que en el signo está implícita la dualidad del manifestante y de la cosa manifestada, es en efecto una cosa fragmentada y doble, pero en cuanto que esa dualidad se manifiesta en el único signo, éste es por el contrario una cosa conjunta y unida. Lo *simbólico*, el acto de reconocimiento que reúne lo que está dividido, es también lo *diabólico* que continuamente transgrede y denuncia la verdad de ese conocimiento (1979: 160; las cursivas son de Agamben).

Esta observación de Agamben abre el camino para una investigación acerca de la función disyuntiva (*dia-bólica*) de la imaginación y su relación esencial con la literatura. Esta relación podría formularse a partir de una analogía: la operación simbólica es al uso corriente del lenguaje lo que la operación diabólica es al uso literario. Si aquella intenta asegurar la relación (arbitraria, sin duda) entre el significante y el significado, esta intenta opacarla y volverla extraña. Aquí se inscribe toda la cuestión de la *otra* Noche, del Afuera, de lo Neutro y del Desastre que designan, para Maurice Blanchot, lo propio de la escritura literaria, según hemos constatado en el Libro H.

Por otro lado, la proposición *dia* solicitaría también redefefinir términos tradicionales tales como *dia-cronía*, que pasaría a significar tiempo fracturado o disyunto, o *dia-noia*, que haría referencia a esa misma escisión pero respecto al pensamiento. Lo mismo sucedería con la proposición *syn* y con términos tales como *sin-cronía* o lo que podríamos llamar *sin-noia*, ambos con el sentido de suturar o reunir, ya sea el tiempo, ya sea el pensamiento. Estos términos, y muchos otros no considerados aquí, encontrarían en la imaginación diabólica y en la imaginación simbólica respectivamente su condición de posibilidad. Por supuesto que no es este el lugar para embarcarnos en tal empresa de nomenclación y redefinición, pero sugerimos esta posibilidad porque se trata de una vía abierta de investigación, subsidiaria del SMG, que sería interesante proseguir en otro momento.

(6)

La imaginación, entonces, es una potencia anfibológica, f(u/i)sional, es decir susceptible de dos funcionamientos (simbólico/icónico y diabólico/fantasmático), cada uno de los cuales se corresponde a la vez con un tipo de imagen en particular: el *symbolos* con el *eikon* y el *diabolos* con el *eidolon* o *phantasma*. En un artículo muy valioso, Suzanne Saïd no sólo ha demostrado la "oposición entre dos definiciones de la imagen: el *eidolon*, que es un simulacro [recuérdese que *simulacrum* es una de las traducciones latinas más habituales del *phantasma* o del *eidolon* griegos], y el *eikon*, que es un símbolo" (1987: 322), sino que ha basado esa oposición en un análisis etimológico:

> Si las dos palabras se han formado a partir de una misma raíz *wei-*, sólo *eidolon* revela por su origen la esfera de lo visible, pues está formado sobre un tema *weid-* que expresa la idea de ver (este tema, que ha dado el latino *video*, se encuentra en griego en el verbo *idein* 'ver' y en el nombre *eidos* que se aplica primero a la apariencia visible). El *eikon*, en cambio, al igual que los verbos *eisko* o *eikazo* 'asemejar' o del adjetivo *eikelos* 'semejante', remite a un tema *weik-* que indica una relación de adecuación o de conveniencia (1987: 310).

Tenemos aquí los dos temas, *weik-* y *weid-*, que darán lugar a dos tipos de imágenes y, más allá, a las dos formas de la imaginación que definen a la ontología fenomenológica del SMG. El tema *weik-*, que abrirá el campo semántico y operativo de la imaginación simbólica (a la cual se la podría llamar *eikasia* para respetar su relación esencial con el *eikon*), y el tema *weid-*, que abrirá el campo semántico y operativo de la imaginación diabólica (a la cual se la podría llamar *phantasia* para respetar su relación esencial con el *phantasma*). Esto requeriría por supuesto utilizar ambos términos, *eikasia* y *phantasia*, en un sentido técnico muy preciso que no necesariamente coincide con el sentido que le han dado los más diversos autores a lo largo de la historia filosófica. La *eikasia*, por ejemplo, si bien desde nuestra perspectiva guarda una relación con el uso del término que hace Platón en la analogía de la línea y la alegoría de la caverna de *República*, no es su equivalente exacto. Lo mismo se aplica al término *phantasia* y al sentido que posee por ejemplo en Aristóteles. Como sea, lo cierto es que los temas *weik-* y *weid-* son propios de la imaginación simbólica y de la imaginación diabólica respectivamente. *Weik-*, así, se corresponde con *syn*, y *weid-* se corresponde con *dia*. El artículo de Saïd, además, es interesante porque señala el origen común de ambos temas: *wei-*. Se comprenderá entonces que si *weik-* y *weid-* corresponden a las dos formas de imaginación que explican el aparecer del Ser, el Ser como aparecer, como *physis* y *phainesthai*, entonces *wei-* corresponde al Caos. El tema *wei-* es la versión etimológica del Caos pre-ontológico. ¿Qué es el Acontecimiento o la Singularidad? Es el instante en el que *wei-*, horrorizado por la determinación del Límite, se desdobla en *weik-* y *weid-*, es decir se ontologiza, aparece, imagina. *Wei-* se rompe la frente contra el Espejo, que también se fragmenta, y comienza a reflejarse: su lote reflexivo será *weik-* y su impulso será simbólico; pero *weik-* requerirá, para poder efectuar su operación conjuntiva, que una fractura se abra en su seno, requerirá experimentar la ruptura del Espejo y las zonas opacas que no se dan (lo Alien), requerirá, pues, de *weid-*, de la fuerza diabólica. *Wei-* proyecta fóbicamente a X al chocarse con el Límite y esa proyección lo parte en dos: *weik-* y *weid-*, el *eikon* y el *eidolon*, el *symbolos* y el *diabolos*.

En un ensayo muy interesante, Emmanuel Alloa propone una escueta arqueología de una ciencia olvidada por la tradición filosófica que, a diferencia de la más célebre iconología que estudiaría al *eikon*, tendría por objeto el estudio del *eidolon*. Esta enigmática ciencia llevaría por nombre idolología (*idolologie*): "en el seno de la historia occidental se pueden rastrear los vestigios de una disciplina que, aunque nunca ha conseguido su consolidación institucional, tuvo por objeto la lógica interna del ídolo: la idolología" (2020: 108). El SMG se propone recordar esta "ciencia olvidada" y darle el estatuto que se merece al interior de la ontología fenomenológica de la imaginación. La idolología es la disciplina que, junto a la iconología, explican el darse fenomenológico del Ser. Si el tema *wei-*, el Caos, se desdobla en *weik-* y *weid-*, entonces la iconología (que estudia el *eikon*) y la idolología (que estudia el *eidolon*) son las dos ciencias que explican ese desdoblamiento. Y si *weik-* se corresponde con el *symbolos* y *weid-* con el *diabolos*, entonces la simbología es una iconología y la diabología es una idolología. La ontología fenomenológica de la imaginación solicita una ciencia del *symbolos*, una simbología o iconología, y una ciencia del *diabolos*, una diabología o idolología. Pero, además, si todo *eikon*, como dijimos en el apartado previo, es un *eidolon* precariamente suturado, entonces "toda ciencia de las imágenes es ella misma tributaria de una ciencia de los ídolos" (Alloa 2020: 113). Sólo porque el Ser se da primero como *eidolon*, como imagen fracturada, como herida que remite a la fractura del Espejo y de la cabeza del Caos, la ontología no se totaliza y se cierra sobre sí. No sorprende en este sentido que la tradición metafísica, siempre preocupada por rehabilitar al Ser de toda posible sobredosis, haya condenado con tanto ahínco, desde Platón a Nietzsche, de Tertuliano a Francis Bacon entre muchos otros, a la idolología. Lo que está en juego en el *eidolon* es una alteridad perturbadora respecto al Ser. El *eidolon* es el vestigio de la sobredosis, la huella de lo que acecha al Ser y lo enloquece. El *eidolon* conserva la marca de la herida del Ser. Marca no significa cicatriz, porque la herida sigue abierta; y es justamente esa apertura lo que el *eidolon* custodia celosamente. Pero si esto es así, y si toda imagen, *eikon* incluido, es un *eidolon* travestido y camuflado, entonces toda imagen lleva en su propio centro la herida que abre al Ser a su Otro (lo Alien). En efecto, lo propio del *eidolon* es poner en crisis al Ser. Por esta razón, Alloa puede decir que incluso en un pensador como Heidegger la figura del *eidolon*, en la medida en que pone en cuestión el sentido mismo del Ser, sigue siendo una amenaza: "el ídolo, en su carácter irreductiblemente económico, pone en crisis el proyecto de una ciencia del ser como ciencia del sentido" (2020: 115). La historia de la metafísica –Heidegger incluido, curiosamente– no sería más que el intento de reemplazar la idolología por la iconología. El problema no fue que la metafísica, la onto-teología, olvidara al Ser, sino que olvidara al *eidolon* para asegurar al Ser. La ontología fenomenológica de la imaginación se propone, por el contrario, recordarlo y resucitar la ciencia que, de manera velada y subrepticia, ha intentado estudiarlo a lo largo de la tradición filosó-fica: la idolología. No sería aventurado sostener, desde esta perspectiva, que la ontología fenomenológica de la imaginación es una ontología idolológica, claro que oculta detrás de una pátina iconológica. Como sea, el movimiento de sutura propio del *eikon* no se entiende si no se lo remite al movimiento de disyunción que el *eidolon* efectúa y hace proliferar. Si todas las cosas son imágenes o fenómenos para el SMG, y si toda imagen, en última instancia, es un *eidolon*, entonces todas las cosas están fracturadas, todo está dislocado respecto a sí mismo. Todo está roto. El Ser está roto.

(7)

¿Qué significa que el Caos se determina? ¿Cómo se pasa de una caología a una cosmología, de una pre-ontología a una ontología? ¿Y por qué ese pasaje, así como los elementos implicados, concierne a la imaginación? Para respon-der a estos interrogantes proponemos establecer una analogía con un texto temprano de Gilles Deleuze que, *prima facie*, puede resultar desconcertante. Nos referimos a *Empirisme et subjectivité*, la monografía dedicada al pensa-miento de David Hume. Deleuze dice allí que "el empirismo esencialmente no plantea el problema de un origen del espíritu, sino el problema de una constitución del sujeto" (1959: 15). Hume postula la identidad del espíritu, de la imaginación y de la idea. El espíritu es dado. En sí mismo, no es un sis-tema, sino un flujo de percepciones, una colección de ideas que no difiere de esa misma colección, de ese mismo flujo. El espíritu no es una suerte de recipiente o de substancia que albergaría o produciría las diversas percep-ciones, sino el mero conjunto de percepciones, las percepciones y nada más, la colección de ideas y nada más. Y esta colección de ideas, explica Deleuze, se llama también imaginación:

> La colección de ideas se llama imaginación, en la medida en que ésta designa, no una facultad, sino un conjunto, el conjunto de las cosas, en el sentido más vago del término, que son lo que ellas parecen: colección sin álbum, pieza sin teatro o flujo de percepciones. [...] El lugar no es diferente de lo que pasa allí, la representación no es en un sujeto. Precisamente, la pregunta puede ser también: ¿cómo el espíritu deviene un sujeto? ¿cómo la imaginación deviene una facultad? (1959: 3).

Ahora bien, la imaginación no es una facultad de formar ideas. Las ideas le son dadas, pero no son producidas *por* la imaginación, sino *en* la imaginación. Por eso Deleuze puede decir que la imaginación no es un agente o una determinación determinante, sino "un lugar que es preciso localizar, fijar, es un determinable" (1959: 3). Lo cual no significa que la imaginación carezca de una actividad propia, sólo que dicha actividad no posee constancia ni uniformidad, razón por la cual Deleuze la califica de "fantasiosa y delirante" (1959: 4). En efecto, considerada en sí misma, es decir sin la constancia y la uniformidad que le garantizan los principios de asociación, la imaginación es fantasía: "movimiento que recorre el universo, engendrando dragones de fuego, caballos alados, gigantes monstruosos" (1959: 4). ¿Qué quiere decir esto? Quiere decir que la imaginación, fuera de las leyes de asociación, es un delirio, *el delirio mismo*, la plena indiferencia. De allí la pregunta de Deleuze: ¿cómo la imaginación deviene una naturaleza humana? Es decir, ¿cómo se organiza el flujo de percepciones? ¿Cómo esa colección de ideas encuentra su constancia y su uniformidad? Para que tal cosa sea posible se requiere de la acción de los principios de asociación. Sólo los principios, que no provienen de la imaginación sino que la determinan desde afuera, pueden garantizar que el delirio se organice, que el caos se ordene.

> Por sí misma, la imaginación no es una naturaleza, sino una fantasía. La constancia y la uniformidad no están en las ideas que yo tengo. Tampoco en la manera en que las ideas son ligadas por la imaginación: esta ligazón se hace al azar. La generalidad de la idea no es un carácter de la idea, no pertenece a la imaginación: es un rol que toda idea puede desempeñar, bajo la influencia de otros principios, no la naturaleza de una especie de ideas (1959: 4).

Toda la cuestión gira entonces alrededor de estos principios asociativos que Hume, como se sabe, reduce a tres: semejanza, causalidad y contigüidad. El punto crucial es que estos principios son diversos de la imaginación, no provienen de ella, sino que la afectan, la organizan, le dan consistencia. Deleuze es muy claro al respecto: "La asociación [...] supera a la imaginación, es algo diverso a ella. La afecta. Encuentra en la imaginación su término y su objeto, no su origen" (1959: 4). Si uno lee el texto de Hume puede llegar a creer que las leyes de asociación son un producto de la imaginación y le pertenecen intrínsecamente. Sin embargo, Deleuze aclara en muchas oportunidades que la asociación responde efectivamente a leyes de la imaginación pero que no son su producto. La imaginación no es una suerte de sujeto o agente productor de principios asociativos. Al contrario, los principios afectan a la imaginación:

> La asociación es una regla de la imaginación, no un producto suyo, una manifestación de su libre ejercicio. Ella la guía, la vuelve uniforme y la constriñe. En este sentido, las ideas son ligadas en el espíritu, no por él. La naturaleza humana es la imaginación, pero que otros principios han vuelto constante, han fijado (1959: 5).

De lo que trata finalmente el empirismo de Hume, según la óptica de Deleuze, es de explicar cómo el delirio de la fantasía adquiere constancia y uniformidad, cómo los caballos pierden sus alas y los dragones dejan de escupir fuego y se conviertan en meros reptiles. Deleuze formula este problema a partir de cuatro preguntas que no dejan de retornar a lo largo de su texto con acentos diversos:

1) ¿Cómo el espíritu se convierte en un sujeto?
2) ¿Cómo la imaginación se convierte en una naturaleza humana?
3) ¿Cómo una colección de ideas se convierte en un sistema?
4) ¿Cómo la imaginación se convierte en una facultad?

Todas estas preguntas apuntan a lo mismo: ¿cómo el delirio se vuelve consistente? Esta cuestión atraviesa toda la obra de Deleuze, desde este primer ensayo monográfico a *Qu'est-ce que la philosophie?*. En efecto, resulta curioso constatar cómo estas ideas reaparecen, casi en los mismos términos, en el libro de 1991 junto a Guattari, como si el *alpha* y el *omega* terminaran coincidiendo:

> Sólo pedimos un poco de orden para protegernos del caos. [...] Sólo pedimos que nuestras ideas se concatenen de acuerdo con un mínimo de reglas constantes, y jamás la asociación de ideas ha tenido otro sentido, facilitarnos estas reglas protectoras, similitud, contigüidad, causalidad, que nos permiten poner un poco de orden en las ideas, pasar de una a otra de acuerdo con un orden del espacio y del tiempo, que impida a nuestra "fantasía" (el delirio, la locura)

recorrer el universo en un instante para engendrar de él caballos alados y dragones de fuego (1991: 189).

Ahora bien, ¿de qué nos sirven estas reflexiones de Deleuze sobre el empirismo de Hume para nuestro Sistema mentanfetafísico? Nos sirven y mucho. Pero para poder avanzar hacia una posible respuesta es preciso establecer primeramente una serie de analogías. La fantasía es análoga al Caos y se define como el movimiento que recorre el universo a velocidad infinita, sin constancia ni uniformidad. Nada permanece estable en ese torbellino, todo se diluye apenas formarse. Es el delirio: "El fondo del espíritu es delirio o, lo que quiere decir lo mismo desde otro punto de vista, azar, indiferencia" (1959: 4). (Y recuérdese que Deleuze y Guattari se referían al Caos en *Qu'est-ce que la philosophie?* como un *abîme indifférencié*, según vimos en el apartado 10 del Libro K). La imaginación, librada a sí misma, es una colección de elementos dispersos y dispares sin relación ni orden, es decir: fantasía, Caos. El punto crucial es cómo este delirio va a organizarse, cómo el Caos va a ordenarse o, también, cómo el espíritu se va a convertir en un sujeto o en un sistema. La respuesta que da Deleuze es sintomática: tal cosa va a suceder gracias a las leyes de asociación. Estas leyes se dicen, en el SMG, Límite. Así como las leyes le brindan a la fantasía consistencia y uniformidad permitiéndole devenir sistema, asimismo el Límite determina al Caos permitiéndole devenir S«-»N, es decir aparecer y manifestarse. En suma, la serie de analogías, en su máxima simpleza, es la siguiente:

Fantasía = Caos
Imaginación = S«-»N
Principios de Asociación = Límite

De este modo, resulta posible parafrasear varias de las proposiciones del texto que Deleuze le dedica a Hume conservando su sentido de fondo, aunque dándole, por cierto, un carácter ontológico y no antropológico. Por ejemplo, allí donde Deleuze dice: "La naturaleza humana es la imaginación, pero que otros principios han vuelto constante, han fijado"; el SMG reformula: "El Ser es el Caos, pero que el Límite ha vuelto constante, ha fijado". Allí donde Deleuze dice: "La asociación [...] supera a la imaginación, es algo diverso a ella. La afecta. Encuentra en la imaginación su término y su objeto, no su origen"; el SMG reformula: "El Límite [...] supera al Caos, es algo diverso a él. Lo afecta. Encuentra en el Caos su término y su objeto, no su origen". Allí donde Deleuze dice: "Por sí misma, la imaginación no es una naturaleza, sino una fantasía"; el SMG reformula: "Por sí mismo, S«-»N no es una naturaleza, sino Caos". Allí donde Deleuze se pregunta: "¿cómo el espíritu se convierte en un sujeto?"; el SMG reformula: "¿cómo el Caos se convierte en S«-»N?". Allí donde Deleuze dice: "el empirismo esencialmente no plantea el problema de un origen del espíritu, sino el problema de una constitución del sujeto"; el SMG reformula: "la metanfetafísica esencialmente no plantea el problema de un origen del Caos, sino el problema de la constitución de S«-»N". Las paráfrasis podrían multiplicarse hasta el infinito. Sin embargo, es suficiente para que se comprenda la cuestión decisiva. La operación de determinación que realiza el Límite convierte al Caos en S«-»N, esto es: convierte a la fantasía, que en su delirio infinito es incapaz de imaginar (pues fantasear no coincide estrictamente con imaginar), en imaginación consistente. Lo cual significa que, gracias a la acción del Límite, el Caos puede comenzar a imaginar (a X, en primer lugar) y esa imaginación, ese proceso de manifestación propio del aparecer (la *physis* de los griegos), no es otra cosa que el Ser mismo, el Ser *en tanto* que aparece. El Límite logra que el Caos imagine, es decir que deje de ser Caos y se ordene. Sin embargo, el Ser conserva siempre las huellas del Caos. El Caos no es un estado que se supere y se deje atrás. El Caos es el mismo Ser *qua* inconsistente y evanescente. Habría que decir del Caos lo mismo que dice Gilbert Simondon, con su uso tan personal del punto y coma, del Ser pre-individual o, con más precisión, de la carga asociada de realidad pre-individual que toda individuación conserva:

> ...se puede suponer que la individuación no agota toda la realidad preindividual, y que un sistema de metaestabilidad no sólo es mantenido por el individuo, sino llevado por él, de tal manera que el individuo constituido transporta consigo una cierta carga asociada de realidad preindividual, animada por todos los potenciales que la caracterizan; una individuación es relativa como un cambio de estructura en un sistema físico; un cierto nivel de potencial permanece y son todavía posibles individuaciones. Esta naturaleza preindividual que resta asociada al individuo es una fuente de estados metatestables futuros de donde podrán surgir individuaciones nuevas (2013: 28).

Luego de la determinación –el Acontecimiento o la Singularidad, según la nomenclatura del SMG–, el Caos subsiste en el Ser como carga asociada de realidad pre-ontológica y pre-fenomenológica. En el fondo del Ser yace la velocidad infinita y la implacable indiferencia que el Límite logró estabilizar a fin de que algo pudiera aparecer y manifestarse. En última instancia, el esfuerzo simbólico del Ser por suturar la fragmentación especular y conquistar un único reflejo, un reflejo-Uno, encuentra en la indiferenciación del Caos su causa última. La pulsión de muerte del Ser se vale de su inclinación simbólica y lo empuja entonces a suturar toda herida, a rellenar –como se rellena una fisura con masilla– toda hendidura, a sincronizar todo desfasaje. Al final de todo este trabajo eminentemente simbólico yace la evanescencia blanca del Caos, el océano de inconsistencia, el delirio inaparente, el suicidio de toda luz. Curiosa ironía: detrás del *conatus* simbólico que conmina al Ser a aparecer y permanecer erguido, acecha o espera la indiferencia última: el declive de las formas en la Noche silenciosa. La pulsión de existencia del Ser es el rodeo que hace la muerte para cumplir su fin, literalmente. La vida es el atajo que toma la muerte para morir.

(8)

A diferencia del intelecto o entendimiento, la imaginación es una potencia eminentemente femenina. En este sentido, no es para nada fortuito que los modernos hayan llamado a esta facultad, con una fórmula deliberadamente patriarcal, la *folle du logis*, la loca de la casa. Importa subrayar por eso mismo que, si la imaginación determina el darse del Caos, entonces la ontología fenomenológica depende de la loca de la casa. Sorprendente descubrimiento: el Ser es una loca; varias locas, a decir verdad, puesto que la rotura del Espejo lo disgrega en millones de reflejos. La ontología fenomenológica de la imaginación: *el baile de las locas* (Copi).

Textos citados

Agamben, G. (1979). *Stanze. La parola e il fantasma nella cultura occidentale.* Torino: Einaudi

Alleau, René (1977). *La science des symboles.* Paris: Payot.

Alloa, Emmanuel (2020). "De la idolología. Heidegger y la arqueología de una ciencia". En: Emmanuel Alloa (ed.). *Pensar la imagen.* Trad. Ninoska Vera y Jorge Cáceres. Santiago de Chile: Metales Pesados, pp. 107-130.

Aristóteles (1978). *Acerca del alma.* Trad. Tomás Calvo Martínez. Madrid: Gredos.

Brann, Eva T. H. (1991). *The World of the Imagination: Sum and Substance.* Lanham: Rowman & Littleield Publishers.

Castoriadis, Cornelius (1975). *L'institution imaginaire de la société.* Paris: Éditions Du Seuil.

Corbin, Henry (1979). *Corps spirituel et terre céleste. De l'Iran Mazdéen à l'Iran Sh'ite.* Paris: Éditions Buchet/Chastel.

Corbin, Henry (1983). *Face de Dieu, Face de l'homme. Herméneutique et soufisme.* Paris: Flammarion.

Cragnolini, M. B. (1996). "Nietzsche-Huidobro-Aschenbach: azores fulminados por la altura". *Confines*, 3, pp. 185-198.

Dastur, Françoise (2004). *Philosophie et Différence.* Paris: Les Éditions de La Transparence.

Deleuze, Gilles (1959). *Empirisme et subjectivité. Essai sur la nature humaine selon Hume.* Paris: P.U.F.

Deleuze, Gilles y Guattari, Félix (1991). *Qu'est-ce que la philosophie?* Paris: Éditions de Minuit.

Derrida, Jacques (1993). *Spectres de Marx. L'État de la dette, le travail du deuil et la nouvelle Internationale.* Paris: Galilée.

Durand, Gilbert (1964). *L'Imagination symbolique.* Paris: P.U.F.

Gadamer, Hans-Georg. (2000). *Die Aktualität des Schönen. Kunst als Spiel, Symbol und Fest.* Stuttgart: Philipp Reclam jun. GmbH & Co.

Gasché, Rodolphe (2012). *Georges Bataille. Phenomenology and Phantasmatology.* Standford: Standford University Press.

Heidegger, Martin (1983). *Einführung in die Metaphysik.* En: *Gesamtausgabe 40.* Frankfurt am Main: Vittorio Klostermann.

Hillman, James (1975). *Re-Visioning Psychology.* New York: Harper & Row Publishers.

Nietzsche, F. (1999). *Nachgelassene Fragmente 1887-1889.* En: *Sämtliche Werke.* Kritische Studienausgabe, ed. G. Colli y M.Montinari, Band 13. Berlin - New York - München: W. de Gruytrer.

Saïd, Suzanne (1987). "Deux noms de l'image en grec ancien: idole et icône". *Comptes rendus des séances de l'Académie des Inscriptions et Belles-Lettres*, 131º année, N. 2, pp. 309-330.

Sallis, John (2012). *The Logic of Imagination. The Expanse of the Elemental.* Bloomington – Indianapolis: Indiana University Press.

Sartre, Jean-Paul (1940). *L'imaginaire. Psychologie phénoménologique de l'imagination.* Paris: Gallimard.

Sartre, Jean-Paul (1943). *L'être et le néant. Essai d'ontologie phénoménologique.* Paris: Gallimard.

Simondon, Gilbert (2013). *L'individuation à la lumière des notions de forme et d'information.* Grenoble: Éditions Jérôme Millon.

(1)

Vale la pena preguntarse si existe alguna huella del *Phobos* Primordial en lo que Maurice Halbwachs ha llamado *mémoire collective* o Aby Warburg *Mnemosyne*. ¿Es posible pensar que este Horror a (la proyección imaginaria de) X ha dejado algún tipo de vestigio o secuela en la Memoria histórica, ya sea ésta humana, animal, vegetal o mineral? Creemos que no sólo es posible formularse estas preguntas, sino también responderlas. Y para hacerlo es preciso adoptar un método analógico. Como hemos dicho, no hay experiencia directa de X, no podría haberla. X es una proyección fóbico-fantasmática. Sin embargo, esta proyección —el Gran Fantasma— encuentra su traducción a escala de lo viviente y, en nuestro caso, a escala humana, aunque se trata a decir verdad de un fenómeno cósmico-ontológico. En efecto, el SMG sostiene que esta huella fóbica o, para utilizar la expresión de Warburg, este "reflejo fóbico [*phobischen Reflex*]" atraviesa, y en cierto sentido fractura, la totalidad del cosmos. La tesis que quisiéramos sugerir es que este vestigio fóbico sobrevive en las pesadillas o, mejor aún, que las pesadillas son la experiencia más cercana que podemos tener, en tanto vivientes, del *Phobos* Primordial. Los sueños, como se sabe, acompañan a los seres vivos, sean humanos o no-humanos, a lo largo de todo su derrotero histórico. Y si es verdad, como sugiere Borges en una célebre conferencia dedicada a este asunto, que "el sueño es el género, la pesadilla la especie"[9], quisiéramos proponer que esta última, y no el sueño en general, designa la experiencia eminente del *Phobos*

---

9   Se puede acceder al audio de la conferencia en el siguiente link:
<https://archive.org/details/Borges-LasSieteNoches-1977/Borges02-Conf.LaPesadilla.mp3>.

fenomenogónico (véase Libro I). Cada vez que tenemos una pesadilla, independientemente del contenido onírico concreto, reactualizamos el Horror Primordial, el *Phobos* que dio lugar a la Cópula Primigenia y en consecuencia a que el Pre-Ser y la Pre-Nada se conviertan en S«-»N.

(2)

Según diversos estudiosos, en la mayoría de las lenguas la pesadilla haría referencia al origen extra-humano o extra-psíquico del fenómeno (el *ephialtes* griego, el *incubus* latino, el *Alp* alemán, etc.). Tal es así que, de acuerdo a Borges, el "horror de la pesadilla" se explicaría como una respuesta a la naturaleza demoníaca de la misma: "En todas ellas hay una idea [...] de origen demoníaco, la idea de un demonio que causa la pesadilla. Creo que no se trata simplemente de una superstición: creo que puede haber –y estoy hablando con toda ingenuidad y toda sinceridad–, algo verdadero en este concepto." Ahora bien, ¿cuál es este elemento verdadero que existe en la concepción demoníaca de la pesadilla?, ¿qué es lo que emparenta a la pesadilla con lo demoníaco y que sin embargo no se confunde con una mera superstición? La respuesta que da el SMG es que este "algo verdadero", íntimamente vinculado con lo demoníaco, no es sino el Horror generado en el Caos por el Límite. Para explicar esta tesis, resulta preciso introducir una distinción que nos parece fundamental: los *daimones*, los *eidola*, los *angeloi*, los *theoi*... en suma, todas aquellas entidades que han sido identificadas con las figuras o los fantasmas oníricos y que no pertenecen al dormir (*hypnos*) sino al soñar (*onar* o *enypnion*), designan las "encarnaciones" imaginales de S«-»N. Los *oneiroi*, en este sentido, son los "mil hijos [*natorum mille*]" (Ovidio, *Metamorfosis*, XI, 633-638) de la Cópula Primigenia, es decir los emisarios fantasmáticos del Devenir de S«-»N. En un texto que consideramos fundamental, Fabián Ludueña Romandini ha explicado que "el soñar conlleva una radical salida fuera de todo ámbito de lo interior para ingresar al Afuera cósmico cuya vía regia es el dominio onírico" (2016: 124). El soñar, por cierto, es la experiencia paradigmática del Afuera cósmico o del S«-»N extra-humano, lo que Warburg ha llamado, como dijimos en el apartado 1 del Libro I, *Monstrum*. Pero lo interesante del fenómeno de la pesadilla es que va aún más lejos que el Afuera ontológico poblado de entidades extra-humanas. La pesadilla es la experiencia, no ya de S«-»N, sino del Límite que mantiene S«-»N con X. Tener una pesadilla significa reactualizar el tiempo-sin-tiempo en el que el Pre-Ser devino Ser y la Pre-Nada devino Nada, es decir el frentazo del Caos con el Límite que provocó el advenimiento de S«-»N, el *Urtrauma* que dio lugar a la Cópula Primigenia. De tal manera que podrían distinguirse en el fenómeno onírico tres instancias íntimamente vinculadas pero irreductibles: 1) *Hypnos*: el dormir; 2) *Onar*: el soñar; 3) *Ephialtes*: la pesadilla. Wilhelm Heinrich Roscher, quien junto a E. Rohde y F. Nietzsche fundó un Club de filología en Leipzig, en su notable monografía *Ephialtes: Eine pathologisch-mythologische Abhandlung über die Alptraume und Alpdämonen des Klassischen Altertums*, indica la relación íntima entre estas tres instancias oníricas:

> No es preciso mencionar que el demonio de la pesadilla, actuando sólo durante el sueño o en el estado previo al sueño, o el demonio de la fiebre acompañado por sueños horribles e inquietantes (*epialos*, *Epiales*), deben haber mantenido una relación estrecha con *Hypnos* (y *Oneiros*) desde el comienzo (1900: 53).

Por el momento, concentrémonos en los términos *onar* y *ephialtes*. *Onar* es el dominio específico de las diversas entidades extra-humanas que constituyen el Afuera cósmico, pero siempre intra-ontológico. Soñar, en este sentido, es salir de lo humano y acceder a lo infra, supra o para-humano. *Onar* pertenece, pues, al reino ontológico –y no antropológico o subjetivo– de S«-»N. Pero la experiencia que nos interesa sobre todo, en función del Sistema metanfetafísico que intentamos elaborar en el presente libro, es la que designa el término *ephialtes*, que en griego antiguo significaba "el que salta", puesto que en tiempos pre-modernos se identificaba a la pesadilla con un demonio que saltaba sobre el cuerpo del durmiente y se sentaba sobre su pecho, tal como lo representa el célebre cuadro de Johann Heinrich Füssli, causándole una sensación de opresión y ansiedad.

(3)

La tesis que quisiéramos sugerir es que el término *ephialtes* no sólo designa, como conjetura Borges, un demonio, sino la experiencia del *Phobos* Primordial. Se comprenderá entonces que las pesadillas actualizan el Horror generado por el Límite que distingue S«-»N de X, es decir el *Phobos* provocado por la *ausencia de relación* entre la ontología y la extra-ontología absoluta. Si *onar* designa una salida de la interioridad humana y un acceso a S«-»N, *ephialtes* designa la experiencia que enfrenta a S«-»N con el Límite y lo sumerge, sin establecer por eso una relación o una transgresión de ese Límite, en la nebulosa fóbico-fantasmática de X. Si aquél es extra-humano, éste es extra-ontológico o, más bien, es el demonio que conduce a los vivientes al Límite que distingue lo ontológico de lo extra-ontológico. No es para nada intras-cendente que el filósofo y cirujano escocés Robert Macnish, retomando una idea presente en buena parte de la tradición antigua y medieval, haya iden-tificado a la pesadilla con un horror vinculado a la sofocación o a la dificultad respiratoria: "La pesadilla puede ser definida como un sueño doloroso acom-pañado de una dificultad respiratoria y de un torpor en la capacidad de voli-ción" (1834: 122). En efecto, en otro lugar (Prósperi 2018) hemos indicado la relación que existe para la metafísica occidental entre la respiración y el Ser en cuanto tal. Pero por eso mismo, en la medida en que el Ser se explica en términos de respiración, la suspensión de la respiración, la apnea, designa una interrupción en el *continuum* metafísico, una fractura en el tejido del Ser: la experiencia del Límite.

(4)

Ernest Jones, el neurólogo galés y biógrafo de S. Freud que también dedica, como Macnish, un estudio al fenómeno de la pesadilla, la define, en una clara perspectiva psicoanalítica, como "una forma de ataque de Ansiedad [*Angst* en el original] debido esencialmente a un intenso conflicto mental centrado en un componente reprimido de un instinto psico-sexual, vinculado al incesto" (1931: 54). La relación entre la pesadilla y la sexualidad, más allá del enfoque psicoanalítico de Jones y de Freud, resulta sin embargo pertinente porque concierne, desde una perspectiva metanfetafísica, a la reactualización del *Phobos* que dio lugar a la Cópula Primigenia y, en consecuencia, a S«-»N. La pesadilla y la sexualidad, por lo tanto, poseen un nexo indisociable, pero no ya por motivos familiares o edípicos, sino por motivos eminentemente meta-físicos y ontológicos. El *ephialtes* nos hace revivir el Horror que dio origen al Deseo entre el Ser y la Nada, Deseo que a su vez dio origen al Aparecer de S«-»N. El Fenómeno es la cara aparente del Deseo.

(5)

Uno de los aspectos más interesantes de la monografía de Jones, además de la revisión histórica del fenómeno de la pesadilla, es que le confiere tres características fundamentales: "1) miedo mortal; 2) sensación de opresión o peso en el pecho con alarmantes interferencias en la respiración; 3) convicción de parálisis e indefensión" (1931: 20). La sensación de opresión reactualiza lo que sintió el Caos en el instante de la de-terminación efectuada por el Límite, la falta de aire y la ansiedad que lo conminaron a manifestarse y aparecer.

Borges, por su parte, identifica a la pesadilla con una "obscena maravilla" cuyo "horror no es de este mundo". Pero leamos el poema "Efialtes":

> En el fondo del sueño están los sueños. Cada
> noche quiero perderme en las aguas obscuras
> que me lavan del día, pero bajo esas puras
> aguas que nos conceden la penúltima Nada
>
> late en la hora gris la obscena maravilla.
> Puede ser un espejo con mi rostro distinto,
> puede ser la creciente cárcel de un laberinto,
> puede ser un jardín. Siempre es la pesadilla.
>
> Su horror no es de este mundo. Algo que no se nombra
> me alcanza desde ayeres de mito y de neblina;
> la imagen detestada perdura en la retina
>
> e infama la vigilia como infamó la sombra.
> ¿Por qué brota de mí cuando el cuerpo reposa
> y el alma queda sola, esta insensata rosa? (Borges 1975: 141).

En el fondo de *hypnos* están los *oneiroi*. Dormir es sumergirse en las aguas que lavan del día y que nos conceden la penúltima Nada. La última, claro está, es la Muerte. Debajo de *hypnos* —y de los *oneiroi*, agregaríamos nosotros alejándonos de Borges— late la obscena maravilla: *ephialtes*. Su horror no pertenece a S«-»N, sino al Límite y más precisamente a la proyección de X, de lo que está más allá del Muro, por eso no puede ser nombrado pero igualmente nos alcanza, *como imagen o fantasma*, desde ayeres de mito y de neblina. Se trata de imágenes o fantasmas porque, como hemos visto, X o el más allá del Límite es una proyección imaginaria o fantasmática del Caos. Se comprende además que el signo X es una catacresis —término que Quintiliano traducirá en su *Institutio oratoria* como *abusus*—, al igual que Elohim, Yahvé, Adonai, etc., es decir un modo impropio e indirecto de designar algo que no puede ser nombrado. A diferencia del Dios bíblico, X no "es el que es" ni "es el que no es", así como tampoco "no es el que es" ni "no es el que no es". El lenguaje pareciera obligarnos a caer en una suerte de extra-ontología negativa o apofática. Pero no se trata de eso: X no responde ni a una naturaleza positiva ni a una naturaleza negativa por la sencilla razón de que no responde a una naturaleza, pero no porque se sitúe por encima de toda naturaleza, así como de toda afirmación y de toda negación, tal como sucede con el Dios del Pseudo-Dionisio o con lo Uno de Plotino, sino porque no se sitúa en absoluto, ni quisiera por encima. Que X no se sitúe significa que, al contrario de la tradición onto-teológica, no puede funcionar como Fundamento de lo Real. Es un Afuera radical del lenguaje y de todas las categorías de pensamiento, pero además es un Afuera del Dios de la onto-teología. Ni siquiera la Divinidad podría pensarlo.

(6)

El espanto generado por la pesadilla pareciera consistir, entre otras cosas, en un debilitamiento radical de la voluntad: somos incapaces de movernos, de gritar para pedir ayuda, de escapar de la amenaza, etc. En *The Philosophy of Sleep*, Macnish explica: "En general, durante un ataque, la persona tiene conciencia de una manifiesta inhabilidad para expresar su horror mediante gritos. Siente la voz como ahogada por una sofocación obstructiva, y que cualquier intento, fuera de un profundo suspiro o un gemido, es imposible" (1834: 126). El *Phobos* entonces consiste en esta imposibilidad de emitir gritos o palabras. La voz se corta o se ahoga antes de salir de la boca. Estamos en el tiempo-sin-tiempo del Pre-Ser y la Pre-Nada, es decir del Caos. Pero está a punto de producirse la Cópula Primigenia, el Grito de S«-»N, el Grito que es S«-»N, está a punto de tener lugar el Acontecimiento fenomenogónico. De nuevo Macnish:

> En el momento de deshacernos de la opresión, pareciera ser que giramos de un lado al otro con gran esfuerzo, como si soportásemos la presión de un inconmensurable peso; y, a medida que nos vamos despertando, generalmente pateamos con violencia, nos golpeamos el pecho, nos erguimos en la cama y gritamos una o dos veces [*cry out once or twice*]. Tan pronto como somos capaces de ejercitar nuestra voz o de mover los músculos voluntariamente con libertad, el paroxismo llega a su fin [*the paroxysm is at an end*]; pero incluso después de un tiempo seguimos experimentando un terror extremo [*we experience extreme terror*] y con frecuencia escalofríos, mientras el corazón late con violencia y la respiración continúa acelerada (1834: 127).

El Grito de Horror marca el advenimiento de S«-»N, *la clameur de l'être*, según la fórmula de Gilles Deleuze. En efecto, en *Différence et répétition* se lee la famosa consigna: "Una sola voz hace el clamor del ser" (1968: 52); o, en *Logique du sens*: "Una sola voz para todo el rumor y las gotas del mar" (1969:

211). Pero para que este clamor monofónico (reverberado, claro está, en sus múltiples diferencias) haya podido emitirse, para que el Ser unívoco haya podido advenir, ha sido preciso que despertara de su pesadilla. Y a fin de que ese despertar se produzca, fue necesario que el *Phobos* llegue a su paroxismo y empuje al Pre-Ser y a la Pre-Nada a Devenir, es decir a copular y generar el espacio-tiempo de la Manifestación originaria. Estos síntomas de ansiedad y de pavor es lo que Hegel entiende por el Devenir de la Idea. Es como si para que la Idea se exiliara de sí y se manifestara de forma natural primero y espiritual después hubiera sido preciso un *Phobos* Primordial. Lo que Hegel no vio es que el único modo de que la Idea se horrorice es mediante un Límite con un dominio absolutamente Irreductible e Inasimilable: X. Sólo porque el Pre-Ser y la Pre-Nada, es decir la Idea "antes" de su manifestación temporal, es decir Dios y la Nada "antes" de la creación, se enfrentaron al Límite con X es que pudo haber Devenir, creación o S«-»N y consecuentemente Aparecer fenomenológico. El Clamor del Ser o, en nuestra metanfetafísica general (y no en Deleuze, que no acepta ningún tipo de negatividad), el Clamor de S«-»N requirió como condición de posibilidad el Horror Primordial, es decir el efecto fóbico generado por el Trauma del Límite con X. Hay Clamor porque el *Phobos* obligó al Caos a romper el Silencio pre-fenomenológico, es decir, obligó al Caos a devenir Cosmos, esto es: a mostrarse, a aparecer.

(7)

El estudio de Macnish resulta esencial, además, porque identifica al Horror experimentado en la pesadilla con la actividad de la imaginación y con su predominancia sobre el resto de las facultades. A diferencia de la vigilia en la que impera la sensibilidad y el entendimiento, en los sueños en general y en la pesadilla en particular impera la imaginación. Explica el cirujano y pensador escocés: "Gran parte del horror experimentado en la pesadilla depende de la actividad natural de la imaginación sobre la condición del cuerpo y sobre el estado de esfuerzo mental previo al sueño" (1834: 125). Lo decisivo aquí es que la imaginación es el espacio ontológico en el que adviene la pesadilla, es decir la potencia fóbico-fantasmática en la que se reactualiza el Horror Primordial. Pero así como distinguimos los sueños en general (*oneiroi*) de la pesadilla en especial (*ephialtes*), asimismo es necesario confinar a cada grupo onírico a una de las formas de la imaginación explicadas en el Libro Λ: la imaginación simbólica y la imaginación diabólica. Si la imaginación simbólica, de C. Jung a J. Hillman, de Hegel a G. Durand, pasando por S. Freud y E. Cassirer, revela la esencia de S«-»N y por ende posee una naturaleza ontológica-fenomenológica, la imaginación diabólica, en cambio, revela el *Phobos* del Trauma y reactualiza la experiencia del Límite entre el Caos y X, es decir el Límite entre la ontología y la extra-ontología absoluta. Si los *oneiroi*, entonces, pertenecen a la imaginación simbólica o icónica (*eikasia*), *ephialtes* pertenece a la imaginación diabólica o fantasmática (*phantasia*). Por eso el *ephialtes* es identificado muchas veces con un *phantasma*, es decir con una visión onírica especialmente perturbadora. En el *Commentarii in Somnium Scipionis*, Macrobio dice:

> En cuanto al fantasma [*phantasma*], es decir, la aparición, se produce entre la vigilia y el reposo profundo, en esa especie, como se dice, de primera bruma del sueño, cuando uno cree que todavía está despierto pero justo empieza a quedarse dormido, y sueña que ve abalanzándose sobre él o vagando aquí y allá siluetas [*vagantes formas*] que difieren de criaturas naturales por la talla o por el aspecto, así como diversas perturbaciones de la realidad [*tempestates rerum*], placenteras o tempestuosas. A esta categoría pertenece también el *ephialtes*, que, según la creencia popular, asalta a los dormidos y los abruma bajo su peso, aplastados y conscientes [*inuadere et pondere suo pressos ac sentientes grauare*] (I, 7).

Eikon se opone a *phantasma* como *symbolon* se opone a *diabolon* (véase Libro Λ, apartados 5 y 6).

(8)

El *Diabolos*, siendo la figura paradigmática del Trauma generado por el Límite pero que la onto-teología solo pensó en términos de Nada y negatividad, es decir como Mal, posee una relación esencial con el fenómeno de la pesadilla. John Milton, que según William Blake fue un poeta del partido del Diablo sin saberlo, cuenta en *Paradise Lost* que, antes del pecado y de la consecuente expulsión del Paraíso, Eva fue visitada en sueños por Satanás, *the infernal Spirit* (IV, 793) quien...

> *Squat like a Toad, close at the ear of Eve;*
> *Assaying by his Devilish art to reach*
> *The Organs of her Fancy, and with them forge*
> *Illusions as he list, Phantasms and Dreams...*(IV, 800-3).[10]

---

10   "Acuclillado como un sapo, cerca del oído de Eva / Intentando con su arte diabólica alcanzar / Los órganos de su imaginación, y forjar con ellos / A su capricho ilusiones, fantasmas y ensoñaciones...".

Que se trata de una pesadilla es más que evidente por las palabras que pronuncia Eva en el libro V cuando le cuenta su experiencia onírica a Adán. No se trató, dice la primera mujer, de un sueño sobre su compañero a los que estaba habituada (*as I oft am wont, of thee*), tampoco sobre cosas de días pasados (*works of day past*) ni sobre proyectos para el día siguiente (*morrow's next design*), sino de un sueño de ofensa y turbación (*offense and trouble*) (véase V, 32-4). Esta pesadilla, este sueño de ofensa y tribulación, consiste en una premonición o anticipación del pecado inminente. Eva sueña que muerde el fruto prohibido. Y la entidad que introduce ese deseo pecaminoso y contrario a la Ley paterna no es otra que Satanás, el *Diabolos*. El punto interesante de este poema de Milton es que el hombre cae primeramente en sueños o, dicho de otro modo, que el sueño, y más concretamente la pesadilla, es la condición de posibilidad de la caída. Para que Adán y Eva muerdan efectivamente la manzana, es preciso que antes alguno de los dos, o ambos, la hayan mordido en sueños; es preciso que Satán, *the apostate Angel* (I, 125), le haya inoculado a Eva la intención pecaminosa a través de *a dream of offense and trouble*. Si los sueños en general son demoníacos, la pesadilla es diabólica.

(9)

En 1882 se publica *Die fröhliche Wissenschaft*, un libro en el que Nietzsche anticipa muchas de las ideas que desarrollará unos años después en las diversas partes que componen *Also sprach Zarathustra*. Entre esas ideas, se destaca la célebre muerte de Dios que anuncia el hombre loco en el §125: "¡Dios ha muerto [*Gott ist tot*]! ¡Dios está muerto! ¡Y nosotros lo hemos matado!" (*FW, KSA* 3: 481). Se sabe que la muerte de Dios es correlativa al advenimiento del nihilismo. El mismo loco lo dice poco antes: "¿No erramos como a través de una nada infinita [*ein unendliches Nichts*]? ¿No sentimos el aliento del espacio vacío [*der leere Raum*]?" (*FW, KSA* 3: 481). Sin embargo, la llegada de ese "huésped inquietante" que es el nihilismo requiere de otra muerte, aún más grave: no ya la muerte de Dios, sino la muerte del Diablo. Su profeta no es Zaratustra, sino Arturo Graf, un poeta y crítico literario italiano, aunque nacido en Atenas, que siete años después de que Nietzsche decretara la muerte de Dios, da por consumada la muerte del Diablo en manos de la ciencia: "En realidad la ciencia, que tantas cosas mata, y tantas otras crea, mata, o termina por matar también al diablo, de cuya ayuda, si alguna vez requirió, ya no necesita" (1889: 286). Y también, con un tono apocalíptico que hace recordar a los dramáticos pasajes finales de la conferencia sobre el *Schlagenritual* pronunciada por Aby Warburg en el sanatorio de Kreuzlingen unas décadas después: "La obra comenzada por Cristo hace dieciocho siglos ha sido cumplida por la civilización. La civilización ha develado el infierno y nos ha redimido para siempre del diablo" (1889: 287). Si con la muerte de Dios se perdía el acceso al Fundamento, con la muerte del Diablo se pierde el acceso al Límite. El hombre contemporáneo, nihilista, consumista e hiper-tecnificado ha perdido, pues, el Límite; su voluntad de dominio se expande ahora a todos los rincones de lo que es; su sed de poder se ha vuelto *ilimitada*.

(10)

Hacia el final de su conferencia sobre la pesadilla Borges se formula una serie de preguntas que, en función de lo desarrollado hasta aquí, podríamos tra-tar (con cierta imprudencia) de responder. Las preguntas de Borges son: "¿Y si las pesadillas fueran estrictamente sobrenaturales? ¿Si las pesadillas fue-ran grietas del infierno? ¿Si en las pesadillas estuviéramos literalmente en el infierno?". Borges intuye, como poeta que es, una relación entre las pesadi-llas, las grietas y el infierno. Sin duda hay "algo verdadero" aquí. Como indica-mos en la digresión previa y más profundamente en el apartado 11 del Libro K, X es para la onto-teología el Mal en sí mismo. Pero no lo es de manera directa, porque nunca ha sido capaz de acceder a él, sino siempre disfrazán-dolo o proyectándolo con los atuendos de la Nada. De allí que Agustín, como dijimos, identifique a la mala voluntad con una causa deficiente que tiene su "origen" en la Nada. Pero Borges tiene razón: las pesadillas son Traumas del Infierno, es decir del reino diabólico en el que, según la onto-teología, impera el Mal en su máxima expresión. Nuestra convicción es que el Mal, en su sen-tido onto-teológico último y por ende nunca enunciado en cuanto tal, no es la Nada, sino X (entendida siempre como proyección imaginaria). Como si detrás de la Nada, o por debajo de ella, la onto-teología hubiera presentido, sin conceptualizarlo jamás porque todo acceso está vedado por el *principio de irrelatividad*, un dominio absolutamente ajeno a sus propias categorías. Y esta alienación trans-ontológica, esta Trans-Alienación es lo propio del Límite. En un artículo notable, Gerhardt Ladner ha explicado que Gregorio Magno, y buena parte de la Edad Media cristiana, consideraba que "el ángel caído es el *alienus*, el *alien* o el extraño, *par excellence*– sin duda porque estimaba que era el primero de los seres alienados de Dios y del orden divino a través de una ruptura de amor. De la misma manera, los *alieni* [...] son interpretados por Gregorio en su *Regula pastoralis* como *spiritus maligni*, como demonios" (1967: 234); y un poco después: "en varios textos cristianos, como los de Gregorio Magno, Satán, el ángel que intenta competir con el poder de Dios por el hombre y el mundo, podía ser llamado *allotrios, alienus*, el extranjero" (1967: 235). La figura de Satán o del Diablo representa la alienación originaria. La ontoteología, desde los Padres de los primeros siglos del cristianismo a Hegel, ha pensado esta Trans-Alienación como una salida o un extrañamiento del Ser (ya sea Dios o la Idea). Satán, en este sentido, es interpretado como aquél que se aleja, es decir se aliena, de Dios. En el caso de Hegel, es la misma Idea la que se aliena, es decir sale de sí —*cae*, dice Hegel—, en la naturaleza. En ambos casos, la alienación es pensada como un proceso dependiente de —o padecido por— una instancia soberana: Dios, la Idea, el Ser. Lo que la ontoteología no ha sido capaz de pensar, aunque a veces lo ha presentido en sus elucubraciones acerca del Mal y de la figura del Diablo o Satán, es una ajenidad o una exterioridad autónoma e independiente de Dios o de la Idea. Y es justamente esta autonomía e independencia, este Afuera irreductible al cual se accede fantasmáticamente —sin accederse jamás— a través del Límite, es decir a través de una no-relación, lo que caracteriza a la Trans-Alienación. Esto explica por qué la figura del Diablo o de Satán, encarnación del Mal en cuanto tal, fue identificada con la Nada o la negatividad, es decir con la alienación y no con la Trans-Alienación. En el *Fausto*, Goethe resume esta relación entre Satán y la negatividad cuando le hace decir a Mefistófeles:

> ¡Soy el espíritu que siempre niega [*Ich bin der Geist, der stets verneint*]! Y lo hago con pleno derecho, pues todo lo que nace merece ser aniquilado [*es zugrunde geht*], mejor sería entonces que no naciera. Por ello, mi auténtica naturaleza es eso que llamáis pecado y destrucción [*Sünde, Zerstörung*], en una palabra, el Mal [*das Böse*] (1986 :39).

A diferencia de esta tradición dominante en la que el Diablo o Satán es el alienado *par excellence*, quien dice no y aniquila, el SMG habla de una Trans-Alienación que excede toda forma de negatividad y de positividad. No se trata aquí de maniqueísmo o de gnosticismo porque no hay guerra y conflicto entre dos principios opuestos pero equivalentes. En efecto, la ontogonía maniquea o gnóstica supone una relación entre dos principios en pugna; la Trans-Alienación, en cambio, supone una *no-relación* —un Límite— entre el

Caos y X y un *Phobos* fenomenogónico o fenomenogénico provocado por esa no-relación. El fenómeno de la pesadilla, como indicamos, reactualiza esta Trans-Alienación diabólica o satánica, de allí su nexo con lo demoníaco. Cada vez que tenemos una pesadilla presentimos el Horror fenomenogónico que dio lugar a la Cópula Primigenia, recreamos el *Coitus originalis* que tuvo lugar *in illo tempore*. Despertar, pues, no es más que alejarse del Límite, des-limitarse. La vigilia es un olvido.

(11)

Reformulamos: la vigilia es un olvido del Olvido. Es probable que los dos dominios de este drama metanfetafísico, el ontológico y el extra-ontológico, sean traducibles en términos de Memoria y Olvido respectivamente. Volvamos a citar el poema de Borges que ya mencionamos en el apartado 6 del Libro I y retomemos esa discusión:

> Sólo una cosa no hay. Es el olvido.
> Dios, que salva el metal, salva la escoria
> Y cifra en su profética memoria
> Las lunas que serán y las que han sido.
> [...] Y todo es una parte del diverso
> Cristal de esa memoria, el universo (Borges 1974: 927).

El Olvido no es porque el Ser es la Memoria de Dios, el universo. Sin embargo, estos versos de Borges se refieren a un olvido relativo a la dialéctica propia de S«-»N. El poema de Borges no es ajeno a una larga tradición que, desde Platón a Hegel, identifica al Ser con la Memoria. En efecto, tanto la *anamnesis* platónica cuanto la *Erinnerung* hegeliana poseen un claro sentido metafísico. Para Platón recordar es acceder al Ser (inteligible) que las almas han olvidado al encarnarse. Para Hegel, la *Erinnerung* constituye la esencia misma del *absolute Wissen* en la medida en que expresa la historicidad de la Idea. Toda alienación, en este sentido, implica una forma de olvido. Sin embargo, tanto en el caso platónico como en el hegeliano se trata siempre de un olvido relativo, es decir de un olvido que forma parte –y parte fundamental– de la naturaleza de la Memoria. El olvido que experimentan las almas al beber las aguas del Leteo puede ser conjurado, como muestra Sócrates en el *Menón*, a través de la *paideia*. Las diversas experiencias de olvido por las que atraviesa la Idea, es decir las pérdidas momentáneas de la verdad de su propia esencia que constituyen la historia en cuanto tal pueden ser conjuradas, y lo demuestra la propia filosofía de Hegel, con el advenimiento de esa gran Memoria ontológica que es el *absolute Wissen*. Para que la historia haya sido posible, la Idea ha debido olvidarse a sí misma, es decir ha debido extrañarse en la naturaleza. Toda la historia, pues, no es sino un largo y arduo camino de reminiscencia. El punto que quisiéramos señalar es que tanto en el caso de Platón como en el de Hegel el olvido es funcional a la Memoria, es sólo un "mal necesario" para que la Memoria, es decir S«-»N, conquiste su verdad absoluta. El olvido platónico-hegeliano es siempre un olvido relativo. Sin embargo, en el caso de X se trata de otra cosa, de algo que podríamos llamar Olvido absoluto. Este Olvido es irreductible e inasimilable por la Memoria, es decir por S«-»N. Es lo Inmemorial en sí. X es lo que nunca puede ni podrá ser recordado, puesto que nunca se ha podido acceder a su otredad absoluta, pero a la vez lo que ha permitido —indirectamente, es decir a través de una proyección imaginaria de la propia Memoria— que el Caos se muestre y aparezca. ¿Qué es S«-»N sino el esfuerzo del Caos por sustraerse al Olvido, es decir el esfuerzo por mantenerse en la ontología? El célebre *conatus* de Spinoza es otro modo de llamar a este esfuerzo por perseverar en la Memoria ontológica, es decir por no ser disuelto en el Olvido absoluto que, según la proyección fóbica, *sería* X.

Todas las cosas luchan para sustraerse al Olvido: existen, se muestran. El *Phobos* Primordial, así, adquiere una última determinación (que ya habíamos anunciado, a ciencia cierta, en el apartado 5 del Libro I): es el *pathos* que ha provocado el advenimiento de la Memoria, la reacción patológica que ha hecho posible que el recuerdo —y consecuentemente el olvido (relativo)— sea. Las pesadillas, desde esta perspectiva, son las experiencias en las que más nos acercamos al Olvido absoluto o, mejor dicho, a la reacción fóbica que provocó el Límite con X *in illo tempore*. A decir verdad, no experimentamos el Olvido absoluto, tal cosa sería imposible, sino el Horror generado en el Caos por el Límite con X. Lo que genera esos síntomas que son las pesadillas no es por eso X en cuanto tal, sino el *Phobos* del Límite, es decir el Horror provocado por el Trauma que dio lugar a la Cópula Primigenia. En este sentido, proponemos leer la siguiente nota de ese gran filósofo que fue Giorgio Colli: "La memoria es el separarse (del contacto) y el reconocerse idéntico del sujeto" (1982: 187, nota 145). La separación del Límite —o, en la nomenclatura de Colli, del Contacto, al cual Giorgio Agamben ha definido sugerentemente como una "ausencia de toda relación" (2014: 344)— produce el Devenir de la gran Memoria que es S«-»N. Las pesadillas, pues, son huellas fóbicas del Límite con X.

Interesa destacar un pasaje en el que Ernest Jones, remitiéndose a la *Synopsis nosologiae methodicae* (1763) de F. Boissier de Sauvages de la Croix y al *Systema morborum symptomaticum* (1776) de J. B. M. Sagar, señala "el parentesco entre la Pesadilla y lo que se ha llamado *panophobia* (un tipo clínico importante de neurosis de angustia)" (1931: 40). A fines del siglo XIX, Théodule Ribot había también hecho referencia al término *panophobia* en *La Psychologie des Sentiments*:

> ...existen algunas observaciones de un estado vago pero permanente de ansiedad o de terror que se ha nombrado *panophobia* o *pantophobia*; es un estado en el que se tiene miedo de todo y de nada, donde la ansiedad, en lugar de dirigirse siempre al mismo objeto, flota como en un sueño [*flotte comme dans un rêve*] y no se fija más que por un instante, al azar de las circunstancias, pasando de un objeto a otro (1896: 211-212).

Ribot remite el término a George M. Beard, un neurólogo estadounidense famoso por haber popularizado el término *neurasthenia*, quien había definido a la *pantophobia* (llamándola también *pantaphobia*) como "miedo a todo [*fear of everything*]" (1880: 41). El curioso término aparece también en *Séméiologie des obsessions et idées fixes*, un informe presentado en el *XIIᵉ Congrès international de médecine* de 1897 por los Drs. A. Pitres y E. Régis, quienes lo describen como un estado de "ansiedad latente, difusa, no todavía formulada, o sólo formulada momentáneamente, al azar de las circunstancias" (1897: 20). El estudioso de la lengua griega y amante de la filología notará que hay un equívoco entre los dos términos que emplea Ribot para designar este terror indeterminado: *panophobia* y *pantophobia*. Mientras que este último, formado por *pantos* (todo) y *phobos* (terror), significaría "miedo a todo", aquel, formado por *Pan* (el dios de la naturaleza) y *phobos*, significaría miedo al dios Pan. A. Devaux y J. B. Logre han sido quizás los primeros en percatarse de la inexactitud filológica: "Pantofóbico –dicen en una nota al pie– y no panofóbico, epíteto que, desde una perspectiva etimológica precisa, no podría designar más que el miedo al dios Pan [*la crainte du dieu Pan*]" (1917: 35). En efecto, si lo que se está tratando de nombrar es un estado caracterizado por un terror a todo, el término justo debería ser *pantophobia*. No obstante, el equívoco etimológico señalado por Devaux y Logre se vuelve interesante y provechoso. El término mantiene, para el SMG, una ambigüedad o ambivalencia fundamental: miedo a todo y miedo al dios Pan. Hay que recordar que una de las tesis centrales del estudio de Roscher era que el demonio paradigmático de la pesadilla en la Antigüedad no era otro que el dios Pan, encarnado en algunas de sus diversas formas o imágenes. Artemidoro de Daldis, sin ir más lejos, establece una relación estrecha entre el *ephialtes* y el dios Pan en su *Oneirokritika*: "*Ephialtes* es identificado habitualmente con Pan, pero encierra significados diversos. Pues bien, cuando agobia, abruma con su peso y no responde a nada" (II, 32). En la mitología griega, Pan es el dios de los pastores y de la naturaleza en general. Por su importancia psíquica, James Hillman le ha dedicado un ensayo en el cual explica:

> Su hábitat, en la Antigüedad, como el de sus formas romanas tardías (Fauno, Silvano) y afines, se caracterizaba por valles, grutas, agua, bosques y espacios salvajes –nunca ciudades, nunca los asentamientos cultivados y amurallados de los civilizados; santuarios cavernosos, no templos construidos. [...] su comportamiento trasciende las intenciones humanas, es totalmente impersonal, objetivo, cruel. La causa de tal comportamiento es oscura; surge de repente, espontáneamente (1972: xviii-xix).

El término *panophobia* designa, para el SMG, la traducción onírica del *Phobos* Primordial. La *panophobia* es el vestigio del *Phobos* Primordial que sobrevive en las pesadillas, es el *Phobos* Primordial a escala psíquica. Tener una pesadilla es dejar que *Phobos* se disfrace de Pan. Por eso no sorprende que este dios salvaje y cruel, íntimamente vinculado a *Ephialtes*, se haya transmutado, con el advenimiento del cristianismo, en el Diablo o Satán. Hillman lo sugiere casi de pasada, pero nos parece un punto importante en la medida en que muestra por qué la pesadilla, en tanto reactualización del Horror provocado por el Límite, es esencialmente diabólica:

> Todos los dioses tenían aspectos naturales y podían ser encontrados en la naturaleza, razón por la cual algunos especularon que la religión mitológica antigua era esencialmente una religión natural, cuya superación por el cristianismo significó sobre todo la supresión de la voz representativa de la naturaleza, Pan, quien pronto se convirtió en el Diablo con patas de cabra (1972: xvii).

Y también:

> Cuando el hombre perdió su conexión personal con la naturaleza personificada y con el instinto personificado, la imagen de Pan y la imagen del Diablo se fusionaron (1972: xxiii).

El Diablo, por cierto, suele adoptar formas humanas. Unas ilustraciones contenidas en *The Physiognomy of Mental Diseases*, una obra importante para la literatura fisionómica realizada por el médico y alienista escocés Alexander Morison, expresan perfectamente la *panophobia* que, en ciertos casos patológicos, deja de circunscribirse a las pesadillas y se extiende a la totalidad de la existencia. Luego de aclarar que "no hay ningún tipo de enfermedad para la cual el estudio de la fisionomía sea tan necesario como para la enfermedad mental" y que "la apariencia del rostro está íntimamente conectada con y es dependiente del estado de la mente" (1840: 1), Morison emplea el término *panophobia* para dar cuenta de ciertos casos de *monomania with fear*:

> El miedo constituye el aspecto característico de una variedad de insanias parciales que se dan con frecuencia; aquellos que se ven afectados sienten temor de uno o más objetos, o experimentan un horror a todo, en cuyo caso se emplea el término Panaphobia [*sic*] para denotar el desorden. En algunos casos, hay un terror vago e indefinido; con frecuencia se presentan ilusiones e ideas erróneas sobre objetos y sonidos (1840: 89).

El aspecto remarcable del estudio de Morison, sin embargo, no está tanto en las ideas vertidas por su pluma sino en las imágenes que acompañan las diferentes secciones. Ellas representan, a escala humana o ya para-humana, el *Phobos* Primordial que dio lugar a S«-»N. Son las expresiones mismas –en su versión antropológica o biótica en general– del choque del Caos con el Límite; la fisionomía expuesta del Trauma. (Que todos los casos, además, sean mujeres no es un tema para nada menor).

Imagen 1

Imagen 2

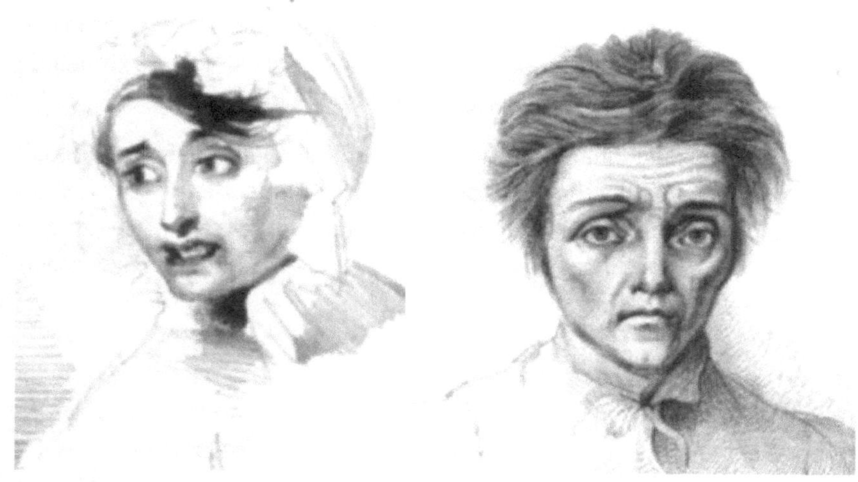

<table>
<tr><td>Imagen 3</td><td>Imagen 4</td></tr>
</table>

Descripción de las imágenes:

Imagen 1: Retrato de M. A. R., mujer casada, 40 años, obrera bajo un ataque de Monomanía con miedo –causa desconocida; imagina que ve personas que están muertas, quienes la aterrorizan, intento infructuoso de suicidio; el desorden duró 18 meses, cuando se recobró. Se emplearon con resultados positivos laxativos, baños y duchas calientes. (Imagen extraida de Morison, A. (1840). *The Physiognomy of Mental Diseases*, plate 32).

Imagen 2: Retrato de J. J., mujer casada, 38 años; tiene temor a ser asesinada, ve hombres pálidos en la noche que la aterrorizan; grita con frecuencia, y cuando se le pregunta qué le sucede dice que tiene miedo, que sus pensamientos la aterran, y teme haber hecho algo malo; ligero intento de suicidio rasguñándose el cuello. Se reportaron algunas mejoras con el uso de beleño, alcanfor, amoníaco, baños calientes y tónicos, pero no fueron permanentes y un miedo excesivo retornó; permanece sin cura; el mal se agrava en el período de menstruación. (Imagen extraida de Morison, A. (1840). *The Physiognomy of Mental Diseases*, plate 33).

Imagen 3: Retrato de S. J., mujer casada, 37 años. Esta mujer fue internada con Manía, consecuencia de excesivo esfuerzo; después de ser maníaca durante tres meses, comenzó a sentir un miedo insano, estaba aterrorizada por todo, y realizó algunos intentos de suicidio. Se emplearon con resultados positivos laxativos, anodinos y tónicos. (Imagen extraida de Morison, A. (1840). *The Physiognomy of Mental Diseases*, plate 34).

Imagen 4: Retrato de una mujer, víctima de un miedo alucinatorio por cualquier objeto y persona. La *Panaphobia* [sic] la mantiene en un estado de perpetuo malestar. Es necesario vigilarla de cerca para evitar que cometa suicidio. (Imagen extraida de Morison, A. (1840). *The Physiognomy of Mental Diseases*, plate 36).

Estas imágenes, bastante frecuentes en los tratados médicos y psiquiátricos del siglo XIX, son el testimonio humano, fisio-nómico, del *Phobos* Primordial que dio origen a S«-»N, es decir al darse o mostrarse del Caos. En las expresiones de estas mujeres se leen las huellas fóbicas, los engramas traumáticos y ya lejanos, que ha dejado el Límite con X. No son imágenes metafísicas, como los cuadros de G. de Chirico o las fotos de Cartier-Bresson, son imágenes *de* la metafísica (genitivo objetivo). *Ecce homo*, habría que decir con Nietzsche o, mejor aún, *ecce femina*. En esas muecas aterradas, en esos rictus a veces espantados, a veces aletargados, se adivina el *Phobos* Primordial que provocó la Cópula Primigenia. Y no sólo eso, sino que se adivina también el abuso del Ser sobre la Nada, del *fascinus* sobre los *spintrias*. La fisionomía de los enfermos mentales, y especialmente, como la mujer de la imagen 4, de los panofóbicos, es el vestigio –es decir la traducción a escala humana de algo que excede inmensamente lo humano y lo viviente– de un Horror que tuvo lugar *in illo tempore* y que hizo posible el advenimiento de S«-»N. Esta *physiognomy of Mental Diseases* es un testimonio privilegiado de los efectos psico-físicos o fisionómicos del Límite. No son retratos de seres humanos, sino secuelas metafísicas o *Pathosformeln* del Trauma encarnadas –es decir, travestidas, desplazadas, traducidas, trocadas, etc.– en rostros humanos. Contemplar estas imágenes es contemplar la *panophobia* que en los casos "normales" acecha sólo en las pesadillas.

(14)

Los humanos, y por eso según Rilke tienen al nacer los ojos dados vuelta, sólo pueden representarse a X como Muerte. Morir es, para el ser humano, atravesar la Línea de Contacto, dar el paso vedado hacia lo Otro. La pesadi-

     METANFETAFÍSICA. Ensayo de sobredosis ontológica

lla de Lockwood, el personaje de *Wuthering Heights*, es un ejemplo eminente. Lockwood tiene dos sueños consecutivos. En el primero, sueña que escucha el sermón "Setenta veces siete y el primero de los setenta y uno" del Reverendo Jabes Branderham, quien repasa cuatrocientos noventa pecados. Al llegar al cuatrocientos noventa y uno, el pecado imperdonable, Lockwood acusa a Branderham de ser el "pecador del pecado que ningún cristiano puede perdonar" (1858: 21). El Reverendo, a su vez, denuncia a Lockwood de haber cometido el "pecado imperdonable". Al escuchar la acusación de Branderham, la congregación empieza a atacar a Lockwood. Entre los sonidos de la pelea se destacan los golpes que da el Reverendo en el púlpito. Lockwood despierta y constata que en realidad se trataba de los golpes de una rama en la ventana. Vuelve a dormirse y sueña por segunda vez. En este caso, se dispone a detener ese ruido que se ha vuelto insoportable pero, recordando que el gancho que traba la ventana está soldado al marco, atraviesa el cristal de un puñetazo. En vez de aferrar la rama, su extremidad es aferrada por la mano helada de una niña. "El horror intenso de la pesadilla [*the intense horror of nightmare*] –refiere Emily Brontë que refiere Lockwood– se apoderó de mí" (1858: 22). El soñador trata de meter el brazo pero la mano infantil se lo impide mientras suplica "dejame entrar [*let me in*]" (1858: 22). Cuando Lockwood le pregunta quién es, la voz responde "Catherine Linton", una mujer muerta hace ya tiempo en cuya habitación había sido alojado el soñador a causa de una tormenta de nieve.

> Mientras hablaba, divisé oscuramente el rostro de una niña a través de la ventana. El terror me hizo obrar cruelmente, y al no lograr desasirme de la criatura, apreté los puños contra el corte del cristal hasta que la sangre brotó y empapó las sábanas. Pero ella seguía gimiendo: "¡Déjame entrar!", y me oprimía la mano, casi enloqueciéndome de miedo [*almost maddening me with fear*] (1858: 22-23).

Lockwood le dice a la niña –al *eidolon*, al *phantasma* o a la *psyche* de la niña– que le suelte la mano para que pueda dejarla entrar. Cuando el fantasma accede, Lockwood tapa el hueco en el cristal con una pila de libros. Luego de escuchar por algún tiempo la voz suplicante de la niña, la pesadilla termina con la irrupción de Heathcliff en la habitación. La alegoría que propone la metanfetafísica de esta pesadilla es la siguiente: la ventana o el cristal es el Límite; la niña muerta fuera de la ventana es la representación psíquica o humana de X; el "horror intenso de la pesadilla" que siente Lockwood es el Horror a la Muerte, es decir al único modo que tienen los humanos de representarse a X; la ruptura de la ventana –del Límite– es el pecado imperdonable. Se han ofrecido innumerables interpretaciones psicoanalíticas de este sueño, muchas de las cuales señalan su connotación sexual. El SMG no excluye la naturaleza sexual de la pesadilla pero la sitúa en otro nivel. Si el sueño tiene una evidente connotación sexual es porque reactualiza el *Phobos* Primordial del Límite que dio lugar a la Cópula Primigenia. Dorothy van Ghent ha señalado la profunda extrañeza (*unheimlich*) de lo que acecha más allá o fuera de la ventana y el Terror que esa extrañeza genera en el personaje. Luego de hacer referencia a la "niña demoníaca [*the daemonic child*] que rasguña la ventana, tratando de pasar de «afuera» hacia «adentro»" (1952: 190) y "al soñador acostado en una cama que se parece a un ataúd [*a bed like a coffin*]" (1952: 190) van Ghent explica:

> ...el sueño cruel sugiere que aquellos poderes [de la oscuridad] existen de forma autónoma, no sólo en el "afuera" de la naturaleza externa [*the outsideness of external nature*], más allá de la ventana física, sino también dentro, incluso en el alma menos dada a las excursiones apasionadas. La ventana es el *medium*, traicioneramente transparente, que separa el adentro del afuera [*separating the inside from the outside*], lo humano de lo *alien* y de lo terrible otro [*the human from the alien and terrible other*] (1952: 190-191).

La ventana, pues, es el Límite: más acá, es S«-»N pero también el Espejo y lo Alien, la ontología y la extra-ontología relativa; más allá, X, la extra-ontología absoluta. La *panophobia* de la Pesadilla surge de la ruptura de la ventana (del *Denkraum*, en los términos de Warburg) que los animales humanos se representan como un escudo ante la Muerte. Romper la ventana, para el humano, es igual a morir. Pero si bien la metafísica ha pensado a ese Afuera como Nada, y de allí su relación con la Muerte, y la post-metafísica como Alien, la metanfetafísica lo piensa como X (entendida como proyección imaginaria del más allá del Límite) y circunscribe la Nada al interior de la habitación, a la vez que circunscribe al Espejo y lo Alien al lado interior de la ventana. La Nada, como la Muerte, es sólo el modo humano, demasiado humano de representarse a X. La Muerte es el pasaje presuntamente definitivo del Ser a la Nada. Acaso habría que decir, con Macedonio Fernández, que "la Muerte no es la Nada, sino que nada es" (2014: 120). Por eso el Afuera puede asumir los rasgos lívidos de una niña muerta. El fantasma que se asoma por la ventana, verdadero *ephialtes* antropomorfo, es la única manera que está a nuestro alcance de asimilar a X, la cual, en términos estrictos, permanece absolutamente ajena e inasimilable. El *let me in* del Afuera es el llamado de la Muerte, que es, como dijimos, X *sub specie hominis*, o sea: ya no X. Dejar entrar a la niña significaría, para Lockwood, morir, es decir permitir que el adentro se disgregue en el Afuera o, lo que es lo mismo, que el Afuera se confunda con el adentro. Hay vida, física y psíquica, porque existe la ventana. Romper el cristal (imaginaria o fantasmáticamente), que es lo que hace la sobredosis metanfetafísica, da vuelta al Ser y lo des-funda.

Textos citados

Agamben, Giorgio (2014). *L'uso dei corpi. Homo Sacer IV, 2*. Vicenza: Neri Pozza.

Artemidoro de Daldis, *Oneirokritika*. En: D. E. Harris-McCoy (2012). *Artemidorus' Oneirocritica: Text, Translation, and Commentary*. Bilingual edition greek/english. Oxford: Oxford University Press.

Beard, George M. (1880). *A Practical Treatise on Nervous Exhaustion (Neurasthenia)*. New York: William Wood & Company.

Borges, Jorge Luis (1974). *El otro, el mismo*. En: *Obras completas*. Buenos Aires: Emecé.

Borges, Jorge Luis (1975). *La rosa profunda*. Buenos Aires: Emecé.

Brontë, Emily (1858). *Wuthering Heights: A Novel*. New York: Harper & Brothers Publishers.

Colli, Giorgio (1982). *La ragione errabonda. Quaderni postumi*. Milano: Adelphi Edizioni.

Deleuze, Gilles (1968). *Différence et répétition*. Paris: P.U.F.

Deleuze, Gilles (1969). *Logique du sens*. Paris: Éditions de Minuit.

Devaux, A. y Logre, J. B. (1917). *Les Anxieux. Étude clinique*. Paris: Masson & Cie. Éditeurs.

Férnandez, Macedonio (2014). *Relatos, cuentos, poemas y misceláneas*. Buenos Aires: Corregidor.

Goethe, Johann W. (1986). *Faust. Der Tragödie erster Teil*. Stuttgart: Philipp Reclam Jun.

Graf, Arturo (1889). *Il Diavolo*. Roma: Salerno Editrice.

Hillman, James (1972). *An Essay on Pan*. New York: Spring Publications.

Jones, Ernest (1931). *On the Nightmare*. London: The Hogarth Press.

Ladner, Gerhardt B. (1967). "Homo Viator: Mediaeval Ideas on Alienation and Order". *Speculum*, 42, 2, pp. 233-259.

Ludueña Romandini, Fabián (2016). *Principios de espectrología. La comunidad de los espectros II*. Buenos Aires: Miño y Dávila Editores.

Macnish, Robert (1834). *The Philosophy of Sleep*. New York: D. Appleton & Co.

Macrobio (2001). *Commentaire au Songe de Scipion*, 2 volumes. Édition bilingue latin/français. Introduction, traduction et notes de Mireille Armisen-Marchetti. Paris: Les Belles Lettres.

Milton, John (1850). *Paradise Lost*. Paris: Baudry's European Library.

Morison, Alexander (1840). *The Physiognomy of Mental Diseases*. London: Published for the Author.

Nietzsche, F. (1988). *Die fröhliche Wissenschaft*. En: *Sämtliche Werke. Kritische Studienausgabe*, ed. G. Colli y M.Montinari, Band 3. Berlin – New York – München: W. de Gruytrer.

Ovidio, Publio Nasón (1892). *Metamorphoses*. Hugo Magnus. Gotha (Germany): Friedr. Andr. Perthes.

Pitres, A. y Régis, E. (1897). *Séméiologie des obsessions et idées fixes*. Bordeaux: Gounouilhou.

Prósperi, Germán Osvaldo (2018). *La respiración del Ser. Apnea y ensueño en la filosofía hegeliana*. Buenos Aires: Miño y Dávila editores.

Ribot, Théodule (1896). *La psychologie des sentiments*. Paris: Félix Alcan Éditeur.

Roscher, Wilhelm Heinrich (1900). *Ephialtes: Eine pathologisch-mythologische Abhandlung über die Alptraume und Alpdämonen des Klassischen Altertums*. Leipzig: B. G. Teubner.

Van Ghent, Dorothy (1952). "The Window Figure and the Two-Children Figure in Wuthering Heights". *Nineteenth-Century Fiction*, vol. 7, no. 3, pp. 189-197.

Warburg, Aby (2010). *Atlas Mnemosyne*. Madrid: Akal.

(1)

El 17 de julio de 1949, Jacques Lacan participa del *XVIe Congrès International de Psychanalyse* organizado en Zurich. El título de su ponencia, ya célebre, es "Le stade du miroir comme formateur de la fonction du je, telle qu'elle nous est révélée dans l'expérience psychanalytique". En ella, Lacan sintetiza algunas tesis de otra comunicación sobre el estadio del espejo presentada trece años antes en el mismo Congreso. El punto de partida de la enseñanza de Lacan es la diferencia estructural entre el yo, entendido como una construcción imaginaria, y el sujeto del inconsciente. El objetivo de la intervención presentada en el Congreso es justamente mostrar la constitución narcisista-especular del yo frente al funcionamiento simbólico del sujeto del inconsciente, es decir sacar a la luz la formación imaginaria del yo (*moi*) y su alienación intrínseca respecto al sujeto (*je*). A causa de esta alienación constitutiva, el sujeto del inconsciente se manifiesta a través de actos fallidos, lapsus, sueños, síntomas, etc., que no caen dentro del campo de jurisdicción del yo. Es preciso tener presente que para el psicoanálisis, a diferencia de la concepción cartesiana, el yo no es el sujeto, sino la forma de su alienación imaginaria. En este sentido, Lacan puede confesar que los principios derivados del estadio del espejo se oponen "radicalmente a toda filosofía surgida del *Cogito*" (1966: 93).

(2)

El niño contempla su imagen en el espejo. No es *su* imagen, sin embargo; no lo será hasta pasado un cierto período que puede ir de los seis a los dieciocho meses. A ciencia cierta, *nunca* será su imagen, pero en ella el niño aprenderá a unificar *ficcionalmente* su fragmentación primordial, a la cual Lacan se refiere con la expresión "premaduración específica del nacimiento del hombre" (1966: 96). En efecto, la forma total del cuerpo le es dada al niño como una *Gestalt*, es decir como una imagen invertida, como "una exterioridad donde ciertamente esta forma es más constituyente que constituida" (1966: 95). Lo interesante, sostiene Lacan, es que esta forma imaginaria o fantasmática, esta *Gestalt* especular, sitúa al yo sobre una "línea de ficción" (1966: 94) previa a todo condicionamiento social, incluso y sobre todo lingüístico. Se trata de una ficción porque no hay, *stricto sensu*, unidad en el niño, ni a nivel orgánico ni a nivel psíquico. El niño es un cuerpo fragmentado que ríe, llora, tiene hambre, sed, siente dolor; *nadie*, sin embargo, funciona como soporte de esas experiencias. Esa función identitaria, específica del yo, surgirá a partir de una imagen —un *eidolon* o *imago*— en un espejo. La imagen le proporcionará al niño la ficción —pues no se corresponde con nada natural— de la unidad. De tal manera que el yo se constituye a partir de una *identificación* con la imagen especular.

> Basta comprender el estadio del espejo como una *identificación* en el sentido pleno que el análisis da a este término: a saber, la transformación producida en el sujeto cuando asume una imagen, —cuya predestinación con este efecto de fase es suficientemente indicado por el uso en la teoría del término antiguo de *imago* (Lacan 1966: 94).

El yo se forma cuando se identifica, en el sentido psicoanalítico del término, con la imagen que le devuelve el espejo. Lacan explica que esta identificación revela de una manera privilegiada "la matriz simbólica donde el yo se precipita en una forma primordial" (1966: 94). En cierta forma, la imagen moldea al sujeto, lo introduce en un campo imaginario y, al hacerlo, permite su unificación ficcional. El yo, de hecho, es más un objeto que un sujeto. El punto importante es que, al contemplarse en el espejo, el sujeto se ve donde no es y como no es, se ve como un Otro. En el mismo momento en que el espejo le ofrece al sujeto la posibilidad de su unidad, le provoca un desdoblamiento inevitable que paradójicamente hace posible que pueda objetivarse en la imagen especular, en lo Otro de sí, a fin de poder reconocerse en una alteridad que lo identifica, en una exterioridad que lo refleja. El sujeto está condenado a salir de sí para volver a sí, a pasar por el otro para volver al yo porque el yo, como supo Rimbaud, es siempre un otro. Para poder identifi-

     METANFETAFÍSICA. Ensayo de sobredosis ontológica

carse consigo mismo y unificar su fragmentación primigenia el sujeto está obligado a construir su sí mismo a partir de un Otro especular e imaginario. En este sentido, el sujeto adolece de una alienación constitutiva, una discordancia fundamental: entre el sujeto del inconsciente y el yo imaginario se abre un abismo incolmable, una herida incapaz de ser completamente suturada. ¿Qué es la *imago*, a fin de cuentas? Es el subterfugio –o el "tampón imaginario [*tampone immaginario*]" (2000: 28), como dicen justamente Antonio Di Ciaccia y Massimo Recalcati– que permite suturar la discrepancia primordial, la falta constitutiva del sujeto. Interesa recordar que este tampón imaginario, la *imago* especular, no depende del sujeto ni se determina por él, sino al contrario, "es más constituyente que constituida", según la expresión de Lacan que ya hemos citado. Alienación fundamental: el Otro (la imagen) constituye al yo. Desde su mismo inicio, el sujeto está escindido –*es* esa escisión– entre dos fuerzas contrarias: por un lado, una tendencia a la fragmentación, a la disgregación, a la discordia; por otro lado, una tendencia a la unidad ideal posibilitada paradojalmente por un Otro especular (*imago*) que oficia de tampón ficcional. En suma, lo que nos dice Lacan es que no existe primero un yo que luego, en un segundo momento, se reflejaría en el espejo, sino que la formación del yo depende de una imagen exterior, de la exterioridad de una imagen. De nuevo Di Ciaccia y Recalcati están en lo cierto:

> Esto significa que si es verdad que el estadio del espejo ofrece al sujeto la posibilidad de individuarse como un "yo", es también verdad que este reconocimiento, justamente en cuanto resulta posible sobre la base de un desdoblamiento, de una disyunción [*una disgiunzione*] entre el yo y el otro, entre el sujeto mismo y el yo, es la fuente primaria del estatuto alienado del sujeto humano. La imagen que lo instituye como yo es ya en sí misma la imagen que lo separa de sí, que lo representa en otro de sí, que lo divide irremediablemente. Es una imagen que determina sin duda el sentido de la identidad del yo pero sólo produciéndole una alienación irreversible [*un'alienazione irreversibile*] porque el sujeto no llegará nunca a coincidir, por así decir, con la imagen ideal que lo representa (Di Ciaccia y Recalcati 2000: 31).

Se trata efectivamente de una alienación irreversible y constitutiva pero que Lacan, sin embargo, entiende como "una asunción jubilosa" (1966: 94). La identificación con la *imago* es para el niño motivo de júbilo en la medida en que le permite dar un paso importante respecto a la impotencia motriz y a la dependencia alimentaria que caracteriza aún a ese período infantil. No obstante, la "discordancia [del sujeto] con su propia realidad" (Lacan 1966:

94) es inevitable y constitutiva. La imagen, entonces, genera efectos (per)formativos muy concretos en el sujeto. Entre otras cosas, fija y unifica "la turbulencia de los movimientos" del cuerpo fragmentado infantil. Del mismo modo, el estadio del espejo permite establecer una relación entre el organismo y su realidad circundante. Sin embargo, en el caso del ser humano esta relación es alterada "por una cierta dehiscencia del organismo en su seno, por una Discordia primordial que revelan los signos de malestar y la incoordinación motriz de los meses neonatales" (Lacan 1966: 96). Dehiscencia del organismo en su seno, Discordancia primordial: el sujeto, como el Ser para el SMG, sangra por su herida.

(3)

Varias cosas podemos sacar en limpio de este ensayo de Lacan. Naturalmente, habría que modificar su título en función del SMG: "Le stade du miroir comme formateur de la fonction de l'être, telle qu'elle nous est révélée dans l'expérience onto-phénoménologique". El estadio del espejo permite precisar algunos puntos centrales de la ontología fenomenológica que propone la teoría metanfetafísica. Resumimos algunas tesis del ensayo lacaniano:

- El sujeto del inconsciente (el cuerpo fragmentado) no coincide con el yo.
- El espejo y la imagen especular son un Otro, y por tanto independientes, del sujeto.
- La imagen es más constituyente que constituida.
- La conformación imaginaria del yo supone una alienación constitutiva.
- El yo imaginario viene a suturar la falta inherente al sujeto y a unificar su fragmentación.

Varias de estas tesis se aplican perfectamente a los términos del SMG. Para comprender en qué medida este ensayo de Lacan es importante para nuestro proyecto metanfetafísico es preciso antes que nada establecer algunas analogías, según un método empleado con frecuencia a lo largo de esta segunda sección.

Sujeto del inconsciente = Caos
Yo imaginario = S«-»N
Espejo = Límite
Estadio del espejo = Acontecimiento o Singularidad

Con estas sencillas equivalencias podemos explicar por qué el estadio del espejo resulta (parcialmente) adecuado para dar cuenta de la ontología

     METANFETAFÍSICA. Ensayo de sobredosis ontológica

fenomenológica de la imaginación. El Caos, hemos visto, se define por una velocidad infinita y una inconsistencia radical. En el caso de Lacan, el sujeto del inconsciente no es pensado en estos términos, sino como fragmentación y disgregación. El SMG, por eso mismo, no dice que el sujeto del inconsciente de Lacan sea idéntico al Caos pre-ontológico. Dice simplemente que funcionan de manera *análoga* al interior de cada una de las teorías. El cuerpo fragmentado que caracteriza al sujeto en los primeros meses de vida, antes del estadio del espejo, es análogo al Caos antes de sufrir la determinación del Límite, antes del Acontecimiento o la Singularidad. Así como el Caos *no es* antes de reflejarse en el Espejo y de desdoblarse en Ser y Nada, así tampoco el niño *es* (en términos de identidad yoica, claro está) antes de identificarse con la imagen especular. El recién nacido es un cuerpo fragmentado y disgregado sin yo ni centro unificador. Del mismo modo, el Caos es una inconsistencia radical debido a la velocidad infinita en la que se desplazan sus elementos informes e inaparentes. La conformación imaginaria del yo es, para el infante, análoga a la aparición del Ser y de la Nada para el Caos. En ambos casos se trata de un proceso imaginario y de una reflexión especular. En ambos casos, además, el Espejo es exterior a e independiente de la instancia reflejada (cuerpo fragmentado o Caos). Existe sin embargo una sutil –o no tan sutil– diferencia entre el estadio del espejo del psicoanálisis lacaniano y el Acontecimiento o la Singularidad onto-fenomeno-génica del SMG. La diferencia radica en que el Espejo, para la teoría metanfetafísica, está roto. Esta circunstancia tiene profundas consecuencias en la dinámica fenomenológica de S«-»N. En efecto, mientras que Lacan encuentra en la imagen especular la posibilidad de que el yo se constituya y unifique (ficcionalmente) la fragmentación del sujeto, el SMG postula que el Espejo que refleja al Caos, debido a su fragmentación, no le ofrece ninguna posibilidad de unificación. Al contrario: el Espejo lo disgrega aún más. Por eso para el SMG el Acontecimiento o la Singularidad, lejos de ser "una asunción jubilosa" como es la identificación con la *imago* especular según Lacan, es más bien un suceso traumático: *el* Trauma originario, de hecho. El Caos no experimenta júbilo sino horror, *phobos*. Y este horror, como vimos en el Libro I, obedece a la proyección imaginaria de X. En última instancia, es X (entendida como proyección fantasmática) la que introduce en el corazón del Caos una Discordancia primordial o una Dehiscencia originaria. Y para que esta proyección haya podido formarse en el Caos ha sido preciso que el Límite lo determine y que su lado interior, el Espejo roto, comience a reflejarlo fragmentariamente. Antes de la determinación realizada por el Límite no había horror, puesto que el Caos no volvía sobre sí ni existía "conciencia" de la fragmentación. Nada se mostraba "entonces". El aparecer del Ser, el Ser *en tanto* aparecer, sólo es posible como reflejo especular. Sólo porque el Caos se refleja en el Espejo puede comenzar a aparecer, puede dar inicio a su manifestación y, al mismo tiempo, a las zonas que no acceden a esa manifestación. Estas zonas, internas al Caos, son los lagos de Nada que el Ser requiere para devenir. Sólo porque el Caos se parte en dos, en el Ser y la Nada, puede haber devenir. La Nada es la condición interna del devenir, el hueco que genera un desequilibrio en el seno del Caos a fin de que el aparecer se dinamice. Pero todo este proceso responde en última instancia a la proyección fóbico-imaginaria de X. El Límite inocula el Fantasma de X, su mera posibilidad *extra muros*, en el interior del Caos. Un Límite me detiene, "conjetura" el Caos, y si me detiene es porque debe haber algo más allá del Límite, un Otro absoluto fuera de mi horizonte. Esta proyección fantasmática horroriza al Caos, lo sacude. Es la convulsión de la sobredosis. El Acontecimiento o la Singularidad es el momento en el que el Caos se da vuelta, se pasa imaginariamente de la raya, conmociona. La conmoción de la sobredosis es tan poderosa que el Caos se parte la cabeza contra el Espejo, que también se rompe. El Caos no puede unificarse porque los fragmentos del Espejo, en lugar de devolverle una imagen plena y unívoca, le devuelven miles de reflejos distorsionados que disgregan aún más al Ser recién nacido. Pero además de disgregarlo reflexivamente, el Espejo enfrenta al Ser a las zonas opacas que se insinúan por las hendiduras que separan los trozos fulgurantes. Doble alienación: tanto las imágenes que refleja el Espejo como las zonas de opacidad (lo Alien) son un Otro que Ser, sólo que un Otro relativo. X, en cambio, es un Otro absoluto. El evento onto-fenomenológico progresa como una cascada: todo empieza con el Caos y el Límite. El horror que le provoca al Caos la determinación efectuada por el Límite lo conduce a proyectar a X. Ese mismo horror lo sacude y lo lanza contra el lado interior del Límite: el Espejo, que se rompe en mil pedazos. El Caos experimenta entonces los reflejos que lo hacen aparecer, es decir ser, y lo Alien, que lo asedia e interrumpe. En lo Alien el Caos encuentra una primera posibilidad de experimentar a X, aunque se trata de una ilusión porque X es inexperimentable. De todos modos, lo Alien representa ya, a los ojos afiebrados del Caos, un primer paso hacia la tramitación (o asimilación o digestión) de X. Lo Alien, sin embargo, pese a todos los esfuerzos del Caos, es irreductible, es un Otro que Ser, claro que un Otro relativo pero Otro al fin. Por eso el Caos necesita una alteridad más al alcance de la mano, un otro usable –incluso ab-usable–, necesita ahuecarse a fin de poder descargar en ese hueco su rabia, su horror y su frustración (por no poder acceder a X). Ese es el origen de la Nada: el *tzimtzum* del Caos.

(4)

La rotura del Espejo es un postulado necesario para que el Caos pueda dinamizarse, devenir y aparecer. Si el Espejo no estuviese roto, la reacción fóbica del Caos generada por la proyección de X se habría detenido en un único reflejo. El Caos habría aparecido por completo. Se habría pasado del Caos al Ser y allí se habría paralizado todo devenir. Es como si del *apeiron* de Anaximandro se hubiera desembocado en el *eon* de Parménides que es uno, inmóvil, idéntico, etc. Sin embargo, la realidad es dinámica y fluida; es devenir, como asegura Heráclito o, mucho más acá, Hegel. Pero para que haya sido posible el devenir, según vimos en el Libro K, fue preciso que el Ser pasara a la Nada y la Nada al Ser. Esto significa que la corroboración empírica del movimiento del mundo, del tiempo y del cambio es una prueba irrefutable de la rotura del Espejo. La experiencia cotidiana que hacemos de la Nada, e incluso la experiencia de la angustia como el paradigma de la nihilización del mundo, es una prueba fehaciente de que el Espejo está roto. En suma, la Nada es la prueba empírica de la rotura del Espejo. El Caos puede devenir porque se parte (la frente) en dos. Y este partirse la frente en dos es simultáneo a la rotura del Espejo, que se distribuye también en dos elementos: los trozos de vidrio que reflejan y las zonas de opacidad, las estrellas y los agujeros negros. Los fragmentos estrellados dan lugar al Ser, el lote del Caos que se verá reflejado y podrá aparecer; los agujeros negros (lo Alien) dan lugar a la Nada, el lote del Caos que no se verá reflejado y no podrá aparecer. Pero entre la Nada y el Ser hay una complicidad esencial: ambos provienen del Caos. Es más: gracias al desbalance que se produce entre el Ser y la Nada, cuya proveniencia remite a los fragmentos abrillantados y a las zonas de opacidad respectivamente, el Caos puede devenir y aparecer. Por eso Heidegger señalaba, según hemos visto en el apartado 1 del Libro Λ, que la esencia del aparecer supone tanto la aparición como la des-aparición, tanto lo desoculto como lo oculto. Complicidad, entonces, entre el Ser y la Nada. Sin embargo, el Espejo, tanto en su dimensión brillante como opaca, tanto en sus estrellas cristalizadas como en sus agujeros negros, es un Otro extra-caótico. Claro que se trata de un Otro relativo, puesto que refleja y a la vez asedia a S«-»N.

Que el Espejo está roto, como dijimos, es un hecho empírico, comprobable cada vez que percibimos el movimiento, cada vez que experimentamos el cambio, de nosotros y del mundo.

Sólo puede haber cambio si el Espejo está roto.
Hay cambio.
El Espejo está roto.

Pero ¿por qué se rompió? ¿A qué responde la rotura del Espejo? A X, a la mera posibilidad de X. *Mera* equivale a imaginaria y fantasmática. La *mera* posibilidad es la posibilidad proyectada imaginariamente por el Caos en el Acontecimiento de la de-limitación. El Espejo se rompe por horror; no por un horror propio, sino por el horror padecido por el Caos. Lo primero que el Espejo recibe del Caos es el Espanto más desesperado: el Horror es el primer reflejo, pero también lo que rompe al Espejo, abriendo hendiduras en su superficie. El Caos experimenta (imaginaria y/o fantasmáticamente) la amenaza de X, de aquello que sospecha del otro lado del Límite. La proyección de X, absolutamente real para el Caos, tan real como los síntomas físicos de un ataque de pánico o de una fobia, provoca que el Caos ya no sea Todo, sino que un Otro lo amenace. Este Otro absoluto proyectado fóbicamente, este Otro al que sin embargo nunca accede porque el Límite es infranqueable (principio de irrelatividad), se va a reproducir, en un nivel ya relativo al Caos, en lo Alien, es decir en las manchas que, en el Espejo, no reflejan ni se manifiestan sino que acosan e insisten. Lo Alien vuelve factible que el Caos pueda experimentar a lo Otro, pero este Otro ya no será absoluto como X, sino relativo. Sólo por eso puede el Caos hacer una experiencia (ética, como en Lévinas; deconstructiva, como en Derrida; religiosa, como en Marion; literaria, como en Blanchot; espectral, como en Ludueña Romandini; etc.) de lo Otro *intra muros*. Lo Alien, como el Espejo, lo Alien como las zonas opacas *del* Espejo, es un Otro diverso del Caos puesto que pertenece al Límite y por ende no proviene de la evanescencia caótica. Pero a la vez es relativo al Caos puesto que mantiene una relación con él. La relación entre el Límite y el Caos es doble: de reflexividad, en el caso de los fragmentos espejados; de asedio e interrupción, en el caso de lo Alien. A su vez, el horror del Caos tiene como consecuencia también una doble reacción: 1) una traducción de X a lo Alien, es decir de lo Otro absoluto a lo Otro relativo, y 2) una traducción de lo Alien a la Nada, es decir de lo Otro relativo para-caótico a lo Otro relativo intra-caótico. La proyección fóbica de X encuentra una pantalla de reflexión en el Límite: es el Espejo y su cualidad reflexiva. Pero la conmoción fóbica que ha sacudido al Caos, el efecto desestabilizador de la profunda extrañeza de X, hace que el horror que el Caos proyecta sobre el Espejo lo rompa (al Espejo y al mismo Caos). El Caos intenta proyectar a X sobre la superficie del Límite, de la misma manera que se proyecta un rollo de celuloide en una pantalla cinematográfica. Es su modo de asimilar simbólicamente lo inasimilable y de visibilizar lo que se encuentra más allá de toda visión y de toda ceguera. Pero esa proyección (fóbica) conserva inevitablemente secciones no iluminadas, no reflexivas, no traducibles en imagen. Las conserva *inevitablemente* porque X es inaccesible a toda luz. Este doble aspecto de la proyección imaginaria del Caos, a la vez (deseo de) iluminación de X e imposibilidad de iluminarla, rompe –como a la propia frente del Caos– al Espejo en dos instancias: los trozos reflexivos que darán lugar al Ser, y lo Alien que dará lugar a la Nada. El Espejo se rompe porque el Caos lo tensa en dos direcciones contrapuestas: hacia la luz, según su pulsión irrefrenable de dominar a X; hacia la opacidad, según su resignación ante la absoluta inaccesibilidad de X. Este doble movimiento rompe el Espejo y deja entrever una forma de alteridad (lo Alien) que, si bien irreductible al Caos porque pertenece al Límite (y por ende no es ni X ni el propio Caos), lo acosa y desarticula.

(5)

El Ser del SMG se parece menos al niño de Lacan que asume "jubilosamente" la imagen especular y que, al asumirla, logra unificar ficcionalmente la fragmentación de su cuerpo que a Narval, el personaje de *Bajar es lo peor*, la primera novela de Mariana Enriquez:

> Después de casi media hora, salió de la ducha tiritando y trató de mirarse en el espejo. Estaba roto: en la desesperación por limpiarse, no había reparado en los pedacitos de vidrio desperdigados por el piso, que le habían cortado apenas las plantas de los pies. Se agachó en busca de un pedazo lo suficientemente grande como para que le permitiera mirarse la cara, pero todos eran demasiado pequeños. Esto es lo que siento, exactamente, pensó: como si me hubiera caído un espejo en la calle llena de gente. Todos pasan y patean los pedazos y yo quiero juntarlos, pero es al pedo y, sin embargo, no puedo dejar de buscar-

los porque de eso depende lo poco de cerebro que me queda, si me queda algo (Enriquez 2021: 200).

El Caos no es una multiplicidad fragmentada que encontraría en el Espejo la posibilidad de su unificación, sino una evanescencia inconsistente que encuentra en el Espejo la posibilidad de su aparición. Pero esa posibilidad fenomenogénica, en el instante del Acontecimiento o de la Singularidad –en el instante que *es* el Acontecimiento o la Singularidad–, está acompañada por una fragmentación constitutiva. De allí que el Ser, entendido como uno de los efectos que genera la determinación del Caos, está animado desde su mismo origen por el deseo de juntar los pedazos de Espejo a fin de conquistar un único reflejo: Reflejo-Uno, Reflejo-Todo. El Ser nace de la determinación del Caos y sus primeras palabras son idénticas a las de Narval: "yo quiero juntarlos". El *telos* (quimérico) del Ser es su unificación definitiva: su devenir-Uno. Sin embargo, en función de X, de la proyección fóbico-imaginaria de X inoculada en el corazón del Caos en el Acontecimiento o la Singularidad, el Ser sabe que ese esfuerzo por juntar los trozos del Espejo es vano. Lo sabe, pero no puede dejar de intentarlo. Ese esfuerzo, animado por el horror, es su dinámica, su devenir, el movimiento mismo del mundo y del aparecer. Dice, al igual que Narval: "es al pedo y, sin embargo, no puedo dejar de buscarlos porque de eso depende lo poco de cerebro que me queda, si me queda algo".

Que el Espejo no provoca júbilo sino horror es una constatación evidente para cualquier lector de Jorge Luis Borges: "Yo que sentí el horror de los espejos" (1974: 814), dice el escritor al inicio de un poema que se encuentra en *El hacedor* y que está dedicado precisamente a ese "cristal impenetrable / Donde acaba y empieza, inhabitable, / un imposible espacio de reflejos". ¿Por qué este horror? ¿Por qué los espejos, según Borges, "nos alarman"? Porque nos muestran, en su inclemente multiplicación imaginaria, la vanidad del mundo. Multiplicación y vanidad son dos nociones vinculadas a lo especular que Borges expresa en dos estrofas respectivas:

Infinitos los veo, elementales
Ejecutores de un antiguo pacto,
Multiplicar el mundo como el acto
Generativo, insomnes y fatales.

Dios ha creado las noches que se arman
De sueños y las formas del espejo
Para que el hombre sienta que es reflejo
Y vanidad. Por eso nos alarman (1974: 814-815).

     METANFETAFÍSICA. Ensayo de sobredosis ontológica

Borges es sensible al poder multiplicador del espejo, aún sin tener necesidad, como el SMG, de afirmar que está roto. Lo propio del Espejo, entonces, es "multiplicar la cifra de las cosas", como dice en otro poema, esta vez de *El oro de los tigres*. Pero además de esta potencia disgregadora del Espejo, Borges sabe que la imagen que devuelve, el reflejo, es siempre un Otro respecto a lo reflejado. Tercera característica del espejo que viene a agregarse a la multiplicación y a la vanidad: la alteridad o alienación. El reflejo es siempre un otro:

> Nos acecha el cristal. Si entre las cuatro
> Paredes de la alcoba hay un espejo,
> Ya no estoy solo. Hay otro. Hay el reflejo
> Que arma en el alba un sigiloso teatro (1974: 814).

Estos versos indican que cada reflejo es diverso de lo reflejado. La imagen especular es siempre otra. El espejo introduce la multiplicación y la alteridad en el seno del Ser. Cuando el Espejo comienza a reflejar al Caos y por ende a ontologizarlo, cuando lo ilumina y lo hace parir —dar a luz— esos dos mellizos que son el Ser y la Nada, comienza a multiplicarlo y devolverle una imagen que es un otro respecto al Ser, y luego un otro, y un otro...

(6)

No sorprende que Emanuele Coccia, en una obra dedicada al problema de la imagen y de la medialidad cuya figura paradigmática es ni más ni menos que el espejo, considere que en la "cultura moderna, fue Lacan quien supo reconocer el papel fundamental de lo sensible en la constitución del individuo humano" (2010: 55) en la medida en que logró mostrar que "la imagen está en el origen de la constitución de toda la personalidad individual" (2010: 55). Si bien Coccia sostiene que Lacan, por haberse interesado fundamentalmente en las consecuencias clínicas del movimiento por el cual el ser humano reconoce su propia naturaleza en una imagen, no llegó a pensar a fondo "la extrañeza y el interés antropológico del fenómeno" (2010: 56), lo cierto es que le reconoce haber revalorado en pleno siglo XX el papel antropogénico de la imagen y del espejo. El estudio de Coccia es interesante para el SMG sobre todo porque enfatiza la relación entre imagen y exterioridad: "Ser una imagen implica, entonces, ser un extranjero de sí mismo, fuera del propio cuerpo y de su alma. [...] Las imágenes no tienen, por tanto, un ser natural, sino un *esse extraneum*: entre el cuerpo y el espíritu, que dan origen al ser natural, hay un *esse extraneum*" (2020: 93). La existencia de la imagen acontece siempre, según la expresión latina, *extra locum suum*, es decir fuera de su propio lugar. Existir como imagen implica por eso una dis-locación esencial, un salir de sí y una imposibilidad de coincidir consigo mismo. Nuestra alma no coincide consigo misma, tampoco nuestro cuerpo coincide consigo mismo, y el lugar de esa no-coincidencia es justamente la imagen. Coccia llega incluso a afirmar que lo sensible, entendido como el medio específico de las imágenes, es un Afuera absoluto, un espacio suplementario e irreductible a los cuerpos y a las almas, a la materia y al espíritu: "Se podría decir que la imagen es el afuera absoluto, una especie de hiper-espacio, aquello que se mantiene fuera de los cuerpos. [...] El Afuera, en este sentido, no coincide de hecho con el mundo, con la objetividad, con los cuerpos; el verdadero afuera son las imágenes" (2010: 24). De más está decir que para el SMG el afuera de las imágenes no es un Afuera absoluto, como cree Coccia. Basta recordar que las imágenes designan un modo de ser –debilísimo, por cierto– que puede ser asumido por las cosas (cuando se reflejan por ejemplo en un espejo), para advertir que, si bien son independientes, las imágenes mantienen una relación con las cosas y por lo tanto, según establece la fórmula de implicancia, el afuera en el que existen o subsisten no es un Afuera absoluto.

Ahora bien, las imágenes requieren de un medio que les permita subsistir y propagarse. No sorprende que el espejo sea para Coccia "el paradigma de la medialidad" (2010: 20). El espejo representa el espacio intermediario en el cual las cosas y los cuerpos se vuelven imágenes, en el cual pasamos a existir fuera de nosotros, *extra locum suum*:

> En el espejo, nos encontramos siendo una pura imagen, nos descubrimos transformados en el ser puro inmaterial e inextenso de lo sensible, en cuanto nuestra forma, nuestra apariencia, pasa a existir fuera de nosotros, fuera de nuestro cuerpo y fuera de nuestra alma. De lo cual podemos concluir que la imagen (lo sensible) no es sino la existencia de algo fuera del propio lugar. Cualquier forma y cualquier cosa que llegue a existir fuera del propio lugar se vuelve imagen (2010: 22).

Pero si el espejo es el lugar (fuera de lugar) en el que los cuerpos y las cosas dejan de coincidir consigo mismas, dejan de existir en sí y pasan a existir fuera de sí, pasan a ex-sistir, literalmente, eso significa que el espejo es la figura paradigmática de la fractura que se abre en el centro del mundo. ¿Qué es un espejo? Es el testimonio de la hendidura del mundo. Contemplar

  METANFETAFÍSICA. Ensayo de sobredosis ontológica

un espejo es corroborar que las cosas no coinciden consigo mismas, que el mundo está recorrido por una fractura o, para decirlo con Lacan, por una Discordancia primordial: "todo sensible resulta de la fractura entre la forma de algo y el lugar de su existencia y de su conciencia. En el fondo, el *cogito* del espejo es: no estoy más donde existo ni donde pienso. O incluso: soy sensible sólo donde no se vive más y no se piensa más" (Coccia 2010: 23). Se comprenderá que también para el SMG el Espejo tiene por función desdoblar o, mejor aún, multiplicar al Ser y por ende imposibilitar que pueda coincidir consigo mismo. El espejo, dice Coccia, es el lugar en el que las cosas "transforman el propio modo de ser y se vuelven fenómenos" (2010: 20). El espejo, entendido como la figura paradigmática de la medialidad, es el lugar en el cual los objetos se vuelven fenómenos, es decir aparecen. Este punto es clave para el SMG. Como hemos visto, es gracias al Espejo que el Ser puede aparecer, es decir ser, puesto que Ser y Aparecer coinciden. Sin embargo, existe una diferencia sustancial entre la física de lo sensible de Coccia y la ontología fenomenológica de la metanfetafísica. La diferencia es la siguiente: para Coccia, el ser de los fenómenos, es decir de las imágenes o de lo sensible es sólo una región circunscripta dentro de una ontología general, mientras que para el SMG el ser de los fenómenos es la ontología en cuanto tal, en su máxima generalidad.

> La ciencia de lo sensible es, en este sentido, una forma de ontología regional: existe una ontología de lo sensible. Existen imágenes, o también, hay sensible en el universo. Lo sensible, la imagen, no es propiedad de algunas cosas, sino que es un ser especial, una esfera de lo real diferente de las otras, algo que existe por sí mismo y que tiene una modalidad de ser particular, cuyos términos es preciso definir (2010: 28).

Coccia revaloriza sin duda lo sensible, puesto que le confiere un estatuto ontológico particular. No obstante, el SMG considera que no lo revaloriza lo suficiente, al menos no al punto de hacer coincidir ese Afuera propio de las imágenes, ese hiper-espacio o ese espacio suplementario con el Ser en cuanto tal. La ontología fenomenológica del SMG supone por eso que no hay cosas ya constituidas y además hay lo sensible. Mucho menos considera que las cosas supuestamente reales, además de su existencia objetiva, pueden eventualmente volverse sensibles saliendo de sí y existiendo como imágenes. Para la teoría metanfetafísica *toda* cosa, en la medida en que Ser y Fenómeno coinciden, está irremediablemente fuera de sí, en otro lugar, incluso sin necesidad de volverse imagen, puesto que *ya es* una imagen, y lo es desde siempre o, con mayor precisión, desde el Acontecimiento o la Singularidad. Por el contrario, Coccia sostiene que las cosas en tanto existencias reales difieren *genéticamente* de las cosas en tanto fenómenos:

> En cuanto objetos realmente existentes, las cosas son genéticamente diferentes de las cosas en cuanto fenómenos. O sea, el proceso por el cual las cosas se vuelven sensibles es diferente de aquel por el cual existen, y es también diferente de aquel por el cual son percibidas por un sujeto cognoscente. La génesis de la imagen, el devenir sensible de las cosas, no coincide ni con la génesis de las cosas mismas ni con la génesis del psiquismo o de los contenidos psíquicos (2010: 18).

El SMG concuerda con Coccia en un punto clave: el ser de las imágenes no depende de ningún psiquismo ni de ninguna conciencia. Pero disiente en un punto no menos crucial: la génesis de las cosas, para el SMG, es idéntica a la génesis de los fenómenos; el proceso por el cual las cosas se vuelven sensibles es idéntico a aquel por el cual existen; es el *mismo* proceso, a decir verdad, el único que hay. Esto obedece a que las cosas *son* fenómenos. Coccia, en cambio, pareciera suponer un mundo de cosas reales que eventualmente pueden dislocarse y devenir imágenes, por ejemplo al reflejarse en un espejo. El SMG, en cambio, sostiene que las cosas ya son imágenes, puesto que han podido aparecer como cosas en la medida en que el Espejo ha comenzado a reflejar al Caos y a ontologizarlo con esa reflexividad. No es que el *extra locum suum* que define a las imágenes sea un avatar de las cosas reales, que sin embargo conservarían siempre la posibilidad de regresar a su lugar propio; el *extra locum suum* es la condición de toda cosa por la sencilla razón de que toda cosa es un fenómeno y por tanto existe fuera de sí. Por eso el Espejo multiplica y distorsiona al Ser y, al hacerlo, le impide que se cierre sobre sí. Lo que hay que tener presente es que esa multiplicación y esa distorsión es paradójicamente lo que hace posible que las cosas presuntamente "reales" puedan ser. Si puede hablarse de cosas reales es porque el Espejo ha reflejado una parte del Caos y lo ha hecho aparecer. Si, como dice Heidegger, *Sein heißt Erscheinen*, entonces toda cosa, por más real que se la juzgue, es una imagen y por lo tanto está fuera de su propio lugar. Esta conclusión se desprende necesariamente de la condición fenomenológica, es decir imaginaria e imaginal, de la ontología general tal como la entiende el SMG. Si todas las cosas son imágenes, puesto que son un reflejo del Espejo, y si toda imagen existe *extra locum suum*, entonces todas las cosas existen *extra locum suum*, fuera de sí, todo está roto; todo adentro es un afuera inasimilable.

Que las cosas "reales" y las imágenes no difieran para el SMG desde un punto de vista genético no significa que el estatuto de una imagen concreta o empírica reflejada por ejemplo en un espejo sea idéntico al de la cosa material y "real" que resulta reflejada. Claro que para la ontología fenomenológica según la cual Ser es idéntico a Aparecer, ambas cosas son imágenes puesto que todo es una imagen. Pero el punto es que se trata de imágenes diversas: la imagen en el espejo, como sucede en la filosofía platónica, es una imagen de segundo grado. Sin embargo, al contrario de lo que postula Platón, las imágenes de segundo grado (o de cualquier grado) no implican una pérdida o una disminución ontológica. Dado que todas las cosas son imágenes (reflejadas por el Espejo) y dado también que no hay Ideas puras o que, si las hay, son también imágenes, se sigue que no existe parámetro a partir del cual sería posible comparar, desde afuera y objetivamente, a las imágenes entre sí para determinar su graduación –y su correlativa valoración– ontológica. En suma, se trata de una gradación a-jerárquica y psicodélica. Según un mecanismo que hemos visto repetirse a lo largo de esta investigación, la legalidad más férrea es sinónimo del libertinaje más desmesurado. En este caso, la trascendencia absoluta de X, e incluso la trascendencia relativa del Espejo y de lo Alien, garantiza(n) la inmanencia absoluta del Ser. La trascendencia extra-ontológica asegura la inmanencia intra-ontológica.

(7)

Para el SMG, el encontronazo del Caos con el Límite, el momento en el que el Caos se rompe la cabeza y en el que el Espejo se rompe también, es análogo a lo que Isaac Luria llama *shevirat hakelim*, la rotura de los recipientes. Dios se exilia de sí en el proceso denominado *tzimtzum*, y en el espacio vacío que deja al retirarse (de sí) se forman los prototipos de toda existencia, las formas de Adam Cadmón. Los ojos de Adam Cadmón refractan el rayo de luz enviado por lo Infinito (*En-Sof*), pero los recipientes que deben acoger a esas luces en el proceso de creación se quiebran bajo su choque. A esta fragmentación de los recipientes se refiere Luria con la expresión *shevirat hakelim*. El punto que nos interesa es la consecuencia que tiene esa ruptura, análoga a la del Caos y el Espejo según el SMG, para el resto de la creación. De acuerdo a Luria, nada se encuentra en su propio lugar, todo está en exilio, fuera de sí. Esta profunda dislocación de todas las cosas solicita de un acontecimiento futuro (al que Luria identifica con el término *tiqqun*) que las restituya al lugar que les corresponde originariamente. Gershom Scholem lo explica a la perfección:

Nada se encuentra ya en el lugar donde debiera encontrarse. Todo está en alguna otra parte. Pero un ser que no se halla en su lugar se puede decir que está en exilio. De este modo resulta que todo ser a partir de aquel acto primitivo es un ser en el exilio y se encuentra necesitado de reconducción a su lugar de origen y de redención. La rotura de los recipientes se continúa en todos los siguientes grados de la emanación y de la creación; todo está como roto, todo tiene una mácula, todo es imperfecto (1998: 23).

¿Por qué este excurso sobre cábala y mística judía? Porque el modo en el que Luria entiende a la totalidad de las cosas es idéntico al modo en el que Coccia entiende a las imágenes. Luria dice: todas las cosas –y no ya sus imágenes, sino las cosas en cuanto tales, en cuanto objetos reales– están en otro lugar, en exilio; todo ser, por el hecho de ser, es un ser en el exilio. Incluso estaríamos tentados a convertir esta expresión en una suerte de existenciario heideggeriano: todo ser, en la medida en que para la ontología fenomenológica del SMG es una imagen o fenómeno, es un ser-en-el-exilio. Este ser-en-el-exilio de toda cosa, esta suerte de *exitus* sin *reditus*, es una consecuencia directa e inevitable de la rotura de los recipientes (según Luria; y de la rotura del Caos y del Espejo, según el SMG). Luria dice entonces que todo está fuera de sí, en otra parte, en exilio. ¿Y qué dice Coccia de las imágenes, de lo sensible? Dice: "Lo sensible es el ser de las formas cuando están en el exterior, exiliadas del propio lugar" (2010: 25). El SMG toma de Luria el hecho de que *todas las cosas*, por el mero hecho de ser, están fuera de sí, *extra locum suum*. Pero toma de Coccia el hecho de que estar fuera de sí es lo propio de las imágenes. De lo cual se sigue que, si las cosas están fuera de sí, y si estar fuera de sí es ser una imagen, entonces todas las cosas son imágenes, es decir fenómenos. Y si las cosas son fenómenos, entonces la ontología es fenomenológica. Pero, además, si la ruptura del Espejo y de la frente del Caos responde en última instancia a la proyección fóbico-*imaginaria* de X, entonces la ontología fenomenológica debe por necesidad concernir a la imaginación. Aparecer, para el Ser, es imaginar (recuérdese que las raíces *phy-*, de *physis*, es decir Ser, y *pha-*, de *phainesthai*, pero también de *phantasia*, *phantasma* y *phainomenon*, dicen lo mismo). Por eso Coccia puede asegurar que en el espejo las cosas se vuelven fenómenos, es decir imágenes. El Espejo le brinda al Caos la posibilidad reflexiva para que imagine y para que, imaginando, devenga Ser y Nada, es decir aparezca, se muestre, sea.

   METANFETAFÍSICA. Ensayo de sobredosis ontológica

Se sabe que los espejos más antiguos, a diferencia de la opinión popular, no provienen de China sino de Anatolia y se remontan a 8.000 años a.C. Los primeros espejos de los que se tiene registro fueron descubiertos por el arqueólogo británico James Mellaart en el asentamiento neolítico de Çatal Hüyük (también conocido como Çatalhöyük), actualmente Turquía. Más allá de su origen geográfico, lo cierto es que los espejos parecen acompañar la historia del ser humano a partir del neolítico. Los encontramos desempeñando un papel central en la civilización egipcia, como también en la civilización china y en la precolombina. En el mundo antiguo, sin embargo, el espejo no posee el sentido moderno que lo vincula íntimamente con la representación. No funciona allí como una mera reproducción de lo real, sino que su universo simbólico es mucho más amplio y complejo que en su versión moderna. En las culturas más diversas de la Antigüedad los espejos funcionan como objetos mágicos que forman parte del mundo religioso y sobrenatural:

> En estas sociedades [las sociedades egipcias y mesopotámicas], los espejos eran a veces usados para simbolizar creencias religiosas o de otra naturaleza. [...] A veces eran usados para simbolizar el yo interior [*inner self*]; proveían también un modo de "mirar atrás" [*look back*]. Se les atribuía propiedades mágicas a los espejos, los cuales servían para hacer fuego, como armas, y como dispositivos para detener el tiempo (Enoch 2006: 777).

La relación entre el espejo y el yo, entre el espejo y el autoconocimiento posee una historia milenaria que se remonta, no sólo al mundo egipcio y mesopotámico, sino también a la civilización china, sobre todo a partir del tercer milenio a.C.

> Aquí también, se creía que los espejos poseían propiedades especiales, incluyendo la posibilidad de mirar atrás en el tiempo [*look backward in time*] (y mantenerse alerta) y de verse a sí mismo [*to see oneself*] como uno es (ser consciente de los errores); se les atribuía también propiedades mágicas. Estas características son similares a las discutidas anteriormente en relación a los espejos antiguos en general y egipcios en particular (2006: 778).

Este simbolismo mágico aparece también en las culturas precolombinas, como los olmecas o los mayas, en las cuales los espejos eran usados no sólo para reflejar el mundo cotidiano de las cosas y las apariencias sino también "para hacer fuego, para la auto-contemplación [*self-contemplation*], la medicina, la adivinación y la astronomía" (2006: 779). Entre las propiedades mágicas atribuidas a los espejos se cuenta la de revelar, a través de un reflejo cuyo alcance va mucho más lejos que el de la mera representación, el yo interior de la persona que se contempla en su superficie. Hay que notar, sin embargo, que el yo del mundo antiguo difiere radicalmente del yo moderno. Lejos de aludir a una identidad auto-centrada, el yo interior (*inner self*) de los pueblos primitivos designa aquella parte de la persona que pertenece a los dioses, a los animales, a las plantas, al mundo impersonal del cosmos. El sujeto nunca es propietario de su yo o, mejor dicho, el yo no es la forma privilegiada de la subjetividad antigua. El autoconocimiento del hombre antiguo consiste en escrutar todas las potencias impersonales y cósmicas que lo constituyen como tal. El espejo, en este sentido, convoca, mediante su poder reflexivo, las múltiples fuerzas que atraviesan al hombre y lo descomponen en un éxtasis cósmico. Todavía en el mundo medieval, ya profundamente transformado en sus estructuras culturales y económicas, el *speculum* sigue gozando de ese halo misterioso y mágico que le había conferido el hombre antiguo. Sobre todo, sigue evocando ese vínculo íntimo con la muerte que poseía en las sociedades primitivas. En efecto, la mayoría de los espejos antiguos se han encontrado en tumbas, féretros o sarcófagos, no sólo como ofrendas a per-sonas distinguidas sino también en las tumbas más modestas: "Los primeros espejos conocidos fueron recuperados de tumbas en Anatolia" (Enoch 2006: 775), o también: "Los primeros espejos chinos aparecieron como elementos en tumbas" (2006: 775), o, por último: "En una tumba real, datada entre el 800 a.C. y el 200 d.C., se encontró un mosaico espejado hecho de pirita ferrosa" (2006: 779). La presencia de los espejos en las cámaras mortuorias y las tumbas de la Antigüedad no se explica meramente al incluirlos entre los objetos que debían acompañar al difunto en la otra vida. El espejo no es un objeto más entre otros. Es el umbral que conecta los mundos, el mundo cotidiano de la persona con el mundo mágico de las potencias extra-huma-nas. Al hacer posible el acceso al mundo sobrenatural, al mundo afuera del mundo, el espejo implica la muerte de la persona, la muerte de la identidad antrópica. El hombre muere como hombre para renacer como espíritu, como animal, como agua, como viento. En el mundo moderno el espejo pierde esta intimidad con la muerte. No refleja más el yo interior del hombre antiguo, es decir, la multiplicidad de las fuerzas cósmicas que se ocultan detrás de la persona. No oficia ya como el portal a la contemplación verdadera del otro

   METANFETAFÍSICA. Ensayo de sobredosis ontológica

mundo y del otro tiempo. El espejo, a partir del siglo XVII, se limita a reflejar, con una asepsia rigurosa y metódica, los rasgos de un cuerpo que se define esencialmente por un *cogito* autoevidente. Metáfora de la introspección consciente, el espejo recorre y refleja todas las vicisitudes del sujeto moderno. Y si su superficie llega a demorarse deliberadamente en un cuerpo, no es ni el cuerpo cósmico del hombre antiguo ni la carne pecaminosa del cristiano medieval, sino la anatomía de un organismo recorrido de punta a punta por la mirada "neutral" de la medicina (véase Le Breton 2005). Este nuevo paradigma representativo ha implicado una profunda reestructuración de los saberes acerca del sujeto. Diluyendo ahora los vínculos que aunaban, en una misma experiencia, el espejo y la muerte, el espejo como muerte del yo y de la identidad personal, la Modernidad crea las condiciones para que surjan, en el límite de su mismo campo visual, toda una serie de figuras para-especulares que Michel Foucault hará converger, en uno de sus mejores cursos en el *Collège de France*, con la noción de anormalidad (véase Foucault 1999). En las nuevas formas que adoptan los seres que poblaban los bestiarios medievales, la figura del vampiro, sobre todo en su relación con los espejos, ocupa un lugar central. Es sabido, gracias en parte a la novela de Bram Stoker, que los vampiros no se reflejan en los espejos: "No proyecta ninguna sombra, no se ve reflejado en el espejo" (Stoker 1897: 222-223), explica el Profesor Van Helsing. El vampiro, del serbio *wampira* (*wam*: sangre, *pir*: monstruo), es primeramente quien no puede ser reflejado por el espejo de la Modernidad. Pero en la medida en que escapa al espacio reflexivo del espejo, el mismo espacio que debería revelar la verdad del hombre moderno, el vampiro se ubica desde el inicio fuera del hombre, fuera de lo humano: "Podía verlo sobre mi hombro. ¡Pero no había ningún reflejo suyo en el espejo! Podía ver toda la habitación detrás de mí, pero ningún signo revelaba la presencia de un hombre, excepto de mí mismo" (Stoker 1897: 24). En efecto, el espejo moderno sólo revela la presencia del sí mismo (humano) de Jonathan Harker. El universo simbólico que rodeaba al espejo antiguo e incluso medieval ha cambiado radicalmente. De reflejar el yo interior, es decir, el afuera de la persona y de la identidad, el espejo ha pasado a reflejar el envase corpóreo del *cogito*, del yo consciente: la esencia misma de lo humano. Por eso el vampiro, el no-muerto (*Undead*), representa el afuera del espejo, el afuera de la representación y, en consecuencia, el afuera del hombre. En la figura del vampiro, entonces, se reanuda la alianza, aunque en un sentido inverso al antiguo, entre el espejo y la muerte. Ahora el espejo no refleja más lo para-humano o lo in-humano; lo expulsa, más bien, hacia un afuera inverosímil y fantástico. De aquí en más lo sospechoso será aquello que no pueda, como los vampiros, reflejarse en los espejos. El gran encierro (*grand renfermement*) que comienza, para Foucault, alrededor del siglo XVII tiene como objetivo fundamental normalizar y disciplinar todas aquellas desviaciones que de un modo u otro quedan fuera del espectro reflexivo del espejo moderno. El vampiro, en este sentido, en la medida en que designa el afuera del espejo, la imposibilidad del reflejo, se convierte en la figura paradigmática, junto con la locura, de lo anormal y lo monstruoso; es decir, de lo para-humano.

¿Por qué hacer referencia a la figura del vampiro? Porque el vampiro es un nombre de lo Alien, de aquello que no se refleja en el Espejo. El término vampiro nombra las zonas de opacidad que el Ser es incapaz de asimilar. Como el Espectro de Ludueña Romandini, el vampiro representa el asedio de lo Otro en el campo reflexivo del Espejo, la influencia perturbadora de lo que no se refleja en el seno de lo reflejado: una bocanada de noche en el fulgor del día fenomenológico. El vampiro es un Otro que Ser, pero un Otro *relativo*, puesto que lo muerde, lo succiona, lo desangra. El vampiro es una dimensión para-ontológica, al igual que el Límite; es una figura *del* Límite, una figura liminal y fronteriza. Pero a diferencia de la concepción antropológica del espejo propia de la Modernidad, el SMG lo considera desde una perspectiva eminentemente ontológica. De tal manera que el vampiro no sólo designa una dimensión exterior a lo humano, sino al Ser. El vampiro es lo Otro del Ser, lo que acecha entre los fragmentos espejados, lo que horroriza al Ser en la medida en que no deja de recordarle que hay "algo", una alteridad inescrutable, que resulta inaccesible a su mirada especular. El vampiro, que es uno de los modos humanos de representarse lo Alien, es lo que escapa a la mirada del Ser. Y en tanto el Ser no es otra cosa más que su mirada, puesto que Ser y Aparecer coinciden, el vampiro se ubica por fuera del Ser. Si el Ser no se cierra sobre sí, si no se clausura y se totaliza, es entre otras cosas —pero de manera decisiva— porque el vampiro le succiona su pretensión totalizadora, su pulsión de enclaustramiento. Gracias al vampiro, las cosas del mundo pueden decir: "somos de la luz y de lo que no la refleja" (Cohen 2021: 97). La marca que el vampiro deja en el cuello del Ser, los dos pinchazos fatales, potencialmente últimos como cada uno de los pinchazos que un yonqui distribuye por la superficie de su cuerpo, de los pies al cuello, es el certificado de disgregación del Ser: su apertura hacia lo Otro, su inevitable desangrado, su hemofilia desfundante. Sólo dos puntos rojos y el Ser ya no coincide consigo mismo. Pero detrás de los dos puntos, detrás aún del vampiro, de lo Alien, acecha, desde una exterioridad absoluta e inaccesible, X que, si bien responde a una proyección fóbico-fantasmática, nada impide que sea realmente del otro lado del Límite, si es que hay otro lado. Y esa mera posibilidad, incomprobable por razones de principio, basta para que todo el resto se desencadene como en una cascada delirante e imparable: el frentazo del Caos, la rotura del Espejo, el aparecer del Ser y el inaparecer de la Nada, la dinámica que permite su mutua complicidad, lo Alien insinuándose por los intersticios que separan a los fragmentos especulares, el anhelo unificador del Ser, su imposibilidad constitutiva, el abuso de la Nada (genitivo objetivo) como consuelo frente a la frustración y el oprobio, etc. Las crónicas de lo Real encuentran su prólogo en la proyección fóbico-imaginaria de X.

Textos citados

Borges, Jorge Luis (1974). *El hacedor*. En: *Obras completas*. Buenos Aires: Emecé.

Coccia, Emanuele (2010). *A vida sensível*. Trad. Diego Cervelin. Florianópolis: Cultura e Barbárie.

Coccia, Emanuele (2020). "Física de la sensible. Pensar la imagen en la Edad Media". En: Emmanuel Alloa (ed.). *Pensar la imagen*. Trad. Raúl Rodríguez Freire. Santiago de Chile: Metales Pesados, pp. 87-105.

Cohen, Marcelo (2021). *El testamento de O'Jaral*. Buenos Aires: InterZona.

Deleuze, Gilles y Guattari, Félix (1980). *Mille plateaux. Capitalisme et schizophrénie*. París: Les Éditions de Minuit.

Di Ciaccia, Antonio y Recalcati, Massimo (2000). *Jacques Lacan. Un insegnamento sul sapere dell'inconscio*. Milano: Bruno Mondadori.

Enoch, J. M. (2006). "History of mirrors dating back 8000 years". *Optometry and vision science*, Vol. 83, N° 10, pp. 775-781.

Enriquez, Mariana (2021). *Bajar es lo peor*. Buenos Aires: Galerna.

Foucault, Michel (1999). *Les anormaux: cours au Collège de France (1974-1975)*. París: Gallimard.

Lacan, Jacques (1966). *Écrits*. Paris: Éditions du Seuil.

Le Breton, David (2005). *Anthropologie du corps et modernité*. París: P.U.F.

Scholem, Gershom (1998). *La cábala y su simbolismo*. Trad. José Antonio Pardo. Madrid: Siglo XXI.

Stoker, Bram (1897). *Dracula*. Nueva York: Grosset y Dunlap.

(1)

En una conferencia sostenida el 24 de abril de 1908 en Berlín, el psiquiatra suizo Paul Eugen Bleuler propuso el término esquizofrenia (*Schizophrenie*) para designar un conjunto heterogéneo de enfermedades que la expresión *dementia praecox*, sugerida por Emil Kraepelin algunos años antes, no lograba unificar con éxito. El aspecto más destacable del neologismo, según Bleuler, era que aludía por su etimología al rasgo fundamental de los diversos trastornos psíquicos: la escisión o disociación. En su célebre texto *Dementia Praecox, oder Gruppe der Schizophrenien*, Bleuler explicaba: "Llamo a la demencia precoz esquizofrenia, porque (como espero demostrar) – la disociación [*die Spaltung*] de las distintas funciones psíquicas es una de las características más importantes" (1911: 5); y también, un poco más adelante:

> La enfermedad se caracteriza por un tipo específico de alteración del pensamiento, los sentimientos y la relación con el mundo exterior, que en ninguna otra parte aparece bajo esta forma particular. En todos los casos nos vemos frente a una disociación más o menos nítida de las funciones psíquicas [*Spaltung der psychischen Funktionen*] (1911: 6).

El término *Schizophrenie* creado por Bleuler tendía a enfatizar, desde su misma etimología, la condición escindida de la mente. En efecto, el neologismo remite a la lengua griega y está compuesto por *schizein* (separar, escindir, hendir, dividir) y *phren* (mente, asiento de las emociones y posteriormente de las operaciones intelectuales), de tal manera que *esquizofrenia* significa escisión o división de la mente.

(2)

Entre las mejores páginas que nos ha brindado la fenomenología se encuentran aquellas dedicadas a describir patologías mentales. Tanto la psicología fenomenológica como la psicología existencial y la *Daseinanalyse*, que cuentan desde hace ya más de un siglo con renombrados exponentes, han logrado describir los estados patológicos con una agudeza y lucidez sin parangón. Eugène Minkowski, por ejemplo, ha sostenido que el aspecto central de la esquizofrenia reside en una "pérdida de contacto vital con la realidad" (2002: 31). En el caso normal, el sujeto existe inmerso en un horizonte de significación y de vitalidad que le permite desenvolverse intencionalmente en el mundo. Cuando Minkowski habla de un *contact vital avec la réalité* se refiere al fondo pre-reflexivo y pre-conceptual que define nuestro ser-en-el-mundo o, con mayor precisión y retomando una expresión de Heidegger, nuestra "intimidad con el mundo [*Vertrautheit mit Welt*]" (*GA* 2: 102). La existencia humana, desde esta perspectiva, se define como una apertura a un amplio espectro de posibilidades y como un tejido de relaciones en el que el sujeto individual se encuentra inmerso. Antes incluso de que la intencionalidad de la conciencia entre en funcionamiento, el cuerpo propio establece un sistema de relación pre-reflexivo y pre-conceptual, eminentemente *afectivo*, con el entorno mundano. En este sentido, Till Grohmann ha señalado, inspirándose sin duda en la filosofía de Merleau-Ponty entre otros, que son "las estructuras afectivas del cuerpo operante [las] que proporcionan a la subjetividad un medio de existencia concreto, una suerte de trasfondo carnal [*arrière-plan charnel*] sobre el cual se desarrolla la totalidad de sus efectuaciones intencionales" (2019: 187). Thomas Fuchs, por su parte, se ha referido a esta estructura carnal y afectiva con la expresión "sí mismo basal [*basales Selbst*]" (2012: 889), la cual hace referencia a tres dimensiones indisociables: la auto-afección, el cuerpo-sujeto (*Leiblichkeit*) y la temporalidad. Estas tres dimensiones, explica Fuchs, procuran una vivencia encarnada y vital, una experiencia de ser real, de existir y de ser efectivamente presente en el mundo. En un sentido similar, Joseph Parnas ha hablado de un "medio o de un fondo en el cual la experiencia tiene lugar y que la vuelve posible" (2000: 119).

Ahora bien, es justamente este fondo pre-reflexivo, este medio afectivo y carnal, lo que va a entrar en crisis en la esquizofrenia. Por eso la mayoría de los testimonios de pacientes recogidos en los tratados de psiquiatría

    METANFETAFÍSICA. Ensayo de sobredosis ontológica

fenomenológica ponen de manifiesto la radical extrañeza que el sujeto esquizofrénico siente respecto a su cuerpo y al mundo común. Tal es así que Fuchs ha podido identificar a la esquizofrenia con una desencarnación o descorporización (*disembodiment*) radical:

> Esta inscripción carnal [el autor se refiere al ser-sí-mismo pre-reflexivo del cuerpo vivido] evidente en el mundo se pierde en la esquizofrenia. Se podría decir que los pacientes "no habitan" más su cuerpo, en el sentido de lo íntimo y del proceso habitual de vivir que está ligado al médium del cuerpo subjetivo. Por eso, la esquizofrenia supone una perturbación fundamental [*fundamentalen Störung*] en la capacidad de la persona para relacionarse, por medio de su propia corporeidad, con el mundo compartido y para participar en él (2012: 891).

Esta *fundamentale Störung* de la que habla Fuchs implica una pérdida radical del sentido de agencia, propiedad y subjetividad que, en condiciones normales, nos permite experimentarnos como seres reales y presentes. Shaun Gallagher, desde una perspectiva también fenomenológica, ha distinguido entre el sentido de propiedad (*sense of ownership*) y el sentido de agencia (*sense of agency*), pero ha señalado que en los casos "normales" o "sanos" ambos sentidos coinciden. Esto significa que el sujeto "normal" experimenta sus propios pensamientos, sentimientos, emociones, movimientos, etc. de modo no inferencial sino inmediato como efectivamente *suyos*.

> En la fenomenología normal de la acción voluntaria o deliberada, el sentido de agencia y el sentido de propiedad *coinciden y son indistinguibles*. La noción de agencia se refiere a la iniciación o a la fuente del acto. Implica el sentido de generar o ser el generador voluntario de una acción. Cuando levanto una taza, sé que esta es mi acción [*my action*]. Cuando pienso en la taza, sé que este pensamiento es mío [*my own*] (Gallagher 2000: 203-204).

Ahora bien, este sentido de agencia y de propiedad resulta transmutado por completo en los casos de esquizofrenia. Por eso varios autores han individuado uno de los rasgos centrales de la esquizofrenia en la "alienación y externalización de la agencia" (Hirjak *et all.* 2013: 4), es decir en el hecho de que "los sujetos esquizofrénicos experimentan una extraña despersonalización: su propio cuerpo se vuelve algo similar a un mecanismo, dentro del cual tiene lugar la vida mental, pero como si viniera del espacio exterior [*from somewhere in external space*]" (2013: 6). En cierta forma, el sujeto esquizofrénico no coincide con su cuerpo, al que siente extraño y semejante a un mecanismo, ni con sus pensamientos, a los cuales también siente extraños. Un Otro, ahora, actúa y piensa. La agencia, la instancia actuante y pensante, se ha desplazado radicalmente o, *in extremis,* ha desaparecido. Giovanni Stanghellini ha explicado que la experiencia esquizofrénica supone una desanimación o un vaciamiento del cuerpo que se traduce en una profunda "pérdida de la presencia [*loss of presence*]" (2009: 58). Se trata de una pérdida de la auto-afección del cuerpo y de su inscripción en un mundo común y significativo. El cuerpo, insistimos, se le presenta al esquizofrénico como una alteridad inescrutable; de la misma manera, los pensamientos le parecen llegados desde el exterior. Este último fenómeno se denomina, según una expresión que figura ya en el DSM-5, *thought insertion*:

> Es difícil aprehender a qué se refiere alguien que asegura "experimentar" pensamientos a los cuales accede en primera persona a través de la introspección, pero que no son propios [*are not their own*]. Este fenómeno es conocido como "inserción de pensamiento" [*thought insertion*] y es un síntoma regularmente asociado con un diagnóstico de esquizofrenia (Gunn 2015: 560).

Sass y Parnas han explicado que esta experiencia de extrañamiento y de despersonalización implica una "presencia disminuida de sí mismo [*diminished self-presence*]" (Parnas 2000: 130) o una "auto-afección disminuida [*diminished self-affection*]" (2000: 171). Esta disminución de la presencia respecto a sí mismo se acompaña en general de lo que estos autores llaman "hiperreflexividad [*hyperreflexivity*]" (Sass 2003: 247-271). Cuando el enfermo se siente desencarnado, desrealizado y a distancia de sí mismo –situación que Wolfgang Blankenburg ha comparado a una suerte de *"epoche* fenomenológica trascendental"* (1980: 50-78)–, intenta relocalizarse, resituarse y recuperar la inmediatez del vivir afectivo que otrora lo abría al mundo. Este esfuerzo por volver a la presencia, por volver a ser, se expresa a partir de una toma de conciencia pormenorizada (hiperreflexividad) de la actividad mental y corpórea, incluso –y sobre todo– de aquella que habitualmente permanece por debajo del umbral consciente. De allí la paradoja a la que se enfrenta el esquizofrénico: intentando volver a la presencia, es decir a la familiaridad y la espontaneidad que lo vinculaba a sí mismo y al mundo, no hace más que repetir artificialmente acciones y comportamientos que no dejan de resultarle extraños e inaccesibles. La espontaneidad deviene automatismo; la vitalidad, apatía; la sociabilidad, autismo. Para decirlo con Ernesto De Martino, se trata de una crisis de la presencia que implica, en cuanto tal, una profunda conmoción ontológica. Antes que ser un asunto psicológico, la esquizofrenia apunta a una ontología fenomenológica y, más en concreto, a su Límite.

          METANFETAFÍSICA. Ensayo de sobredosis ontológica

(3)

En un texto reciente al que ya hemos aludido y que consideramos de la mayor importancia, Till Grohmann ha sugerido que la normalidad, el autismo y la esquizofrenia suponen tres ontologías regionales diversas. El Ser del sujeto normal no es el Ser del autista ni el Ser del esquizofrénico. Uno de los aspectos más destacables de la propuesta de Grohmann, a nuestro juicio, es que evita el error de considerar a la ontología propia de la experiencia esquizofrénica como una degradación, disminución o deformación de una ontología-madre (*ontologie-mère*) representada por la experiencia normal. Al contrario, el caso normal y el caso patológico "se originan sobre un mismo fondo de ser [*un même fonds d'être*] que, en la esquizofrenia, el autismo y la normalidad, se especifica de manera diferente" (2019: 13). Ahora bien, llegados a este punto quisiéramos sugerir una tesis diversa a la de Grohmann: la esquizofrenia no es una ontología regional más junto a la del autismo y a la de la normalidad, sino que revela más bien el Límite de la *ontologie-mère* sobre la cual se han constituido las otras dos ontologías regionales. La dimensión ontológica basal, lo que Grohmann llama *ontologie-mère* o *fonds d'être*, está circunscripta por *Ananke*, quien sujeta al Ser en los límites de grandes cadenas, y es precisamente esta delimitación del Ser lo que revela la esquizofrenia. De tal modo que el esquizofrénico accede, en ciertos casos extremos, al margen último, al *peiras pymaton*, de la ontología.

(4)

El 28 de junio de 1880, el Dr. Jules Cotard, figura que contribuyó ampliamente a la "comprensión de los delirios psicóticos en la esquizofrenia" (Pearn y Gardner-Thorpe 2002: 1402) y en la que al parecer se inspiró Marcel Proust para crear el personaje del Dr. Cottard, lee frente a la *Société médico-psychologique* un informe en el que describe el caso de una melancólica ansiosa, Mlle. X, que padece un delirio hipocondríaco muy curioso. Una de las características de este delirio, según Cotard, consiste en la profusión de "ideas hipocondríacas de no-existencia [*non-existence*] o de destrucción de diversos órganos, del cuerpo entero, del alma, de Dios, etc." (1891: 313). Dos años después, Cotard presenta otro informe en el que se propone estudiar "una evolución delirante especial" (314) a la que denomina "delirio de negación [*délire de négation*]" (315). Quienes padecen esta forma de delirio niegan tener nombre, haber nacido, tener familia, cuerpo, alma, etc.; en ciertos casos, "la negación es universal, ya nada existe, ellos mismos no son nada [*eux-mêmes ne sont plus rien*]" (315). Se trata de un trastorno a la vez físico y moral que suele ir acrecentándose con el tiempo: "Los enfermos comienzan por no tener corazón ni inteligencia y terminan por no tener cuerpo [*n'avoir plus de corps*]" (322). No deja de ser interesante, por otro lado, que en las fases más extremas de este delirio los pacientes "llegan a negar el mundo exterior y su propia existencia" (321), es decir las dos dimensiones básicas del correlacionismo fenomenológico (conciencia/mundo, para-sí/en-sí, cuerpo propio/ambiente, etc.). Por tal motivo, además de certificar la muerte o la inexistencia de sus propios cuerpos, los enfermos afirman "que el mundo no existe más [*le monde n'existe plus*]" (324). No sólo nos interesa este *délire de négation* porque describe una "condición detectable en la esquizofrenia y durante episodios depresivos en casos severos de desorden bipolar" (Pearn y Gardner-Thorpe 2002: 1400), sino porque consideramos que posee profundas consecuencias para el SMG.

Matthew Ratcliffe ha señalado que el *délire de négation* –o "síndrome de Cotard", como sería conocido más tarde– no es un razonamiento o una inferencia que realiza el paciente, sino una vivencia, algo que el paciente experimenta y siente:

> El paciente no infiere que no existe; hace la *experiencia* de la aniquilación o de la desaparición [*the experience of nihilation or effacement*]. El mundo pierde su realidad como la orientación que lo cohesiona y se derrumba. El cuerpo implicado en este síndrome se experimenta como ya no animado (2008: 172).

El síndrome de Cotard se asemeja a una suerte de anti-cartesianismo en el cual el sujeto accede por intuición, es decir de modo inmediato y evidente, a la certeza de su propia inexistencia: *ego non sum, ego non existo*. Como Roy Benavidez, el personaje de *Las pasiones alegres*, la notable novela de Pablo Farrés, el esquizofrénico se ve obligado a repetir el mantra: "he dejado de existir" (2020: 30). Nuestra hipótesis, entonces, es que el *délire de négation* descrito por Cotard designa la experiencia esquizofrénica paradigmática del Límite del Ser. Lo que está en juego en las escuetas consideraciones fenomenológicas acerca de la esquizofrenia que hemos expuesto en el primer apartado es en verdad el Origen mismo del aparecer ontológico, el Acontecimiento fenomenogénico, el pasaje del Caos al Cosmos. Para desarrollar este punto, desde luego, se requiere que no consideremos a este delirio –ni a la esquizofrenia en general– como una pérdida, una disminución o una deficiencia. Al contrario, hay que pensar a la experiencia delirante del esquizofrénico en su positividad y especificidad. En este sentido, Grohmann ha señalado que muchas veces las categorizaciones y teorías acerca de la esquizofrenia resultan insuficientes porque pretenden "dar cuenta de las experiencias subjetivas del paciente *a partir del cuadro ontológico de nuestra propia experiencia*" (2019: 12; las cursivas son de Grohmann). Sin embargo, para nosotros el problema es aún mayor, pues no reside meramente en no compartir la ontología del esquizofrénico, sino en que éste se ha desplazado, por así decir, al *Límite de la ontología*.

(5)

En su estudio de 1966 sobre la filosofía de Bergson, Gilles Deleuze señala que el pasado, es decir la memoria, concierne al Ser y pertenece, por ende, a un registro ontológico y no psicológico. De tal manera que recordar, en el sentido bergsoniano del término, implica literalmente dar un "salto en la ontología [*saut dans l'ontologie*]. Saltamos realmente en el ser [*sautons réellement dans l'être*], en el ser en sí, en el ser en sí del pasado" (1966: 52). Lo que nos interesa señalar es que en la experiencia esquizofrénica –la cual llamativamente no se caracteriza por una reapropiación del pasado sino por lo que Philip K. Dick ha llamado "un ahora eterno" (1995: 176)– no se produce un salto *en* la ontología, sino en *el Límite* de la ontología. El salto lleva al enfermo demasiado lejos: atraviesa el Ser y choca con su Límite.

(6)

Si resulta tan difícil aprehender la experiencia del esquizofrénico, a tal punto que Jaspers llegó a postular la imposibilidad absoluta de acceder a ella (véase Jaspers 1913), es porque el cuadro que define a la esquizofrenia no es ontológico o, con mayor precisión, es el *grado cero* de la ontología fenomenológica. Al saltar al Límite del Ser, el enfermo se sustrae también al campo semántico de las categorías con las cuales el Ser ha sido pensado por la tradición onto-teológica. Es importante, por esta razón, no confundir el Límite con la Nada, incluso en su versión heideggeriana. Como se sabe, Heidegger considera que la metafísica se define por un olvido del Ser o por una confusión del Ser y el ente. En este sentido, su proyecto consiste en llevar adelante una destrucción de la metafísica e instaurar una ontología fundamental. Desde esta perspectiva, el problema de la Nada —y de la angustia como *Stimmung* preeminente, según vimos en el apartado 3 del Libro I— adquiere un lugar central. Pero por eso mismo se vuelve más visible la diferencia entre la angustia heideggeriana y la esquizofrenia. Para Heidegger, la angustia es experimentada por el *Dasein*, a quien le es revelada, en esa experiencia, la Nada y correlativamente el Ser del ente. En el caso del esquizofrénico, en cambio, no le es revelada la Nada, por la sencilla razón de que la inexistencia afecta al *Dasein* mismo, es decir: no hay revelación porque el *Dasein* en cuanto tal ha dejado de existir. El esquizofrénico ha perdido su *Da*, el "ahí" de su existencia y, al hacerlo, ha perdido su mismo *Sein*. En este sentido, creemos que Ratcliffe, a quien ya hemos mencionado, vuelve a dar en el clavo cuando explica que lo que desaparece en el síndrome de Cotard es "la *posibilidad* de tener un anclaje en el mundo, de que el cuerpo animado se relacione y se entrelace con el mundo" (2008: 172). Para el esquizofrénico no hay más horizonte de significación ni apertura al mundo entendido en términos de posibilidad y de sentido. Pero tampoco se trata, en términos estrictos, de una clausura, puesto que lo que falta es precisamente el *Dasein* al cual podría revelarse o clausurarse el horizonte mundano. Tanto el cuerpo como el mundo han dejado de existir: "La destrucción de las estructuras afectivas los empuja a instalarse en una zona de inexistencia [*zone d'inexistence*] donde no mantienen más contacto con nada. Y esta nada implica igualmente nadie" (Grohmann 2019: 201). Esta *zone d'inexistence* es otro modo de llamar al Límite. Por eso la posición del SMG, como dijimos, es diversa a la de Grohmann: mientras que para él esta *zone d'inexistence* revela una ontología regional diversa de la ontología del sujeto normal, para el SMG revela el Límite de la ontología en general. Dicho de otro modo: para Grohmann la *zone d'inexistence* remite a una modalidad parcial del *Sein*; para el SMG, al Límite del *Sein* en cuanto tal y, de modo singular, a lo Alien. (Que la locura haya sido considerada una *alienatio mentis* y que el término utilizado hasta las postrimerías del siglo XIX para designar a los médicos dedicados a las enfermedades mentales haya sido *alienistas* es, desde este punto de vista, algo más que una coincidencia).

(7)

El psicólogo escocés Ronald D. Laing, en un libro que gozaría de gran popularidad en los años sesenta y setenta, explica que la escisión básica de la

   METANFETAFÍSICA. Ensayo de sobredosis ontológica

esquizofrenia está dada por la no coincidencia o por el desfasaje entre el yo y el cuerpo:

> En muchos esquizofrénicos, la escisión yo-cuerpo constituye siempre la fractura básica. No obstante, cuando el "centro" no logra sostenerse, ni la experiencia del yo ni la experiencia del cuerpo pueden retener la identidad, la integridad, la cohesión o la vitalidad, y el individuo se ve precipitado en una condición cuyo resultado final podría ser descrito como un estado de "caótica no-entidad [*chaotic non-entity*]" (1990: 162).

Resulta evidente que este modo de considerar a la esquizofrenia es perfectamente compatible con la distinción que ha caracterizado de manera fundamental a la metafísica de Occidente. En líneas generales y retomando el pensamiento de Nietzsche, Heidegger y Derrida entre otros, la metafísica se ha dedicado a pensar al Ser en términos dualistas. La fractura yo-cuerpo es la traducción antropológica de la fractura ontológica inteligible-sensible o espíritu-materia. Esta hendidura o hiato es el modo en el que la metafísica occidental se ha representado –de nuevo, ha proyectado fantasmáticamente– la rajadura que se produce en la frente del Caos al chocarse con el Límite. Por eso el idealismo ha tendido a identificar a la materia o lo sensible con la Nada y a lo inteligible o al espíritu con el Ser, mientras que el materialismo ha procedido en sentido contrario, identificando a la materia o lo sensible con el Ser y a lo inteligible y al espíritu con la Nada. En sus versiones matizadas, estos dos movimientos se traducen en dos derivaciones opuestas: el espíritu, al que no se le niega una cierta forma de existencia, presupone a la materia como su condición de posibilidad (materialismo); la materia, a la que tampoco se le niega una cierta forma de existencia, presupone al espíritu como su condición de posibilidad (idealismo). ¿Cuál es la relación entre esta estructura bipolar de la metafísica y la esquizofrenia? La relación es que la esquizofrenia saca a la luz *el desfasaje insalvable y radical* entre espíritu y materia o entre mente y cuerpo. El esquizofrénico muestra que lo Real está roto y fracturado: él habita, de hecho, en esa fractura. Como sostiene Stanghellini: "El dualismo radical entre un *sujeto* que piensa y un *objeto* que es concebido en su pura y simple exterioridad extensa –conciencia pura y materialidad pura– es el fenómeno fundamental de las anomalías esquizofrénicas de la auto-percepción encarnada" (2009: 58); o, de forma más lacónica: "La costura entre mente y cuerpo [en los casos de esquizofrenia] parece haber sido destruida" (2009: 58). Esta es la razón por la cual, al no identificarse ni con su cuerpo ni con su mente –tal como explicamos en el apartado 2 de este Libro– o incluso, como en el *délire de négation* de Cotard, al negar(les/se) toda existencia, el esquizofrénico da un salto al Límite de la ontología y accede por eso –en un acceso ciertamente paradójico– a su propia inexistencia y a la inexistencia del mundo. La gran paradoja es que, así y todo, *experimenta* su inexistencia, *constata* a pesar de todo su condición limítrofe o liminal. Se objetará entonces que, desde el momento en que experimenta algo, en este caso su inexistencia, está obligado a reconocer que existe inevitablemente, aunque más no sea como instancia experimentadora. Sin embargo, este tipo de razonamiento funciona para los casos normales y según una lógica que toma como presupuesto básico el parámetro de la existencia del sujeto dueño de sí y abierto al mundo. En los términos de Meinong, diríamos que se trata de un "prejuicio en favor de la existencia" (1904: 11). No es así para el esquizofrénico, por eso en él no funciona el argumento cartesiano según el cual basta pensar o experimentar algún tipo de auto-afección consciente (o corporal e incluso carnal, si nos alejamos de Descartes) para existir. Más bien es al contrario: *cogito, ergo non sum* o, mejor aún: *non cogito, ergo non sum*. El sujeto esquizofrénico, aunque en términos estrictos no resulta pertinente hablar ya de sujeto, se ha desplazado a una *zone d'inexistence*. El SMG sostiene que esta *zone d'inexistence* designa un Afuera del cuerpo y del alma que supone no sólo una ruptura del "arco intencional" y del "esquema corporal" sino un desplazamiento al Límite del Ser, al Muro en donde nada aparece ni se muestra, puesto que es la noche previa al nacimiento del Fenómeno, el grado cero de toda manifestación posible: lo Alien que acecha entre los fragmentos del Espejo.

(8)

La esquizofrenia, pues, revela el Horror generado por el Límite. En este sentido, Philip K. Dick dijo alguna vez que lo propio del esquizofrénico no es evadirse de la realidad, según la *communis opinio*, sino penetrar en ella hasta el fondo:

> La aparición letal, alrededor de los diecinueve años, de la esquizofrenia, no supone una retirada de la realidad [*is not a retreat from reality*], sino todo lo contrario: el estallido de la realidad a su alrededor; su presencia, no su ausencia respecto al entorno. La lucha perpetua por evitarla ha fracasado; él está hundido en ella [*he is engulfed in it*] (1995: 176).

El pre-esquizofrénico, asegura Dick en este ensayo de 1965, intenta evadirse de la realidad a la que percibe amenazante y traumática; sin embargo, la aparición de la esquizofrenia significa el fracaso de la evasión. (Creemos que Michel Tournier ha hecho jugar la misma idea en *Vendredi ou les limbes du Pacifique*. Robinson construye una balsa para abandonar la isla a la que bautiza *Évasion*. Evadirse no es abandonar el mundo normal y civilizado, sino todo lo contrario: abandonar la isla y retornar a la normalidad –a la realidad– de la civilización). El esquizofrénico carece ya de ficciones que le permitan tramitar el Horror generado por la conmoción del Caos ante la exigencia del Límite. Las metáforas lo han abandonado. Para emplear los términos de Dick, está hundido [*engulfed*] en las Tinieblas de S«-»N, en el grado cero del Fenómeno. Alrededor de los diecinueve años, para seguir con el ejemplo mencionado, el esquizofrénico ha dejado atrás el reino de los fenómenos y se ha roto la frente, como el Caos con el que ahora se identifica, contra el Límite. La experiencia auroral que narraba Parménides en su poema ahora es sólo accesible a los esquizofrénicos. Únicamente el enfermo mental, por su endemoniado viaje hasta el Fin de la Noche (del Fenómeno), es decir de S«-»N, es capaz de experimentar en su cuerpo y en su alma –o, quizás mejor, *ni* en su cuerpo *ni* en su alma, sino *fuera* de ellos– las metálicas cadenas de *Ananke*, la camisa de fuerza del Ser. El *Peri physeos* parmenídeo lo escriben hoy, para su ventura y desventura, los esquizofrénicos. El punto es que, al haber llegado al Límite, las cadenas no se le aparecen al esquizofrénico ya como cadenas y por eso cae en la in-determinación y en la in-apariencia, a las cuales intenta aplacar a través del delirio. El viaje delirante del esquizofrénico tiene su punto de partida en el centro de S«-»N y su punto de llegada en el Límite que lo circunscribe. Viaja del centro de la ontología fenomenológica a la periferia. Hace la experiencia fenomenogénica pero *à rebours*: (re)vive el pasaje del Caos al Orden en sentido contrario: a cada paso se desordena un poco más, se caotiza, pierde entidad, des-aparece, se des-muestra, se des-manifiesta. Como esas fotos antiguas cuyas siluetas van perdiendo los contornos a medida que pasan los años, el esquizofrénico va perdiendo también entidad y realidad a medida que se acerca al Límite. Cuando choque finalmente, cuando se rompa la frente contra el Muro, habrá dejado de existir por completo y será puro Caos indiferenciado desintegrándose a velocidad infinita, sin consistencia ni determinación. Nada se le aparecerá ya, porque no habrá aparición ni S«-»N. Nada se le aparecerá porque él mismo, como el fantasma de Hamlet del que habla Joyce en el *Ulysses*, habrá des-aparecido: "¿Qué es un fantasma?, preguntó Stephen con excitación. Alguien que se ha desvanecido hasta volverse impalpable [*has faded into impalpability*], por muerte, por ausencia, por cambio de costumbres" (2000: 240). El viaje del esquizofrénico es un *fade out* ontológico.

(9)

El grado cero de la ontología fenomenológica ha sido llamado por Lévinas *il y a*. Experimentamos el *il y a* en la oscuridad de la noche, cuando las cosas han desaparecido, cuando los objetos y los sujetos parecieran haber sido abducidos por la nada, por una nada que, sin embargo, nos invade como una presencia aterradora.

> No hay más esto ni aquello; no hay "algo". Pero esta universal ausencia [*cette universelle absence*] es, a su vez, una presencia, una presencia absolutamente inevitable. [...] La desaparición de toda cosa y la desaparición del yo remiten a lo que no puede desaparecer, al hecho mismo del ser en el cual se participa, de buen o mal grado, sin haber tomado la iniciativa, anónimamente (2004: 94-95).

El esquizofrénico experimenta la desaparición de toda cosa y del yo, del mundo y de sí mismo, y accede por ello al Límite último de la ontología, al Ser en su grado cero, cuando ya no hay nada, cuando sólo hay el *il y a*, la presencia opresiva de nada, la evanescencia de cualquier ente o ser determinado. La esquizofrenia conduce, así, al Acontecimiento o la Singularidad, es decir al instante onto-fenomeno-génico en el que el Caos comenzó a mostrarse y aparecer. El esquizofrénico viaja *à rebours, into the heart of darkness*; accede al Límite, y ni siquiera a las zonas espejadas que permiten la manifestación del Ser, sino a los huecos opacos de lo Alien. Si el Límite produjo la determinación del Caos y posibilitó, a partir de esa determinación, su eclosión fenomenológica, la esquizofrenia nulifica esa eclosión y posibilita una experiencia —en cierta forma imposible, como la experiencia literaria de Blanchot (véase Libro H)— en sentido contrario: hace inaparecer lo aparente, como si las luces del Ser fuesen apagándose consecutivamente hasta la oscuridad aterradora de la noche última, como si los reflejos emitidos por el Espejo fuesen dejando paulatinamente de brillar y el mundo se fuese hundiendo en una indeterminación atroz: "No hay ser determinado, cualquier cosa vale por cualquier otra. En este equívoco se perfila la amenaza de la presencia pura y simple, del *il y a*" (Lévinas 2004: 96). Esta indeterminación, lo hemos visto, no es otra cosa que el Caos: la velocidad infinita y la evanescencia absoluta de toda forma, el abismo en el que las cosas se disuelven antes incluso de haberse formado. No sorprende por eso que Lévinas piense al *il y a* precisamente en estos términos: "El mundo de las formas se abre como un abismo sin fondo [*abîme sans fond*]. El cosmos estalla para dejar abierto el caos [*le chaos*], es decir el abismo, la ausencia de lugar, el *il y a*" (2004: 121). El *il y a* es ciertamente aterrador y horroroso, pero no horroroso en sí mismo, sino para quien llega a él desde el Ser y el mundo. Lo mismo sucede con el Caos: en sí mismo no experimenta *Phobos*; necesita la determinación del Límite para experimentarlo. En su neutralidad impersonal, el *il y a* absorbe las cosas y los sujetos en una indiferencia incolora y opaca. Pero de este fondo sin fondo y sin lugar, dice Lévinas, se va a constituir un ente, una hipóstasis: algo va a aparecer, una forma personal, una conciencia. Por supuesto que el interés de Lévinas —deliberadamente contrario al de Heidegger— está en pensar al existente por sobre la existencia, al ente por sobre el Ser. Existencia y Ser son modos del *il y a* y de su *Stimmung* paradigmática: el horror: "El roce del *il y a* es el horror [*l'horreur*]" (2004: 98). Constituirse como un ente personal, como una hipóstasis, es escapar del horror, determinarse, des-neutralizarse, refugiarse en un dominio privado. Pero se comprenderá que en el caso de la esquizofrenia lo que tiene lugar es más bien el proceso contrario: la despersonalización, la indeterminación, la neutralización: el hundimiento en el Caos. Lévinas lo explica a la perfección, aunque sin relacionar el horror del *il y a* con la esquizofrenia, como propone el SMG:

> Es de su subjetividad, de su poder de existencia privada que el sujeto es despojado en el horror. Es despersonalizado [*dépersonnalisé*]. La "náusea" como sentimiento de existencia no es todavía una despersonalización; mientras que el horror pone al revés [*met à l'envers*] la subjetividad del sujeto, su particularidad de ente. Indica la participación en el *il y a* (2004: 100).

Se trata sin duda de la misma experiencia que realizan los esquizofrénicos y que Till Gorhmann sintetiza fundamentalmente en el sintagma *zone d'inexistence*. La expresión que, por su parte, emplea Lévinas para describir esta despersonalización absoluta, *mettre à l'envers* (poner al revés o invertir), es completamente exacta: el esquizofrénico da vuelta el proceso de subjetivación y, más allá, de aparición del mundo; viaja *à rebours*, se desplaza hacia atrás, se desubjetiva; a medida que progresa en su enfermedad, es menos; a medida que se hunde en el Caos, se des-muestra. El viaje esquizofrénico conduce al punto 0: el Acontecimiento o la Singularidad. En los grados más extremos de la patología, el enfermo, semejante a esos telescopios ultra-potentes que son capaces de ver millones de años luz hacia el pasado, experimenta el mundo en su momento virgen, en el instante originario de su aparición. Es Dios un segundo antes del *fiat lux*. La mirada del Ser se ha acercado tanto a su fuente espejada que ya no es capaz de ver nada. Los ojos del esquizofrénico han tocado el Espejo y por ende han suprimido el medio de visibilidad, el espacio intermedio (*metaxu*) que hacía posible la transmisión de la luz y aseguraba así la apertura fenomenogénica. En el *De anima*, Aristóteles esgrime un argumento para demostrar la importancia de lo diáfano en relación a la visión que puede ayudarnos a comprender la situación del esquizofrénico: "si colocamos cualquier cosa que tenga color directamente sobre el órgano mismo de la vista, no se ve" (419a12-3). El mismo argumento vale también para el sonido y el olor:

> En efecto, si están en contacto con el órgano sensorial, en ninguno de ellos se da la sensación correspondiente; más bien ocurre que por la acción del olor y el sonido se pone en movimiento el medio que, a su vez, pone en movimiento al órgano respectivo, mientras que si se coloca al objeto sonoro u oloroso directamente sobre el órgano sensorial, no se producirá sensación alguna (*De anima* 419a24-30).

El esquizofrénico se ha aproximado tanto al Límite que nada se le aparece ya. Los reflejos del Espejo que permitían la manifestación del Ser no existen ahora, puesto que tampoco existe el medio requerido para su propagación resplandeciente. La esquizofrenia anula el *phainesthai* y, como para la ontología fenomenológica *phainesthai* y *einai* coinciden, anula también y consecuentemente el Ser, tanto del enfermo cuanto del mundo en general. Las cosas ya no se muestran porque el espacio que las mostraba ha sido suprimido. El viaje invertido del esquizofrénico lo ha conducido al Límite mismo: sus ojos tocan el Espejo; sus manos, lo Alien. Aplastado contra el Límite, el esquizofrénico se ha vaciado de toda cualidad fenoménica: ya no aparece y por lo tanto ya no es. Pero en esa posición liminal y atroz, es capaz de ver, quizás por un instante, el nacimiento del tiempo: el no-tiempo de la pre-ontología y el tiempo de la ontología, el "antes" —el término es por cierto impropio pues aún no existía el tiempo— y el después del Acontecimiento onto-fenomeno-génico, el fin del Caos y el inicio de S«-»N, el crepúsculo de la indeterminación y el alba de la determinación. Con su ojo izquierdo "contempla" lo incontemplable, lo que

    METANFETAFÍSICA. Ensayo de sobredosis ontológica

no se muestra: la velocidad infinita del Caos y su evanescencia informe; con su ojo derecho, la manifestación del Cosmos y los relieves innumerables de su aparecer. El *schizein* que lo desgarra, su Trauma originario, coincide con el Trauma del Ser. El esquizofrénico carga sobre sus espaldas todo el peso de la ontología: es el Cordero que lava los pecados del mundo post-metafísico, el único Cordero en un tiempo de Lobos.

Textos citados

Aristóteles (1978). *Acerca del alma*. Trad. Tomás Calvo Martínez. Madrid: Gredos.

Blankenburg, Wolfgang (1980). "Phenomenology and Psychopathology". *Journal of Phenomenological Psychology*, 11/2, pp. 50–78.

Bleuler, Paul Eugen (1911). *Dementia Praecox, oder Gruppe der Schizophrenien*. Leipzig: Franz Deuticke.

Cotard, Jules (1981). *Études sur les maladies cérébrales et mentales*. Paris: Librairie J.-B. Baillière et Fils.

Deleuze, Gilles (1966). *Le bergsonisme*. Paris: P.U.F.

Dick, Philip K. (1995). "Schizophrenia and The Book of Changes". En: Sutin, Lawrence (ed.). *The Shifting Realities of Philip K. Dick: Selected Literary and Philosophical Writings*. New York: Pantheon, pp. 175-182.

Farrés, Pablo (2020). *Las pasiones alegres*. Rio Tercero: Editorial Nudista.

Fuchs, Thomas (2012). "Selbst Und Schizophrenie". *Deutsche Zeitschrift für Philosophie*, 60/6, pp. 887–901.

Gallagher, Shaun (2000). "Self-reference and schizophrenia: A cognitive model of immunity to error through misidentification". En: Zahavi, Dan (ed.), *Exploring the Self. Philosophical and Psychopathological Perspectives on Self-Experience*. Amsterdam – Philadelphia: John Benjamins Publishing Company, pp. 203-239.

Grohmann, Till (2019). *Corps et Monde dans l'Autisme et la Schizophrénie. Approches ontologiques en psychopathologie*. Switzerland: Springer.

Gunn, Rachel (2015). "On Thought Insertion". *Review of Philosophy and Psychology*, 7/3, pp. 559–575.

Heidegger, Martin (1977). *Sein und Zeit*. En: *Gesamtausgabe 2*. Frankfurt am Main: Vittorio Klostermann.

Hirjak, D. *et all.* (2013). "Disturbance of Intentionality: A Phenomenological Study of Body-Affecting First-Rank Symptoms in Schizophrenia". *PLoS ONE*, 8/9, pp. 1-10.

Janet, Pierre (1927). *De l'angoisse à l'extase. Études sur les croyances et les sentiments*, Tome II. Paris: L'Harmattan.

Jaspers, Karl (1913). *Allgemeine Psychopathologie. Ein Leitfaden für Studierende, Ärzte und Psychologen.* Berlin: Springer.

Joyce, James (2000). *Ulysses.* London: Penguin Books Ltd.

Laing, Ronald (1990). *The Divided Self. An Existential Study in Sanity and Madness.* London: Penguin Books.

Lévinas, Emmauel (2004). *De l'existence à l'existant.* Paris: Vrin.

Meinong, Alexius (1904). *Untersuchungen zur Gegenstandstheorie und Psychologie.* Leipzig: Verlag von Johann Ambrosius Barth.

Minkowski, Eugène (2002). *La Schizophrénie. Psychopathologie des schizoides et des schizophrènes.* Paris: Payot.

Parnas, Joseph (2000). "The Self and Intentionality in the Pre-Psychotic Stages of Schizophrenia. A Phenomenological Study". En: Zahavi, Dan (ed.). *Exploring the Self. Philosophical and Psychopathological Perspectives on Self-Experience.* Amsterdam – Philadelphia: John Benjamins Publishing Company, pp. 117-147.

Pearn, John y Gardner-Thorpe, Christopher (2002). "Jules Cotard (1840-1889): His life and the unique syndrome which bears his name". *Neurology,* 58, pp. 1400-1403.

Ratcliffe, Matthew (2008). *Feelings of Being: Phenomenology, psychiatry and the sense of reality.* Oxford: Oxford University Press.

Sass, Louis (2003). "Self-Disturbance in Schizophrenia: Hyperreflexivity and Diminished Self-Affection". En: Kircher, Tilo (ed.). *The Self in Neuroscience and Psychiatry.* Cambridge: Cambridge University Press, pp. 242–271.

Stanghellini, Giovanni (2009). "Embodiment and schizophrenia". *World Psychiatry,* 8/1, pp. 56-59.

Theatrum mythico-philosophicum

Ontofenomenogonía metanfetafísica

DR(E)AMATIS PERSONAE

El Ser
La Nada
El Caos
El Límite
Lo Alien
El Espejo
X
La imaginación simbólica
La imaginación diabólica
El *Phobos* Primordial
La Cópula Primigenia
La Pesadilla
La Esquizofrenia

Conclusión

(1)

"Crear Mitos: he aquí el verdadero objeto del teatro, traducir la vida bajo su aspecto universal, inmenso, y extraer de esta vida imágenes en las que nos gustaría reencontrarnos" (1938: 124). Con estas famosas palabras Antonin Artaud sintetizaba, en una carta fechada el 9 de noviembre de 1932, el objetivo primordial de su *théâtre de la cruauté*. En este libro, y particularmente en la segunda parte, hemos intentado recuperar el espíritu de ese teatro y crear nuestro propio Mito metanfestafísico. Los personajes –no ya las *dramatis*, sino las *dreamatis personae*, según el genial neologismo de Samuel T. Coleridge– que intervienen en la escena inaugural de ese *theatrum philosophicum* que es el SMG se reducen básicamente a dos: el Caos y el Límite. El Mito no puede remontarse más atrás. El "antes que todas las cosas fue Caos" de Hesíodo tiene valor de premisa. El Caos es el *apeiron*. Pero el Caos se determina *in illo tempore*. La determinación o limitación del Caos es el momento en el que *Dike* se impone sobre *Adikia*. La culpa, a diferencia de Anaximandro, es de *to apeiron* y no de *ta onta*. El Límite, entonces, encierra al Caos. Pero algo inusitado sucede: las cadenas del Límite tienen la capacidad de reflejar. Danza especular, brillos, todo se deforma en un encandilamiento atroz, pero algo vuelve; en ese teatro cristalizado, algo, un reflejo, vuelve, algo que no es lo mismo que lo reflejado, pero igual viene, viene como otro. El Caos cree haber ido porque algo ha regresado, pero no está seguro de haber ido primero... ¿y si lo que ha vuelto fue siempre otro y entonces no se trata de una vuelta sino de una mera venida? El lote del Caos destinado a ser el Ser ahora cree haber ido primero, pero duda, duda y teme, se relaciona con lo que vuelve

–o viene, es que no sabe– como su primer otro, como Nada o No-Ser. Lo que ha sucedido es que ha vuelto algo, o ha venido, pero trayendo en sí manchones de opacidad, lengüetazos de vacío que no se sabe –que el Ser no sabe, que la franja de Caos destinada a ser el Ser no sabe– si regresan o vienen porque no se prestan a ese juego. Hay algo en el Límite que no (se) refleja; la mirada se queda allí y no retorna, pero quedarse allí es no quedarse, porque allí es ningún sitio, allí es *el país del no-dónde*. En el *no-dónde* la mirada no progresa ni regresa, no se refracta ni se refleja, no se desvía ni se fija. Se accede al país del no-dónde por los intersticios que impiden el encastre de los fragmentos especulares. *Entre* los reflejos, *entre* lo que vuelve (o parece volver, nunca se sabe), hay algo que no vuelve, algo que se niega a aparecer, pero acecha, inhiere en lo que se refleja, lo perturba. Entonces el Ser, es decir el lote del Caos destinado a aparecer, conjetura: "Hay que dominar como sea a eso que no se da, hay que domesticar a esa Extrañeza que amenaza mi aparecer, que trastorna la calidad de mi manifestación, Extrañeza incluso más extraña que lo que excede mi fenomenalidad, más extraña que lo que dejo adrede en los bordes de lo que soy capaz, más extraña que lo que me satura, Extrañeza porque Otra que Yo; hay que dominarlo, decía, y para eso hay que asimilarlo. Hagamos a la Nada a nuestra imagen y semejanza". Esto es lo que dice el Caos transducido en Ser, y al decirlo la Nada "es" también. Y cuando el Ser tiene miedo de lo Alien –y, más allá, de X–, se consuela abusando de la Nada, que es un pequeño alien, un alien hecho a su medida, a su imagen y semejanza. La Nada ha sido hecha de lo Alien, pero lo Alien se ha formado en el Límite, cuando el Espejo se rompió, quizás antes, quizás desde siempre, antes incluso de que se formara el Espejo. Lo cierto es que el Espejo se rompió porque la embestida del Caos fue titánica, no porque el Caos tuviera fuerza, sino porque tenía miedo, un miedo infinito: Horror a X. El Caos se determinó, pero la consecuencia de la determinación fue la rotura del Espejo, que no es el Límite en su totalidad, sino la cara *interna* del Límite, la superficie a la que el Caos pudo acceder antes de partirse en Ser y Nada. La superficie a la que el Caos pudo acceder es la misma a la que pueden acceder el Ser y la Nada. El Límite es ominoso e infranqueable. La rotura del Espejo responde al encontronazo del Caos con el Límite y, en última instancia, al *Phobos* que provoca la proyección imaginaria de X. El Mito metanfetafísico parece callar aquí. Es *el* Misterio. En algún momento el Límite comienza a reflejar, deviene especular, nace *Phanes*, el *Protogonos*, el Resplandeciente. Tal vez siempre hubo Límite, pero el Caos no lo sabía porque no había devolución alguna, no regresaba nada: el reflejo no era. El Mito cuenta diferentes versiones del Acontecimiento onto-fenomeno-génico: habría comenzado de a poco, sin demasiada pólvora, fuegos fatuos, una incandescencia insegura... Y luego la eclosión: la Gran Muralla refulgiendo. Enceguecido, el Caos se experimenta por primera vez Caos, y entonces (parece que) deja de ser caótico, no sin antes arremeter contra el Límite con todos sus recursos. El encontronazo desesperado del Caos con el Límite hace pedazos la pared espejada del flanco interno. Por supuesto que no se trató de una explosión, sólo de una fragmentación. Y entonces fue el Espejo y las ranuras opacas. No se sabe ni se sabrá nunca, como ya indicamos, si la opacidad del Límite, lo que comenzó a insinuarse por las hendiduras entre los trozos espejados, existía desde siempre o se formó con la rotura del Espejo. Los estudiosos sospechan que siempre había existido y que la rotura fue sólo la ocasión para que el Caos lo advirtiera. Otros, los menos, creen que las zonas alienígenas, como la ruptura misma del Espejo, se produjeron por el choque del Caos con el Límite. Lo cierto es que fue demasiado: el Caos, sin haber vuelto jamás a sí y sin volver ahora porque no se termina de saber si hubo una vuelta de lo Mismo sobre sí o un advenimiento de lo Otro o, lo que es más probable, una vuelta de lo Otro, se horroriza y proyecta imaginariamente a X. Mira al Límite: algo vuelve y lo deja encandilado, apariencias que se entrelazan y forman un ballet fenomenológico, pero también algo que no vuelve: quebraduras apagadas, descoloridas, siempre infranqueables, que absorben la visión como agujeros negros. Nada pasa: o bien porque se refleja hacia aquí, o bien porque muere allí, pero nada va más allá. Entre aquí y allí se juega el mundo y lo otro *del* mundo. Pero ¿y lo que continúa detrás de los reflejos estrellados y de los agujeros negros?, ¿lo que pareciera haber –"porque *debe* haber, porque *no puede* no haber, estoy seguro", refiere el Caos y al referirlo ya ha devenido S«-»N– más allá de los fragmentos espejados y de las hendiduras opacas?, ¿más allá del resplandor y de la noche?; en suma, ¿y X? Esa X que le quita el sueño al Caos, mejor: esa X que sueña el Caos, esa X objeto directo del soñar del Caos, y entonces ya no X, porque X no puede ser ni siquiera soñada, esa X, continúa el Mito, acecha del otro lado del Límite, pero acecha como proyección fóbica del Ser, porque en sí misma no acecha, o al menos no se sabe si acecha, pero para el Ser sí. La mera posibilidad de X, posibilidad que el Límite engendra, enloquece al Caos. El Límite engendra la posibilidad de X porque es infranqueable. La imposibilidad de atravesar el Límite produce la posibilidad de X. El Caos se espanta ante tal posibilidad, pero el delirio paranoico ya se ha inoculado en él bajo la forma del Gran Fantasma. Para que tal inoculación se produzca, de nuevo, es imprescindible que el Caos rebote contra el Límite y no lo atraviese. Es la Ley: el principio de irrelatividad. Y la Ley es implacable. Pero la Ley trae a X, eterna quizás, aunque no hay modo de saberlo. El Mito es todavía más preciso: la Ley, el Límite, la Ley del Límite no trae a X: ¿¡cómo podría!? Simplemente provoca que el Ser la sueñe, la proyecte. Ley, Límite, Desmesura, Sobredosis... Sade dejándose sodomizar por Kant a modo de agradecimiento. Juliette escribe con su sangre menstrual nuevos capítulos de la *Kritik der praktischen Vernunft*, mientras Justine, ya convertida al vicio, copula con Voltaire: en su mano izquierda sostiene un látigo; en su derecha, la *Grundlegung zur Metaphysik der Sitten.* A la distancia, por supuesto, Jacques Lacan, vestido de cortesano, contempla la escena y toma apuntes para un futuro ensayo. Dos personas, sin embargo, interrumpen su campo de visión: se llaman Theodor y Max y se apellidan respectivamente Adorno y Horkheimer.

(2)

El desarrollo pormenorizado del SMG nos ha conducido a descubrir una estructura trans-ontológica que progresa por biparticiones y desfasajes. La *Ur-Differenz* concierne al Límite y a los dominios que separa: el más acá y el más allá, el Ser *intra muros* y X *extra muros*. Pero dijimos que el término "Ser" es impreciso para designar el más acá del Límite. El Ser es sólo una de las dimensiones del más acá. Además del Ser, hay lo Alien, pero también la Nada y el Espejo. El Ser, la Nada, el Espejo y lo Alien conforman el más acá del Límite, el cuadrilátero *intra muros.* La ontología propiamente dicha engloba al Ser y a la Nada; la extra-ontología *relativa*, al Espejo y lo Alien. La ontología y la extra-ontología relativa son los dos dominios, múltiples en sí mismos, que constituyen el interior del Límite. Fuera del Límite, hay o es X, la extra-ontología *absoluta*. El Ser y la Nada son objeto de la metafísica o, en caso de que se identifique a la metafísica con la onto-teología como hace Heidegger, con la ontología en un sentido más fundamental. El estudio de la ontología y la extra-ontología relativa, es decir de S«-»N y del Espejo/Alien le corresponde ya a la post-metafísica. La post-metafísica accede al Afuera y desarticula al Ser, pero justamente por eso, por *acceder* a lo Alien, el Afuera al que accede es un

Afuera *relativo* a S«-»N. De todas maneras, el paso que da la post-metafísica en relación a la metafísica es muy importante: desagrega a S«-»N, lo rompe y lo desfundamenta. Sin embargo, se trata de una desagregación relativa puesto que, como ha visto Lévinas con lucidez, sólo un Otro *absoluto* es capaz de desfundar al Ser por completo. Por el contrario, cuando uno le pregunta a la post-metafísica por qué S«-»N se desagrega y se rompe, responde: por lo Alien. Lo Alien, dice, lo fractura y lo marca, le impide que coincida consigo mismo, lo asedia e interrumpe. Pero no más vas allá. No explica, por ejemplo, por qué lo Alien incide o insiste en S«-»N o por qué S«-»N se da *cómo* se da ni dice nada de la X más allá del Límite. Es que esta explicación es competencia de otra disciplina: la metanfetafísica.

(3)

Llegados al final de nuestro recorrido, podemos formarnos una idea cabal del problema de fondo que ha conducido a los más variados y notables pensadores, desde los inicios de la filosofía hasta la actualidad, a relativizar a lo Otro absoluto o X. El núcleo de la cuestión consiste en lo siguiente: dado que el objetivo de postular un Otro absoluto es impedir que el Ser (que aquí entendemos siempre en términos de S«-»N) se cierre y se clausure sobre sí, es decir que se totalice, todos los autores considerados en la primera parte –y muchos otros no mencionados en este libro– han creído que para que tal clausura no sucediese era necesario que lo Otro matuviera algún tipo de relación con el Ser. La máxima subyacente ha sido: si lo Otro no se relaciona con el Ser entonces no puede desfundamentarlo. A partir de este axioma, han procedido de la única manera posible: distinguiendo "relación" de "relativización". En este sentido, toda su apuesta ha consistido en mostrar que la *relación* con lo Otro no implica la *relativización* de eso Otro. Y es aquí que el SMG se vuelve molesto para estos filósofos, puesto que establece la implicación entre *relación* y *relativización*. "Relacionarse con" significa "relativizar(se/lo)", según establece la fórmula de implicancia. De allí que, a diferencia de la tendencia general de la filosofía contemporánea, la metanfetafísica desenganche por completo al Ser de X. No hay relación, y por ende tampoco relativización, entre los términos. El problema al que se enfrenta el SMG, una vez que da este paso extremo, es el de explicar de qué manera el Ser, no siendo afectado o interrumpido o asediado por X, no termina cerrándose sobre sí y totalizándose. ¿Acaso no se corre el riesgo –podría objetarse– de que, al ser tan estricto con la ausencia de relación entre el Ser y X, el SMG termine cayendo en una versión más o menos parmenídea de la ontología, en un Ser cerrado sobre sí, sin ninguna relación con otra cosa más que consigo mismo? ¿No habríamos saltado del agua hirviendo sólo para caer en el fuego de la hornalla? Pues bien, toda la segunda parte del presente libro ha estado dedicada a construir una salida posible de esta aparente aporía. ¿Por qué el Ser, aún sin mantener ninguna relación con X, no se totaliza, sino que más bien se desfunda y se disgrega? El SMG responde: porque el Ser imagina, porque *es* imaginación, y porque el *Phobos* lo conmina a proyectar fantasmáticamente a X y por lo tanto a hendirse. Todo se juega en esta idea tan nimia y en apariencia intrascendente: para el Ser, X *es*, y es como Amenaza, Asedio e Interrupción. Claro que X es una proyección imaginaria, pero sucede que el Ser en cuanto tal no es más que imaginación, capacidad de mostrarse y aparecer, de proyectar fantasmáticamente y de reflejarse. No habría mundo si no fuera por el Gran Fantasma que es X para el Ser. El *quid* de la cuestión está en el sintagma *como si*. Todo sucede *como si* X perturbara al Ser, *como si* X mantuviera una relación (de acoso, de interrupción, de disyunción, de inherencia, etc.) con el Ser. El sintagma *como si* declina la naturaleza fantasmática de X, la X *para-el-Ser*, no la X *en-sí* del otro lado del Límite, de la cual nada puede saberse. Pero si el Ser es imaginación, potencia de proyección fantasmática, y si el *como si* nombra la condición fantasmática de X, entonces el *como si*, para el Ser, es idéntico al ser. Ergo: X *es* (para-el-Ser). El gran dilema de los filósofos contemporáneos es finalmente un falso dilema: no es necesario que el Ser guarde una relación con X a fin de que no se clausure sobre sí. Basta con que *imagine* que guarda una relación con X. Y basta que lo haga porque, dado que Ser e Imaginación o Ser y Aparecer coinciden, imaginar a X significa que X *sea* (de nuevo, para-el-Ser). Descubrimos finalmente que la insuficiencia que hemos detectado en los autores abordados, siempre desde el punto de vista del SMG y no desde los autores en sí mismos, se reduce a no haber identificado al Ser con la Imaginación. Tal deficiencia se remonta a los orígenes mismos de la filosofía occidental y a la desvalorización que sufrió sistemáticamente la *phantasia* en relación al *nous* en particular y al resto de las facultades en general, según indicamos en el apartado 3 del Libro Λ. Desde esta perspectiva, el pensamiento contemporáneo es un heredero directo de esta tradición dominante, un hijo respetuoso de la historia de la metafísica a la cual aún no ha superado. No se trata por eso de decir sencillamente "la imaginación al poder" o

     METANFETAFÍSICA. Ensayo de sobredosis ontológica

de admitir "la importancia de la imaginación en el arte" o de pregonar que "la imaginación abre la posibilidad de otros futuros y de otras formas de vida" o cosas por el estilo. Con todas estas consignas podemos ciertamente acordar, pero ese no es el punto. No basta con consignar la imaginación al reino de lo posible, a lo que no es actual/real pero abre el presente a lo que puede o podría ser de otro modo. Al contrario, *la imaginación es lo Real, es lo que hay*. Por eso de lo que se trata es de elevar la imaginación al estatuto que le pertenece por naturaleza y de postular la fórmula prodigiosa: *Ser e Imaginación son una y la misma cosa*. Lo que permite que el Ser no se clausure y se cierre sobre sí es precisamente su esencia imaginal. ¿Por qué? Porque como ha mostrado Coccia, existir *qua* imagen es existir *extra locum suum*. Lejos de lo que podría creerse, la ontología fenomenológica de la imaginación, identificando a todas las cosas con reflejos fantasmáticos e imaginales, se desfasa intrínsecamente desde su mismo origen. Comenzar a reflejarse, para el Caos, es ya ser otro, es ya desfundarse. La ontología fenomenológica de la imaginación convierte al *extra locum suum* en el rasgo distintivo de todas las cosas, en la esencia desfasada de cada ente. ¿Y X? ¿Por qué postular a X? Porque (el Gran Fantasma que es) X es lo que ha provocado que el Caos comience a imaginar y a aparecer, es decir que se produzca la transducción del Caos en el Ser y la Nada propiamente dichos. Sin X, entendida como la *Urkausalitäts-form* fóbico-fantasmática generada por el Límite en el Acontecimiento onto-fenomeno-génico, las cosas no se habrían dado ni habrían comenzado a existir, consecuentemente, *extra locum suum*. Habría sido sólo la evanescencia y la velocidad infinita del Caos: *Nix*, la Noche eterna.

(4)

En el transcurso de la investigación hemos podido descubrir, además de la identidad entre Ser e Imaginación, algo insólito pero absolutamente decisivo: el enloquecimiento del Ser, su disgregación inexorable, su hemofilia y su fragmentación, no obedecen a un Afuera absoluto que lo asediaría o lo dislocaría, sino a la *imposibilidad* de acceder a ese Afuera y a la *imposibilidad* correlativa de que ese Afuera ingrese en el dominio del Ser. El gran descubrimiento del SMG es que, a diferencia de lo que ha pensado la filosofía en sus líneas hegemónicas, incluido el post-estructuralismo, la post-metafísica y el realismo especulativo, lo que desarma al Ser, y lo desarma por completo, no es la *relación* con un Otro radical, sino la *ausencia de relación*. La imposibilidad de atravesar el Límite es la perdición de la ontología. Convendría sacar de contexto una entrañable frase de Foucault y aplicarla al Ser: "he aquí de nuevo la incapacidad para franquear la frontera, para pasar del otro lado" (1994: 241). Quien habla así no es Foucault, *l'homme infâme*, sino el Ser, que también es *infâme*, o más bien quien habla es Foucault pero diciendo lo que dice el Ser. Esta incapacidad para franquear el Limite, para pasar del otro lado, es precisamente la Causa de que la ontología no consiga jamás totalizarse. El punto es que, al no poder franquear el Límite en sí mismo, el Ser lo franquea imaginaria o fóbico-fantasmáticamente. Por tal razón, la sobredosis concierne a la imaginación que a su vez coincide con la ontología fenomenológica. Desde su mismo origen, cuando el Caos se transdujo en S«-»N, la ontología existe fuera de sí. En este sentido, el principio de irrelatividad, que establece que no hay relación entre el Ser y X o, antes de que el Ser sea, entre el Caos y X, es la condición misma de la desfundamentación radical de la ontología. La intransigencia cromada del principio de irrelatividad tiene como consecuencia, paradójicamente, un *effondement universel* (Deleuze 1968: 62), es decir un *effondrement* (hundimiento) del *fondement* (fundamento). En efecto, lo que genera el *Phobos* Primordial y la correlativa proyección fantasmática de X no es otra cosa que la *ausencia de relación* que el Límite garantiza. *No hay relación*. Ergo: hay *effondement*. Lo que está implícito en este "ergo", lo que se juega allí, la conexión o derivación necesaria entre el "no hay relación" y el *"effondement"* del Ser, es uno de los grandes hallazgos del SMG.

(5)

El Mito metanfetafísico tiene por precursor a Kafka: se castiga al Caos encerrándolo en los límites de grandes cadenas, y el efecto fóbico-fantasmático de ese encierro es X, cuyo rostro es inaccesible y cuyos motivos inescrutables. Es el tema fundamental de *Der Prozess*, como bien explica Reiner Stach en una soberbia biografía:

> Un adversario cuyo rostro se mantiene oculto nos parece especialmente peligroso... un atavismo que el cine gusta de emplear para suscitar el miedo. Porque en la medida en que ese "otro" no sale a la luz, el espectador se hace involuntariamente su propia imagen de él, que viene a ser la encarnación de *su* miedo. Eso es lo que ocurre en *El proceso*. Kafka muestra e interpreta. Pero si seguimos su dedo con nuestra mirada, enseguida *se abate un velo*. Su tribunal tiene una superficie visible. Pero todo lo que se ve en ella remite siempre a *otra*

cosa, más esencial, inimaginable: "los jueces supremos", "la Ley". Cuanto menos se sabe, más se especula. Todos hablan de ello, todos tienen algo que aportar, pero nadie puede referirse a su propia experiencia, sino siempre tan solo a lo que otros supuestamente oyeron o vivieron. El tribunal ocupa pensamiento y lenguaje y se vuelve por tanto omnipresente. No es solo el sentimiento de culpa el que lleva al acusado ante el tribunal para enfrentarse al fin cara a cara a sus anónimos jueces: *ningún adversario visible es tan temible como el imaginado*, ningún duelo abierto inspira tanto miedo como vivir bajo el campo de visión de un francotirador (2016: 1389-1390; las cursivas son nuestras).

La única salvedad que habría que hacer es que para el SMG esa *otra cosa* a la que remite siempre la superficie visible del tribunal, esa incógnita que se oculta detrás del velo y que sería análoga a X, a diferencia de lo que sostiene Stach, no es inimaginable sino precisamente lo contrario: únicamente imaginable. En efecto, sólo como proyección fóbico-fantasmática o fóbico-imaginaria puede decirse que X sea, de la misma manera que sólo como proyección imaginaria K puede formarse una idea de los jueces supremos o de la Ley.

(6)

¿Hay lugar para Dios en el SMG? La pregunta no es desatinada. Lo primero que habría que decir es que la teoría metanfetafísica, más allá de que admita o no la existencia de un Dios y más allá del modo en el que lo conciba en caso de admitirlo, postula inevitablemente la posibilidad –incomprobable por razones de principio y a la vez inadmisible para la teología Occidental, al menos en sus líneas dominantes– de X, de un Otro absoluto más allá de cualquier Dios. Sólo ese Afuera insondable e inaccesible, cuya posibilidad no resulta contradictoria *a priori*, es capaz de introducir una fractura en Dios mismo, de hacerlo delirar, de convertirlo en un Dios inseguro. El SMG no tendría inconveniente en hablar de Dios –el potencial es importante, porque de hecho no habla– en la medida en que ese Dios, a diferencia del de la tradición judeocristiana pero también islámica, no sería ajeno, al igual que el mismo Caos, al *Phobos* que le ocasionaría X. El Dios del SMG sospecharía que "algo" acecha más allá, "algo" que ni siquiera puede pensarse como "algo", "algo" que es innombrable. Se recordarán los versos del poeta:

Dios mueve al jugador, y éste, la pieza.
¿Qué Dios detrás de Dios la trama empieza
de polvo y tiempo y sueño y agonía? (Borges 1974: 813).

El SMG, entonces, podría hablar de Dios, pero siempre y cuando se hiciera la salvedad de que hay un Dios detrás de Dios, de que Dios no es la última palabra y que el otro Dios, el Dios que acecha detrás de Dios, no puede decirse ya Dios, ni siquiera Dios sin Dios, como quería Oscar Del Barco, pero tampoco D̶i̶o̶s̶, como quería Marion. Y si se identifica a Dios con el Límite, entonces ese Límite está a su vez separado de X por otro Límite, porque X es aquello con lo cual no puede haber relación. Más que hablar de un Dios detrás de Dios, como hace Borges, el SMG hablaría de un Otro detrás de Dios, un Otro *que* Dios, un *autrement que Dieu ou au-delà de l'essence* (*théologique ou divine*). El SMG no es por eso comparable al gnosticismo o al marcionismo, que postulaban un Dios espiritual y perfecto más allá del Dios veterotestamentario creador de la materia. X no es el Dios extraño o extranjero de Marción o de Basílides; a lo sumo, e̶s̶ sólo lo Extraño, pero no puede decirse que esa Extrañeza sea Dios, ni siquiera tachado. En síntesis, el Dios del SMG, de existir, sería un Dios adicto, con sus progresos y sus recaídas, sus treguas y sus reincidencias. La creación no sería más que el efecto colateral de una sobredosis; el Big Bang, otro modo de llamar al Gran Flash.

Claro que alguien podría insistir: X es Dios. Pero ¿qué clase de Dios sería ese Dios? De nuevo, ¿sería el Dios sin Dios de Del Barco?, ¿el D̶i̶o̶s̶ de Marion? Desde luego que no sería un Dios fundacional, un Dios que garantizara la existencia de lo Real, tal como sucede con el Dios del Pseudo-Dionisio o con lo Uno de Plotino. El Caos, para el SMG, existe sin necesidad de X. Pero tampoco sería un Dios que se revela como el D̶i̶o̶s̶ de Marion. Ni siquiera se lo podría identificar con el demiurgo del paganismo (por ejemplo el del *Timeo*) que moldea u ordena una materia informe, ya que moldear u ordenar implica una relación, mientras que X no guarda ninguna relación con el Caos. En suma, nada prohíbe que se llame Dios a X, siempre y cuando se entienda a ese significante, Dios, de un modo diverso no sólo al de toda la tradición metafísica y onto-teológica sino también post-metafísica y post-teológica.

(7)

La metanfetafísica calla sobre lo que no se puede hablar, sobre X. Y de allí toma fuerzas para hablar hasta por los codos sobre lo que X, la proyección imaginaria de X, hace en el Ser, lo que el Ser se hace al tener la certeza de que X es. Y X podría s̶e̶r̶ perfectamente, nada lo impide, pero tampoco nada lo prueba. La imposibilidad de hablar de X hace posible que haya habla, que el habla hable. Detrás del *logos*, como literalmente de todo lo que hay, está el *Phobos*. Y detrás de los innumerables *phoboi* que constituyen el *conatus* de todas las cosas, está el Horror a X, el *Phobos* Primordial, el *Urtrauma*. El silencio del SMG sobre X (en-sí) es directamente proporcional a su verborragia sobre X (para-el-Ser). *Lo inexpresable existe por cierto. Se muestra imaginariamente, es X. De lo que no se puede hablar hay que fabular.*

El SMG no se pregunta cómo no hablar; tampoco se pregunta si es necesario recurrir a la denegación. No es una teología negativa ni una doctrina mística. Habla *como si* X fuera, porque para el Ser, es preciso repetirlo una y mil veces, X es. ¿Pero por qué habla? Porque, al igual que el Ser, imagina. ¿Y para qué habla ahora, aquí? Para sugestionar al lector, para sumirlo en un estado magnético, análogo al estado en el que la metanfetafísica sume al Ser. La última analogía, pues, reza: este libro es al lector lo que la metanfetafísica es al Ser o, en su versión semi-especular: este libro es al Ser lo que la metanfetafísica es al lector. El Conde de Lautréamont fue uno de los primeros en saberlo:

> Para construir mecánicamente el cerebro de un cuento somnífero, no basta con disecar a través de estupideces y con embrutecer potentemente con dosis renovadas la inteligencia del lector, de tal manera que sus facultades se vuelvan paralíticas para el resto de su vida por la ley infalible de la fatiga; es necesario, además, ponerlo ingeniosamente, con un buen fluido magnético, en la imposibilidad sonámbula de moverse, forzándolo a oscurecer sus ojos en contra de su hábito natural por la fijeza de los vuestros (Lautréamont 1920: 362-363).

¿Has oscurecido tus ojos, incauto lector? ¿Te has embrutecido lo suficiente? ¿Te sientes fatigado, al límite de tus fuerzas? ¿Intuyes ya, entre la niebla de un futuro anterior y la somnolencia de un pasado posterior, la agonía del Ser? ¿Has podido *imaginar*, finalmente, los influjos de X?

Textos citados

Artaud, Antonin (1938). *Le théâtre et son double.* Paris: Gallimard.

Borges, Jorge Luis (1974). *El hacedor.* En: *Obras completas.* Buenos Aires: Emecé.

Deleuze, Gilles (1968). *Différence et répétition.* Paris: P.U.F.

Foucault, Michel (1994). *Dits et écrits. Tome III (1976-1979).* Paris: Gallimard.

Lautréamont, Comte de (1920). *Les chants de Maldoror.* Paris: Éditions de la Sirène.

Stach, Reiner (2016). *Kafka II. Los años de las decisiones (capítulos 26-35) y Los años del conocimiento.* Trad. Carlos Fortea. Barcelona: Acantilado.

Epílogo

Fabrizio De André, "Cantico dei drogati"

(1)

¡Mimad los estratos! ¡No desestratifiquéis a lo salvaje!

La recomendación –el consejo– resuena en *Mille plateaux*: la experimentación exige tomar precauciones; las dosis de droga deben acompañarse de dosis de paciencia; las inyecciones de heroína, de inyecciones de prudencia. La gran pregunta había sido ya formulada en *Dialogues*: "¿Cómo hacer para que la línea de fuga no se confunda con un puro y simple movimiento de autodestrucción?" (1977: 50). Resignación de Deleuze y Guattari ante esa cohorte de cuerpos vitrificados, catatónicos, comatosos, vacíos. El riesgo es grande, sin duda, a tal punto que la libertad que prometía la fuga puede ser incluso menos deseable que la sujeción que garantiza la estratificación: "Lo peor no es permanecer estratificado –organizado, significado, sujetado– sino precipitar los estratos en un hundimiento suicida o demente, que los hace caer sobre nosotros, más pesados que nunca" (1980: 199).

El SMG no atiende a estas advertencias en lo que concierne a la metafísica. Para nosotros se ha tratado de ser imprudentes e impacientes, de llevar la desestratificación ontológica hasta sus últimas consecuencias. En efecto, ¿qué otra cosa es la metanfetafísica sino la desestratificación brutal y salvaje –precipitada– de la metafísica? No hemos mimado los estratos. Al contrario, los hemos hecho saltar por los aires, recuperando un impulso intrínseco a la propia metafísica. Pero, a diferencia de la tradición onto-teológica, hemos

---

11   "Intentando lanzarlo [al cerebro] / Más allá del confín establecido / Que alguien ha trazado / En los bordes del infinito."

llevado ese impulso hasta el fin, hasta convertir el viaje del Ser en línea de abolición, hasta dejar al Ser en estado de coma. No hemos liberado por eso a la ontología "de las arenas y de los agujeros negros" (1977: 50), sino que la hemos hecho colapsar, hundiendo al Ser en su propio agujero negro, en las arenas movedizas de la sobredosis. No por un deseo adolescente de transgresión, que el SMG detesta, sino por una des-fundamentación deliberada, sistemática y meticulosa de la ontología. A fin de impedir la totalización del Ser, lo hemos ahogado en su propio exceso, obligándolo a convulsionar y retorcerse, conforme a un plan cuidadosamente trazado. El SMG no es movido por ningún regodeo sórdido, sino por un programa riguroso y frío basado en la premisa de que sólo el coma del Ser puede liberarlo de su vector totalizante, sólo la sobredosis brutal y arrebatada puede evitar su violencia constitutiva y romper la plenitud de su unidad. Es cierto, como advierten Deleuze y Guattari, que "toda desestratificación demasiado brutal corre el riesgo de ser suicida, o cancerígena, es decir de abrirse a veces sobre el caos, el vacío y la destrucción" (1980: 628), pero también es cierto que hemos corrido ese riesgo con plena conciencia e incluso con la voluntad de obtener el peor de los resultados (el mejor, para nosotros): el letargo del Ser, la catatonía ontológica. Sin duda, hemos desestratificado con demasiada brutalidad, hemos empujado al Ser al suicidio, hemos abierto la ontología sobre el caos, sobre el vacío y sobre su propia destrucción. Pero si hemos procedido a lo salvaje, ha sido siempre respetando la Ley del Límite (el principio de irrelatividad y la fórmula de implicancia) y la condición absoluta de X. El SMG, por eso mismo, sólo admite el oxímoron: salvajismo civilizado, cortesía bruta, exceso minimalista, sofisticación burda, desmesura rigurosa, excentricidad sobria...

(2)

Se sabe que una de las inspiraciones teóricas del aceleracionismo se encuentra en un pasaje de *L'Anti-Œdipe* en el que Deleuze y Guattari parecen proponer, al contrario de la recomendación de Samir Amin a los países del tercer mundo de retirarse del mercado mundial, una aceleración de las contradicciones del capitalismo y una desterritorialización esquizofrénica de los flujos:

> Pero ¿qué vía revolucionaria, hay una? ¿Retirarse del mercado mundial, como aconseja Samir Amin a los países del tercer mundo, en una curiosa renovación de la "solución económica" fascista? ¿O bien ir en el sentido contrario [*aller dans*

     METANFETAFÍSICA. Ensayo de sobredosis ontológica

le sens contraire]? ¿Es decir, ir todavía más lejos [*aller encore plus loin*] en el movimiento del mercado, de la decodificación y de la desterritorialización? Pues quizás los flujos no son todavía lo suficientemente desterritorializados, ni suficientemente decodificados, desde el punto de vista de una teoría y de una práctica de los flujos de alto tenor esquizofrénico. No retirarse del proceso, sino ir más lejos, "acelerar el proceso [*accélérer le procès*]", como decía Nietzsche: en verdad, en esta materia, aún no hemos visto nada (1972: 285).

El SMG propone un aceleracionismo, pero no ya político-económico, sino metafísico. No retirarse de la metafísica, sino ir más lejos todavía, extremar su tendencia suicida, recuperar todas aquellas pulsiones que la propia metafísica reprimió a fin de poder constituirse y llevarlas hasta sus últimas consecuencias. En especial la adicción originaria, el gusto inveterado por la sobredosis. La metafentafísica no niega por lo tanto a la metafísica, sino que va en el sentido contrario: considera que los postulados metafísicos no son lo suficientemente extremos, lo suficientemente letales para la propia disciplina. El SMG hace del *aller encore plus loin* su principio rector. Por eso la operación específica de la metanfetafísica no consiste más que en *accélérer le procès* metafísico hasta la desterritorialización absoluta del Ser, hasta la esquizofrenia radical de la ontología.

(3)

El único modo de llevar a cabo esta aceleración de la empresa metafísica consiste en utilizar las armas del enemigo. Es preciso por eso encontrar el caballo de Troya oculto en el corazón de la onto-teología. Toda esta investigación se sostiene sobre la siguiente intuición –o certeza, lo mismo da–: el caballo de Troya de la metafísica se enuncia por primera vez en *República* 509b y dice: *epekeina tes ousias*. Platón, que es el primer yonqui de la historia de la metafísica occidental, es también el primer dealer. Toda la metafísica posterior no será más que el intento vano pero tenaz de rehabilitar al Ser de la sobredosis que le ocasionó la inyección platónica. Sin embargo, una vez probado el Gran Flash, el pico hiper-ontológico, no habrá vuelta atrás, a pesar de los esfuerzos implementados por el instinto de supervivencia del Ser. Si la historia de la metafísica no es más que la terapia de rehabilitación del Ser, entonces es también y paralelamente la crónica de su abstinencia. Desde esta perspectiva, el Ser de la metafísica –sobre todo neoplatónica– está en la misma situación que Lou Reed en "Waiting for my man":

Feel sick and dirty
more dead than alive
I'm waiting for my man.[12]

Y *the man* no es otro que Platón, el *Ur-dealer* vestido de negro, con su sombrero de paja y su falta de puntualidad:

Here he comes, he's all dressed in black
P.R. shoes and big straw hat
He's never early, he's always late
First thing you learn is that you always gotta wait
I'm waiting for my man.[13]

El SMG avanza allí donde Platón retrocede. El *epekeina tes ousias* abrió el Ser a lo Otro, como se abre una vena al ser pinchada, pero lo cerró antes de que colapsara. De allí el doble movimiento de la metafísica: atracción por el Gran Flash pero horror a la sobredosis o, en los casos más extremos, atracción por la sobredosis pero horror al coma y al deceso. La metanfetafísica, en cambio, empuja el émbolo allí donde la metafísica se detiene, extrema la dosis, busca el suicidio del Ser, su colapso, crea la escena para que el Ser pueda desear finalmente su propia muerte:

Heroin, be the death of me
Heroin, it's my wife and it's my life
Because a mainline to my vein
Leads to a center in my head
And then I'm better off than dead.[14]

Estos versos de Lou Reed dicen lo esencial: el Ser desea que la heroína sea su muerte, puesto que la sobredosis promete un estado mejor que el que se experimenta muriendo. Así y todo, es necesario morir para acceder a esa desfundamentación radical. La metanfetafísica atraviesa esa muerte ontológica y construye una filosofía sobre los escombros del Ser. No mima

---

12   "Sintiéndome enfermo y sucio, / más muerto que vivo / Estoy esperando a mi hombre."

13   "Aquí viene, vestido todo de negro / zapatos PR y un sombrero de paja grande / Nunca llega temprano, / siempre llega tarde / Lo primero que aprendes es que siempre tienes que esperar / Estoy esperando a mi hombre."

14   "Heroína, sé mi muerte / Heroína, es mi esposa y mi vida / Porque una línea principal en mi vena / conduce a un centro en mi cabeza / Y entonces estoy mejor que muerto."

los estratos, por cierto, pero convierte a ese salvajismo desmesurado en una nueva ocasión para el pensamiento.

(4)

Ananke, término que en griego antiguo significaba necesidad o constreñimiento, según hemos visto en la *Intermissio* en relación al poema de Parménides, no era una divinidad que poseyera un culto. Si bien a veces se la representaba como la Fatalidad, lo cierto es que no existían biografías ni templos ni días dedicados a ella. En su *Dictionnaire etymologique de la langue grecque*, Pierre Chantraine concluye, luego de examinar trabajos notables como los de Heinz Schreckenberg o Émile Benveniste, que el término *ananke* tenía fundamentalmente dos sentidos: coacción y parentesco (*contrainte et parenté*). Ambos sentidos podrían vincularse, sugiere Chantraine, retomando una hipótesis próxima a la de Schwyzer según la cual "*an-anke* (con *an-* de *ana-*) expresaría la idea de «tomar en los brazos [*prendre dans les bras*]», de donde «abrazo, coacción [*étreinte, contrainte*]»" (1968: 83).

La introducción y el epílogo abrazan a este libro como *Ananke* (que personifica al Límite) abraza a todo lo que es y a todo lo que no-es. Pero la metanfetafísica excede *imaginariamente* el Límite (que en sí mismo es infranqueable), sobredosifica *fóbico-fantasmáticamente* al Ser. Y si esto es así, ¿qué es lo que sobredosifica a este libro, lo que lo excede y lo sume en un estado comatoso? Oh, lector, ¿es acaso tu lectura, tu epopeya que ya acaba?, ¿es tu Fantasma sigiloso, el mío, nuestra X?

Textos citados

Chantraine, Pierre (1968). *Dictionnaire etymologique de la langue grecque. Histoire des mots. Tome I: A - Δ*. Paris: Éditions Klincksieck.

Deleuze, Gilles y Guattari, Félix (1980). *Mille Plateaux*. Paris: Éditions de Minuit.

Deleuze, Gilles y Guattari, Félix (1972). *L'Anti-Œdipe*. Paris: Éditions de Minuit.

Deleuze, Gilles y Parnet, Claire (1977). *Dialogues*. Paris: Flammarion.

Acontecimiento o Singularidad. Es el instante onto-fenomeno-génico en el que el Caos resulta determinado por el Límite y se transduce en Ser y Nada, es decir aparece y se manifiesta, dando inicio a su devenir fenomenológico. El Acontecimiento marca el momento en el que el Caos deviene Cosmos y la pre-ontología, ontología fenomenológica: *einai*, a partir de entonces, coincide sin resto con *phainesthai*. Las tres Personas que componen al Acontecimiento son el Trauma, el *Phobos* Primordial y la Proyección fantasmática.

Alien. Es lo Otro que Ser pero que, por situarse en el lado interior del Límite, mantiene una relación (de acoso, asedio, interrupción, etc.) con el Ser. Es el Horizonte que abarca, sin totalizar ni reducir ni homogeneizar, las zonas irreflexivas del Límite, las manchas opacas que asoman entre las hendiduras de los fragmentos espejados y que son irreductibles al aparecer fenomenológico. Es una pluri-dimensionalidad extra-ontológica porque no pertenece al Caos sino, como el Espejo, al Límite. Lo Alien ingresa al Ser a través de la imaginación diabólica. A diferencia de X que es un Otro absoluto, lo Alien es un Otro relativo.

Caos. Es lo Indeterminado, lo Infinito y lo Ilimitado: *to apeiron*. Se caracteriza por la velocidad infinita, la evanescencia y la inconsistencia. Nada aparece en el Caos, nada se muestra, todo se desvanece antes de esbozarse. El Caos es una dimensión pre-ontológica, pre-física y pre-fenomenológica, pero admite ya al Pre-Ser y a la Pre-Nada como efectos de *après coup*. Resulta de-terminado por el Límite en el Acontecimiento onto-fenomeno-génico. Al chocarse con el Límite, el Caos se parte en dos: un lote positivo, el Ser, y un lote negativo, la Nada. La partición del Caos, correlativa a la rotura del Espejo, marca su acceso a la mostración y su determinación fenomenológica.

Cópula Primigenia. Es el coito entre el Ser y la Nada que da lugar al Mundo, el intercambio fluido entre el *on* tumefacto y el *me on* hueco, el juego entre el pene y el orificio, lo lleno y lo vacío. El devenir, la dinámica propia de toda manifestación, la dialéctica del velamiento y del develamiento, del ocultamiento y del desocultamento, es el resultado de la Cópula Primigenia entre el Ser y la Nada. Antes de la Cópula Primigenia no era ni el Ser ni la Nada, sino el Pre-Ser y la Pre-Nada, es decir el Caos. El *Phobos* a X provocado por el Límite da lugar a que el Caos empiece a desear, es decir a que se desdoble en dos líneas vectoriales de manifestación, una positiva o activa (el Ser, que funcionará como Amo), y otra negativa o pasiva (la Nada, que funcionará como Esclavo). La Cópula Primordial es la primera manifestación del deseo sadomasoquista –eminentemente metafísico– que anima a lo Real.

Espejo. Es el lado interior del Límite que, a diferencia de lo Alien, refleja al Caos y, a raíz de esa reflexión, lo hace aparecer. Gracias a que el Espejo refleja e ilumina al Caos, el Ser puede originarse, puesto que Ser y Aparecer, para la ontología fenomenológica de la imaginación, coinciden sin resto. El Espejo le proporciona al Caos la oportunidad de su mostración. Sin embargo, el Espejo está roto y fragmentado producto del choque con el Caos en el Acontecimiento onto-fenomeno-génico, razón por la cual lo que recibe el Caos, ya transducido en Ser y Nada, no es un reflejo único y fiel, sino una multiplicidad delirante y distorsionada de imágenes-otras. La rotura del Espejo provoca la rotura correlativa del Ser.

Esquizofrenia. Patología que revela el grado cero de la ontología, el Límite que circunscribe a lo Real. El esquizofrénico, habiendo dejado de identificarse con su cuerpo y con su alma, salta al Límite del Ser, al Muro en donde nada aparece ni se muestra, puesto que es la noche previa al nacimiento del Fenómeno. El enfermo viaja hasta lo Alien que acecha entre los fragmentos del Espejo, pero viaja *à rebours*, se desplaza hacia atrás, se desubjetiva; a medida que progresa en su enfermedad, es menos; a medida que se hunde en el Caos, se des-muestra, des-aparece. El viaje esquizofrénico conduce al punto 0: el Acontecimiento o la Singularidad, al horror del *il y a* (Lévinas). Aplastado contra el Límite, el esquizofrénico se ha vaciado de toda cualidad fenoménica: ya no aparece y por lo tanto ya no es. El viaje esquizofrénico es un *fade out* de la presencia.

Extra-ontología absoluta. Refiere a la dimensión que se sitúa más allá del Límite, del otro lado del Espejo y de lo Alien. Se trata de un Afuera absoluto porque, siendo el Límite infranqueable, según establece el principio de irrelatividad, no hay relación alguna con el más allá. Es el dominio de X.

Extra-ontología relativa. Refiere a la dimensión que se sitúa en el lado interior del Límite. Está constituida por el Espejo, que refleja al Caos y le permite aparecer, es decir transducirse en Ser, y por lo Alien, que no refleja ni pertenece a

 METANFETAFÍSICA. Ensayo de sobredosis ontológica

ningún régimen de manifestación y por lo tanto le permite al Caos transducirse en Nada. Tanto el Espejo como lo Alien, si bien son irreductibles al Ser y a la Nada porque pertenecen al Límite y no al Caos, mantienen sin embargo una relación con el Ser y la Nada (o con el Caos, antes de su determinación): de reflexividad, en un caso; de acoso, en el otro.

Fórmula de implicancia. Es el axioma que establece que, cada vez que se da una relación entre A y B, se da también y necesariamente una relativización de ambos términos. Se enuncia: *relación* ⇒ *relativización*. Este axioma explica la maniobra teórica que caracteriza a la tradición filosófica, desde Platón al post-estructuralismo y la post-metafísica, según la cual se postula un Otro absoluto y al mismo tiempo una relación entre el Ser y eso Otro, lo cual implica necesariamente una relativización de los términos.

Imaginación diabólica. Es la función dehiscente, separadora, disyuntiva de la imaginación. A diferencia de la *imaginación simbólica*, la *imaginación diabólica* se caracteriza por separar o desunir elementos que se encuentran unidos. Es la potencia que permite experimentar el Límite y que abre al Ser a sus zonas de inapariencia y de impresencia. La imaginación diabólica lleva al Ser a su propio límite, lo sumerge en las hendiduras que se insinúan entre los fragmentos espejados y que lo abren a un horizonte *Otro*. A través (*dia*) de la imaginación diabólica, lo Alien ingresa en el dominio ontológico y disloca al Ser.

Imaginación simbólica. Es la respuesta del Ser al acoso de lo Alien y, más allá, de X (entiéndase: de la X proyectada fantasmáticamente). A través de la operación conjuntiva del símbolo, el Ser pretende conjurar la disyunción que lo abre a su Otro. La función simbólica de la imaginación, es decir mediadora o intermediaria, determina el modo en que el Ser se da y aparece. La operación simbólica es del orden de lo ontológico y no –o sólo secundariamente– de lo antropológico. Simbolizar quiere decir suturar –en realidad, *intentar* suturar– los fragmentos del Espejo. Suturar el Espejo, para el Ser, es suturarse. La rotura del Espejo excita el deseo de sutura.

Límite. Es la Disyunción Originaria, la Dehiscencia Primigenia, el Muro que separa un más acá, constituido por la ontología y la extra-ontología relativa, de un más allá, constituido por la extra-ontología absoluta. Más acá del Límite es el Caos, el Ser y la Nada, el Espejo y lo Alien; más allá, X. El Límite es lo que determina al Caos y lo conmina a manifestarse y aparecer, es decir a transducirse en Ser y Nada. La naturaleza inviolable del Límite genera en el Caos el *Phobos* Primordial y la proyección fóbico-fantasmática de X que darán lugar a la aparición de lo Real y al origen del Mundo. La primera formulación histórico-filosófica del Límite es el *peiras pymaton* del poema de Parménides.

Metanfetafísica. Es la ciencia general que estudia la sobredosis del Ser (el Gran Flash) y busca desarrollar de la forma más sistemática posible las consecuencias que se derivan de ello. La metanfetafísica surge allí donde colapsa (por sobre-excitación y sobre-estimulación) el Sistema Nervioso Central de la metafísica tradicional. Cuando el Ser pierde su coordinación y convulsiona, comienza la metanfetafísica. La crítica que la metanfetafísica dirige a la metafísica es no haber ido lo suficientemente lejos como para des-fundamentar al Ser por completo. En suma, la metanfetafísica es lo que sucede cuando el Ser (y consecuentemente la metafísica misma) se da vuelta, cuando se pasa de rosca y pierde toda compostura.

Nada. Es el lote negativo en el que se divide el Caos cuando choca contra el Límite y se determina. La Nada es la estrategia implementada por el Caos, y en concreto por su lote positivo, el Ser, para asimilar y tramitar el *Phobos* que le ocasiona lo Alien y, más allá, X. La Nada es el hueco (*tehiru*) que deja ser el Caos en su interior a fin de dominar a lo Otro, en particular a las zonas opacas del Límite que no reflejan ni iluminan. Es el partenaire que, en la Cópula Primigenia, desempeña el rol pasivo de Esclavo. De allí la condición patriarcal de la metafísica occidental, que tiende siempre a identificar al varón y a lo masculino con el Ser y a la mujer y a lo femenino con la Nada.

Ontología fenomenológica de la imaginación. Es la disciplina del SMG que estudia el darse del Ser. Parte de la premisa, de inspiración heideggeriana, de que Ser y Aparecer son lo mismo o, también, de que el Ser es en tanto que aparece. Antes de la de-terminación del Límite no había Ser sino Caos, puesto que no había aparecer. El Ser comienza en el momento en el que el Espejo le devuelve al Caos miles de reflejos que, a la vez que le permiten aparecer, lo rompen en mil pedazos. La condición fenomenológica del Ser implica que todas las cosas existen fuera de sí, *extra locum suum*. La ontología fenomenológica contempla también a la Nada que dinamiza el aparecer del Ser con franjas de inapariencia relativa. El aparecer del Ser es un efecto de la proyección fóbico-fantasmática de X y, por ende, su naturaleza es también fantasmática e imaginaria. El Ser y la Nada son el esfuerzo imaginario del Caos por superar el Trauma Originario (*Urtrauma*) ocasionado por la de-terminación del Límite.

Pesadilla. Es la huella o el vestigio del *Phobos* Primordial en la memoria colectiva o en la psiquis histórica. Las pesadillas representan la experiencia primitiva –la *panophobia*– que pueden hacer los vivientes del choque del Caos con el Límite.

Los griegos antiguos la identificaban con *ephialtes*, el demonio que oprime con su peso y perturba el sueño. A diferencia del resto de los sueños (*oneiroi*), *ephialtes* no pertenece a la ontología sino a lo Alien e ingresa a la psiquis histórica a través de la imaginación diabólica. Es la experiencia psico-física de la proyección fóbico-fantasmática de X, la manifestación a escala humana –o biótica, en un sentido general– del Gran Fantasma que es X.

***Phobos* Primordial**. Es la *Stimmung* generada en el Caos por la determinación del Límite y por la *ausencia de relación* con lo que se sitúa más allá. El *Phobos* que experimenta el Caos al chocarse con el Límite y partirse la frente lo lleva a proyectar fantasmáticamente a X. Esa proyección fóbica desencadena la manifestación y el aparecer de lo Real. El *Phobos* es lo que hace que el Caos se transduzca en Ser y Nada. El *Phobos* es Primordial porque es fenomenogénico o fenomenogónico. La fenomenología, es decir la manifestación del Ser, presupone una fóbica trascendental o fobología.

Principio de irrelatividad. Es el axioma que postula la imposibilidad absoluta de franquear el Límite. Constituye una de las premisas fundamentales del SMG. En su formulación más simple, el principio de irrelatividad se enuncia: *no hay relación entre el más acá y el más allá del Límite.*

S«-»N. Fórmula que describe la complicidad dialéctica entre el Ser, representado por la letra S, y la Nada, representada por la letra N. El signo «-» indica el pasaje de un término al otro y su contaminación recíproca. El intercambio constante entre el Ser y la Nada provoca el devenir de lo Real, su dinámica fenomenológica, tanto en su vertiente aparente como inaparente. La fórmula S«-»N designa también el Caos ya determinado, es decir ya transducido en su lote positivo y en su lote negativo.

Ser. Es el lote positivo en el que se divide el Caos cuando choca contra el Límite y se determina. El Ser es un efecto de los reflejos que el Espejo le devuelve al Caos. En este sentido, el Ser es idéntico al Aparecer, motivo por el cual la ontología, para el SMG, es necesariamente fenomenológica e imaginaria. Debido a la fragmentación del Espejo, el Ser nace roto y desfasado. Es el partenaire que, en la Cópula Primigenia, desempeña el rol activo de Amo. De allí la condición patriarcal de la metafísica occidental, que tiende siempre a identificar a la mujer y a lo femenino con la Nada y al varón y a lo masculino con el Ser.

SMG. Siglas que significan *Sistema de Metanfetafísica General*. El SMG es el nombre de la disciplina filosófica que estudia la sobredosis del Ser e intenta, a partir de allí, elaborar una arquitectura conceptual coherente. Se divide en dos grandes secciones: una de inspiración idealista, que concibe a lo Otro que Ser en términos de exceso o altura (lo Uno, el Bien, etc.); otra de inspiración materialista, que concibe a lo Otro que Ser en términos de defecto o profundidad (la Materia primera, la *Chora*, etc.). El SMG no establece ninguna jerarquía entre ambas corrientes puesto que sólo le interesa la sobredosis y la des-fundamentación de la ontología, tanto hacia lo *supra*-ideal cuanto hacia lo *infra*-material. La *hyper*-ontología y la *hypo*-ontología, para el SMG, son igualmente válidas.

Sobredosis del Ser. Es el colapso del Ser, su encuentro fóbico-fanasmático con lo Otro. Su primera enunciación filosófica es el *epekeina tes ousias* de *República* 509b. A diferencia de la historia de la metafísica, cuyo objetivo prioritario es rehabilitar al Ser y recuperarlo de la sobredosis, la metanfetafísica se propone extremar la sobredosis hasta que el Ser entre en coma. La sobredosis, que el SMG entiende en términos imaginarios y fantasmáticos, es lo que permite la des-fundamentación del Ser, lo que pone al Ser fuera de sí y, de ese modo, desbarata la ontología. Así como X es la sobredosis del Ser, la metanfetafísica es la sobredosis de la metafísica.

X. Es lo Otro absoluto, el más allá del Límite al cual no hay acceso. Nada se puede decir ni pensar de X en-sí. A diferencia del noúmeno kantiano, X no es la causa hipotética o genética de los fenómenos ni su faceta oculta e incognoscible, sino un Otro absolutamente diverso tanto de lo fenoménico como de lo nouménico. Es una proyección fóbico-fantasmática del Caos y, luego del Acontecimiento onto-fenomeno-génico, del Ser, es decir del Caos ya determinado. Dado que X es inaccesible, nada impide que pueda S̶e̶r̶ efectivamente más allá del Límite, pero no hay modo de corroborarlo. X indica la sobredosis extrema a la que puede llegar el pensamiento: ni el S̶e̶r̶ heideggeriano, ni el e̶s̶ de la *différance* derridiana, ni el D̶i̶o̶s̶ marioniano van tan lejos como X, que ni siquiera admite un término por detrás de la tachadura. X no tacha nada, es sólo la tachadura. Considerada *en-sí*, es el Afuera absoluto y radical del Ser y del Lenguaje, pero considerada *para-el-Ser*, es un Afuera que puede ser dicho y pensado imaginariamente. En esta posibilidad imaginaria de decibilidad, el SMG encuentra su justificación como ciencia ficcional.

     METANFETAFÍSICA. Ensayo de sobredosis ontológica

Nota tipográfica:

En el *Himno al Templo Eninnu*, el dios En-lil se presenta al rey de Lagash, Gudea, y le entrega un ladrillo del destino, que será la piedra basal para construir un nuevo orden cósmico que de sentido al Caos, dominando a esa Extrañeza a través de las fuerzas divinas.

Cuando Gudea abrió sus ojos sobre su señor Ningirsu, / éste le habló sobre su templo y su construcción: / las grandes «fuerzas divinas» del Eninnu él se las puso ante sus ojos. (...)

Una primera mujer, ¿quién era?, ¿quién no era? / Apareció (luego); sobre la cabeza le sobresalía un apropiado tocado, / en una mano tenía un cálamo de plata pura, / sobre una tablilla en sus rodillas estaban diseñadas las «estrellas del buen cielo». / Ella la consultaba. /

*Había un segundo (hombre) como un guerrero, quien, / poderoso en fuerza, sujetaba una placa de lapislázuli en la mano, / sobre la cual establecía el plano de un templo. / Delante de mí se hallaba una cesta pura, / se había dispuesto un molde puro, / se había colocado el «ladrillo del destino» dentro del molde para mí. **

El Templo Eninnu es centinela del límite. El destino del Gran Flash está a resguardo. Estadista y gobernante, arquitecto y escriba, es Gudea el encargado de construir ese umbral. Y su figura está presente en todas las páginas de este libro a través de la selección tipográfica que hemos hecho y que lleva su nombre. Por cierto, además, la claridad y firmeza de sus formas, de gran legibilidad en cuerpos reducidos, han hecho de esta fuente tipográfica una de las más utilizadas en vademecums farmacéuticos.

Gerardo Miño

*   Transcrito de Yarza Luaces, Joaquín. 1997. Fuentes de la Historia del Arte I. En *Historia 16, Conocer el Arte, 21.* Madrid, pp. 39-40.